Jürgen Werbick

Gott-menschlich

Jürgen Werbick

Gott-menschlich

Elementare Christologie

HERDER

FREIBURG · BASEL · WIEN

MIX
Papier aus verantwortungsvollen Quellen
FSC® C005833
FSC
www.fsc.org

www.herder.de
Umschlaggestaltung: Verlag Herder
Satz: SatzWeise GmbH, Trier
Herstellung: Těšínská Tiskárna a. s., Český Těšín
Printed in Czech Republic
ISBN 978-3-451-34930-0

Inhalt

1. Christologie in postsäkularen Zeiten

1.1 Die umstrittene »Rückkehr der Religion«

Dass die Welt in ein nachreligiöses Zeitalter eingetreten ist und endlich gelernt hat, sich von irrationalen Bindungen kritisch zu distanzieren, gilt schon länger nicht mehr als herrschende Meinung unter Intellektuellen und Medienleuten. Man spricht von *Postsäkularität* als Epochenmerkmal der Gegenwart[1] und entsprechend von der Rückkehr der Religion ins öffentliche Bewusstsein, ob man darüber eher glücklich oder erschrocken ist: im Blick etwa auf einen Islam, der sich anschickt, auch in unseren Breiten zu einer Gesellschafts-prägenden Macht aufzusteigen und Ängste vor einer »Islamisierung« der westlichen Welt weckt. Und man wundert sich über ein Christentum, das dem religiösen Selbstbewusstsein islamistischer Gruppen wenig entgegensetzen kann.

Wenn tatsächlich von einer Rückkehr der Religion zu sprechen wäre: Müsste man sich nicht vor ihr fürchten und sich gegen sie schützen, soweit das noch möglich ist? Oder dürfte man darauf setzen, dass es zu einer Revitalisierung und Stärkung der »guten«, einigermaßen aufgeklärten Religion gegen archaische, gewaltbestimmte Religionsformen kommt? Diese Frage ist im Januar des Jahres 2015, während ich das Einleitungskapitel schreibe – keineswegs nur von akademischer Bedeutung. Auf den Straßen von Dresden, Köln und auch andernorts wird der Islam als gewalttätige und Gewalt gebietende Religion angegriffen. Und in einer von engagierten Christen viel gelesenen Zeitschrift, dem Christ in der Gegenwart, versteigt sich der Kommentator zu der Einlassung, Mohammed sei – anders als Jesus Christus – ein »Kriegsherr« und »Kriegstreiber« gewesen; deshalb liege der »Geburtsfehler des Islam [...] in seiner Gründungsfigur, seinem

[1] So Stichwort-prägend Jürgen Habermas, Glauben und Wissen. Friedenspreis des Deutschen Buchhandels 2001. Laudatio: Jan Philipp Reemtsma, Frankfurt a. M. 2001, 12; hier ist von postsäkularen Gesellschaften die Rede.

›Propheten‹.« Jesus trete dem gegenüber als ein »gewaltfreier und herrschaftskritischer Religionsstifter« auf; so dürfe das Christentum als »von der Wurzel her selbstkritische und herrschaftskritische Religion« gelten, die – wiederum im Gegensatz zum »Islam in breitesten Teilen« – »geistig im Jahr 2014 angekommen« sei.[2]

Wenn man Jesus von Nazaret in dieser Weise gegen Mohammed als Begründer einer »guten Religion« herausstellt, wird er zum Schutzpatron einer pauschalen Verteufelung des Islam und seines *Propheten* (im Christ in der Gegenwart deshalb in Anführungszeichen gesetzt) und auch als historische Gestalt kaum adäquat gewürdigt. Dass Jesus von Nazaret Gewaltlosigkeit lebte und predigte, sei unbestritten und macht sein Renommée auch unter religiös Desinteressierten aus. Aber das heißt nicht, dass man Gewaltperspektiven ignorieren könnte, die auch in seiner Verkündigung oder in dem, was die Evangelien von ihr bezeugen, begegnen und heutige Christen ratlos machen, etwa im Zusammenhang mit den Bildern der Endzeit und des jüngsten Gerichts. Ganz zu schweigen von Gewaltorgien, die – weitet man den Blick auf die ganze Bibel – im Namen JHWHs verübt wurden oder – folgt man den biblischen Zeugnissen – von diesem sogar selbst eingefordert wurden (vgl. Num 31). Renommierte Kritiker des Christentums wie *Kurt Flasch* werden nicht müde, sich an solchen Texten abzuarbeiten.[3] Theologen sprechen mitunter missverständlich von den »dunklen Seiten Gottes«, die auch in Jesu Verkündigung nicht ausgeblendet würden. Dass gerade das Christentum in seiner wechselvollen Geschichte vielfach einen Rache-Gott bezeugte und sich anheischig machte, seinen dunklen Vergeltungswillen zu vollstrecken, der für die jeweiligen Feinde wenig Federlesens zuließ, erscheint vor diesem Hintergrund zwar immer noch monströs, aber nicht mehr unmotiviert.

Christen dürften es sich also nicht so leicht damit machen, die »eigene Religion« gegenüber anderen religiösen Traditionen als gewaltfrei und Moderne-verträglich auszuzeichnen. Aber sie werden gar nicht anders können, als auf die humanisierenden Impulse zu schauen, die sie Jesus von Nazaret und seiner Verkündigung zuschreiben dürfen. An ihn – an diese Bezugsperson christlichen Glaubens *par excellence* – werden sie sich halten, wenn sie sich dessen vergewissern wollen, was ihnen an ihrem Glauben faszinie-

---

[2] Der Kommentar *Herrschaftsreligion*, in: Christ in der Gegenwart Nr. 51/2014, 569.

[3] Dass das auf einem – wie man im Blick nicht nur auf Kurt Flasch sagen muss – hermeneutisch dürftigen Niveau geschieht, tut erstmal nichts zur Sache; vgl. von Kurt Flasch: Warum ich kein Christ bin. Bericht und Argumentation, München 2013, 157–167.

rend menschlich und befreiend-heilvoll erscheint und wovon sie der Überzeugung sind, dass es ihnen an Jesus mehr oder weniger tief reichend aufgegangen ist. Dass dieser Jesus Christus sich tief in einer biblischen Glaubensgeschichte verwurzelt sah, an der man heute nur im kritisch-selbstkritischen Glaubensdialog teilnehmen kann, dass gerade er uns Christen an diesem Glaubensdialog teilhaben lässt und in ihn hineinzieht, wird man christlich als Herausforderung ansehen, eigene Fragen und Vorbehalte nicht zu verschweigen und sich zugleich Erfahrungen nicht von vornherein zu verweigern, die das Allzuselbstverständliche gegenwärtigen Selbst-, Welt- und Gottesverständnisses tief irritieren können. Jesus von Nazaret, der Jude aus der ersten Hälfte des ersten Jahrhunderts, ruft seine Zeit- und Glaubensgenossen und die Christen jeder Zeit in ihre Glaubens-Existenz. Er fordert sie heraus, sich dessen zu vergewissern, *von wem* sie *wozu* gerufen sind – und wie sie in ihrem Heute darauf antworten können.

Man wird die Christen fragen, weshalb sie sich von einem Menschen des ersten Jahrhunderts in all seiner menschlichen Begrenztheit und mit manchen Vorstellungen, die man heute kaum noch teilen kann, in ihrem Innersten gerufen, zur Stellungnahme herausgefordert und zum Glauben ermutigt sehen. Ist das nicht doch Merkmal eines im Kern autoritär geprägten Verhaltens, das sich religiösen Autoritäten unterwerfen will, Kennzeichen auch dafür, dass man sich auf archaische religiöse Muster wie etwa das Opferdenken und einen trivialen Jenseitsglauben festlegen lässt? Kann eine davon geprägte Religion *heute* als gute Religion in Frage kommen? Müsste sie sich nicht durchgreifend inkulturieren, damit sie uns noch Belangvolles sagen könnte? Andererseits: Würde man sie als verheißungsvoll-herausfordernd – aus den zu selbstverständlicher Geltung gelangten, menschenverachtenden Menschen-, Welt- und Gottesanschauungen befreiend – wahrnehmen können, wenn man sie sich erst so zurechtgedacht hätte, dass man sie heute gut akzeptieren kann? *Wladimir Solowjew* hat die Versuchung, der Religion sich hier zu erwehren hat, in die Gestalt des endzeitlichen *Antichrist* hineinerzählt, des Verführers schlechthin, der sich nach dem 2. Thessalonicherbrief (2 Thess 2,1–12) im Allerheiligsten des Tempels eingenistet hat. Dieser will – so erzählt es Solowjew – die Religionen der Welt in einem »ökumenischen Konzil« am Ende der Zeiten zu einer weltumfassenden Religion umfassender Zufriedenheit und der Gleichheit eines »allgemeinen Sattseins« vereinen und verführen – wogegen in der Zeit epidemischer Heimsuchungen der halben Welt durch Krankheiten und Hunger gewiss niemand etwas haben kann. Auf diese allgemeine Zustimmungsfähigkeit hin soll die endzeitliche religiöse Ökumene – so der Antichrist – ihre Lehren entwerfen, denn »[...] um *angenommen* zu werden, dazu muss man *angenehm* sein«.[4]

Gute Religion: für die Ohren, die Vernunft und das Herz der Zeitgenossen akzeptabel, gar attraktiv? Dürfte sie sich auf Jesus Christus berufen, ihn als Glaubens-Bezugsperson Ernst nehmen, so Ernst nehmen, wie wir ihn heute als glaubenden und zum Glauben rufenden Juden des 1. Jahrhunderts kennenlernen können? Zweifel sind angebracht; irritierende Rückfragen drängen sich auf: In welchem Sinn kann und will dieser Jesus von Nazaret die Bezugsperson unseres Glaubens sein? Was müssten wir Heutige ihm »abnehmen«: an Welt- und Menschenanschauung, an Glaubensüberzeugungen etwa im Blick auf die »letzten Dinge«, an seinen Überzeugungen von einem in dieser Welt wirkenden Vater, von einem Heiligen Geist, der diese Welt in Gottes Herrschaft hinein verwandelt?

Wenn man die Fragen so zuspitzt, wird man als Glaubender oder als ein Mensch, der es mit dem christlichen Glauben versucht und jedenfalls glaubt, zu glauben,[5] womöglich doch erschrecken. Müssten wir der Bezugsperson unseres Glaubens nicht alles abnehmen, was den Glauben angeht? Aber was hieße: *alles?* Alles, was das Neue Testament ihm als Botschaft zuschreibt? Alles, was den »Glaubens-Schatz« der Kirche, den *thesaurus ecclesiae*, ausmacht und von ihr als getreue Auslegung des Evangeliums angesehen wird? Oder all das, was exegetische Forschung an Überzeugungen ermittelt, die man Jesus von Nazaret mit historischer Wahrscheinlichkeit zutrauen darf? Und nicht einmal das, wenn es den eigenen moralisch-kulturellen Standards zu deutlich widerspricht?[6]

Seit der Aufklärung war die Theologie in solche Fragen verstrickt. *Hermann Samuel Reimarus* hat sie angeschärft; Lessing hat sie mit der Publikation der auf ihn zurückgehenden »Fragmente eines Ungenannten« unabweisbar gemacht. Heißt Jesus von Nazaret als Bezugsperson meines Glaubens Ernst nehmen nicht, das, was er als gläubiger Jude seiner Zeit in den Vorstellungen seiner Zeit so formulierte und auch gar nicht anders formulieren konnte, von dem zu unterscheiden, was er als überzeitlich gül-

---

4 Wladimir Solowjew, Kurze Erzählung vom Antichrist, in: Deutsche Gesamtausgabe, hg. von L. Müller, Bd. 8, München 1979, 266–270, hier 270.

5 Von denen, die »zu glauben *glauben*«, spricht vielleicht zuerst der spanische Philosoph und Literat Miguel de Unamuno (1864–1936) in seinem Büchlein: Die Agonie des Christentums, dt. München 1928, 19.

6 Man denke etwa an die römischen Bischofssynoden zu Familie und Sexualität der Jahre 2014 und 2015, in deren Verlauf offenkundig wurde, wie wenig man mit der bloßen Berufung auf Bibelstellen weiterkommt.

tig in die Welt gebracht hat und auch den Menschen unserer Gegenwart noch mit auf ihren Weg gibt?[7] Will man die biblischen Zeugnisse nicht fundamentalistisch »wörtlich« verstehen – und genau dabei eben nicht *verstehen* –, kommt man um diese Unterscheidung vielleicht nicht herum. Ist sie aber nicht viel zu einfach gestrickt? Dürfte man ihr wirklich folgen, wenn man nicht der Versuchung erliegen will, sich einen heute akzeptablen Jesus zurechtzudenken?

1.2 Über die Rolle, die Jesus Christus für uns noch spielen könnte

Ich will in diesem Buch mit der Figur und Rolle der *Bezugsperson unseres Glaubens* experimentieren, um dem näher zu kommen, was dem christlichen Glauben heute an Unterscheidungsvermögen im Blick auf Jesus Christus wie die biblischen Zeugnisse insgesamt zugemutet und zuzutrauen ist. Diese Rolle wäre schrittweise zu profilieren; und so wäre auch zu konkretisieren, wie sie den christlichen Glauben heute bestimmt. In diesen Prozess hineinkommen will ich mit der Umschreibung der Rolle der Bezugsperson im Sinne des *Gesprächspartners*, eines Gesprächspartners, den wir uns in lebens- und glaubensgeschichtlicher Treue zumuten lassen und dem wir uns auch als die heute Glaubenden oder als nachdenkliche Menschen, die es mit dem christlichen Glauben versuchen und mit ihm ihre Erfahrungen machen wollen, nicht entziehen.

Gestehe ich damit dem »Namenspatron« der Christen nicht viel zu wenig Glaubensautorität zu? Fordert er selbst nicht eine Christus-Nachfolge ohne Wenn und Aber? Kein Diskussions-Christentum, das auch noch anfängt, mit dem neutestamentlichen Christus zu diskutieren? Es kann gewiss nicht darum gehen, mit ihm zu diskutieren, um sich seinem Anspruch zu entziehen. Er ist vielmehr als ein Gesprächspartner über die Jahrhunderte hinweg Ernst zu nehmen, der mir Entscheidendes zu sagen hat: über mein Leben, meine Berufung, über die Welt und darüber, was in ihr zur Geltung kommen muss, über die Vollendung, die unserem Leben zugedacht ist und für die wir uns zu öffnen haben, über den Gott, durch den wir unsere Vollendung finden können. Aber was das zu bedeuten hat und wie es uns in Anspruch nimmt, was er uns in diesem Sinne als das schlechthin Lebens-

[7] Hermann Samuel Reimarus' Schrift ist erst vor wenigen Jahrzehnten vollständig publiziert worden: Apologie oder Schutzschrift für die vernünftigen Verehrer Gottes, hg. von G. Alexander, Frankfurt a.M. 1972.

Entscheidende zu sagen hat, erschließt sich unserem Verstehen erst, wenn wir uns von ihm ins Gespräch ziehen und dahin führen lassen, wo sich alles entscheidet.

Die Rolle des »inneren Gesprächspartners« ist uns nicht fremd. Er spricht uns ins Gewissen, hilft womöglich zu größerer Klarheit in Entscheidungssituationen, gibt Orientierung in einem unübersichtlich gewordenen Leben. Vor ihm breiten wir die Zweifel, auch die Aggressionen aus, die sonst niemand sehen soll; ihm klagen wir Leiden und Missachtung, von denen wir uns getroffen fühlen. Von ihm erwarten wir Trost, wenn wir mit uns nicht zurechtkommen, vielleicht auch Ermutigung, wenn wir uns nichts mehr zutrauen. Wer religionskritisch von vornherein dazu entschlossen ist, mag das für ein womöglich produktives Selbstgespräch halten, als das »Gespräch des Menschen [...] mit sich selbst als Möglichkeit, mit seinem besseren Ich.«[8] Aber man ist zu dieser psychologisierenden Internalisierung des »innerlich äußeren Gesprächspartners« nicht durch die besseren Argumente gezwungen. Dass da tatsächlich ein göttlicher Gesprächspartner mitspricht in dem Gespräch, das »wir sind«[9], und sein Gottes-Wort spricht, mag der geläufigen Selbstdeutung (post-)moderner Menschen eher fern liegen. Aber man müsste sich dieser Deutung nicht von vornherein verschließen.

Was hätte dieses Wort zu sagen? Was würde es als Gottes Wort auszeichnen? Dass es uns nachhaltig ins Gewissen redet und mit unseren Ausreden nicht so schnell davonkommen lässt? Dass es in neue Horizonte führt, die sich uns öffnen, weil Gott sie uns öffnet und zusagt? Dass es uns aufstört, wenn wir selbstzufrieden in Ruhe gelassen werden wollen? Dass es uns trifft und inspiriert wie kein anderes Wort? Für all das kann dieser innerlich-äußere Gesprächspartner stehen – und einstehen, wenn er denn einer ist; wenn er mehr ist als eine innerpsychische Konstellation, die dazu

8 Vgl. Milan Machovec, Vom Sinn des menschlichen Lebens, dt. Freiburg i. Br. 1971, 217. An seiner religionskritischen Intention lässt Machovec keinen Zweifel: »Der Mensch von einst sicherte sich den inneren Dialog durch die *Religion*. Der Mensch vermutete, dass er mit Gott spricht, während er mit seiner Autoprojektion, mit seinem idealen Ich sprach. Er meinte, auf diese Weise das ›Paradies im Himmel‹ für sich vorbereiten zu können; in Wirklichkeit gewann er eben diesen ›inneren Dialog‹, der es ihm ermöglichte, sein Ich nicht in äußerlichen Dingen aufgehen zu lassen. Er wollte von Gott durch sein Gebet den Frieden, in Wirklichkeit gewann er durch sich selbst eine gewisse innere Ruhe« (ebd., 218).

9 »Seit ein Gespräch wir sind [...]« – so kann Friedrich Hölderlin sagen (in ders., Friedensfeier, in: Hölderlin, Werke und Briefe, hg. von F. Beißner und J. Schmidt, Frankfurt a. M. 1969, Bd. 1, 166).

dient, uns mit unseren authentischen Möglichkeiten, unseren Neigungen und Versäumnissen zu konfrontieren, damit mehr aus uns werden kann.

Der innere Gesprächspartner, fast ein Freund, der uns nicht loslässt, den wir gern in Anspruch nehmen, weil es uns guttut, uns an ihn zu halten: eine Gottes-Beziehung, in die wir durch Jesus Christus einbezogen sind und die sich in der Beziehung zu ihm öffnet? Da mag man wieder den Verdacht hegen, dass die Christen von heute mit Jesus einigermaßen schadlos aus einer Religion davonkommen wollen, in der es ganz anders zuging; in der von Forderung und Strafe, gar Rache die Rede war – und vom Opfer; in der das Oben-Unten zwischen Gott und den Menschen als ein dramatisches Machtgefälle klar war und man mit diesem Gott keinesfalls auf gleichem Fuß zu stehen sich anmaßte. Irgendwie scheint es so zu sein, dass das Christentum in der Spur Jesu Christi den Versuch darstellt, einen Monotheismus zu ermäßigen, für den alle Macht im Allein-Gott konzentriert war und der die Gläubigen in der Situation sah, von diesem Allein-Gott alles zu befürchten oder zu erhoffen. Jesus Christus: der göttliche Mitmensch, der seinen Mitmenschen sagen konnte: »Ich nenne euch nicht mehr Knechte, denn der Knecht weiß [versteht] nicht, was sein Herr tut. Vielmehr habe ich euch Freunde genannt« (Joh 15,15), Freunde, die teilhaben können an der Gottes-Vertrautheit, die dieser Jesus lebt.

Mit Jesus zu einer neuen Gottesbeziehung finden, so könnte man religionsgeschichtlich einordnen, wovon das Neue Testament und speziell die johanneischen Schriften handeln. Und man könnte – mit dem überlegenen Blick des evolutionär denkenden Kultur-Anthropologen, der in *Dieter Wellershoffs* Roman *Der Himmel ist kein Ort* eine evangelische Theologentagung aufmischt – »eine Ironie der Religionsgeschichte darin sehen, dass der monotheistische Gott, der keine anderen Götter neben sich dulden wollte, in Jesus einen Beisitzer bekam, der ein ganz anderes Programm vertrat als die alte, mit grausamen Strafen und Gehorsamsprüfungen sich präsentierende Herrschergestalt«; eine Ironie deshalb, weil dieser Beisitzer zu seiner hervorgehobenen Stellung zu Rechten des Vaters nur durch sein grausames und darin Gott wohlgefälliges Selbstopfer für die Menschen erhoben werden »konnte«. Der Anthropologe lässt sich herbei, »die strategische Leistung der Apostel und vieler nachfolgender religiöser Denker« zu würdigen. Sie überbrückten diesen Widerspruch dadurch, dass sie Jesus Christus als Gottes Menschwerdung interpretierten, die Gott von seiner sympathischen Seite zeigte und der gegenüber er gleichwohl seine metaphysische Allmachtsposition behielt, da er seinen menschgewordenen Sohn die Sünden der Menschen stellvertretend-sühnend tragen ließ und ihn gerade in seiner Erniedrigung zu sich erhöhte.[10] Dieser historisch-monotheistische Kompromiss der neutestamentlichen und frühchristlichen Christus-Zeugnisse ist aber – so der Diagnostiker langfristiger religionsgeschichtlicher Entwicklungen – offensichtlich instabil. Er kann bei Jesus Christus, der als Einziger zum Beisitzer des alten Gottes geworden sein soll, nicht stehen bleibt; es konnte nicht dabei stehen bleiben, dass die Menschen sich durch ihn einem »freundlicheren Gott«[11] gegenüber sehen, womöglich mit diesem im Gespräch sehen konnten. Es muss – so der Religionsexperte in Wellershoffs Roman – zu der Einsicht kommen, dass nicht nur diesem Kompromiss, mit dem sich die Menschen dem Allein-Gott gegenüber religiös Erleichterung schaffen wollten, sondern dem Gottesgedanken überhaupt »außerhalb unserer Gehirne«[12] vermutlich keine reale Existenz zukommt – dass also die Menschen sich nicht nur mit Christus als Beisitzer Gottes, sondern als die Allein-Erben des gestorbenen alten Gottes ansehen und entsprechend verhalten.

Warum bei Jesus Christus stehen bleiben, dem menschgewordenen faulen Kompromiss? Warum sich religiös auf seine Vermittler-Rolle fixieren, in der er uns zum Freund – postmodern zum inneren Gesprächspartner – geworden ist, der es uns leichter macht, mit dem alten Gott zu leben? Es mag dann als Zynismus der Religionsgeschichte durchgehen, dass Jesus von Nazaret noch an die Schwelle einer »guten Religion« hinführen konnte, ehe er der Radikalität im Wege stand, in der man mit dem monotheistischen Gottesgedanken alle religiösen Motive destruieren muss. Warum also Jesus von Nazaret immer noch exklusiv eine Rolle zuweisen, welche die wirklich besten Freunde und Freundinnen von Fall zu Fall und auf Augenhöhe spielen? Die religions- und kulturgeschichtliche Entwicklung geht wie über die religiöse Selbstentfremdung durch archaisch-patriarchale Gottesvorstellungen auch über den »Mittler« hinweg, in dem die Frommen sich eine Zeit lang mit dem alten, grausam-gerechten Gott versöhnen konnten. Was früher hilfreich gewesen sein mag, ist nun überholt, vielleicht noch von historischem Interesse.

Viele werden es so sehen, die mit dieser »Einsicht« aus der gläubigen *Teilnehmerperspektive* mehr oder weniger entschieden in die überlegen be-

---

10 Dieter Wellershoff, Der Himmel ist kein Ort. Roman, Köln 2009, 230.

11 Und das durchaus nicht immer – oder vielleicht nur an der Oberfläche. Das diagnostizierte Tilmann Moser in seinem Buch: Gottesvergiftung, Frankfurt a. M. 1976, dem das Motto vorangestellt ist: »Freut euch, wenn euer Gott freundlicher war.«

12 Dieter Wellershoff, Der Himmel ist kein Ort, 234.

urteilende *Beobachterperspektive* übergewechselt sind, sei es, dass sie sich entschlossen von der Teilnehmerperspektive gelöst haben, sei es, dass sie diese nur kritisch vollziehen können. Viele Zeitgenossen werden »dazwischen hängen«, manche Leser dieses Buches, der Autor selbst. Die Perspektive der Glaubens-engagierten *Teilnehmer* wird irgendwie gebrochen – auch bereichert? – sein von dem, was mehr oder weniger wohlwollende *Beobachter* am christlichen Glauben und seinem Jesus-Bezug sehen oder auch nur analytisch-diagnostisch unterstellen.

Wer sich darauf versteht, das Feld der Übergänge zwischen den Perspektiven einigermaßen auszumessen, wird viele Entdeckungen machen, die sein Christsein bereichern und es doch vielfach irritieren. Die historisch-religionsgeschichtliche Einordnung des Christentums und seines Begründers – war er es wirklich? – scheint aus dem Glauben, zumindest dem »naiven«, hinauszudrängen, ihn als überholte Verabsolutierung eines vielfach bedingten Prozesses und der in ihm agierenden Protagonisten zu entmythologisieren. Aber es ist auch so: Wer mehr über diese Prozesse und Protagonisten weiß, der lernt sie besser kennen und wird so vielleicht tiefer in den Glauben hineingeführt. Und er wird doch auf die Frage gestoßen, was an diesen Prozessen und an den Gestalten, die ihn trugen, zeitbedingt ist und was – weshalb – als Zeiten-überdauernd bedeutsam angesehen werden kann. Er wird sich fragen, ob Religionen – so auch die christliche – sich nicht fortentwickeln und in neue Horizonte hineinwachsen müssen, wenn sie »überleben« wollen. Was müsste dann bei einer entschieden angenommenen Evolution des Christlichen verabschiedet werden, damit die Zukunft des Christentums gewonnen werden könnte? Viele Vermutungen werden hier derzeit angestellt, die allesamt auf die »Vermenschlichung« des Jesusbildes zielen und etwa die traditionelle Zweinaturenlehre wie ihren trinitarischen Rahmen als höchst zeitbedingt artikulierte metaphysische Überhöhung des in und mit Jesus von Nazaret Geschehenen verabschieden möchten. Aber wird damit nicht das Christentum selbst verabschiedet oder zu einer anspruchsvoll-menschenfreundlichen Ethik im Sinne der Bergpredigt verkürzt? Das mag die Rolle zu sein, die man Jesus von Nazaret noch einigermaßen unwidersprochen zuzuerkennen bereit ist. Sich an ihn als entscheidende Bezugsperson des Glaubens zu halten, was sollte das darüber hinaus noch bedeuten?

1.3 Glaubensentscheidend und lebensentscheidend

Es scheint so, als sei die christologische Rollenzuschreibung »Bezugsperson des Glaubens« ein eher instabiles Übergangskonzept, eine Restgröße, die sich für eine Zeit lang in das Modell »innerer Gesprächspartner« hinein übersetzen und so übergangsweise retten lässt, aber kaum zu einer dauerhaften Neubeschreibung der Glaubens-Bedeutung Jesu Christi taugt. Das wird so sein, wenn man in dieser Rollenzuschreibung nicht nur den mehr oder weniger tauglichen Versuch, einen neuen Zugang zu den überlieferten Modellen christologischen Sprechens anzubahnen, sondern die »Sache selbst« ausgesagt sieht. Man wird ja in jedem Fall weiterfragen müssen, weshalb der Glaube diese Bezugsperson braucht und sich an sie halten will und was es für den Glauben bedeutet, sich diesem innerlich-äußeren Gesprächspartner zuzuwenden bzw. gar von ihm sich angesprochen zu wissen. Einigermaßen brauchbar wäre die eingeführte Rollenzuschreibung nur, wenn sie mit dem Nachweis »implementiert« werden könnte, dass der Glaubens-Bezugs-Person Jesus Christus für gläubige Christen und prinzipiell für alle Menschen eine Glaubens- und Lebens-entscheidende Bedeutung zukommt: Glaubensentscheidend, weil lebensentscheidend und lebensentscheidend weil glaubensentscheidend. Damit wäre vielleicht fast schon erreicht, was die neutestamentlichen Zeugnisse in ihrer Sprache und ihren durchaus unterschiedlichen »façons de parler« erzählen, verkünden oder bekennen. Im Zentrum ihrer Redeweisen steht freilich eine Vorstellung, die in gegenwärtigem Welt- und Selbstverständnis kaum noch Kredit genießt und geradezu exemplarisch den Eindruck vermittelt, sie sei religionsgeschichtlich überholt, weil sie nach ihrer psychologisch-soziologischen Dekonstruktion im 19. und 20. Jahrhundert allgemein-kulturgeschichtlich unmöglich geworden sei: die Vorstellung des Retters und der von ihm erhofften *Rettung*.

Wo Rettung erhofft, gar erbeten wird, wo man sich von Rettergestalten »das Heil verspricht«, scheint es um das Selbstbewusstsein von Menschen schlecht zu stehen. Man kann sich selbst – und anderen – nicht mehr helfen und braucht die höhere Instanz, die dafür zuständig und dessen mächtig sein soll, was jetzt allein noch hilft. Ist in Politik und Religion nicht schon viel zu viel Schindluder getrieben worden mit solcher Retter-Sehnsucht und hohlen Rettungsversprechen? Und hilft es wirklich weiter, wenn man die ebenso häufig wie folgenreich ausgebliebene Rettung – von den Macht-Menschen und ihren übermenschlichen Rettungskonzepten zutiefst enttäuscht – allein noch einem göttlichen Retter-Messias zutraut, sie damit aber faktisch ins Jenseits vertagt? Wie wäre die Not zu beschreiben, aus der man sich von diesem Messias gerettet glaubt? Ist sie tatsächlich die heute empfundene Not des Menschseins – oder eher eine religiös-metaphysisch modellierte Malaise, welche von dieser Not ablenkt?

Es ist nun keineswegs so, dass gegenwärtig ein Mangel an Heilsversprechen bestünde, an politisch-gesellschaftlichen und therapeutischen gewiss nicht und an religiösen schon gar nicht. Es scheint vielmehr, als könne man auf dem umkämpften Markt der Aufmerksamkeits-Erzeugung[13] nur bemerkenswerte, wenn auch kurzfristige Erfolge erzielen, wenn man ein umfassendes Heilsversprechen macht – und alle anderen gründlich diskreditiert. Die Rolle des Retters, des *Sotēr*, der eine unvergleichliche und wirklich tiefenwirksame Rettung – die *Soteria* – im Angebot hat, ist also einerseits durchaus im Fokus vieler Marktstrategien. Aber es ist irgendwie schwer vorstellbar, dass man das christlich mit dem Retter Jesus Christus verbundene Heilsangebot hier verorten und zum aufmerksamkeitsökonomischen Erfolg führen könnte. Läuft es irgendwie außer Konkurrenz? Oder hat es sich auf einem eigenen – dem explizit religiösen – Markt zu bewähren, auf dem es dann der Gefahr ausgesetzt wäre, dass das hier zur Entscheidung stehende Glaubens-Entscheidende von der Mehrzahl der Zeitgenossen kaum noch als Lebens-entscheidend wahrgenommen wird? Leicht wird es zum »metaphysischen Luxusproblem«, für das man allenfalls nach Erledigung oder wenigstens der Einhegung vorrangig wichtiger Lebens-Probleme oder krisenhafter Entwicklungen seine Aufmerksamkeit und Zeit aufwenden mag – wenn man religiös musikalisch ist und sich diesen Luxus leisten will.

Jesus Christus, das von ihm Eingeforderte und in den Blick Gerückte als Luxusproblem? Nicht vordringlich im Blick auf das, worüber mit hohem Einsatz gestritten wird und was jetzt zu bewältigen wäre: Eine höchst befremdliche Perspektive, wenn man die neutestamentlichen Zeugnisse im Blick hat, für die von der Stellungnahme zu Jesus Christus und dem von ihm Verkündigten nicht weniger als alles abhing. Kann man als Mensch von heute die Fokussierung der Zeugnisse auf diesen Retter-Messias noch oder von Neuem vollziehen? Könnte man das lebensentscheidend Rettende noch ermessen, für das er stand, das er geltend gemacht und verheißen hat? Die Frage führt nicht ins Abseitig-Aussichtslose, sondern tatsächlich auf den religiösen Markt der Möglichkeiten; und dort in die Ernst zu nehmende

[13] Vgl. Georg Frank, Ökonomie der Aufmerksamkeit. Ein Entwurf, München – Wien 1998.

Konkurrenz mit religiösen Konzepten, die sich die Rettung des Menschlichen vom radikalen Gehorsam gegen Gottes Thora oder der Rechtleitung durch die koranische Offenbarung versprechen, oder aber von der Überwindung des verhängnisvollen Selbstseinwollens durch mystische Erfahrung, von der Selbstzurücknahme in das alles in sich einbegreifende göttliche Geschehen – von Selbstüberschreitung in das ewige Geschehen des Willens zur Macht und zum machtvollen Leben, um das fast noch mystische Versprechen von Friedrich Nietzsches *Zarathustra* nicht zu vergessen?

Allen diesen Konzepten ist die Erfahrung gemeinsam, dass Rettung nottut und dass sie in einer Tiefe des Menschseins nottut, die von nichtreligiösen bzw. nicht-mystischen Konzepten nicht im Entferntesten erreicht wird. Die Erinnerung daran scheint auch in den Konflikten und Orientierungskrisen der Gegenwart nicht vergangen zu sein. Aber öffnet sie uns die Dimension, in der die Christinnen und Christen der frühen Zeit Jesus Christus ihren Sotēr nannten? Hilft sie verstehen, neu zu sagen, was sie darunter verstanden haben? Wenn man das nicht von vornherein verneinen mag: Wie verhält sich das dem Christus der Bibel christlich zugeschriebene Rettende zu der in anderen religiösen oder mystischen Konzepten imaginierten oder auch angebahnten Rettung? Und gibt es nicht überhaupt eine monotheismuskritische religionsgeschichtliche Tendenz zu explizit und ausschließlich mystischen Übungswegen oder Rettungserfahrungen?

Folgt man mit vielen Publikationen und Bewegungen dieser Tendenz, wird man in Jesus von Nazaret einen Guru sehen, der seine Schüler einen Weg der Selbst- oder Gottfindung oder der Selbst-Überwindung im Einswerden mit dem Göttlichen lehrt. Dieser mystischen Version stünde die mit der Aufklärung geltend gemachte *ethische* gegenüber. Sie zeichnet Jesus als Lehrer und bewundernswertes Vorbild eines neuen Ethos, der eine radikale Konzentration und Verinnerlichung der alttestamentlichen Tora verkündigt und inspirierend vorgelebt habe. In beiden Figuren wird man den Jesus der Evangelien irgendwie wiedererkennen, um schließlich doch zu erkennen, dass sie ihn verzeichnen und das Entscheidende nicht treffen – dass sie gerade das nicht treffen, was vielleicht in diesem rätselhaften Titel *Bezugsperson des Glaubens* angesprochen sein könnte.

1.4 Jesus Christus verheutigen?

Wir verstehen die Rolle, die Jesus, der Christus, für die im Neuen Testament zu Wort gekommenen Zeugen spielte, nur in dem Maße, in dem wir sie in den Rollen wiedererkennen können, die *wir als für uns* Lebens-bedeutsam oder Lebens-entscheidend wahrnehmen. Das ist so selbstverständlich wie trivial. Und es markiert doch die elementare Schwierigkeit, zu erfassen, wie wir heute so von Jesus, dem Messias, sprechen können, dass darin zum Ausdruck kommt, was die neutestamentlichen Zeugen bezeugen wollten. Wir können es nicht einfach wiederholen. Die Lebens-Zusammenhänge und die Vorstellungen des Lebensentscheidenden – die unser Leben tragenden und sinnhaft strukturierenden »Sprachspiele« – sind andere geworden. So folgen die Hoffnungen, die man auf das zuinnerst Rettende und auf den setzt, dem man es verdanken dürfte, wie auch die Dramatik, nach der man sich den Vorgang der Rettung vorstellbar macht, anderen Imaginationen und Intuitionen. Das im Glauben gerade noch Verständliche, weil von Gott und seiner den Menschen erwiesenen Liebe her Verstehbare, setzt sich heute anders vom menschlich-allzumenschlich Selbstverständlichen ab als in der Zeit der biblischen Zeugnisse, weil für uns *anderes anders* selbstverständlich geworden ist als in der Zeit des ersten Jahrhunderts. Wer einem Messias die große Zeitenwende zutraut, gar ein am Tag JHWHs einbrechendes Ende »dieses Äons« – unserer Welt – für keineswegs ausgeschlossen, wenn nicht gar für wahrscheinlich hält, wer Wunderheilungen für außergewöhnlich und höchst erstaunlich, aber nicht für ausgeschlossen hält, der wird die Rolle Jesu anders bestimmen und diesen Jesus anders bezeugen, als es Menschen täten, für die das aus dem Gesichtskreis verschwunden ist und den Charakter des durchaus Erwägenswerten verloren hat.

Das scheint das christologisch grundlegende Verstehensproblem zu sein: Wie ist einigermaßen verständlich vom schlechthin Außergewöhnlichen zu sprechen, das die Zeugen an Jesus Christus wahrgenommen und das sie auf je ihre Weise bezeugt haben – weil sie es so *verstanden* hatten? Diese Formulierung ist weniger widersprüchlich, als es den Anschein hat. Die unseren Alltag – unser Selbstverständliches – tragenden und strukturierenden Sprachspiele zeichnen ja auch Rollen und Figuren für das Außergewöhnliche, Mehr-als-Selbstverständliche, vor und ermöglichen es so, von ihm zu sprechen. Der vom guten Geist erfüllte und spirituell inspirierende Meister, das (religiöse) Genie, der bahnbrechende und Horizont-öffnende Trendsetter, die unsterblich Liebende, der selbstvergessen sich Einsetzende und die ebenso selbstvergessen sich Hingebende, die Lehrerin, die vom Leben mehr als andere erfahren hat und deshalb in die Fülle des Lebens einführen kann, die Heldin, die alle Tiefen des Lebens durchschritten, seltene Gipfelerlebnisse gemacht hat und uns Normalsterbliche herausfordert, ihr auf ihrem Entdeckungsweg nachzukommen, nachzufolgen, das glaubwürdige Vorbild, an dem man sich gerade in Krisenzeiten ausrichten und aufrichten kann – die Liste ließe sich fortschreiben. Vielfach werden diese Rollen zugeschrieben, in Anspruch genommen, miteinander verbunden, mehr oder weniger entschieden und bewusst neu interpretiert und inszeniert.

So nimmt auch das *Neue Testament* Bezug auf eine Vielzahl von Figuren und Rollen, in denen die schlechthin unvergleichliche und dennoch irgendwie verstehbare Heilsamkeit der Sendung Jesu Christi zur Sprache gebracht werden soll. Die Rolle des Christus – des Messias – ist die prominenteste; die Rollen des Menschen- und Gottessohns sind zu nennen, die des endzeitlichen Heilspropheten, des Lehrers einer rettenden Weisheit, des Logos – der Gottesweisheit und des rettenden Gotteswortes in Person –, eines Wegöffners (des »Archegos«), des leidenden und durch sein Leiden andere rettenden Gerechten. Etliche weitere wären noch von Bedeutung. Auch hier war es so, dass die Rollenzuschreibungen auf eine grundlegende Neu-Inszenierung und Neu-Ausrichtung von Rollen und Rollenerwartungen bezogen wurden: dass das als schlechthin außergewöhnlich bezeugte Proprium der Sendung Jesu durch Bezugnahme auf diese Rollen vorstellbar gemacht und zugleich durch eine tief greifende Re-Interpretation des in diesen Rollen Vorgestellten in seiner Unvergleichlichkeit zur Sprache gebracht werden sollte. Und es ist zweifellos so, dass diese Unvergleichlichkeit im Vergleich einleuchten sollte: im Vergleich mit dem, was sonst noch als prophetische Sendung, Weisheitslehre, Messianität und Geistsalbung, als Gottes- und Menschensohnschaft, als gerecht galt oder in Anspruch genommen wurde.

Lassen sich die neutestamentlich-christologischen Rollenzuschreibungen in die zuvor genannten religiös-anthropologischen Rollenbilder des Außergewöhnlichen übersetzen oder wenigstens so auf sie hin transponieren, dass sie als mehr oder weniger unvergleichliche Inszenierung oder Steigerung des mit diesen Rollen an Vorstellungen und Erwartungen Verbundenen verstanden werden könnten? Es liegt nahe, sich die im Neuen Testament gebrauchten »Titel«[14] in solchen Übersetzungen nachvollziehbar zu machen. Sie bringen das von Jesus Christus Bezeugte unseren Erfahrungen des Außerordentlichen und Unvergleichlichen nahe; insofern sind sie geradezu unverzichtbar, wenn diese Zeugnisse für unser Leben Bedeutung gewinnen sollen. Aber erliegen sie damit nicht der Versuchung, das Ein-

[14] In den Fachdiskussionen der Exegese und der Dogmatik spricht man missverständlich von den christologischen Hoheitstiteln; vgl. Ferdinand Hahn, Christologische Hoheitstitel. Ihre Geschichte im frühen Christentum, Göttingen 1964.

malige und im strengen Sinn Unvergleichliche den Mustern und Kategorien zu unterwerfen, die uns heute zur Verfügung stehen, um das Außerordentliche *einzuordnen?* Homogenisieren sie nicht das schlechthin Andersartige mit dem Gleichartigen, in dem wir uns die heute zugänglichen und miteinander geteilten Erfahrungen vertraut machen?

Damit müssen alle Übersetzungsversuche ernsthaft rechnen: Der in ihnen erreichte Verstehens-Gewinn ist womöglich damit erkauft, dass das auf diesem Weg nicht verständlich zu Machende ausgeblendet oder gar unsichtbar gemacht wird. Die Übersetzung integriert und homogenisiert das Übersetzte unserer eigenen sprachlichen Selbst- und Weltverständigung, unseren Sprachfiguren und Interaktionsformen, dem Verständnis der Wirklichkeit unseres Daseins in den sozialen und naturgegebenen Lebenszusammenhängen der Gegenwart. Die Übersetzung tut in der Regel so, als sei mit der Integration in unsere Welt alles Wichtige an dem zu Übersetzenden verständlich gemacht und erschlossen; sie rechnet kaum damit, dass man ihm mit dieser Integration Gewalt antut, da man das »Verstandene« um das Noch-nicht-Verstandene oder So-nicht-Verstehbare verkürzt und geradezu verfehlt, was man sich doch vorgenommen hatte: die sachgetreue Übersetzung.[15] Übersetzungen müssten sich soweit als möglich das *So-nicht-Übersetzbare* eingestehen, um dem, was sie übersetzen wollen, die Treue zu halten. Sie verraten es, wenn sie von der stillschweigenden Überzeugung getragen sind, dass die Übersetzung das Übersetzte besser versteht, als dieses sich selbst versteht, es überhaupt erst wirklich versteht.

Reflektiert-selbstkritische Übersetzung wird zu realisieren versuchen, was beim Übersetzen jeweils *auf der Strecke bleibt*, nicht mitgenommen wird, so dass es bei den Adressaten der Übersetzung nicht ankommen kann. Sie wird sich in diesem Sinne relativieren: sich eingestehen, welchen Preis sie dafür gezahlt hat, das zu Übersetzende hier und jetzt verständlich zu machen. Es liegt auf der Hand, warum dieses elementare Übersetzungsproblem für eine Christologie, die *heute* von der Glaubensbedeutung Jesu Christi zu sprechen versucht, in höchstem Maße kritisch und dramatisch wird. Die neutestamentlichen und frühkirchlichen Christuszeugnisse waren sich dessen bewusst, dass sie sich in Rollenzuschreibungen und Kategorien artikulierten, die sie zugleich bis an die Grenze ihrer geschichtlich gewachsenen Bedeutung »dehnten« und reformulierten. Das schlechthin Außerordentliche konnte nicht anders bezeugt werden: im Rückgriff auf religiöse Rollen und Rollenerwartungen im Kontext eines geschichtlich ent-

[15] Die Rede ist hier vom altbekannten *Traddutore-traditore-Dilemma* der Übersetzer.

wickelten und geprägten Interaktionszusammenhangs, der das »Volk Gottes« und seinen Gott miteinander verband und »beiden Seiten« Handlungsmöglichkeiten eröffnete, diesen Interaktionszusammenhang zu schützen, zu pflegen und zu stärken. Das Handeln des Einen wurde in diesem Beziehungsgeflecht immer auch als das Handeln des Anderen erfahren und ausgelegt[16]: Menschliche Handlungsmöglichkeiten sind getragen und vorstrukturiert von Gottes Beziehungswillen, der sich wiederum in menschlichen Rollen realisiert, in denen dazu besonders Berufene und Begabte Gott für die Menschen und die Menschen für Gott präsent machen können. Diese Handlungs-tragenden Beziehungs- und Rollenmuster sind nicht eins zu eins in gegenwärtige gesellschaftliche und religiöse Praxis übersetzbar. Hier handelt man in anderen Beziehungsmustern und Vorstellungshorizonten, rekurriert man auf andere Erfahrungen und Perspektiven des Heilsam-Rettenden und in der Beziehung zum Absoluten zu Realisierenden bzw. zu Schützenden.

Ist es doch möglich, das *damals* Artikulierte und gläubig Gehandelte in *gegenwärtigen* Artikulationsmustern und Handlungszusammenhängen wiederzuerkennen, es in entsprechenden Übersetzungen zur Sprache zu bringen? Es käme immer wieder neu auf den Versuch an – und auf die Wachsamkeit dafür, wie der Übersetzungsgewinn durch Übersetzungsverluste erkauft wird: wie und wo uns die Übersetzung das Übersetzte auch dadurch nahebringt, dass sie sich vom Übersetzten entfernt. Das Dilemma ist nicht aufzulösen. Man kann nur versuchen, es selbst- und übersetzungskritisch unter Kontrolle zu halten.

Die Vorstellung, sich diesem Dilemma dadurch zu entziehen, dass man das damals Gesagte heute einfach »wörtlich« wiederholt – nicht auf Griechisch, sondern auf Deutsch – wäre naiv. Sie ignoriert, dass unser Sprechen eingelassen ist in sozial-kommunikative Praktiken, in denen sich die Menschen ihre Welt erschließen und ihre Erfahrungen miteinander teilen. Verändern sich diese Praktiken, so verändern sich ihre Erfahrungen und damit die Kontexte, in denen sich die Menschen über Bedeutungen verständigen, und die Bedeutung der Worte, die man dabei gebraucht. Sagt man »das Gleiche« – sagt man es mit den gleichen Worten –, so bedeuten diese Worte in unterschiedlichen Kontexten Anderes. Es ist die nie endende Aufgabe

[16] Vgl. das von Helm Stierlin ausgearbeitete Modell mitmenschlicher Beziehungen; ders., Das Tun des Einen ist das Tun des Anderen. Eine Dynamik menschlicher Beziehungen, Frankfurt a.M. 1971.

des Übersetzens, sich die Prozesse bewusst zu machen, in denen sich die sozial-kommunikativen Kontexte des Sprechens – etwa von Gott, seinem Handeln durch erwählte Gottes-Menschen und seinem Sich-Offenbaren, vom Glauben der Menschen und ihrer Gottesbeziehung – verändern und sich die Bedeutung der dabei verwendeten Worte oft unmerklich, aber auf längere Sicht mitunter tiefreichend neu bestimmt. So vollzieht sich auch die Überlieferung der biblischen Ursprungszeugnisse in fortwährenden Inkulturierungs- und Dekulturierungsprozessen; und schon die Artikulation der Ursprungszeugnisse ist Inkulturation: das Aussprechen des Erfahrenen in einem sprachlichen Selbst-, Welt- und Gottes-Verständigungszusammenhang, in dem Erfahrungen überhaupt erst geteilt – *kommuniziert* – werden können. Die Vorstellung, es gäbe einen göttlichen »Originaltext« oder göttlich-prototypische Handlungsmuster, die exterritorial wären zu den inkulturativen und dekulturativen Verständigungsprozessen einer bestimmten Zeit und Kultur, negiert das Offensichtliche, um sich die immer riskante Arbeit des Übersetzens zu ersparen. Sie unterstellt die Möglichkeit eines direkten Zugangs zum Original-Göttlichen, der sich von geschichtlich-relativen, sprachlichen Vermittlungsprozessen nicht irritieren lassen müsste. Dieser unmittelbare Zugang sollte etwa mit der Unveränderlichkeit eines heiligen Textes und dem von ihm Mitgeteilten bzw. Eingeforderten oder aber in der göttlichen Autorität eines Lehramtes gegeben sein, welches die göttliche Aussage-Intention der normativen Texte zuverlässig feststellt. Das Wagnis der Übersetzung müsste dann nicht eingegangen werden, wenn Gott sicherstellt, dass seine Botschaft nicht in menschlich-allzumenschlichen Verständigungsprozessen, sondern – davon völlig unberührt – aus sich selbst verständlich und verbindlich wird. Das ist die *fundamentalistische Option* in den Schriftreligionen, die zwar auch im Bereich des Christlichen vielfach vertreten wird, hier aber *christologisch* ausgeschlossen sein müsste.

Wie man die Glaubensbedeutung Jesu Christi auch theologisch genauer zu bestimmen hätte: Bezugsperson christlichen Glaubens ist er deshalb, weil Gott in ihm auf menschliche Weise für die Menschen rettend und heilend gegenwärtig, ja greifbar wurde, so dass diese sich in der Not ihres Menschseins und bei der Suche nach einem menschlichen Leben in Fülle an ihn halten können. Die glaubensbedeutsame »Rolle« Jesu Christi ist die des *Immanuel*, der als Mensch Gottes rettendes Mit-uns-Sein handelte und lebte, es in diesem Sinne selbst gewesen ist und – nach dem Glauben der Christen – im Heiligen Geist für alle Zeiten ist. Gottes heilende Menschengegenwart geschieht danach *in* menschlich-geschichtlicher Lebenswirklichkeit, nicht »exterritorial« zu ihr in einer unmittelbar zugänglichen, alles Menschliche ausschließenden göttlichen Sonderwirklichkeit.

Wenn mit diesen Hinweisen einigermaßen getroffen ist, was der christliche Glaube von Jesus Christus als der Bezugsperson des Glaubens bekennt, so wäre damit jedem Fundamentalismus die Glaubens-Basis entzogen. Gott wird *im Menschlichen* heilsam gegenwärtig und damit auch in menschlicher Kommunikation, in menschlicher Selbst-, Welt- und Gottesverständigung. Er wird durch seinen Heiligen Geist in menschlicher Kommunikation dadurch präsent, dass man zu verstehen versucht, wie er in Jesu Verkündigung und in seiner menschlichen Glaubenspraxis gegenwärtig wurde, und indem man mit dem eigenen Leben auf die herausfordernde Gottes-Wirklichkeit Jesus Christus antwortet – ihm *nachfolgt*. Gottes Wirklichkeit im Gottes-Menschen Jesus Christus verstehen heißt aber unabdingbar, Gott im Blick auf Jesus Christus als den zu verstehen, der mir mein eigenes Leben verstehbar macht und es mir auf die Fülle des Lebens hin aufschließt[17], der den Geist sendet, durch den mir der Weg in der Spur Jesu Christi als Weg zu einem Leben in Fülle erschlossen wird. Gott lässt sich, so der grundlegende hermeneutische Sinn des Christus-Glaubens, nur ganzmenschlich verstehen: im Gottes-Menschen Jesus von Nazaret[18], im Sich-selbst-Verstehen der Glaubenden, in den menschlich-geschichtlichen Verstehens- und Auslegungsprozessen, in denen Menschen sich ihre Lebens-Welt dadurch erschließen, dass sie diese als den Zeitraum der in Jesus Christus den Menschen zuinnerst nahe gekommenen, rettenden Gotteswirklichkeit verstehen.

1.5 Jesus, den Christus, verstehen, ihn übersetzen

Gott verstehen heißt christlich Jesus, den Christus, verstehen: seine Botschaft, die Sendung, der er sein Leben widmete und die er mit seinem Leben kommunizierte; es durch das und auf das hin verstehen, was die Christuszeugnisse des Neuen Testaments als Gottes-Wirklichkeit bezeugen, in Titeln oder Rollenzuschreibungen, die zum Ausdruck bringen wollen, wie in

[17] Der johanneische Jesus sagt von sich: »Ich bin die Tür, wer durch mich hineingeht, wird gerettet werden [...] Ich bin gekommen, damit sie das Leben haben und es in Fülle haben« (Joh 10,9–10).

[18] Von ihm sagt der Prolog des Johannesevangeliums (Joh 1,18), er habe den Gott, den niemand je gesehen habe, »ausgelegt« (wörtlich: exegesiert).

Jesus Christus und durch ihn von Gott her und auf Gott hin Rettung geschah und geschieht. Jesus, den Christus, verstehen heißt nicht, »wörtlich« zu wiederholen, was er angeblich selbst gesagt hat und was über ihn in den biblischen Zeugnissen gesagt wurde, heißt vielmehr verstehen, was damit gesagt sein sollte, uns hier und heute gesagt sein kann. Es heißt deshalb auch: neu inkulturieren, was damals in der Sprache gelehrter Bibellektüre des 1. Jahrhunderts oder im hellenistischen Denkmilieu gesagt wurde und so erst sagbar wurde und über viele Jahrhunderte neu inkulturiert, immer wieder neu unverständlich oder missverstanden wurde und neu übersetzt werden musste. Es muss heute sagbar werden, ohne dass unhörbar gemacht würde, was damals entscheidend wichtig war.

Die Dramatik dieser Aufgabe ist unverkennbar und lässt sich erahnen, wenn man sich nur im Umriss vergegenwärtigt, welchen Verlauf die Geschichte gerade der Auslegung des Retter-Seins Jesu Christi schon in den Zeugnissen des Neuen Testaments wie dann in den soteriologischen Überlieferungen der Christentumsgeschichte genommen hat. Die Zeugnisse einer rettenden Gottes-Begegnung in dem Jesus Christus, der die Sündenvergebung zuspricht und von den Fesseln dämonischer »Besessenheit« befreit, da er die Sünder und von ihrer Lebenslast Niedergedrückten auf dem Weg in die Gottesherrschaft mitnimmt, greifen aus auf die Rolle des *Menschensohnes*, der vor Gott für die Menschen einsteht und gegen die Anklage des Satans für sie zeugt. Jesus wird – nach anderen neutestamentlichen Zeugnissen, die sich auf entsprechende Überzeugungen des zeitgenössischen Judentums stützen – zum Retter für die Seinen, da er *als Gerechter leidet:* Sein Leiden tilgt nicht die eigene Ungerechtigkeit, sondern kommt denen zugute, die für ihre Sünde leiden müssten. Hier schließt dann mitunter eine Meditation der Sendung Jesu an, die diese in der Rolle des *Gottesknechts* nach Jesaja 49–53 vorgebildet sieht. Er trägt die Sünden der Vielen; im Sinne des Sühnerituals konnte von ihm – und vom gekreuzigten Jesus – gesagt werden: »Zu unserem Heil lag die Strafe auf ihm, durch seine Wunden sind wir geheilt [...] der Herr lud auf ihn die Schuld von allen« (Jes 53,5b.6b). Von Jesus konnte es gesagt werden, weil gerade von ihm bezeugt werden durfte: »[D]er Herr fand Gefallen an seinem zerschlagenen Knecht, er rettete den, der sein Leben als Sühnopfer hingab« (Jes 53,10a).

Prominente, aber keineswegs alle neutestamentlich-soteriologischen Zeugnisse modellieren die Sendung Jesu Christi nach einer Rolle, die der priesterlichen Aufgabe entsprach, den »Zorn Gottes« und die von ihm in Gang gesetzte Strafe durch rituelle Sühneleistung abzuwenden. Die christologisch-soteriologische Reformulierung und Reinszenierung dieser Rolle etwa im Hebräerbrief zeichnete den Gekreuzigten und Auferweckten als den endzeitlichen Hohenpriester, der alle kultische Sühne dadurch überholte, dass er sich selbst als endgültig wirksame Sühne Gott darbrachte und für alle Zeiten den Zugang zur göttlichen Heilssphäre »im Himmel« erwirkte. Wo man diese am Jerusalemer Tempel und den dort vollzogenen Sühneritualen orientierte priesterliche Logik nicht mehr verstand, machte man sie sich – ohne dass man diese Übersetzung bewusst vollzogen hätte – in einem quasi-juristischen Sprachspiel verständlich: Der Erlöser büßt stellvertretend eine (Todes-)Strafe ab, die eigentlich vom Menschengeschlecht selbst zur Tilgung der von ihm aufgehäuften Sündenschuld hätte erlitten werden müssen. Im frühen Mittelalter deutet man diese Stellvertretung mit der Rolle des Vermittlers, der die *Satisfactio* vermittelt: die Befriedigung einer todbringenden Straf-Notwendigkeit durch ein Vermittlungsverfahren, in dem sich der »Rebell« dem Lehnsherrn von neuem unterwarf und sich zu seinem Lehensgehorsam bekannte. Das Todesleiden war hier der Preis eines Gehorsams, der den Menschen zugutekam, die von sich aus gar nicht satisfaktionsfähig gewesen wären.

Welche dieser Rollen- und Bedeutungszuschreibungen stimmt nun oder trifft am Besten »die Sache selbst«: die Sendung Jesu Christi, in der Gott den Menschen schlechthin heilsam begegnen und sie in seine Heilswirklichkeit einbeziehen wollte? Die Sache selbst lässt sich nicht überzeitlich und gewissermaßen in Reinkultur aus den Inkulturationen herauspräparieren, in denen sie ausgelegt und imaginiert wurde. Sie lässt sich nur an Übersetzungen in heutige Selbst-, Welt- und Gottesverständigungsversuche mehr oder weniger gut *wieder*erkennen. Im besten Fall kann man durch sorgfältige Übersetzungsarbeit – indem man die hier angedeuteten Inkulturations- und Dekulturationsprozesse nachzeichnet – die Erfahrung vermitteln, dass das Hinein-Formulieren und Hinein-Imaginieren des in Bibel und Glaubensüberlieferung auf je eigene Weise Inkulturierten in heute vollziehbare Rollenzuschreibungen, Handlungslogiken und damit verbundene Erfahrungen dem, was *damals* gesagt werden sollte, weil es *so* geschehen ist, möglichst wenig schuldig bleibt.

Aber es ist klar: Keine Übersetzung ohne Bedeutungsverlust. Das galt schon für die biblischen Zeugnisse selbst, die in jedem Einzelfall bemüht waren – man denke etwa wiederum an den Hebräerbrief – den Sinnüberschuss der Sendung Jesu gegenüber etwa priesterlichen Rollen und Vollzügen genau zu markieren: Die in Jesus Christus eröffnete Zugänglichkeit Gottes bedeutet unendlich »mehr« als die im Tempel begangene; hier ist mehr als der Tempel (vgl. Mt 12,6). So muss die Übersetzung ins Heute an den neutestamentlichen Christuszeugnissen immer wieder neu lernen, diesem *Weit mehr als* sprachlich und Glaubens-imaginativ Raum zu geben, ihm Geltung zu verschaffen: Wir können nicht umhin, uns Jesus Christus in den Rollen und Handlungsmustern vorzustellen, die uns »einfallen«, wenn wir uns heute den biblischen Zeugnissen aussetzen und sie für uns als bedeutsam auszulegen versuchen. Aber wir sollten das im wachen Glaubens-Bewusstsein dafür tun, dass sie nur dazu dienen können, dem *Komparativ* der Sendung Jesu Christi einen Anhaltspunkt zu geben und Vorstellungs-Orte zu markieren, an denen unsere Vorstellungskraft von den biblischen Zeugnissen herausgefordert wird, sich zu *überschreiten:*

- die Handlungslogik des Priesterlichen oder Juridischen in die Liebes-Logik des Handelns Gottes,
- unsere Vorstellungen vom Göttlichen und seinem Welt-Verhältnis auf sein Eingehen in die Menschenwelt, sein Nahekommen mitten in einem von Schuld und Scheitern bestimmten Menschenleben,
- unsere Erwartungen an die Erfüllung unseres Lebens in der Liebe auf die Fülle des Lebens hin, die den Menschen in Jesus Christus aufgetan ist und zugänglich wird.

Am Vorstellbaren das mehr als Vorstellbare, fast Unvorstellbare aufleuchten zu lassen: Darum ging es den biblischen Zeugnissen von Jesus Christus, die ihn als rettende Gottes-Wirklichkeit kommunizierten. An die Grenze des Vorstellbaren zu gelangen und hier den Ort zu finden, an dem mehr gesagt werden kann und vorstellbar wird als das innerhalb dieser Grenzen Nachvollziehbare: Darum geht es in den Übersetzungen, die schon in den biblischen Zeugnissen selbst geschieht; darum geht es in den Übersetzungen, in denen die biblischen Zeugnisse heute Ernst genommen werden müssten. So wird eine Christologie heute nur darin ihren Sinn haben, Jesus, den Christus als Gottes-Übersetzer – als Gottes-Exegeten und Gottes-Hermeneuten –, seine Gottes-Übersetzung aber als schlechthin heilsame Gottes-Wirklichkeit für den Menschen zu übersetzen; in hermeneutisch möglichst selbstkritischer Aufmerksamkeit dafür, was diese Übersetzung zu wagen hat, was bei ihr gewonnen werden und was verloren gehen kann. Jesu Gottes-Hermeneutik schließt den Zugang zu einem Gott-verbundenen, Gott-erfüllten Leben auf und fordert die Menschen dazu heraus, darin die höchsten Möglichkeiten ihrer menschlichen Freiheit zu entdecken.[19] Wer sagen will, was Jesus, der Christus ihm – uns – *bedeutet*, wird das Wagnis der

[19] Vgl. Paul Ricœur, Philosophische und theologische Hermeneutik, in: ders. – Eberhard Jüngel, Metapher. Zur Hermeneutik religiöser Sprache. Mit einer Einführung von Pierre

Übersetzung und des Verstehenwollens nicht scheuen dürfen. Wer es fundamentalistisch ignoriert, wird sich an Vokabeln ohne Bedeutung festhalten und diese Bedeutungslosigkeit mit der Verpflichtung darauf überbieten wollen, etwas für wahr zu halten, was die Glaubenden in ihrer Bedeutung nicht verstanden haben und auf die Autorität der Kirche oder des heiligen Textes hin annehmen *müssen*. Als zum Gott-Verstehen rufender Gottes-Hermeneut ist Jesus, der Christus, die Bezugsperson christlichen Glaubens. Sie gibt diesem nicht nur – und nicht zuerst – eine verpflichtende Glaubens-Norm vor, sondern *ermöglicht* den Glauben, da sie in die Nähe dessen führt und in die Gemeinschaft mit dem einführt, dem der Glaube sich anvertraut.

1.6 Der getreue Zeuge

Zuverlässiger Gottes-Hermeneut ist Jesus Christus nach der Johannes-Apokalypse durch sein Zeugnis; sein Zeugnis wird hier als Gottes Wort vorgestellt (Offb 1,2). Der in der Welt und von ihren Herrschern angefochtene Glaube darf sich nach der Johannes-Apokalypse an diesen »treuen Zeugen« und sein Wort als Gottes Wort halten, denn er ist – so das Glaubensbekenntnis in der Einleitung dieser letzten biblischen Schrift – »der Erstgeborene der Toten, der Herrscher über die Könige der Erde. Er liebt uns und hat uns von unseren Sünden erlöst durch sein Blut; er hat uns zu Königen gemacht und zu Priestern vor Gott, seinem Vater. Ihm sei die Herrlichkeit und die Macht in alle Ewigkeit« (Offb 1,5–6).

Die »Erhöhung« des Erniedrigten hat Jesus Christus als getreuen Zeugen erwiesen. So kann man sagen: Gott, der Vater, bezeugt sich selbst in ihm, da er ihn vom Tod erweckt. Der Vater bezeugt sich in der Liebe Jesu Christi, in der dieser sich in Dienst nehmen ließ, bis in seinen Tod hinein das Werkzeug Gottes für das Heil der Menschen zu sein. Das Lebens- und Sterbens-Zeugnis des Christus ist das Selbst-Zeugnis Gottes, des Vaters, der Christi Lebens- und Sterbens-Zeugnis als Bezeugung seiner Todes-überwindenden und über alle Todesmächte siegenden Liebe erweist. Weil Jesu Christi Zeugnis vom Vater als dessen Selbst-Zeugnis erwiesen wird, ist es als Gottes eigenes Zusage-Wort beglaubigt. So dürfen die Glaubenden sich an

Gisel (Sonderheft der Evangelischen Theologie), München 1974, 24–45, hier 32 und 44.

es halten. So können sie den Mächten dieser Welt standhalten, die über sie – wie zuvor schon über den treuen Zeugen Jesus Christus – die Herrschaft des Todes verhängen wollen.

Christlich Glaubende glauben Jesus sein Gottes-Zeugnis. Und sie glauben ihn – sein Leben, seine Verkündigung, seinen Weg ans Kreuz – als *Gottes* Zeugnis: als den schlechthin verlässlichen Weg der Wahrheit, auf dem sie von Gottes Geist selbst zur Fülle des Lebens geführt werden (vgl. Joh 14,6), weil er der schlechthin verlässliche Weg »zum Vater« ist. Sie glauben Jesus von Nazaret als Gottes Selbst-Bezeugung: als das vollkommene Sichtbarwerden – Erkennbarwerden – des unsichtbaren Gottes für den Glauben, für die Glaubenden, die ihm auf dem Weg nachfolgen, den er zum Vater geht (vgl. Joh 14,1–12). Auf Jesus Christus als die glaubwürdige Bezugsperson des Glaubens richtet sich der Glaube der Christen also insofern, als an dieser Bezugsperson wahrnehmbar wird, was es heißt, den Weg des Glaubens zum Vater zu gehen, sich von seiner Liebe – seinem Geist – erfüllen zu lassen und seinem zukünftigen Kommen anzuvertrauen. Die Bezugsperson des Glaubens ist nicht nur das Vorbild im Glauben; sie ist Gottes eigene Zeugnis-Wirklichkeit. In ihr erweist Gott sich als absolut anvertrauenswürdig; in ihr kommt er den Menschen so nahe, dass sie sich zum Glauben herausgefordert und gestärkt erfahren.

Das Zeugnis Jesu Christi als Gottes Selbst-Zeugnis: In diesem Sinne denkt und glaubt die Gemeinschaft der Christinnen und Christen die Zeugnisse der Bibel weiter. So kommt sie schließlich im 5. Jahrhundert zur »hohen Christologie«, wie sie für das Christentum des Ostens wie des Westens maßgebend geworden ist: Jesus Christus, ganz Gott und ganz Mensch, eine Person, die sich in zwei Wesenheiten verwirklicht. Ist das nicht hoffnungslos überholt, kaum noch zu übersetzen oder doch endlich in eine Sprache zu übersetzen, die uns nicht mehr in die Sackgassen einer hellenistischen Metaphysik hineinführt, sondern in die Nachfolge auf dem Weg Jesu zu einem Leben in Fülle einweist?

Diese Einschätzung stellt sich ein, wenn kirchliche Lehre und Verkündigung die hohe Christologie der Zwei-Naturen- und Trinitätslehre dem Gotteszeugnis Jesu Christi gewissermaßen nachträglich – als bloßen Überbau – hinzufügen, um nicht zu sagen *aufpfropfen*. Sie rufen dann – und dies mit dem Aufkommen der historisch-kritischen Erforschung der Bibel immer nachdrücklicher – die Kritik hervor, die kirchliche Christologie der ersten Konzilien habe mit den Christus-Zeugnissen des Neuen Testaments eigentlich nichts mehr zu tun, ja sie verfälsche, was Jesus von Nazaret gewollt und verkündigt habe. Gibt es eine Möglichkeit, dieser Einschätzung dadurch Rechnung zu tragen, dass man die hohe Christologie im Gottes-Zeugnis Jesu, des Christus, mit gegeben sieht?

Mit gegeben: Das kann sicher nicht heißen, Jesus habe selbst die Zwei-Naturen-Lehre oder ein trinitarisches Gottesverständnis verkündigt und sich so vom Verkündiger zum Verkündigten gemacht, will heißen: als zentralen Inhalt seiner Gottes-Verkündigung gesehen. Das könnte nur heißen: Die Kirche folgte und folgt mit ihrer Lehre den neutestamentlichen Lese- und Höranweisungen – etwa des Johannesprologs – und versteht das Gottes-Zeugnis Jesu Christi als Gottes Selbstbezeugung, als Gottes eigenen Logos (Joh 1,14), als das »originalgetreue«, weil als Gottes eigene Wirklichkeit in der Wirklichkeit des Menschseins hervorgerufene »Selbst-Bild« Gottes (vgl. 2 Kor 4,4; Kol 1,15; Hebr 1,3); sie bringt mit ihrer Lehre in einer Terminologie, welche aus der hellenistischen Philosophie des 4. und 5. Jahrhunderts entwickelt wurde, zur Geltung, dass Jesus, der Christus, Gottes eigene *Zeugnis-Wirklichkeit* ist.

Die Kirche lehrt das, indem sie es *bekennt:* nicht als zwangsläufige Konsequenz aus der Lektüre der biblischen Zeugnisse einfordert, sondern als ihre Lese- und Verstehens-Perspektive ausweist. Sie liest und versteht das Lebens- und Verkündigungs-Zeugnis Jesu so, dass sie *in ihm* Gottes eigenes Sich-Mitteilen, ja seine Teilnahme am Leben der Menschen gegeben und sich ereignen sieht. Diese Lese- und Verstehens-Perspektive lässt sich anhand der biblischen Zeugnisse selbst nicht argumentativ erzwingen, sich aber womöglich – und das in mehrfacher Hinsicht – als *aufschlussreich* erweisen.[20] In den neutestamentlichen Bezeugungen des Gottes-Zeugnisses Jesu bezeugt sich ein Gott, dem geglaubt werden darf, dass er »alles einsetzt«, die Menschen aus ihrer Selbstverschlossenheit zu befreien und für ein Gott-erfülltes Leben zu gewinnen, ihnen dieses Leben zu erschließen. Jesu Lebens- und Verkündigungs-Zeugnis erscheint in dieser Perspektive als der »eschatologische« Einsatz Gottes, in welchem Gott selbst sich erschließt als der die Menschen für Gott und für sie selbst – für ihre Berufung – Aufschließende. Die Christologie hätte dann die Aufgabe, an den biblischen Zeugnissen und von ihnen her deutlich zu machen, wie das Zeugnis Jesu aufschlussreich sprechend wird und die Menschen in ihrem Innersten

[20] Ich orientiere mich dabei an einer Formulierung von *Paul Ricœur*, wonach auch philosophisch im Blick auf die Bibel insofern von Offenbarung gesprochen werden könnte, als »das neue Sein, von dem sie redet, für die Welt, für die gesamte Wirklichkeit einschließlich meiner Existenz und meiner Geschichte *offenbarend* ist« (ders., Philosophische und theologische Hermeneutik, a. a. O., 40).

anspricht, wenn man es als Zeugnis für Gottes Selbst-Einsatz zugunsten der Menschen und ihres Lebenkönnens in der Lebensfülle Gottes versteht.

Die hier versuchte *elementare Christologie* will die *hohe Christologie* der Kirche in diesem Sinn als Leseanweisung für die biblischen Zeugnisse anbieten, die uns Jesu Christi Gottes-Zeugnis vermitteln – sie als Leseanweisung für eine Lektüre dieser Zeugnisse gebrauchen, die für heutiges Selbst-, Welt- und Gottesverständnis aufschlussreich ist. Dabei ist methodisch so vorzugehen, dass man das im Christus-Zeugnis des Neuen Testaments überlieferte Gottes-Zeugnis Jesu von Nazaret als das Selbst-Zeugnis eines Gottes verstehbar macht, der den Menschen zu ihrem Heil nahekommen und sie für seinen guten Willen gewinnen will, damit dieser gute Wille auf Erden wie schon im Himmel geschehe und dieses Geschehen die Menschen für ein Leben in unerschöpflicher Fülle aufschließe.

So wird diese Christologie *unten* ansetzen: bei den neutestamentlichen Bezeugungen des Lebens- und Verkündigungszeugnisses Jesu. Von ihnen her wird zu zeigen sein, warum man sagen kann, dass in Jesu Lebens- und Verkündigungszeugnis Gottes guter Wille so geschieht, dass im Geschehen dieses guten Willens für die Menschen Gott selbst den Menschen heilsam nahekommt. In Jesu Verkündigungs- und Lebenszeugnis geschieht – so könnte man dann mit dem Epheserbrief sagen – das Geheimnis *(mysterion)* des guten Willens Gottes so, dass es sich im Glaubensblick auf Jesus, den Christus, aufschließt und die Menschen dafür aufschließt, sich diesem Geheimnis anzuvertrauen (vgl. Eph 1,9).[21]

Geheimnis meint hier nicht das verschwiegen Unzugängliche, sondern eine unausschöpfbare Zugänglichkeit und Tiefe, aus der sich die Wirklichkeit dieses guten Willens den Menschen *mit*teilt und ihnen so geschieht, dass sie an ihm teilnehmen können. Dieser Sinn von Geheimnis ist dem alltäglichen Sprachgebrauch keineswegs so fremd, wie es beim ersten Hinhören erscheinen mag. Wir sprechen ja etwa in der emphatischen Sprache der Liebe vom Geheimnis eines geliebten Menschen, das in unserer Liebe geschieht und zugänglich wird, so zugänglich wird, dass es uns ergreift und am Leben dieses Menschen teilhaben lässt. Vielleicht erinnert man sich dabei an besondere Ereignisse oder Dimensionen dieser Liebes-Beziehung, in denen das Geheimnis dieses Mitmenschen in besonderer Dichte erlebbar wurde und zugänglich wird. In diesem Sinne könnte man im Plural von den

[21] Es wird sich zeigen, ob damit die in den letzten Jahrzehnten viel diskutierte Unterscheidung einer *Christologie von unten* zu einer *Christologie von oben* unterlaufen oder zumindest relativiert werden kann.

Geheimnissen dieses Lebens sprechen, in denen das Leben des geliebten Menschen sich in seiner Tiefe erschließt (oder erschlossen hat). Diese Redeweise wird hier auf das Lebens-Geheimnis Jesu, des Christus, übertragen; mit einer breiten Frömmigkeitstradition wird von *den Geheimnissen des Lebens (und Sterbens) Jesu* gesprochen[22]; und es wird versucht, in ihnen das eine Heils-Mysterium zu erkennen und wirksam zu sehen: das Geheimnis Gottes und seines zum Heil der Menschen geschehenden guten Willens. Dieser gute Wille des Vaters geschieht in Jesus Christus; er geschieht durch ihn. Er wird greifbar in seiner Reich-Gottes-Praxis; greifbar für die, die sich für das Reich Gottes gewinnen lassen und dem nachfolgen, der das Mysterium des guten Gotteswillens »verkörperte«.[23] Der Anfang aber wäre mit dem Geheimnis der »Herkunft« des Jesus von Nazaret zu machen, wenn man so will: mit der Vorgeschichte seiner Geschichte, seiner Reich-Gottes-Praxis, die zugleich das Vor-Zeichen vor ein Leben setzt, das ganz dem Wort- und Tat-Zeugnis für Gottes guten Willen gewidmet ist.

---

[22] So etwa prominent bei Ignatius von Loyola. Vereinzelt taucht dieser Sprachgebrauch aber auch in fachtheologischen Zusammenhängen auf, der Sache nach auch in der *Summa theologica* des Thomas von Aquin (vgl. III, 35–59). In den letzten Jahrzehnten begegnet er besonders prominent in den christologischen Bänden von *Mysterium Salutis*, der ersten großen deutschsprachigen Dogmatik nach dem 2. Vatikanischen Konzil; vgl. J. Feiner – M. Löhrer (Hg.), Mysterium Salutis. Grundriss heilsgeschichtlicher Dogmatik, Bd. III/2, Einsiedeln – Zürich – Köln 1969, darin besonders das von Alois Grillmeier, Raphael Schulte und Christian Schütz verfasst 8. Kapitel: Die Mysterien des Lebens Jesu, sowie das von Hans Urs von Balthasar verfasste 9. Kapitel: Mysterium Paschale. Kennzeichnend für den dort verfolgten Ansatz (wie auch für die Summa theologica des Thomas von Aquin) ist freilich, dass von den Geheimnissen des Lebens und Sterbens Jesu – im Unterschied zu dem von mir hier Versuchten – *nach* der Ausführung einer »hohen Christologie« gesprochen wird, diese hohe Christologie also konkretisieren oder veranschaulichen soll.

[23] Jon Sobrino greift die Lehre von den Geheimnissen des Lebens Jesu im Blick auf eine Mystagogie der Nachfolge auf, in welcher der Befreiungsimpuls der Reich-Gottes-Praxis Jesu aufgenommen und verheutigt würde; vgl. Jon Sobrino, Christologie der Befreiung, dt. Mainz 1986 bzw. ders., Der Glaube an Jesus Christus, dt. Ostfildern 2008 sowie als kurzer Kommentar Bernhard Nitsche, Christologie, Paderborn 2012, 158f.

2. Gekommen – Empfangen

2.1 Das Geheimnis der Herkunft

»Ist er nicht der Sohn des Zimmermanns? Heißt nicht seine Mutter Maria und sind nicht Jakobus, Josef, Simon und Judas seine Brüder? Leben nicht alle seine Schwestern unter uns? Woher also hat er das alles?« Das fragen sich die Mitbürger Jesu in seiner Heimatstadt, mit leisem Staunen vielleicht, aber zuletzt doch abschätzig und mit entschiedener Ablehnung. »Sie nahmen Anstoß an ihm« (Mt 13,55–57). Jesu Herkunft ist klar und unklar zugleich, geheimer Grund des Anstoßes, den er in Nazaret erregt. Das Matthäusevangelium spricht es gleich zu Anfang offen aus: Josef, der Zimmermann, ist der »Mann Marias, von ihr wurde Jesus geboren, der der Christus genannt wird« (Mt 1,16). Von Josef her gehört Jesus in die Linie der Davids-Söhne, aus denen der endzeitliche Messias und Befreier Israels kommen sollte. Aber in welchem Sinne ist Jesus des Zimmermanns und so auch Davids Sohn? Zweifel sind angebracht, sie sind nie verstummt[1]; Zweifel nicht nur daran, woher er das alles hat – seinen Anspruch und die Sendung, die er dafür in Anspruch nimmt –, sondern auch daran, woher er *ist*.

Nach dem Matthäusevangelium wie nach Lukas (Lk 1,26–38) ist Josef nicht Jesu leiblicher Vater. Jesus ist der Sohn Marias; sie hat ihn zur Welt gebracht, in diesem Sinne ist er »aus« ihr. Aber weder der Hinweis auf diese offenkundige Tatsache noch der Hinweis darauf, dass er durch Josef Sohn Davids ist, wie auch immer es um Josefs Vaterschaft stehen mag, beantworten die Fragen: Woher ist er? Woher hat er das alles? Für das Matthäus- wie

[1] Erweist sich Josef etwa in dem Sinne als »gerecht« (Mt 1,19), dass er – vom Engel im Traum »aufgeklärt« – Maria, die nicht von ihm Schwangere, zu sich nimmt und so ihre außereheliche Empfängnis, womöglich gar die Frucht einer Vergewaltigung legitimiert? Dass Jesus von den Mitbewohnern Nazarets nicht als der Sohn des Josef angesprochen wird, mag auf diese »dunkle« Herkunft anspielen, erlaubt es aber doch wohl nicht, das Sendungsbewusstsein Jesu aus dem Trauma des unehelich Empfangenen abzuleiten.

für das Lukasevangelium ist es Gott selbst, der genannt werden muss, wenn diese Fragen eine Antwort finden sollen. *Aus* Gottes Geist hat er »das alles«.

Nicht erst für heutiges Verstehenwollen fangen mit dieser Antwort die Fragen erst an. Man wird von den Texten selbst fast gezwungen weiterzufragen: Ist das Geheimnis der Herkunft Jesu mit der Antwort: Nicht aus Josef, sondern durch den Heiligen Geist! schon »aufgeklärt«? Oder wird es jetzt als Geheimnis überhaupt erst spruchreif? Das Matthäusevangelium legt dem Engel, der Josef im Traum erscheint und ihn bereit macht, Maria nicht zu entlassen, die Botschaft in den Mund: »[...] das Kind das sie erwartet, ist vom Heiligen Geist. Sie wird einen Sohn gebären, ihm sollst du den Namen Jesus geben; denn er wird sein Volk von seinen Sünden erlösen« (Mt 1,20–21). Die Traumbotschaft, dass dieses Kind »vom Heiligen Geist« ist, will also nicht einfach die Zweifel Josefs an seiner Verlobten zum Schweigen bringen, so als ob nun klar wäre, aus wem – wenn schon nicht aus Josef – das heranwachsende neue Leben in Maria stammt. Der Name, der ihm zu geben ist, macht deutlich, was es heißt, aus Gott und durch den Heiligen Geist zu sein: Marias Sohn ist dazu berufen, Gottes Werk an seinem Volk zu tun: es aus seiner sündigen Gottferne zu erlösen. Genau deshalb wird man ihm, dem aus der jungen Frau Geborenen, nach der Jesaja-Verheißung (Jes 7,14G) den zweiten Namen *Immanuel* geben: In ihm wird der Name Gottes selbst – JHWH: Ich bin für euch da (Ex 3,14) – auf neue Weise wahr und Gott selbst in der Welt neu präsent. Aus Gott und durch den Heiligen Geist zu sein, das macht die göttliche Sendung des Sohnes der Maria aus. Sagt es dann überhaupt noch etwas zu seiner leibhaften Herkunft aus?

Darüber wird bis in die Gegenwart hinein gestritten, zumal die Glaubensbekenntnisse sich ausdrücklich zur Geburt Jesu aus der *Jungfrau* Maria bekennen. Davon wird hier noch die Rede sein. Aber zunächst und in erster Linie muss es um das Heils-Geheimnis der Herkunft Jesu gehen. Und das liegt nicht in dem Rätsel, das die ungeklärte Frage nach seinem leiblichen Vater aufgeben oder aufgegeben haben mag. Das Geheimnis der Herkunft Jesu ist ein Heils-Geheimnis – *mysterion* –, weil sein Menschenleben von Anfang an Gottes eigene Heils-Wirklichkeit in dieser Welt ist. Jesu Herkunft ist Ankunft; mit ihm ist nach dem Zeugnis der Evangelien der *gekommen*, den sein Volk als den zu seiner Befreiung gesalbten Davidssohn erwartet: der Messias. Es muss nicht auf einen anderen warten. In ihm geschieht, was seinem Volk durch Gott geschieht, nur durch Gott geschehen kann, und ihm die endgültige Befreiung ankündigt: »Blinde sehen wieder und Lahme gehen; Aussätzige werden rein und Taube hören; Tote stehen auf und den Armen wird das Evangelium verkündet« (Mt 11,5 und Lk 7,22 nach Jes 26,19; 29,18; 35,5f.; 61,1). Der so lange schon Erwartete ist zu den »Seinen« gekommen – und die Seinen nehmen ihn auf; allen voran Maria und mit ihr Josef, der Maria bei sich aufnimmt. Viele aus Gottes Volk haben ihn freilich nicht aufgenommen, da er »in sein Eigentum kam«. »Allen aber, die ihn aufnahmen, gab er die Macht, Kinder Gottes zu werden, allen, die an seinen Namen glaubten, die nicht aus dem Blut, nicht aus dem Willen des Fleisches, nicht aus dem Willen des Mannes, sondern aus Gott geboren sind« (Joh 1,11–13).

Gekommen und empfangen, aufgenommen und so zu Gottes Kraft geworden – oder eben nicht bereitwillig aufgenommen, sondern zurückgewiesen und an denen, die ihn zurückwiesen, gescheitert: In dieses durchaus zwiespältige Geheimnis führen die neutestamentlichen Texte ein, in denen Jesu Herkunft bezeugt und als Glaubens-Wirklichkeit zur Sprache gebracht wird. Gekommen und empfangen oder abgewiesen: Diese Metaphern weiten den Blick vom konkreten Ereignis einer rätselhaften Empfängnis und einer geheimnisvollen Geburt auf das Geheimnis hin, das sich hier ereignet haben soll; sie bereiten und imaginieren gewissermaßen die Bühne, auf der sich das Drama um den durch Maria Gekommenen, von ihr Empfangenen, nun abspielt und seine Dramatik gewinnt.

2.2 Gekommen, damit ...?

Es ist nicht nur davon die Rede, dass Jesus als Sohn der Maria »auf die Welt« oder »zur Welt gekommen« ist, wie man das in unserer Muttersprache von jedem Neugeborenen sagt; auch nicht nur davon, dass mit diesem Neugeborenen wie mit so vielen anderen Freude und vielleicht auch Hoffnung zu denen kommen, die sich mit diesem Kind beschenkt erfahren – ebenso freilich eine Herausforderung, der sie sich zu stellen haben und an der vorbei es für sie nun kein »gutes Leben« mehr geben kann. Wenn von Jesus gesagt wird, er sei »gekommen«, so ist darüber hinaus von einer Sendung die Rede, davon, dass ihm vor allem Zur-Welt-Kommen eine Sendung für die Welt, in die er kommt, zugedacht ist und sein Kommen in diese Welt schlechthin bedeutungsvoll macht. Er ist gekommen, nicht um das Gesetz und die Propheten aufzuheben, sondern um sie zu »erfüllen« (vgl. Mt 5,17); nicht um Frieden auf die Erde zu bringen, sondern um das Schwert der Scheidung zu bringen, es gar zu sein (Mt 10,34); nicht um sich bedienen zu lassen, sondern zu dienen und seine Leben einzusetzen zur Auslösung der in Sünde Gefangenen (vgl. Mk 10,45). Er ist gekommen, nicht um die

Welt zu richten, so sehr durch ihn Scheidung in die Welt kommen muss, sondern um sie retten (vgl. Joh 12,47 in Spannung zu Joh 9,39) – und so ist er als das zugleich erleuchtende und zur Unterscheidung drängende Licht in die Welt gekommen (vgl. Joh 12,46 f.); alles entscheidend und zusammenfassend ist er gekommen, »damit sie das Leben haben und es in Fülle haben« (Joh 10,10).

Merkwürdig, dass der Sinn seines Gekommenseins offenbar immer wieder richtig zu stellen ist: nicht dazu, sondern *dazu* ist er gekommen. In der Welt, in die hinein er gekommen ist, neigt man dazu, sein Gekommensein misszuverstehen. So muss er klarstellen, wozu er gekommen ist. Und diese Klarstellung drängt ihn nach dem Johannesevangelium dazu, deutlich zu machen, woher oder von wem er kommt. Er kommt »aus dem Himmel« und bezeugt verlässlich, was er dort »gesehen und gehört« hat. So verkündigt er »die Worte Gottes« und teilt er in seinem Zeugnis den Geist Gottes und mit ihm, in ihm, das »ewige Leben« »unbegrenzt« aus (vgl. Joh 3,31–36). Daran, dass man seine Herkunft erkennt, entscheidet sich, ob man sein Zeugnis glaubt und an diesem Leben teilhat. Seine Gegner meinen zu wissen, woher er kommt; und so sprechen sie ihm seine messianische Sendung ab, denn wenn der Messias kommt, wisse »niemand, woher er stammt« (Joh 7,27). Ihnen hält Jesus entgegen: »Ihr kennt mich und wisst, woher ich bin; aber ich bin nicht in meinem eigenen Namen gekommen, sondern er, der mich gesandt hat, bürgt für die Wahrheit. Ihr kennt ihn nur nicht. Ich kenne ihn, weil ich von ihm komme und weil er mich gesandt hat« (Joh 7,28 f.).

Um wessen Herkunft man weiß, den kennt man. Man identifiziert ihn – und die Bedeutung, die man bereit ist ihm beizulegen – anhand der Antwort auf die Frage: Woher kommt er? Die Gegner Jesu kennen seine Herkunft aus Nazaret und seinem Vaterhaus. Aber sie irren sich in ihrem »Wissen« um die Herkunft, die ihn »zuinnerst« ausmacht. Sie kennen ihn nicht, verkennen seine *Identität;*[2] und vor allem: Sie kennen den nicht, der ihn gesandt hat und von dem er deshalb kommt. Das aber lassen sich die nicht sagen, die sich im Besitz des Gotteswissens und zu seiner Verwaltung bevollmächtigt sehen; sie wollen ihn festnehmen (Joh 7,30). Sein Selbstzeug-

[2] Hier den modernen, sozialpsychologisch formulierten Identitätsbegriff einzuführen, bringt die Gefahr mit sich, gegenwärtige Formen der Identitätsbildung in die Zeit Jesu mit ihren stärker traditional ausgeprägten Identitäten zurückzuprojizieren. Diese Gefahr gilt es im Blick zu behalten, wenn ich gleichwohl versuchen werde, den christologischen Personbegriff mit dem der Ich-Identität bzw. der personalen Identität zu erläutern.

nis – das Zeugnis darüber, woher er ist und wofür er deshalb da ist – weisen sie als ungültig zurück. Dieses Zeugnis bezeugt aber tatsächlich seine Identität; es ist gültig, denn er weiß, wovon er spricht: »Ich weiß, woher ich gekommen bin und wohin ich gehe. Ihr aber wisst nicht, woher ich komme und wohin ich gehe [...] Ihr kennt weder mich noch meinen Vater; würdet ihr mich kennen, dann würdet ihr auch meinen Vater kennen« (vgl. Joh 8,13–19).

Darauf also läuft hier alles hinaus und spitzt sich alles zu: Ob man Jesu Identität nicht länger verkennt, ihn wirklich kennt – und den, der ihn gesandt hat, von dem er kommt und von dem er deshalb wahrhaft Zeugnis gibt, ein Zeugnis, das die Selbstbezeugung seiner »christologischen Identität« einschließt. Wo man Jesus nicht wirklich kennt, weil man ihn auf eine »verräterische« Herkunft festlegen will, die nicht seine wirkliche Herkunft ist, da kennt man auch Gott nicht. Die johanneische Zuspitzung ist unverkennbar; und sie muss offenbar in die Passion hineinführen. Noch einmal und endgültig redet Jesus vor Pilatus Klartext: Mit ihm ist der Messias-König in die Welt gekommen. Das aber ist die Sendung dieses »Königs«: »Ich bin dazu geboren und in die Welt gekommen, dass ich für die Wahrheit Zeugnis ablege. Jeder, der aus der Wahrheit ist, hört auf meine Stimme« (Joh 18,37). Wer nicht auf seine Stimme hört, verkennt, dass er nicht nur in seinem Namen spricht, sondern für den, der ihn gesandt hat. Wer Jesus *erkannt* hat – als den Weg, die Wahrheit und das Leben –, der wird auch den Vater im Himmel erkennen, von dem er kommt und zu dem er geht (vgl. Joh 14,6 f.).

Das Johannesevangelium macht deutlich, warum das Kommen Jesu, des Christus, in diese Welt Entscheidung bedeutet: weil mit seinem Kommen die Herausforderung in diese Welt kommt, sich Gottes rettend-lebenspendender Wahrheit zu öffnen, die der in die Welt Gekommene zuverlässig bezeugt, da er von Gott kommt und so mitbringen kann, was Gott den Glaubenden zubestimmt hat. Jesus stellt vor die Zumutung, seiner Selbst-Bezeugung und seinem Gottes-Zeugnis zu glauben, weil es das Zeugnis dessen ist, der gesehen und gehört hat, was er bezeugt, da er vom Himmel kommt und in das Geheimnis eingeweiht ist, das seine Herkunft ausmacht und auch an den Glaubenden wahr werden soll. Auch sie sollen vom Himmel her durch den Geist neu zur Welt kommen und so eine neue Herkunft, eine neue Identität gewinnen: von Neuem geboren werden für das Reich Gottes, in dem das Leben zu seiner Fülle kommen wird.

Jesu Gespräch mit Nikodemus bringt diese Glaubens- und Verstehensherausforderung auf den entscheidenden Punkt: Nikodemus begegnet seinem Gesprächspartner bereits mit der Einschätzung: »Rabbi, wir wissen, du bist ein Lehrer, der von Gott gekommen ist, denn niemand kann die Zeichen tun, die du tust, wenn nicht Gott mit ihm ist« (Joh 3,2). Aber diese Rollenzuweisung bedeutet noch nicht, dass er Jesus im Glauben verstanden hat und so ins neue Leben gelangt ist. Dazu bedarf es der neuen Geburt: »Wenn jemand nicht von neuem geboren wird, kann er das Reich Gottes nicht sehen«. Von neuem geboren werden aber heißt, »aus dem Geist geboren« werden – und so den verstehen können, dem glauben, der ganz aus dem Geist geboren ist, ihm glauben, wenn er über »himmlische Dinge« spricht, da er »vom Himmel herabgestiegen« ist und so auch zum Himmel hinaufsteigen kann: die ihm glaubenden »Neugeborenen« gewissermaßen in den Himmel mitnehmen kann. Bevor man zum Glauben gekommen ist, wird man zwar das »Brausen des Windes« hören: die Werke Jesu sehen und sein vollmächtiges Wort hören, aber nicht wissen, woher es kommt und wohin es führen mag. Wenn man sich an das hält, was in Jesus und durch ihn geschieht, wird man zu diesem Wissen geführt, da es durch den Geist selbst in den Glaubenden hervorgebracht wird und sie so selbst neu hervorgebracht – geboren – werden (vgl. Joh 3,3–13). Das Geheimnis der Herkunft Jesu wird in gewisser Weise das Geheimnis des Glaubens selbst sein: das Gezeugt- und Geborenwerden aus dem Heiligen Geist, das all denen geschieht, die Gottes Logos und das wahre Licht aufnehmen und so als Kinder Gottes aus Gott geboren werden (vgl. Joh 1,12 f.).

Woher kommt dann die Weigerung, den aufzunehmen, der doch das Himmlische auf die Erde bringt und den Menschen Gottes Reich nahebringt. Wenn er tatsächlich »in sein Eigentum« kommt, warum wird er da nicht willkommen geheißen und als der Herr erkannt, den man so lange erwartet hat? Weil man ihn als den Nazarener zu kennen meint und seine Herkunft von Gott für eine hybride Anmaßung hält. So führt er das »Gericht« – die Entscheidung – nicht nur herbei; er ist vielmehr selbst das Gericht, nicht um die Welt zugrunde zu »richten«, sondern um sie zu retten. Das aber ist das Gericht:

> »Das Licht kam in die Finsternis, und die Menschen liebten die Finsternis mehr als das Licht; denn ihre Taten waren böse; Jeder, der Böses tut, hasst das Licht und kommt nicht zum Licht, damit seine Taten nicht aufgedeckt werden. Wer aber die Wahrheit tut, kommt zum Licht, damit offenbar wird, dass seine Taten in Gott vollbracht sind« (Joh 3,19–21).

Im Johannesevangelium verknüpfen sich zwei Motive, die in unterschiedlichen Traditionsräumen zuhause sind, auf spannungsvolle und höchst originelle Weise: das Motiv der endzeitlichen Gottesweisheit, die von Gott ausgeht und in der Welt der Menschen einen Ort finden – »wohnen« – will, um ihre aufdeckende Kraft zu erweisen und ihr erhellendes Licht leuchten zu lassen. Und das Kommen Gottes oder seines Bevollmächtigten zum Gericht über die Untreue, aber auch zur Rettung des Volkes. Gottes Weisheit – der Johannesprolog wird sie dann mit der eher hellenistisch geprägten Vorstellung des Logos identifizieren – ging nach dem »apokryphen« Ersten Henochbuch »aus, um unter den Menschen zu wohnen. Und sie fand keine Wohnung. Die Weisheit kehrte an ihren Ort zurück und nahm ihren Sitz unter den Engeln. Und die Ungerechtigkeit kam hervor aus ihren Kammern. Die sie [die Weisheit] nicht suchten, fand sie. Und sie wohnte unter ihnen wie der Regen in der Wüste und wie der Tau auf durstigem Land.«[3] Das Kommen führt die Scheidung und so auch das Gericht herbei: die Scheidung derer, die sie aufgenommen haben (auch wenn sie nicht immer schon erwählt waren und die Weisheit »gesucht« haben), von denen, die sich ihr verschließen.[4]

Das wären die Leitmotive, die sich auch im Johannesevangelium wiederfinden ließen: das Scheitern der Weisheit bei ihrem Versuch, unter den Menschen zu wohnen, der auch noch den verschärften Widerstand der Ungerechtigkeit hervorruft, die sich nun in aller Öffentlichkeit zeigt – und das Wohnungnehmenkönnen bei denen, die sie nicht gesucht und doch gefunden haben und die sie mit ihrem Wohnungnehmen erquickt hat – wie das wohltuende Licht, in dem alles in rechter Weise gesehen werden kann, wie es der Weisheit entspricht.

So *kommt* die Weisheit, so kommt der Logos, um unter den Menschen Raum zu finden und zu »zelten«. Kommt sie, kommt er nicht auch zum endzeitlichen Gericht über Ungerechtigkeit und Unglauben? Die Weisheitstheologie bezieht sich – wie gesehen – durchaus auch auf das Gericht. Aber das *Kommen Gottes zum Gericht* ist vor allem in der prophetischen Literatur des Alten Testaments eine häufig und prägnant ausgemalte Version der

[3] 1 Hen 42,2 f. Ich danke Karl Löning für den Hinweis auf diese Stelle.

[4] Nach einem bei Matthäus und bei Lukas überlieferten Logion weiß sich Jesus dazu gesandt, diese Scheidung bis in die Familien hinein zu provozieren: »Ich bin nicht gekommen, Frieden auf die Erde zu bringen, sondern das Schwert. Denn ich bin gekommen, um den Sohn mit seinem Vater zu entzweien und die Tochter mit ihrer Mutter und die Schwiegertochter mit ihrer Schwiegermutter; und die Hausgenossen eines Menschen werden seine Feinde sein« (Mt 10,34–36 und Lk 12, 51–53; die Stelle ist Mi 7,6 nachempfunden und rückt das »Gekommensein« Jesu so in den Kontext der prophetischen Sendung zur Gerichtspredigt).

Kommens-Metapher. Der (Gerichts-)Tag JHWHs wird als nahe bevorstehend angekündigt; »er kommt wie eine zerstörende Macht vom Allmächtigen«, »voll Grausamkeit, Grimm und glühendem Zorn; [er macht] die Erde zur Wüste und die Sünder vertilgt er« (Jes 13, 6.9). Der Tag des Herrn kommt mit der »Allgewalt des Allmächtigen« – »Weh, was für ein Tag« (Joël 2, 15). »Ja, Finsternis ist der Tag des Herrn, nicht Licht, ohne Helligkeit ist er und dunkel« (Am 5,20). Es ist der Tag des Zorns, der Rache JHWHs, mit der er sich aber letztlich nicht gegen sein Volk wendet, sondern für es engagiert:

> »Seht, hier ist euer Gott! Die Rache Gottes wird kommen und seine Vergeltung; er selbst wird kommen und euch erretten. Dann werden die Augen der Blinden geöffnet, auch die Ohren der Tauben sind wieder offen. Dann springt der Lahme wie ein Hirsch, die Zunge des Stummen jauchzt auf. In der Wüste brechen Quellen hervor, und Bäche fließen in der Steppe« (Jes 35,4b–6).

Wenn Israel sich abkehrte von seiner Hartherzigkeit und die Gerechtigkeit »aussäen« würde, dürfte es sich zusagen lassen, dass Er kommt, um »euch mit Heil [zu] überschütten«. Aber das Volk hat »Schlechtigkeit eingepflügt«, »Verbrechen geerntet und die Frucht der Lüge gegessen« (vgl. Hos 10,12 f.). Es wird weiter ernten, was es gesät hat. Und doch ist das nicht JHWHs letztes Wort. Er selbst bekehrt sich und wendet sich seinem Volk von Neuem zu:

> »wie könnte ich dich preisgeben, Efraim, wie dich aufgeben, Israel? Wie könnte ich dich preisgeben wie Adma, dich behandeln wie Zebojim? Mein Herz wendet sich gegen mich, mein Mitleid lodert auf. Ich will meinen glühenden Zorn nicht vollstrecken und Efraim nicht noch einmal vernichten. Denn ich bin Gott, nicht ein Mensch, der Heilige in deiner Mitte. Darum komme ich nicht in der Hitze des Zorns« (Hos 11,8 f.).

Das also ist für die Propheten die »Spannweite« Seines Kommens: Er »kommt wie ein reißender Strom, den der Sturm des Herrn vor sich hertreibt. – Doch für Zion kommt er als Erlöser und für alle in Jakob, die umkehren von ihrer Sünde« (Jes 59,19 f.). Und so darf sich Jerusalem sagen lassen: »Juble und freue dich, Tochter Zion; denn ich komme und wohne in deiner Mitte – Spruch des Herrn« (Sach 1,14). Sein Kommen wird das Volk einladen, ihn von Neuem auf dem Zion – in seiner Mitte – wohnen zu lassen, ihm einen Tempel zu bauen, der nicht wieder zur Räuberhöhle verkommen soll (vgl. Jer 7,1–15), und so selbst der Tempel zu sein, den JHWH bewohnt und mit seiner kabod – seiner Herrlichkeit und Schönheit – bewohnt. So kommt er nun in Jesus, dem Christus.

2.3 Kommen und um Aufnahme bitten

Jesus kommt nicht nur aus Nazaret, wo er zuhause zu sein scheint. Die Kindheitsgeschichte des Lukasevangeliums macht sofort deutlich, wie eine Identitätszuschreibung, die nur das im Blick hätte, in die Irre führt. Geboren ist er in Bethlehem, der Davidsstadt. Ja, er *ist* der Davidssohn, auf dessen Kommen alle warten. Wenn man ihn finden will, da antreffen will, wo er wirklich zuhause ist, muss man sich – und das gilt sogar für die Eltern, von denen er abstammt – sagen lassen: »Wusstet ihr nicht, dass ich in dem sein muss, was meinem Vater gehört?« (Lk 2,49). Nicht einmal die Eltern verstehen, was mit diesem Identitäts-Zeugnis gesagt ist; seine Mutter immerhin bewahrte es in ihrem Herzen (vgl. Lk 2,51), damit es von dort her in einer langen Lerngeschichte zum Verstehen käme.

Schon der Zwölfjährige »gehört« an den Ort, in dem Gott Wohnung genommen hat, an den er gekommen ist, um inmitten seines Volkes zu wohnen und ihm die Quelle seines Heils zu sein. Schon der Neugeborene »gehört« an den Ort der Verheißung, der den Messias hervorbringen soll. Sein Kommen ist das Kommen des Messias, in dessen Kommen Gott selbst den Bund mit seinem Volk endzeitlich erneuert, so dass der Geist, der auf ihm ruht, nicht mehr von ihm weichen wird und seine Worte immer in seinem Mund bleiben (vgl. Jes 59,21). Das Kommen Jesu in diese Welt wird eingezeichnet in das Kommen Gottes, wie es in der prophetischen Literatur immer wieder bezeugt und wie es dann als das erlösende Kommen des Messias für die Endzeit erwartet wird. Es wird kein Kommen zum Gericht sein – zu einem Gericht allenfalls, in dem der Glaube daran, dass in Jesus Christus Gottes Kommen geschieht, retten wird. In ihm kommt JHWH nicht katastrophisch *über* sein Volk, sondern *zu* ihm und bittet es um Aufnahme. Das Gericht wird sein, dass eine Scheidung geschieht zwischen denen, die ihn aufnehmen und in ihrer Mitte wohnen lassen, und denen, die sich ihm verweigern. Aber auch ihnen gilt die immer wieder erneuerte Bitte, zu sehen, zu hören und zu verstehen, wer der ist, der da im Namen Gottes kommt und diesen Namen neu wahrmacht. Gottes Kommen im Kommen des Logos, der endzeitlich rettenden und erlösenden Weisheit, des Menschensohns: Sie geschieht im Leben, im Wort, in den Begegnungen des Menschensohns mit seinen Menschenbrüdern und Menschenschwestern. Gott selbst bittet um Aufnahme, wo der Menschensohn zu den Menschen kommt und ihnen bezeugt, dass Gott, den er den Vater nennt, seine Herrschaft mit ihnen anfangen will.

Gottes *An*-Kommen macht sich davon abhängig, dass Menschen den

Menschensohn aufnehmen; er kommt mit seiner Herrschaft, wo Menschen den Menschensohn Jesus von Nazaret aufnehmen und sich für sein Kommen öffnen: Das ist das Geheimnis der Herkunft und der Ankunft Jesu. Gottes und Jesu Ankunft sind in ihm aufs Engste miteinander verbunden, ja ineinander gegeben. Das bringt die theologisch-christologische Notwendigkeit mit sich, danach zu fragen, wie es zu diesem Miteinander und Ineinander kommt – und wie es möglich ist. Von Gott, dem Vater, her geschieht *Sendung:* Jesus von Nazaret geht seinen Weg ins Leben, den Weg seines Lebens bis ans Kreuz in der Kon-*sequenz* einer Sendung, die ihn trägt und »beseelt« und seinen Weg zum Weg der Gottes-Wahrheit ins Leben hinein macht (vgl. Joh 14,6). Er lässt sich von dieser Sendung bis zur äußersten Konsequenz in Anspruch nehmen, gibt ihr – und damit den Menschen, zu denen er gesandt ist – sein Leben hin, damit sie selbst »losgekauft« würden von den Bindungen, die sie im Nicht-Leben festhalten (vgl. Mk 10,45). Mit seinem Leben im Dienst dieser Sendung beantwortet er das Wort, das ihn in seine Sendung ruft. In seiner Antwort aber haben – hören – die Menschen das Wort.[5] So geschieht Gottes Kommen im Kommen Jesu Christi dadurch und weil der Mensch Jesus von Nazaret seine personale Identität darin findet, dem Gott-Logos in einem seiner Sendung hingegebenen Leben authentisch zu ent-sprechen und ihn so selbst zu *sprechen.*

Die mit Hans Urs von Balthasar gefundenen Formulierungen verraten vielleicht nicht mehr (oder noch nicht) die theologische und insbesondere die christologische Herausforderung, welche die christliche Glaubensüberlieferung über Jahrhunderte in Atem gehalten hat. Diese Herausforderung liegt offenkundig darin, dass die sachlich einschlägigen Zeugnisse des Neuen Testaments die Menschenwirklichkeit des Lebensweges Jesu von Nazaret mehr oder weniger ausdrücklich und deutlich als Gottes eigene Wirklichkeit wahrnehmen und doch nicht einfach mit dem identifizieren, den Jesus seinen und »euren« Vater nennt. Jesus identifiziert sich nach diesen Zeugnissen ganz mit seiner göttlichen Sendung. In seinem Sendungsgehorsam findet er seine personale Identität darin, dass er, indem er zu den Menschen *kommt,* Gott und seine endzeitliche Herrschaft »mitbringt«: ihnen die heilsame und über ihr Leben entscheidende Herausforderung Gottes – das *Wort Gottes* – kommuniziert. Aber dieser Identifikation liegt Gottes eigenes

[5] Vgl. Hans Urs von Balthasars präzise Formulierung: »[A]n der Antwort haben wir das Wort« (ders., Gott redet als Mensch, in: ders., Verbum caro, Einsiedeln 1960, 73–99, hier 98). Der Mensch hat also – wieder nach von Balthasar – »in der Offenbarung Gott zentral im Menschen« (ebd., 91).

Sich-Identifizieren mit und in Jesus von Nazaret zugrunde. Gott identifiziert sich mit seinem Gesandten, als dieser sich der Johannestaufe unterzieht. Hier wird endzeitlich wahr, was schon den von David herstammenden Königen auf dem Zion zugesagt war, von ihnen aber nicht als identitätsbestimmend »verifiziert« wurde: »Das ist mein geliebter Sohn, an dem ich Gefallen gefunden habe« (Mt 3,17par. nach Ps 2,7). Und Gottes, des Vaters, Identifikation wird gerade da in einer kaum zu ermessenden Tiefe erneuert, wo sie am radikalsten in Frage steht, wo sie Jesus womöglich selbst fraglich wird[6]: mit der Auferweckung des Gekreuzigten.

Nicht auszudenken, dass Gott sich uneingeschränkt und buchstäblich bis zum Letzten mit einem Menschen identifiziert, sich in ihm zu erkennen – zu identifizieren – geben will! Nicht auszudenken, dass er nicht nur *mit* einem Menschen ist, sondern *in ihm* ganz für die Menschen da ist, wie es seinem Namen entspricht (vgl. Ex 3,14); dass dieser Mensch gleichwohl nicht aufhört, der von einer Frau Geborene, vom Abgrund des Todes nicht verschonte Mensch zu sein! Nicht auszudenken aber auch, dass ein Mensch sein Leben dafür hingibt, vorbehaltlos und bis zum Letzten *für Gott* da zu sein und einzustehen, seine Gegenwart in dieser Welt zu bezeugen und zu leben, sie selbst – in Person – zu sein und sich darin der eigenen Person-Identität zu vergewissern! Gottes Selbst-Identifikation in Jesus von Nazaret wird nach den Zeugnissen der Bibel erahnbar als seine *Selbst-Hineingabe* in diesen um die Bekehrung der Menschen zum Leben werbenden, sie provozierenden Weg des Menschensohnes, als die äußerste göttliche Liebes-Konsequenz einer Selbst-Involvierung in die Geschichte der von ihm Geliebten, für die der Gott Israels immer schon entschieden war und die er in Jesus, dem Christus, bis zum Äußersten »lebte«.[7] Jesu Selbst-Identifikation mit dem, der ihn sandte und bis zum Äußersten für sich und das Wirklichwerden seiner Herrschaft in der Menschenwelt in Anspruch nahm, wird

[6] Die Passionsgeschichte nach Mk legt dem sterbenden Jesus den Psalmvers »Mein Gott, mein Gott, warum hast du mich verlassen?« (Ps 22,2) in den Mund: als den Beginn eines »Sterbegebets«, das bekanntlich in ein Vertrauens- und Loblied hineinführt. In die Passionsgeschichten der Evangelien sind mehrfach Zitate und Anspielungen eingeflochten, die auf den Ps 22 verweisen. Der Hinweis auf diese Schlüsselbedeutung des Psalms 22 darf aber die Dramatik der Klage nicht überdecken, die dem Gekreuzigten hier verbaliter zugeschrieben wird.

[7] In diesem Sinne spricht der Alttestamentler Bernd Janowski von Gottes Selbst-Involvierung in die Geschichte (Israels); vgl. von ihm: Ein Gott der Gewalt? Perspektiven des Alten Testaments, in: I. Müllner – L. Schwienhorst-Schönberger – R. Scoralick (Hg.), Gottes Name(n). Zum Gedenken an Erich Zenger, Freiburg – Basel – Wien 2012, 11–33, hier 27.

erahnbar als die Entschiedenheit eines Sich-Anvertrauendürfens: Er weiß sich dafür da – dazu *gekommen* –, dem Dasein Gottes für die Menschen zu *dienen*, ihm dadurch Raum zu geben, dass er ihnen Gottes Herrschaft öffnet und sie ihnen erfahrbar macht. Für Gottes Dasein einzustehen, das führt ihn nicht zu höchsten Ämtern und Würden; es verleiht ihm keinerlei Macht, weil es ihn dafür in Anspruch nimmt, bei den Menschen für Gott um Aufnahme zu bitten.[8] Nur wer Gott bei sich einlässt, ihn aufnimmt, kann Gottes Herrschaft – seiner Heils-Wirklichkeit in dieser Welt – Raum geben. Und so heißt für Gottes Dasein unter den Menschen einzustehen der heilvollen Herausforderung zu dienen, die Gott für die Menschen sein und in der er sie für die Teilhabe an seinem göttlichen Dasein und Leben öffnen will.

All das konzentriert sich schon am Anfang und dramatisiert sich auf das Ende hin, das kein Ende sein wird. In Jesu Kommen und Ankommenwollen wird es abgebildet: Schon bei seiner Ankunft in der Menschenwelt ist er der Zurückweisung ausgesetzt. Er findet draußen, als Ausgegrenzter, seinen Ort unter den Menschen. Im Stall kommt er zur Welt, weil in den Herbergen nichts »frei« war. Bei denen hat er seinen Ort, die schon draußen sind; zu denen wird er gehen und mit denen wird er gehen, die draußen sind (wie Johannes, der ihn taufte) oder sich herauslocken lassen aus den Häusern und Palästen, in denen Gottes Herrschaft keinen Raum findet. Draußen: da ist nun der Ort, der seines Vaters ist (vgl. Lk 2,49); und draußen, am Ort des Todes außerhalb der Mauern, wird er sein Ende finden, da, wo die Todesurteile vollstreckt werden. Aber genau da ist der Ort, wo er »sein muss«: in dem, was seines Vaters ist. Genau da: wo er die Stelle einnimmt, die den zum Tod Verurteilten zuzukommen schien, Ort äußerster Gott- und Menschen-Ferne, der Ort weit draußen, außerhalb der Gemeinschaft der Lebenden, zu dem man sie verurteilte, damit ihr Vergehen nicht das ganze Volk in Mitleidenschaft ziehen würde.[9] Draußen »vor dem Tor«,

[8] Eberhard Jüngel hat eine christologische Skizze von diesem Gestus der Bitte her entworfen; vgl. von ihm: Die Autorität des bittenden Christus. Eine These zur materialen Begründung der Eigenart des Wortes Gottes. Erwägungen zum Problem der Infallibilität in der Theologie, in: ders., Entsprechungen: Gott – Wahrheit – Mensch. Theologische Erörterungen, München 1980, 179–188. Paulus selbst kommt auf diese Geste zu sprechen – als Stellvertreter Christi: »Wir bitten an Christi Statt: Lasst euch mit Gott versöhnen!« (2 Kor 5,20).

[9] Vgl. Dtn 21,21 und 23. Vers 23 ist im Neuen Testament auf Jesu Kreuz bezogen und im oben angesprochenen Sinn neu gedeutet worden: Am Holz (des Kreuzes) hängt nicht der Gottverlassene, sondern der von Gott Erwählte (vgl. Apg 10,39; Gal 3,13).

am Ort der »Schmach«[10], wo die äußerste Heimatlosigkeit und Gott-Ferne erlitten werden muss, ist Gott da, sich mit seinem »geliebten Sohn« zu identifizieren.

Wie sollte man diese Selbst-Hineingabe Gottes in ein Menschenleben glauben und denken können, das durch das Dasein für Gottes heilsame Menschen-Gegenwart und Menschen-Zugewandtheit in die äußerste Gott-Ferne führte? Wie sollte man dies denken und glauben können: dass es Menschen-möglich ist, Gottes Menschen-Präsenz zu leben und sich der Berufung, sie bis ins Äußerste hinein zu bezeugen, nicht zu entziehen? Die neutestamentlichen Zeugnisse kommen immer wieder darauf zurück, in Gott und von Gott her in Jesus Christus Gottes Geist, der ein Geist der unerschöpflich-unüberwindlichen Liebe ist, am »Werk« zu sehen: Der Geist der Liebe »bewegt« Gott zu einem *Mitsein* mit den Menschen in der Not der Sünde und des Todes (des »Gesetzes«[11]), das in Jesus Christus konkrete Menschenwirklichkeit wird und diesen Menschen zur geschichtlich-konkreten Wirklichkeit der mit den Menschen solidarischen Liebe Gottes werden lässt: zur Wirklichkeit Gottes selbst, geteilt mit den Menschenschwestern und Menschenbrüdern, im Geist und als der Geist Gottes ausgeteilt an die Menschen, die sich von ihm berühren und für Gottes Herrschaft öffnen lassen. So ist das endlich-sterbliche Menschenleben Jesu die »Bewegung« Gottes selbst auf die Menschen hin, die im Kommen Jesu in diese Welt geschah und ewig geschieht: Das Kommen Gottes wird ein Mensch. Der Hymnus des Philipperbriefs erschaut die Herkunft dieses Kommens und formuliert – ähnlich wie später der Johannesprolog – eine *Präexistenz* dessen, der da kommt und den Menschen ein Mitmensch wird, in unvordenklich-ewiger Gottgleichheit. In ihm geschieht die Entäußerung auf die Menschen hin, in die Menschheits-Solidarität hinein, in die Erniedrigung des Gottgleichen, zuinnerst Gott Verbundenen, bis ans Kreuz. Die Erniedrigung führt hier jedoch – weil sie höchste Verwirklichung von Liebe ist – nicht in den Abgrund der Gott-Ferne, sondern zur Erhöhung in die endgültige Gottes-Gemeinschaft, an der alle teilhaben, die »so gesinnt [sind], wie es dem Leben in Christus entspricht« (Phil 2,5; vgl. 2,6–11).

Dieses Geist- und Liebes-Geschehen realisiert sich als das Geschehen des Kommens Gottes im Kommen Jesu Christi. So ist bzw. kommt dieses

---

[10] Vgl. Hebr 10,10–14. Hier wird auf beziehungsreich-spannungsvolle Weise die kultische Metaphorik des Opfers – die Opferreste werden außerhalb des Lagers verbrannt – mit der der Ausstoßung des Verbrechers verbunden.

[11] Vgl. die Kapitel 7 und 8 des Römerbriefs.

Kommen ganz aus dem bzw. im Geist der Liebe, die Gott ist; und es ist doch das Kommen eines Menschen in die Welt, von einer Frau. Ohne die Mitwirkung eines Mannes und seiner Zeugungskraft? Das Matthäus- und das Lukas-Evangelium haben es so gesehen; die großkirchlichen Bekenntnisse sind ihnen darin gefolgt. Der neutestamentliche Befund ist alles andere als eindeutig. Die johanneischen Schriften scheinen in diesem Punkt geradezu als ein Kommentar zum Matthäus- und zum Lukas-Evangelium geschrieben; oder als eine Fortschreibung, in der die Geistzeugung als das Ereignis der Ankunft des Logos im Gottesgeist dargestellt wird, durch das die Menschen, die sich von dieser Ankunft ergreifen lassen, zum Glauben – zu einer Existenz aus dem Geist – gezeugt werden (vgl. Joh 1,12).[12] Wäre die Ankunft des Logos im Heiligen Geist dann die Ermöglichung der Geistzeugung – der neuen Geburt (vgl Joh 3,3) – für alle Menschen, ein Geist-Ereignis, dessen Sinn nicht darin liegt, Natur-Gegebenheiten zu ersetzen, sondern sich *in ihnen* und über sie hinaus zu ereignen?

Die großkirchlichen Bekenntnisse haben diese Spur nicht aufgenommen; und dies nicht zuletzt deshalb, weil sie die *Mensch*werdung des Logos *von Gott her* möglichst unmissverständlich aussagen und den Titel der Gottesmutter rechtfertigen wollten. Um des Realismus der Menschwerdung des göttlichen Logos willen scheint es sich zu verbieten, die Geistzeugung Jesus – wie die Bekenntnisformel zum Abstieg des Gekreuzigten in das Reich der Toten – als Metapher zu verstehen, obwohl genau dies von der johanneischen Sprechweise nahe gelegt wird. Diese Konsequenz ist christologisch keineswegs unproblematisch, gerade weil sie die Intention zu durchkreuzen scheint, die sie hervorgebracht hat. Sie zwingt ja tatsächlich zu der Annahme, dass der Heilige Geist im Falle der Zeugung Jesu wirkt, was nach den Gegebenheiten der Menschen-Natur von einem menschlichen Vater gewirkt werden müsste. Wie lässt sich dann noch mit der kirchlichen Überlieferung sagen, dass Jesus, der Christus, ganz Mensch ist und gerade deshalb Gottes eigene Wirklichkeit in der Menschenwelt sein konnte? Wie konnte er ganz Mensch sein, wenn seine Zeugung nicht den Bedingungen des Menschseins entsprochen hätte?

Es ist kaum gelungen, diese christologische Schwierigkeit eines quasibiologischen Verständnisses der Geist-Zeugung Jesu theologisch auszuräumen oder überhaupt deutlich wahrzunehmen. So wird man die Diskussion um das Verständnis der »Jungfrauengeburt« im Bekenntnis der Christen zumindest für offen halten dürfen. Und man wird klarzustellen haben: Der

[12] Vgl. auch 1 Joh 4,7c: »[J]eder, der liebt, ist aus Gott *gezeugt* und erkennt Gott«.

großkirchliche Glaube an Jesus, den Christus, als den »Sohn Gottes« ist nicht auf ein quasi-biologisches Verständnis der Jungfrauengeburt angewiesen; ja, er wird mit ihm eher schwieriger. Sohn Gottes ist Jesus Christus nicht aufgrund der Zeugung seines Menschseins durch den Heiligen Geist unter Ausschluss der Mitwirkung eines Mannes, sondern durch seine Erwählung, mit der Gott in der Welt das schlechthin Neue und Heilsame wirkt, das sich nicht mehr der Macht- und Abstammungsgeschichte der Menschen einfügt[13] – mit der Erwählung, in der der Vater diesen Menschen durch den Heiligen Geist zu seiner eigenen, alles erneuernden Wirklichkeit in der Menschwelt macht.

Dieser Hinweis aber lenkt den Gedankengang zurück zu den elementaren Herausforderungen der Christologie für das menschliche Vorstellungsvermögen und Denken: Wie soll einigermaßen nachvollziehbar erläutert werden können, dass Gott im Anderen seiner selbst – in einem Menschen – ganz er selbst sein und als er selbst da sein kann? Wie soll verständlich gemacht werden können, dass ein Menschenleben gerade dann, wenn es das Menschsein menschlich erfüllt lebt, Gottes eigene Wirklichkeit sein kann? In diesen Fragen meldet sich die Unauslotbarkeit des Person-Geheimnisses Jesu Christi und zugleich die christlich unabdingbare Zumutung, Gott als den zuhöchst Beziehungs*willigen* und Beziehungs*fähigen* zu denken, der das Nichtgöttliche nicht von sich ausschließen muss, um seine Identität zu wahren, und den Menschen gerade darin als Gott-fähig zu denken, dass er sich diese Gott-Fähigkeit nicht zur Selbst-Erhöhung aneignet, sondern sie als Dienst – als »demütige« Hingabe – an Gottes In-die-Welt-Kommen lebt.

Die zu besprechenden Geheimnisse des Lebens Jesu werden das in diesen Fragen Erfragte deutlicher ins Blickfeld des Glaubens treten lassen und es dabei jeweils neu thematisieren. Das Kapitel über das Kommen und An-

[13] Vgl. die prägnante Deutung bei Heribert Prantl (Süddeutsche Zeitung vom 24.12.2014, Seite 4): »›Jungfrauengeburt‹ soll besagen, dass etwas ganz Neues zur Welt kommt, das nicht männlicher Macht entspringt. Die Weihnachtsgeschichte beginnt mit dem Abschied vom Patriarchat. Das Neue kommt ohne Zutun männlicher Potenz zur Welt – durch die Kraft des Geistes. ›Geist‹ ist in der hebräischen Bibel feminin [...] eine schöpferische, weibliche, pfingstliche Kraft: sie reformiert, revolutioniert, sie macht neu. Daher heißt es im Magnifikat, im Lobgesang Marias: ›Gott stürzt die Mächtigen vom Thron‹.« Prantls Auslegung ist ersichtlich vom Johannesprolog inspiriert, in dem es ja von denen, die den Logos aufnehmen, ausdrücklich heißt, sie seien aus Gott, »nicht aus dem Blut, nicht aus dem Willen des Fleisches, nicht aus dem Willen des Mannes« geboren (Joh 1,13).

kommen Jesu erfordert es jetzt schon, darüber nachzudenken, in welchem Sinne nicht nur im Menschen Jesus von Nazaret und durch sein Zur-Welt-Kommen Neues geschieht – das wäre für jedes Zur-Welt-Kommen eines Neugeborenen zu sagen –, sondern von Gott her im Verhältnis zwischen Gott und den Menschen durch Gottes Zur-Welt-Kommen in Jesus entscheidend Neues geschieht.

2.4 »Siehe, ich mache alles neu!« (Offb 21,5 mit Jes 43,19a)

Menschen kommen und gehen; ihr Leben mag deutlichere oder schnell wieder zugedeckte Spuren in der Geschichte hinterlassen. Dabei gibt es zweifellos Menschen, mit deren Kommen für die weitere Geschichte »Weichen gestellt« wurden, Entscheidungen verbunden sind, die für weitere Entwicklungen prägend wurden; man denke an Napoleon oder auch an Lenin. Andere, »maßgebende Menschen«[14] haben die Selbst-, Welt- und Gottesverständigung der Menschen durch neue Einsichten tief reichend bestimmt und sind dadurch maßgebend geworden, dass sie bis in die Gegenwart hinein »Referenzgrößen« geblieben sind: Man geht immer noch von dem aus, was sie eingesehen und gelebt haben, wenn man das eigene Selbst-, Welt- und Gottesverständnis explizieren will. Was sie gedacht und gelehrt haben, erscheint *bleibend gültig*, auch wenn man es heute nicht mehr einfach nachsprechen, ihm gar widersprechen wird.

Jesus, der Christus, wird in die Reihe der maßgebenden Menschen eingereiht. Ist damit alles oder auch nur Entscheidendes über ihn gesagt? Es liegt nahe, das anzunehmen. Was könnte Höheres oder Bedeutsameres von einem Menschen gesagt werden, als dies: Er hat die Menschengeschichte um Einsichten bereichert, von denen Menschen noch heute zehren, denen sie heute noch Werte, Sinnperspektiven und Hoffnungsgründe verdanken. Jesus, der Christus, wäre – so betrachtet – ein »Religionsstifter«, der die Menschen, die sich der von ihm gestifteten Spielart von Religion anschließen, zu einer neuen Art hoffnungsvoll-liebender Selbst-Überschreitung herausfordert[15] und durch sein Lebens-Vorbild inspiriert. Diese Inspiration

[14] Vgl. Karl Jaspers, Die maßgebenden Menschen: Sokrates, Buddha, Konfuzius, Jesus, München [12]2007.

[15] Der pluralistische Theologe John Hick spricht hier von der Transformation der Selbst- zur Wirklichkeitszentriertheit (im Sinne der Hinwendung zu einer letzten, absoluten Realität), zu der alle Religionen auf ihre Weise und nach ihren spezifischen Paradigmen bei-

mag von einer spezifischen, *neuen* Gotteserfahrung getragen sein, die in dieser Religion verkündigt, weitergegeben und womöglich immer wieder neu erschlossen wird und das Inspirierende dieser Überlieferung ausmacht.

Ist es das, was die biblischen Zeugnisse bezeugen wollen, wenn sie davon sprechen und für den Glauben daran werben, dass mit Jesus von Nazaret der Messias gekommen ist? Oder ist hier eher die Perspektive einer vergleichenden Religions- und Geistesgeschichte eingenommen, die ihn historisch einordnet, ihn kommen und gehen sieht, auch wenn sie einräumen muss, dass Vieles von dem, was er in die Welt brachte, *geblieben* ist? In einer solchen *Beobachter*-Perspektive könnte nichts Größeres geschehen, als dass ein Mensch in der Geschichte Maßgebend-Prägendes oder kreativ-herausfordernde Intuitionen *hinterlässt*, die als zum geistig-geistlichen Erbe der Menschheit zugehörig angesehen werden. Aber noch einmal: Ist es das, wovon das Neue Testament spricht, wenn es bezeugt, dass in Jesus der Logos Fleisch geworden ist, unter den Menschen gezeltet und alle, die ihn aufgenommen haben, zu Geist-Gezeugten gemacht hat? Ist es das, was noch das 19. Jahrhundert davon sprechen ließ, hier sei das absolut Erstaunenswerte geschehen, das, »*quo majus nil fieri potest*, worüber schlechterdings nichts Größeres geschehen kann«?[16] Was sollte denn Größeres geschehen können als das Maßgeblichwerden eines Menschenlebens?

Die Antwort der Bibel auf diese Frage nach dem »Größeren« wäre ganz einfach: Dass Gott in diese Geschichte kommt und in ihr handelt, so dass hier schlechthin Entscheidendes – das schlechthin Heilsame – geschieht. Ist sie zu einfach, um heute noch wahr zu sein? Man könnte zurückfragen: Wie handelt Gott denn in der Geschichte? Und was bzw. wie könnte sein Handeln in ihr Entscheidendes bewirken? Auf die erste Frage habe ich – mit einer Begründung, die hier nicht weiter auszuführen ist[17] – die Formel theologisch plausibel zu machen versucht: *Gott handelt (in der Geschichte),*

---

tragen können; vgl. von ihm: Religion. Die menschlichen Antworten auf die Frage nach Leben und Tod, dt. München 1996, 31 u. ö.

[16] Friedrich Wilhelm Joseph Schelling, Philosophie der Offenbarung. Ausgewählte Werke, Darmstadt 1974, Bd. 2, 13 bzw. 27. Es liegt auf der Hand, dass Schelling hier eine Formel Anselms von Canterbury *um*-schreibt, der im Proslogion, cap. 2 Gott als den anspricht, »quo nihil maius cogitari possit«. Die Pointe dieser Um-Schreibung liegt darin, dass Schelling das *Geschehen*, über das hinaus Größeres nicht geschehen könnte, dem *Gedanken*, über den hinaus Größeres nicht gedacht werden kann, überordnet: Dem Geschehenen muss *nach*gedacht werden; man kann es nicht gedanklich-begrifflich »überholen«.

[17] Vgl. etwa meinen Artikel *Geschichte/Handeln Gottes*, in: P. Eicher (Hg.), Neues Handbuch theologischer Grundbegriffe. Neuausgabe München 2005, Bd. 1, 494–511.

wo sein guter Wille geschieht; durch Menschen geschieht, die sich von Gottes Geist herausfordern und inspirieren lassen, Gottes gutem Willen in und mit ihrem Leben dienen. Auf die zweite Frage könnte man zur Antwort geben: Geschichts-entscheidend wäre ein Kommen und Handeln Gottes, wenn es in der Geschichte tatsächlich zu einer Wende käme, zu einem Anfang der Gottesherrschaft, des heilbringenden Geschehens seines guten Willens nicht nur im Himmel, sondern in der Menschenwelt, der nun nicht mehr aufhören wird anzufangen.

Die Antwort ist theologisch höchst anspruchsvoll. Weit weniger anspruchsvoll und damit auch plausibler wäre es, sich für die Deutung des in Jesus Gekommenen und Geschehenen auf das Konzept des maßgebenden Menschen zurückzuziehen oder aber mit der neuscholastischen Schultheologie des 19. Jahrhunderts anzunehmen, er habe den Menschen das wahre Gottesverständnis und die ewig gültigen Dekrete des gesetzgebenden Willens Gottes offenbart.[18] Dass mit Jesus eine neue Sicht des Verhältnisses zwischen Gott und den Menschen in die Welt kommt und für den Gottesglauben verbindlich wird, mag man glauben; man müsste freilich erläutern können, worin die behauptete Neuheit des hier Geoffenbarten liegt. Die »klassische« Antwort der christlichen, vor allem der katholischen Theologie des Westens: Die neue Sicht des Verhältnisses zwischen Gott und den Menschen liegt darin – und ist darin begründet –, dass Gott sich entschieden hat, die Menschen zu erlösen und dass er dies durch das Opfer Jesu Christi wirkt. Dieser Willensentschluss ist von Ewigkeit her gefallen und verpflichtet die Menschen, den Dekreten Glaubens-Gehorsam zu leisten, die Gott für eine heilswirksame Aneignung des Opfers Jesu Christi festgesetzt hat, sowohl was die kultische als auch was die sittliche Praxis der Menschen angeht, die ihm ihre Erlösung verdanken.

Aber was sollte dann im Kommen Jesu Christi geschehen sein? Dies, dass er gekommen ist, Gott durch sein Lebensopfer am Kreuz mit der sündigen Menschheit zu versöhnen, so dass sich diese nicht länger vor den katastrophalen Konsequenzen des Gottes-Zorns ängstigen und Gott von sich aus mit Opfern zur Barmherzigkeit bewegen müsste? Das Entscheidend-Heilsame, das hier geschehen sein sollte, wäre dann die Beseitigung einer Strafwürdigkeit, ja einer Straf-Notwendigkeit, die durch die Sendung des Gottessohnes ans Kreuz von den Menschen genommen wäre, so dass Gott ihnen wieder gnädig sein und ihnen die ewige Seligkeit gewähren

[18] So redet etwa das 1. Vatikanische Konzil in der Dogmatischen Konstitution *Dei filius* über den katholischen Glauben; vgl. Denzinger – Hünermann (DH) 3004.

kann. Es ist nicht eigentlich so, dass Gott selbst sich hier zur Gnade bekehren (lassen) müsste; eher so, dass er durch die Sendung seines Sohnes die Bedingung dafür schafft, Gnade vor Recht ergehen lassen zu können. Aber auch diese Vorstellung wirkt heute befremdlich; überdies lenkt sie den Blick von den Geheimnissen des Lebens Jesu ab und wendet ihn ausschließlich dem Geheimnis seines Leidens und Sterbens zu. Es mag neutestamentlich Gründe für diese Fokussierung geben. Aber wird sie dem Zeugnis des Neuen Testaments im Ganzen gerecht? Und rekurriert sie nicht auf Vorstellungen einer Strafgerechtigkeit bzw. einer Sühne, die gesellschaftlich abgründig unplausibel geworden sind?

In der Abwendung von solchen Vorstellungen kam es mit der europäischen Aufklärung zu einem christologisch-soteriologiekritischen Konsens, nach dem es ausgemacht war, dass Jesus von Nazaret allenfalls die Rolle des »beßren Pädagogen«[19] zukam, der die Glaubenden schneller und zuverlässiger mit der im Menschen selbst aufzufindenden ewigen Wahrheit vertraut machte. Wird denn in der Geschichte wirklich Größeres geschehen als das Kommen dieses besseren Lehrers, die Begegnung mit ihm, in der es ja darum gehen kann, *sich selbst* zu finden – und den Gott, der sich in menschlicher Vernunft und im Gewissen bezeugt? Mehr haben die Menschen doch nicht nötig. Mehr dürfte ihnen nicht – von Gott, von einem göttlichen Erlöser – abgenommen werden, wenn es nicht dazu kommen soll, dass ihre sittlich-menschliche Verantwortung religiös geschmälert wird.

So ist im Blick auf Christologie und Soteriologie vielfach – und seit der Aufklärung mit Nachdruck – gefragt worden: Worin liegt die *Notwendigkeit* für das Kommen eines göttlichen Erlösers? Ginge es für Gott nicht einfacher und ohne dieses blutige Versöhnungswerk, das den Menschen, gerade wenn sie an Gottes Heilswillen glauben wollen, so viele Rätsel aufzugeben scheint? Gegenwärtig wird dieser »soteriologische Aufwand« gerade im Gespräch mit der Islamischen Theologie zum Thema und christlich legitimationsbedürftig. Christliche Theologie wird hier deutlich machen müssen, dass und warum sie diese Fragestellung letztlich für unangemessen hält – so sehr und so lange sie die christliche Soteriologie im Westen auch selbst

---

[19] Vgl. exemplarisch: Gotthold Ephraim Lessing, Die Erziehung des Menschengeschlechts, in: ders., Werke, hg. von H. G. Göpfert, Bd. VIII, München 1979, 489–510, hier 501 (§ 53): »Ein beßrer Pädagog muß kommen, und dem Kinde das erschöpfte Elementarbuch [gemeint ist das Alte Testament] aus den Händen reißen. – Christus kam.« Vgl. § 64 (a. a. O., 503), wonach die neutestamentlichen Schriften »das zweite beßre Elementarbuch für das Menschengeschlecht abgegeben haben, und noch abgeben.«

bestimmt hat.[20] Warum sollte Gottes Kommen im Kommen seines Messias dadurch am Besten verstanden sein, dass man die Gründe dafür meint angeben zu können, dass dieses Kommen für Gott und die Menschen notwendig war? Wenn man sich schon theologisch anheischig macht, Gottes »Motive« für die Sendung seines Messias aufzusuchen und verstehen zu wollen, sie auch angesichts des Kreuzes noch verstehen zu wollen, weshalb sollte man diese bei einer juridisch formulierten Unabdingbarkeit suchen – und nicht in einer göttlichen Liebe, die sich nicht *vom* Notwendigen, sondern *zum* höchstmöglichen Erweis der Liebe herausgefordert weiß? Dann aber müsste man sagen: Was die Liebe tut, zumal die göttliche Liebe, transzendiert jedes Notwendigsein. So wird es erst einigermaßen verstanden sein – und bewundert werden, wie es dies verdient –, wenn man sich auf das *Mehr-als-Notwendige* der Liebe und ihres Tuns einlässt.[21] Liebe will *sich* zeigen, indem sie das Beste für die Geliebten will und es soweit ihr möglich wirkt. Man wird es ihrem Tun ansehen müssen – ansehen dürfen –, was sie selbst als dieses Beste ansieht und wirken will. Und sich davon überzeugen lassen müssen – überzeugen lassen dürfen –, dass es besser ist als alles, was man selbst hätte als gut für mich (für uns) bestimmen können. Oder skeptisch bleiben angesichts des vom Tun der Liebe als mein (unser) Gutes, gar Bestes, Vorgesehene und ins Werk Gebrachte.

Dies alles vorausgesetzt, ist im Blick auf das heilsame Kommen des Messias doch zu sagen: Es ist in ihm nach dem Glauben der Christen tatsächlich Entscheidendes geschehen. Und es wäre deshalb auch angemessen, mit *Slavoj Žižek* von der »ereignishafte[n] Natur des Christentums« zu sprechen. Das Christentum ist in diesem Sinne eine Ereignis-Religion. Das »Wunder« seines Entstehens realisiert sich in der »Autonomie« eines grün-

[20] Man wird Anselm von Canterburys Schrift *Cur Deus homo* als Beleg dafür nennen, wie die Frage nach der Notwendigkeit des Kommens Jesu Christi theologisch maßgebend geworden ist. Es ging Anselm um die *rationes necessariae* der Menschwerdung, weil sich an ihnen – seiner wissenschaftstheoretischen Überzeugung gemäß – zeigen musste, ob der Sinn der Menschwerdung des Logos sich durch reine Vernunft – *remoto Christo* – zeigen lassen würde (vgl. Vorrede und das ganze Erste Buch). Es ist gar nicht zu bestreiten, dass diese Fragerichtung bis etwa in gegenwärtige Konzepte einer transzendentalen Theologie ihre Bedeutung behalten hat. Meiner Überzeugung nach wäre sie zu relativieren. Ich will das oben wenigstens indirekt zu zeigen versuchen.

[21] So gilt auch unabweisbar Eberhard Jüngels Satz: »Gott ist mehr als notwendig.« Notwendigkeit wäre für ihn »nicht eine zu hoch greifende, sondern eine unzureichende Kategorie. Der Satz ›Gott ist notwendig‹ ist ein schäbiger Satz. Er ist Gottes nicht würdig« (ders., Gott als Geheimnis der Welt. Zur Begründung der Theologie des Gekreuzigten im Streit zwischen Theismus und Atheismus, Tübingen 1977, 30 f.).

denden Ereignisses, das eben nicht aus seinen Gründen abgeleitet werden kann, sondern in sich zu würdigen ist, als »Effekt, der seine Gründe zu übersteigen scheint«.[22] Was hier geschehen ist, ist – jedenfalls für menschlich-vernünftiges Urteilen – nicht notwendigerweise so geschehen, etwa als unabdingbare Konsequenz anderer Gegebenheiten oder Umstände. Es ist in diesem Sinne *autonom*, aus sich selbst zu erläutern und zum Verstehen zu bringen – und die Voraussetzung für eine Lebenspraxis, die dem Geschehenen und mehr oder weniger Verstandenen zu entsprechen versucht. So kann das Unableitbare gleichwohl als höchst »sinnvoll« und »angemessen« – die theologische Tradition spricht hier von *konvenient* – verstanden werden. Was hier geschah, wäre auch nicht aus menschlichem Denken selbst – als das höchst Denkbare – abzuleiten, sondern von ihm hinzunehmen als das, was es möglicherweise anerkennen und würdigen könnte als das Geschehen, über das hinaus – nach Schellings Formulierung – kein anderes zu erwarten wäre, dem das Denken sich als einem »noch größeren«, noch bedeutsameren Geschehen zu öffnen hätte, von dem menschliche Lebenspraxis sich noch verbindlicher herausfordern und in Pflicht nehmen lassen müsste.

Nach den biblischen, speziell den neutestamentlichen Zeugnissen geschieht im Kommen des Messias – neutestamentlich: Jesu, des Christus – Gottes »endzeitlich«-endgültiges und schlechthin heilsames Kommen in die Menschenwelt. Er kommt und er kommt in dieser Welt an, da er einen Ort, einen Menschen findet, in dem er ganz als er selbst in der Welt da sein kann: indem er die Aufnahme findet, die seinem Dasein in der Welt und für die Menschen Raum gibt, es wirklich werden lässt; da er einen Menschen findet, der sein Dasein vollmächtig bezeugt und es unter den Menschen handelt. Hier hat sich ein Mensch Gott so nahegehen lassen, dass er selbst zu seiner Welt-Wirklichkeit wird. Wenn Gott aber Welt-Wirklichkeit wird, so wird er es in seiner ganzen Göttlichkeit: als der »alles« mit seinem guten Willen Umgreifende und durch ihn Verwandelnde; als der freilich auch, der die Menschen zuinnerst für seinen guten Willen gewinnen und sie nur so in die Gottesherrschaft – die Herrschaft seines guten Willens – einbeziehen, in sie hinein verwandeln will. Das Kommen Jesu Christi ist in diesem Sinne

---

[22] Vgl. Slavoj Žižek, Was ist ein Ereignis?, dt. Frankfurt a. M. 2014, 8 f., 11; die zuletzt zitierte Textpassage ist als ganze hervorgehoben. Meine Leseerfahrung mit diesem Buch ging dahin, dass es im Fortgang die Höhe seiner auch theologisch höchst bedeutsamen Problemstellung selten erreicht. Man mag das auf seinen bewusst essayistischen Stil zurückführen.

das Ereignis des Kommens Gottes zur Verwandlung der Menschenwelt in Gottes Herrschaft. Man hat Jesus Christus in der alten Kirche deshalb die Autobasileia[23] genannt: Gottes Herrschaft in Person. In ihm ist die schlechthin heilsame Herrschaft unter den Menschen angekommen; in ihm besteht und verbreitet sie sich in der Welt, noch mitten im Scheitern, das der guten Herrschaft Gottes von der Hartherzigkeit und Halbherzigkeit der Menschen immer wieder neu bereitet wird – und über dieses Scheitern hinaus. Gottes Dasein in der Welt, das sich als seine Herrschaft zum Heil der Welt in der Welt und noch über sie hinaus auswirken will, ist im Menschen Jesus angekommen, der seine personale Identität ganz davon bestimmen lässt, Gottes Dasein und seiner Herrschaft zu dienen, dadurch zu dienen, dass er Menschen für Gott und seinen guten Willen gewinnt. So und nur so will Gott in der Welt da sein; nur so erweist sich seine Herrschaft als Wirklichkeits-bestimmend und nur so ist sie »mächtiger« als die Macht der Sünde und des Todes: unerschöpflich und unüberwindlich.

Der Glaube der Christen sieht Gottes und Jesu Christi Kommen in diesem Sinne miteinander und ineinander geschehen: als göttlich-menschliches Geschehen zum Heil der Welt. So formuliert die Kirche in den ersten Jahrhunderten eine Christologie aus, die festzuhalten versucht, dass Jesus, der Christus, Gottes Welt-Wirklichkeit ist, ohne aufzuhören, ein ganzer Mensch zu sein, ja dass er sein Menschensein gerade darin erfüllt, Gottes Welt-Dasein zum Heil der Menschen zu sein. Er gewinnt, so kann man es vielleicht in der Terminologie einer modernen, sozialpsychologisch informierten Anthropologie sagen, seine personale Identität gerade darin, für Gott da zu sein, als Gottes Wirklichkeit in der Welt da zu sein, damit die Menschen Gott nahekommen und sich in »seiner Herrschaft« einfinden können – was auch immer das für die Menschen damals und für die Zeitgenossen heute bedeuten kann.

Diese Glaubensüberzeugung ist mit vielen Fragen verbunden, von denen einige in diesem Buch aufgegriffen werden sollen. Aber sie kann auch bedeuten, Fragen hinter sich zu lassen, von denen man nun einsehen kann, dass sie falsch gestellt sind. Einige dieser Fragen habe ich eben schon zu *relativieren*, in den Zusammenhang einzuordnen versucht, in dem sie sinnvoll gestellt und dann auch überholt werden können: War es nötig, dass Jesus kam, um die Menschen mit Gott oder Gott mit den Menschen zu versöhnen? Und: Wären sie vor dem Kommen Jesu mit Gott unversöhnt oder Gott mit ihnen unversöhnt gewesen? Wenn das Kommen Jesu –

[23] Vgl. etwa Origenes, Commentariorum in Matthaeum Series XIV,7.

durchaus im Sinne Žižeks – ein autonomes Geschehen, ja das autonome Geschehen schlechthin ist, so ist es nicht notwendig (gewesen), sondern ein in Gottes schöpferisch-versöhnender, über-notwendig grundloser bzw. nur in sich selbst gründender Liebe gewirktes Ereignis: *So* und nicht anders wollte Gott in der Menschenwelt den Weg für das Wirklichwerden seines guten Willens bahnen; *so* wollte er in ihr ankommen, um in ihr und für sie heilsam wirklich zu werden. Das mag menschlichem Nach-Denken höchst angemessen erscheinen und zu dem dankbaren Gotteslob veranlassen: Gut, dass es so gekommen ist. Aber es wird sich nicht dazu versteigen, zu behaupten, das sei der einzige Weg, den Gott für das Wirklichwerden seines guten Willens in der Welt finden konnte und finden kann. Gab und gibt es dann nicht auch andere Wege, von denen Gott allein weiß, auf denen er Menschen erreichte und erreicht, die das Christus-Bekenntnis nicht mitsprechen, um diese zum heilbringenden Glauben zu bewegen?[24]

Man muss und sollte christologisch nicht unterstellen, erst mit der Sendung Jesu habe Gott es vermocht oder ins Werk gesetzt, Menschen zu dem Heil zu führen, das er ihnen in seinem allgemeinen Heilswillen doch immer schon bereiten wollte. Mit der Sendung Jesu, des Christus, hat dieser Heilswille Menschengestalt angenommen, sich in einem Menschen so göttlich-authentisch bezeugt, dass er seither in der Welt heilsam präsent bleibt, Menschen herausfordert und inspiriert, an ihm teilzuhaben und so ihre Menschen-Identität als Teilnehmer an Gottes guter Herrschaft zu gewinnen. In der Sendung Jesu bezeugt Gott nach dem Glauben der Christen, dass er seinem guten Willen den Sieg über die Mächte des Bösen geben wird, und bezeugt der vom Vater gesandte treue Zeuge, wie die von ihm gelehrte und gelebte Praxis der Gottesherrschaft über Sterben und Tod hinaus in die Gottesherrschaft hineinführt. Das Ereignis des Kommens Jesu, des Christus, ist nach dem Glauben der Christen autonom in jeder Hinsicht; es ist *theonom:* Gottes nicht-notwendiges, über-notwendiges Geschenk an die Menschen. Diesem Geschenk dürfen sie den Weg verdanken, der sie in die Gottesherrschaft führt und auf sie hin – schließlich in ihr – an Gottes gutem Willen teilhaben lässt.

Soviel also lässt sich schon jetzt – am Anfang christologischer Überlegungen und im Blick auf den Anfang des Weges, auf den Jesus sich gesandt wusste – über sein Kommen als *autonomes Gottes-Geschehen* sagen:

---

[24] Das Zweite Vatikanische Konzil räumt in seinem Dekret über die Missionstätigkeit der Kirche *Ad gentes* bekanntlich ein, Gott könne »Menschen, die das Evangelium ohne ihre Schuld nicht kennen, auf Wegen, die er weiß, zum Glauben […]« führen (Ziffer 7).

In diesem Kommen geschieht, dass Gott selbst zur Welt kommt und sich nicht mehr aus ihr wegdrängen lässt, auch als man seinen Sohn aus der Welt und ans Kreuz wegzudrängen versuchte.[25] *Dietrich Bonhoeffer* hat diesen Gedanken ins Kaum-Erträgliche hinein formuliert und radikalisiert: »Wo behält nun Gott noch Raum?, fragen ängstliche Gemüter [...] Gott lässt sich aus der Welt herausdrängen ans Kreuz, Gott ist ohnmächtig und schwach in der Welt und gerade und nur so ist er bei uns und hilft uns.«[26] Das ist die Glaubens-Herausforderung des Kommens Gottes in die Welt, das sich im Kommen Jesu, des Christus, bis hin zu seinem Gang ans Kreuz ereignet: Gott kommt in eine Welt, die davon bestimmt ist, dass durch Adam, den Menschen, »die Sünde in die Welt [kam] und durch die Sünde der Tod« (Röm 5,12).[27] Dass in diese Todeswirklichkeit hinein der Menschensohn kam, um in ihr eine Zukunft gegenwärtig zu setzen, welche die Sünde zur endgültig überholten Vergangenheit machen wird; und dass diese Zukunft sich gerade an seinem Kreuz schon als gegenwartsmächtig erweist, genau das ist ausgesprochen, wenn man im Glauben davon spricht, dass im Zur-Welt-Kommen Jesu das Zur-Welt-Kommen Gottes geschieht.

So hat es der Glaube der Christen von früh an gesehen: Mit Jesus von Nazaret kommt von unendlich weit her in die Menschen-Welt, was nicht aus ihr stammt: die Gottes-Zukunft. Jetzt geschieht sie in ihm. Mit ihm fängt sie an; und sie wird nun nicht mehr aufhören anzufangen. Unendlich weit her: aus der »Präexistenz« – dem Immer-schon-Dasein – des Göttlichen; aus Gott, der den Menschen in einem Mitmenschen geschieht und zur Zukunft wird.

---

[25] Klar und höchst bedeutsam ist, dass hier metaphorisch gesprochen wird. Zur Metapher »Gott kommt zur Welt« vgl. Eberhard Jüngel, Gott als Geheimnis der Welt, 307–543, ausdrücklich: 518 f.

[26] Dietrich Bonhoeffer, Widerstand und Ergebung. Briefe und Aufzeichnungen aus der Haft, hg. von E. Bethge, Taschenbuchausgabe München – Hamburg 1951, 177 f. (Eintragung vom 16. 7. 1944).

[27] Der Sündenfall ist – so Slavoj Žižek – das »äußerste Ereignis« (ders., Was ist ein Ereignis?, 52); eben deshalb ist er nur überholbar durch das autonom-theonome Geschehen der Liebe Gottes, die sich von der Sünde und der von ihr bewirkten Verkehrung der Welt in eine Todeswirklichkeit nicht besiegen lässt.

3. Das Zeugnis für Gottes nahe gekommene Königsherrschaft

3.1 Gekommen, Gottes Nähe auszurufen

Wie Jesus von Nazaret wohl seine Sendung verstanden hat? Wie er zu ihr und so zu seiner personalen Identität gefunden haben mag? Wieder sind wir auf Gekommen-Formeln verwiesen. Sie markieren, wozu er nicht gekommen ist – und wozu er sich gekommen weiß. Er tritt als Heiler und Exorzist auf und hat damit großen Erfolg. Gerade dieser Erfolg macht sein Auftreten zwiespältig, so als spräche es für sich: als sei das, worin er so erfolgreich ist, genau das, was seine Sendung und seine Identität ausmacht. So entzieht er sich der Eigendynamik des Erfolgs, an dem sich eben nicht von selbst manifestiert, wozu er gekommen ist. Was sich in ihm zeigt, ist nicht die Kompetenz des Heilers, der besser als andere mit den Kranken umgehen kann, die von seiner Heiler-Aura angezogen werden. Was er zu wirken vermag, spricht nicht für sich selbst, sondern …?

Wofür seine Sendung spricht, und all das, was ihr an charismatischer Autorität zugute kommt, das muss eigens zur Sprache gebracht werden: in die Sprache der prophetischen Ankündigung, der Bezeugung und Ausrufung eines Geschehens, das der Verkündigung bedarf, weil es ein Geheimnis ist; eines Geschehens, das nur denen geschieht, die sich ihm anvertrauen und von ihm in Anspruch nehmen lassen. Dieses Geschehen auszurufen wie ein Herold (griechisch: keryssein) ist er gekommen; er bezeugt und handelt es, wenn er in den Synagogen das Wort ergreift – und die Dämonen »hinauswirft« (Mk 1,38 f.), die mit ihrer Entfremdungsmacht gegen die Wahrheit seines Zeugnisses zeugen, sich deshalb von ihm ertappt wissen (Mk 1,34par.). Dazu also ist er *heraus*gekommen und vor die Menschen hingetreten; der griechische Text fügt dem Wort für *gekommen* eigens das *ex* hinzu: Es markiert das Überschreiten des familiären Umkreises, den Überschritt in eine Öffentlichkeit, in der sich sein Gekommensein als Sendung manifestieren muss.

Die Rolle des Herolds – des Ausrufers – ist es, ein kaiserliches Edikt oder ein Gerichtsurteil bekannt zu machen, aber auch ein – für wen auch immer – höchst erfreuliches Ereignis mitzuteilen, die Geburt eines Thronfolgers oder einen Friedensschluss: ein *Euanggelion* zu verkünden.[1] Was Jesus von Nazaret zu verkünden hat, macht ihn zu einem merkwürdigen Herold. Er gibt erfreuliche Nachricht, indem er bezeugt und ausruft, was nur er *gesehen* hat. Was er kündet, sind keine geschichtlichen Fakten, die man nachprüfen könnte. Es ist ein Ereignis, das man – zunächst – nur auf sein Zeugnis hin als geschehen *glauben* kann. Mit allem, was er ist, sagt und tut, steht er dafür ein, dass das von ihm Bezeugte wirklich ist; dieses Einstehen macht seine Identität aus, wirft die Glaubwürdigkeitsfrage auf. Um seine Glaubwürdigkeit geht es in allem, was er sagt und tut: ob er ein verlässlicher Zeuge ist, der nicht aus eigener Willkür und mit angemaßter Vollmacht große Worte macht, sondern zu seiner Rolle und Botschaft gesandt und bevollmächtigt ist.

Wovon er Nachricht gibt, das ist *erfreulicherweise* geschehen; und es geschieht, es kommt zur Wirkung. Aber es liegt nicht in dem Sinne klar zu Tage, dass der Akt der Ausrufung durch die von den Adressaten nunmehr geteilte Kenntnis des Bekanntgemachten gleichsam überholt würde, womit der Herold seine Sendung erfolgreich abgeschlossen hätte und man sein Auftreten getrost vergessen könnte. *Dieser* Herold bezeugt ein Geschehen, das trotz seiner Ausrufung und nachdem es landauf landab verkündigt wurde, in Frage steht, wofür er deshalb einstehen muss. Er muss es selbst sichtbar, erfahrbar machen, muss den Adressaten seiner Botschaft Rede und Antwort stehen, Augen und Ohren öffnen, damit sie sehen und hören können, wovon er spricht. Die Rolle des Herolds erweitert sich zu der des Zeugen, nicht nur des zuverlässigen Augen- oder Ohrenzeugen, sondern eines Zeugen, der zuinnerst und bis zum Äußersten von dem durchdrungen und in seiner Identität bestimmt ist, der deshalb sein Leben für das einsetzt, wovon er Zeugnis gibt: es *durch sich* sichtbar macht und mit sich selbst geschehen lässt.[2]

Sein Zeugnis öffnet Augen und Ohren. Es bewirkt, dass Menschen se-

---

[1] In diesem Wort *Evangelium* steckt als Vollzugsform das *angellein* des Boten (angelos), der geschickt und bevollmächtigt ist, im Namen des ihn Sendenden seine Botschaft auszurichten.

[2] Dieser »Verkünder« kündet das *Mysterion* des guten Willens Gottes (Eph 1,9), das den Adressaten der Verkündigung nicht rätselhaft-verschlossen bleiben, sondern zur Herausforderung werden will, sich diesem Mysterium anzuvertrauen und ihm in ihrem eigenen Leben Raum zu geben: zu glauben und selbst zu Zeugen des Mysteriums Christi zu werden.

hen und hören können, was es bezeugt – wenn sie *glauben;* wenn sie der Herausforderung folgen, sich in den Dienst des vom Herold verkündigten Geschehens zu stellen, sich seiner Perspektive zu überantworten und es so in ihrem Leben darauf ankommen zu lassen, dass es *ihnen geschieht.* Dieses Augen-und-Ohren-Öffnen überschreitet die Möglichkeiten bei weitem, welche die Rolle des Herolds antiker Herrscher zur Verfügung stellt. Und es beansprucht die Rolle des Zeugen weit über die alltäglich-juridische Beanspruchung von Augen- und Ohren-Zeugen und der Erwartungen an ihre Zeugenaussage hinaus.[3] Der Zeuge ist hier auf eine Vollmacht angewiesen, die nicht nur in einer formalen Bevollmächtigung gründet, sondern in einem Selbst-gesehen-Haben, das ihm nicht nur gewissermaßen zufällig »passiert« ist, sondern seine Identität ausmacht und ihn deshalb in die Lage versetzt, mit höchster charismatischer – Geist-erfüllter – Vollmacht zu sprechen, kennzeichnend anders als die Schriftgelehrten (Mt 7,29).

Was er gesehen hat? Er »sah den Satan wie einen Blitz vom Himmel fallen« (Lk 10,18); er sah, dass es mit seiner Herrschaft über die Menschen zu Ende geht und die Menschen im Dienst des Evangeliums Macht gewinnen über die Helfershelfer des Fürsten dieser Welt. Jesus hat gesehen, dass sich nun eine neue Lebens-Wirklichkeit auftut, die nicht mehr von der Aussichtslosigkeit und Lebensfeindlichkeit des Satanischen beherrscht sein muss. Und deshalb wirbt er für die Umkehr der Menschen; dafür, dass sie sich Augen, Ohren und alle Sinne öffnen lassen für das Leben in Gottes Fülle und Nähe, das *jetzt* möglich ist. Deshalb engagiert er sich mit all seinem Tun und Reden dafür, dass die Herrschaft des Satans über die Menschen zurückgedrängt wird; deshalb redet und handelt er als einer, der dieser Herrschaft nicht unterworfen ist – mit dem Blick »von außen«, in dem die Haltlosigkeit der Satans-Herrschaft schon aufscheint. Diesen Blick versucht er zu *kommunizieren*, damit den von ihm Angesprochenen aufgeht, wie sie selbst in die Satans-Herrschaft verstrickt sind – und damit sich ihnen die heilvolle Alternative dazu auftun kann. Mit seiner Kommunikations-Vollmacht deckt er das lebensfeindliche Eingebundensein in die Sünde auf, ruft er zur Umkehr – zur entschlossenen Abkehr von den Mächten, welche die Menschen hier im Griff haben und zum Sündigen antreiben;

[3] Zur Phänomenologie des Zeugnisses vgl. Paul Ricœur, Die Hermeneutik des Zeugnisses, dt. in: ders., An den Grenzen der Hermeneutik. Philosophische Reflexionen über die Religion, hg., übersetzt und mit einem Nachwort versehen von Veronika Hoffmann, Freiburg – München 2008, 7–40. Vgl. auch die theologisch-methodische Ausarbeitung dieses Konzeptes in: Jürgen Werbick, Theologische Methodenlehre, Freiburg – Basel – Wien 2015, 183–237.

kann er zur Umkehr rufen, weil er mit seinem Auftreten und seiner ganzen Existenz die Zugänglichkeit einer heilvollen Alternative bezeugt. Als Zeuge gewinnt er Vollmacht, eine Vollmacht in der Autorität dessen, der diese Alternative selbst lebt und durch sich selbst zugänglich macht; eine Vollmacht, die sich nicht autoritär Platz schaffen muss, sondern anruft, zeigt und einlädt, im Teilnehmen an diesem alternativen Leben das Leben in Fülle zu erlangen.

3.2 Jesu Zeugnis: Das Medium ist die Botschaft

Was Jesus von Nazaret tut und wovon er spricht, was er bezeugt, erscheint nicht erst den Menschen des 21. Jahrhunderts fremd – wenn sie es sich nicht gewissermaßen spontan »verheutigen«, es damit ihrerseits verfremden oder gar verfälschen. Wenn von Gottes Herrschaft die Rede war, dachten die Christen vieler Jahrhunderte ganz selbstverständlich an den »Himmel«, an das, was danach kommt: wenn man diese Erde verlassen hat und sich – hoffentlich – in der Gottes-Gemeinschaft der Seligen einfinden darf oder sich – wovon man hoffentlich verschont bleibt – von ihr ausgeschlossen erfährt. Wenn man von »Wundern« erzählen hörte, so verstand man sie als Göttlichkeits-Erweise des Messias Jesus: Wer die Macht hatte, Natur-Kausalitäten zu brechen und zu wirken, was in ihnen und durch sie unmöglich war, der musste über göttliche Macht verfügen. Dazu war dieser Jesus Christus ja in die Welt gekommen, dass er die höchst widerspenstigen, ja verstockten Menschen durch seine Machttaten mit Gottes All-Macht konfrontierte und sie auch damit konfrontierte, dass sie ihr Leben auf ihr jenseitiges Schicksal hin zu leben hatten: damit sie nicht wie die törichten Jungfrauen draußen bleiben mussten (vgl. Mt 25,1–13).

Mit solcher Verheutigung, vielleicht auch »Vergestrigung«, holte man Jesus in die je eigene Zeit, in die Hoffnungen und Befürchtungen, die wir – nicht ohne Zutun der Kirchen – heute hegen oder als säkularisierte Menschen unserer Zeit eben nicht mehr hegen, so dass wir diesen Jesus weithin eher unverständlich finden. Die historisch-kritische Forschung stellte von Anfang an die Passgenauigkeit zu *unseren* Fragen und unseren Vorstellungshorizonten in Frage, die hier vorausgesetzt war (und ist): Jesus von Nazaret kommuniziert nicht sofort und ohne Umwege mit uns – unserem Selbstverständnis, unseren Lebensentwürfen und Scheiternserfahrungen –, sondern mit Menschen *seiner Zeit*. Was uns das heute sagt und ob uns das noch etwas sagt, was er den Menschen seiner Zeit sagte, unter ihnen und mit ihnen handelte, genau das steht in Frage. Und so war die Herausforderung der historisch-kritischen Methode seit dem 17. und 18. Jahrhundert diese: Man wird Jesus von Nazaret *im Heute* nur verstehen können, wenn man einigermaßen verstanden hat, was er den Menschen seiner Zeit sagen und mit ihnen handeln, für sie tun wollte. Jede unvermittelte Verheutigung birgt die Gefahr, dass er von unseren Fragen und dem, was uns wichtig ist, auch von »unserer« Kirche, vereinnahmt und verfälscht wird.

Es gilt, Jesus *als Menschen seiner Zeit zu verstehen:* Er kommt aus einem Milieu, mit Glaubens- und Lebens-Selbstverständlichkeiten, die uns fremd sind. Er kommt in Situationen hinein und zu Menschen, die uns ebenso fremd sind. In sie hinein und auf sie hin kommuniziert er, orientiert er sich, reagiert er, bildet er seine Identität aus. Ihn zu verstehen heißt also zunächst, sich verständlich zu machen, in welche Situationen er hineinkommt und mit welchen Menschen er dabei vermutlich zu tun bekommt und kommuniziert; sich verständlich zu machen, *warum* ihm *was* dabei wichtig geworden ist, was er als seine Sendung identifizierte und mit ihr geltend machte – weshalb es für seine personale Identität zentrale Bedeutung angenommen hat. Das muss nicht heißen, dass wir ihn uns dabei als einen Menschen vorstellen müssten, der leicht verstanden wurde, weil er redete und handelte wie alle anderen auch, weil man eben so redete und handelte. Es heißt nur, besser zu verstehen, wie er in all seinen Provokationen und Zumutungen von seinen Zeitgenossen verstanden werden konnte – und was er ihnen zu verstehen geben wollte; es heißt auch, besser zu verstehen, wie er zu seiner Lebens-Botschaft fand – zu dem, was seine Identität ausmachen sollte – und wie er dazu kam, dafür zu leben und zu sterben.

Ihn als Menschen seiner Zeit zu verstehen und dabei »besser« zu verstehen, was er uns heute zu sagen hat: Das ist das Programm der historisch-kritischen Erforschung der neutestamentlichen Zeugnisse. Reduziert man Jesus damit nicht doch auf einen *Menschen* seiner Zeit? Es ist tatsächlich so: Der historische Blick richtet sich auf den Menschen Jesus: wie er seinen Lebensentwurf und die darin liegende Herausforderung entdeckt, ausgebildet, ergriffen, verändert und im Entscheidenden bis zum Ende durchgehalten hat. Gottes-Wirklichkeiten kann man in dieser Perspektive nicht als solche wahrnehmen. Man bekommt allenfalls zu sehen, dass Jesus von Nazaret es als den tiefsten Beweggrund seines Lebens-Einsatzes ansah, die zum Greifen nahe Gottesherrschaft anzusagen und Menschen dafür zu gewinnen, sich ihr eingliedern zu lassen. Man bekommt vielleicht zu sehen, was Jesus in etwa unter dieser Gottes-Wirklichkeit verstanden hat, wie er sie nahekommen sah und weshalb er wohl angenommen hat, er selbst habe einen entscheidend wichtigen Dienst dafür zu erfüllen, dass die Gottesherrschaft unter den Menschen erlösend Fuß fasst (vgl. Mk 10,44–45).

Diese Lebens-Perspektive und Lebens-Botschaft besser zu verstehen heißt nicht schon, Jesus von Nazaret im Sinne der christlichen Bekenntnisse als »Gottes Sohn« oder als »Gott von Gott« zu verstehen. Es heißt eher zu verstehen, warum die Zeugen des Neuen Testaments dazu kamen, ihn als Sohn Gottes – wie als Menschensohn – zu bekennen und was sie darunter verstanden haben. Man kann von diesem wissenschaftlich geschärften Blick für das Menschsein Jesu immerhin dazu geführt werden, sich auf das Lebens-Anliegen Jesu einzulassen und dabei wahrzunehmen, dass er dieses Lebens-Anliegen kommunizieren konnte, weil er selbst ganz von ihm erfüllt und zu dem »Medium« geworden war, das die Botschaft selbst ist.[4] Es wäre hier das Geheimnis eines Lebens, dass das Menschen-Leben Jesu von Nazaret seine Identität darin fand, Medium dieser Botschaft zu sein – Medium der Botschaft von der nahe gekommenen Gottesherrschaft und der Herausforderung, sich ihr anzuvertrauen; dass es nicht nur Medium dieser Botschaft war, sondern ihr Wahrwerden: die Kommunikation einer Botschaft, mit der geschieht, wovon sie spricht; einer Botschaft, die Anteil an dem gibt, was sie als Heil für die Menschen ankündigt. Das Medium ist die Botschaft; ja noch darüber hinaus: Im Lautwerden des Evangeliums geschieht, was die Botschaft nicht nur kommunikativ ver*mittelt*, sondern im elementarsten Sinn des Wortes mit*teilt*, da sein lässt, so dass man Anteil erlangen, »hineinkommen« kann. Jesus segnete, sandte die Seinen aus zu segnen und nicht zu verfluchen, weil er selbst gewissermaßen in Person Gottes Segen war und ihn in einer von der »Sünde« und ihrem »Fluch« heimgesuchten Welt Wirklichkeit werden lassen konnte.

Die Zeugnisse des Neuen Testaments zwingen nicht zu dieser Deutung; sie haben sie – soweit die historisch-kritische Exegese das beurteilen kann – auch nicht alle ausdrücklich im Blick. Vielleicht bewegen sie dazu, sich ihr zu öffnen: die Menschen, die sie heute lesen und die Kirche, die sich auf sie

[4] Das medientheoretische Axiom »Das Medium ist die Botschaft« von Marshall McLuhan gewinnt hier vielleicht eine kaum zu übertreffende Prägnanz und Wahrheit. Zu Herkunft und Bedeutung dieses Axioms vgl. Marshall McLuhan – Herbert M. McLuhan, Das Medium ist die Botschaft, dt. Berlin 2009. Ich habe dieses Axiom offenbarungstheologisch zu wenden versucht; vgl. meinen Aufsatz: Das Medium ist die Botschaft. Über einige wenig beachtete Implikationen des Begriffs der »Selbstoffenbarung Gottes« – im Blick auf die Auseinandersetzung um die fundamentalistische Versuchung im Christentum, in: J. Werbick (Hg.), Offenbarungsanspruch und fundamentalistische Versuchung, Freiburg – Basel – Wien 1991, 187–245.

einließ, sie wahrscheinlich nicht von vornherein, aber schon in frühester Zeit so verstand. Aber wenn man die Texte des Neuen Testaments in diesem Sinn als Zeugnis-Resonanz dessen deutet, was im Zeugnis Jesu von Gott her und durch ihn in Jesu Leben Gottes-Wirklichkeit geworden ist, wird man daran gewiesen sein zu verstehen, was dieses Zeugnis seinen Zeitgenossen bezeugen wollte: was darin als Gotteswirklichkeit kommuniziert werden sollte – und als Gottes-Herausforderung, sich auf diese Wirklichkeit einzulassen und in ihr das Leben in Fülle zu suchen.

Es führt für Menschen, die Jesus Christus heute als Bezugsperson ihres Glaubens an*erkennen*, kein Weg daran vorbei, dem auf die Spur kommen zu wollen, was Jesus als seine Sendung angesehen hat, als das, *wovon* und *wofür* er lebte. Er lebt – so das Johannesevangelium – »von einer Speise, die ihr nicht kennt.« Seine Speise ist es, »den Willen dessen zu tun, der [ihn] gesandt hat, und sein Werk zu Ende zu führen« (Joh 4,32.34). Diese Speise macht sein Leben menschlich lebendig. Es »nährt« ihn, Gottes guten Willen dadurch zu bezeugen, dass er sich ihm zur Verfügung stellt, so dass er bis »zu Ende« geschehen und die Welt nach Gottes Willen in seine gute Herrschaft verwandeln kann. Das macht das Geheimnis seines Lebens aus; in heutiger sozialanthropologischer Terminologie formuliert: es macht seine *Ich-Identität* bzw. seine personale Identität aus. Es ist die innere Mitte, von der her alles in diesem Leben zusammengehalten und in eine gute Lebens-Spannung gesetzt wird, von der her er sich verstehen und auf die er alles beziehen will. Er hat sie sich nicht ausgesucht, sie ist ihm vor*gegeben;* er kann sich »nur« selbst in diese Gabe hineinzugeben versuchen: sein Leben *geben*, es einzusetzen dafür, dass Gottes guter Wille geschieht und die Menschen zur Fülle des Lebens befreit werden (vgl. Mk 10,45).

Jesu Ich-Identität ist eine Sendungs-Identität. Er *ist* und lebt, wozu er gekommen ist. Wozu er gekommen ist, das macht sein *Dasein*, seine *Präsenz* in dieser Welt und bei den Menschen aus; wenn man es in der geläufigen Terminologie kirchlicher Lehre sagen will: sein *Personsein.*[5] Personsein ist jedem menschlichen Leben vorgegeben und zugesprochen; es begründet seine Würde. Es realisiert sich im Sich-Hineingeben in das Gegebene, mit dem eine Person sich als *Sich* entdeckt und vollzieht: Was ihr gegeben wurde und immer wieder neu gegeben wird, wird zur Vorgabe

[5] Für diesen Sachzusammenhang vgl. Jürgen Werbick, Gott verbindlich. Eine theologische Gotteslehre, Freiburg – Basel – Wien 2007, 583–590 mit Bezugnahme auf Hans Urs von Balthasar, Zum Begriff der Person, in: ders., Homo creatus est. Skizzen zur Theologie, Einsiedeln 1986, 93–102.

ihres Sich-Gebens, ihres Daseins in der Welt mit und für die Anderen, von ihnen her und auf sie hin.

Genau diesen Sinnzusammenhang menschlichen Lebens erschließt der Begriff *personale oder Ich-Identität.* Er markiert den konkret-geschichtlichen Sinn des Ich, mein Person-Geheimnis. Wenn ich »ich« sage[6], so meine ich diesen Sinn und versuche ich, ihn – wie implizit auch immer – auszudrücken, kommunikativ einzubringen und auszusprechen. Woher ich bin, was und wofür ich sein will, macht mein unverwechselbares Dasein aus. In meinem Dasein bin ich unersetzlich bedeutsam; und das macht die Würde meines Personseins zur konkreten Lebenswirklichkeit.[7] *Was ich bedeute,* wird mir hier ebenso zugesprochen wie ich es von mir aus zum Ausdruck zu bringen versuche. Es ist meine Botschaft – meine Ich-Botschaft – und das, was sie an Verstehen und Verkennen, Zustimmung oder Widerspruch hervorruft und im Gewirr der vielen anderen Botschaften geltend machen kann. Darin wird meine Ich-Identität gebildet und kommuniziert, gebildet, indem sie kommuniziert wird; darin kommuniziert sich mein personales Dasein. So realisiert sich das Personsein eines Menschen in dem, was er (oder sie) bedeutet.

Christologisch gewendet: Das Personsein Jesu Christi realisiert sich in dem, was sein Gekommensein und Dasein bedeutet, in der Bedeutung, die er seinem Dasein geben will, wie in der Bedeutung, die ihm daraufhin zugesprochen oder bestritten wird; und das heißt in seiner *kommunikativen* Bedeutung, seinem Sich-Einbringen und -Mitteilen wie im Verstanden-, Verkannt-, Aufgenommen- und Zurückgewiesenwerden seiner Ich-Botschaft. Diese Ich-Botschaft hat nichts mit menschlich-allzumenschlicher Selbstdarstellung zu tun. Sie will Zeugnis sein: Bezeugung des Sich-Öffnens und Sich-Mitteilens Gottes selbst, seines Werbens darum, dass die Menschen sich seiner guten Herrschaft eingliedern und von seinem guten Wil-

6 So lautet der Titel eines Buches von Klaus Müller, das sich mit Voraussetzungsproblemen einer Theorie des Selbstbewusstseins auf analytisch-philosophischer Grundlage beschäftigt (Wenn ich »ich« sage. Studien zur fundamentaltheologischen Relevanz selbstbewusster Subjektivität, Frankfurt a. M. 1994).

7 Immanuel Kant hat diese Würde bekanntlich darin gesehen, dass »die Menschheit sowohl in deiner Person, als in der Person eines jeden andern jederzeit zugleich als Zweck, niemals bloß als Mittel« angesehen werden darf (ders., Grundlegung der Metaphysik der Sitten, in: Kants Werke. Akademie Textausgabe, Bd. IV, Berlin 1968, 429). Darin ist ebenfalls die Unersetzlichkeit einer jeden Person ausgesprochen: In ihr realisiert sich das Menschsein in einer Einzigartigkeit, die absolut zu achten ist und nicht relativiert – für anderes verzweckt – werden darf, auch wenn Menschen natürlich immer auch und legitimerweise in Mittel-Zweck-Relationen vorkommen.

len erreichen lassen. Jesu Zeuge-Sein ist deshalb – so bezeugen es ihrerseits die neutestamentlichen Zeugnisse – Medium und Realität der Selbstbezeugung Gottes, seines Gegenwärtigwerden unter den Menschen, damit diese sich seiner heilvollen Gegenwart öffnen und an ihr teilnehmen. Die Ich-Identität des Zeugen Jesus Christus gründet so – der Johannesprolog bringt das in seiner Sprache zum Ausdruck – in Gottes Selbstbezeugung. Der »Logos« Gottes, der von Gott ausgeht und in dem dieser sich selbst bezeugt, wird Fleisch: Er ist in der Welt da als ein Menschenleben in Fleisch und Blut; er bezeugt sich in der personalen Identität des Zeugen, der sein Leben ganz in sein Zeugnis *hineingibt*. Dieses Zeugnis Jesu Christi wird von den neutestamentlichen Zeugnissen aufgrund der Ostererfahrung der Jünger als eine menschliche Lebenswirklichkeit bezeugt, in die Gott sich seinerseits ganz hineingegeben hat, mit der er sich identifizierte, so wie Jesus, der Christus, sich seinerseits mit seiner Zeugenexistenz identifizierte, da er sich ganz in sie hineingegeben hat. Das Sich-*Hin*geben, Sich-*Hinein*geben Gottes in seinen Logos und das Sich-Hineingeben des Menschen Jesus von Nazaret in sein Zeuge-Sein – die Selbst-Hingabe als »treuer Zeuge« der nahegekommenen Gottesherrschaft – machen die Identität dieser Zeugen-Existenz aus. Es ist aber das Sich-Hineingeben Gottes in sie, das die menschliche Zeugen-Existenz Jesu als solche hervorruft und begründet und ihre Identität letztlich ausmacht, sie als *göttliche* qualifiziert. Aus diesem Sich-Hineingeben Gottes lebt er sie als eine menschliche Existenz, in der von Gott her und durch seinen Geist geschieht, was der Mensch Jesus bezeugt.

Die Zeugnisse des Neuen Testaments sind in der Kirche so verstanden worden: aus diesem Ineinander menschlicher Bezeugung in einer ganz dem Zeugnis hingegebenen Menschen-Existenz und der göttlichen Selbstbezeugung, welche sich im menschlichen Zeugnis kommunizierte. Die christologische Lehrgeschichte hat dann in Chalkedon zur Formel von der einen Gottes-Person geführt, in der die göttliche Wirklichkeit des Logos – der Selbstbezeugung Gottes – und die menschliche Wirklichkeit des Zeugen Jesus ineinander geschehen, ohne dass die eine sich zu Lasten oder in Einschränkung der anderen hätte verwirklichen müssen. Das hat aber zur Folge gehabt, dass man weithin den Glaubens-Blick vom »treuen Zeugen« und seiner neutestamentlichen Bezeugung abwendete und sich im Glauben allein auf dieses Geheimnis der sogenannten hypostatischen (personalen) Union fokussierte, so als sei es für die Christen das eigentlich zu Glaubende. Nicht nur in den weit verbreiteten Glaubensbekenntnissen des kirchlichen Altertums, sondern vielfach auch in den theologischen Traktaten blieb vielfach unerwähnt, was im Zeugnis Jesu als Gottes Wirklichkeit mitgeteilt werden sollte: *was* Jesus mit seiner Botschaft von der nahegekommenen Gottesherrschaft den Menschen, die er für sie gewinnen wollte, eigentlich zu sagen hatte und geltend machen wollte – aber auch *wie* er es kommunizierte.

Wer so fragt, fragt zurück nach dem Menschen Jesus von Nazaret, seinem geschichtlichen Auftreten, seinem »Publikum«. Er fragt danach, wie sich Jesu Ich-Identität in der Zentrierung auf seine Sendung, das Nahekommen der Gottesherrschaft zu bezeugen, ausgebildet und entwickelt haben mag. Der moderne Begriff Ich-Identität legt es nahe, so zu fragen: nicht davon auszugehen, dass Jesus immer schon in Klarheit wusste, was er wollte und wovon er sich Lebens-entscheidend in Anspruch genommen sah, sondern damit zu rechnen, dass er zu Sinn und Inhalt seiner Sendung finden musste und sich nur so seiner selbst vergewissern konnte.[8] Aber geben die Zeugnisse des Neuen Testaments darüber – wenigstens indirekt – Auskunft? Oder stellen sie den »treuen Zeugen« immer schon in einem Erinnerungsbild dar, das ganz davon bestimmt ist, wie die Theologen und frühen Gemeinden der Christenheit ihn *ex post* – von Ostern her – in seiner Sendung verstanden haben? Ist es überhaupt wichtig, wenigstens tastend nachzuvollziehen, wie Jesus in seine Sendung hineingefunden hat und zu kommunizieren »lernte«, was ihn zuinnerst bewegte und so seine Ich-Identität bestimmte?[9]

Die neutestamentlichen Zeugen wollen *ihr* Verständnis der Sendung Jesu mitteilen. Aber sie wollen ihren Adressaten nicht die Aufgabe abneh-

---

[8] Wenn ich von Jesu Ich-Identität spreche, verwende ich eine moderne sozialpsychologische Kategorie, die sich auf eine biographisch-kommunikative Wirklichkeit bezieht. Sie christologisch einzubringen bedeutet nicht, der Frage aus dem Weg zu gehen, woher Jesus in seiner Biographie zu dem wird, *was er ist:* Gottes heilsames Dasein unter den Menschen und für sie. Was er ist: Er ist der Mensch ganz aus Gott und für Gott; er bildet seine Identität auf ganzmenschliche Weise aus, da er das heilvolle Dasein dessen *lebt*, der im Anderen seiner selbst – im Menschen – ganz da sein und er selbst – Gott – sein kann; und der es vermag, dass dieser Mensch auf ganzmenschliche Weise das Dasein Gottes ist.

[9] Es ist klar, dass die Evangelien es weder beabsichtigen noch erlauben, »ein Psychogramm Jesu zu zeichnen« (Thomas Söding, Die Verkündigung Jesu – Ereignis und Erinnerung, Freiburg – Basel – Wien 2011, 152) und auch nur sehr indirekt dafür in Anspruch genommen werden können, so etwas wie eine Identitätsentwicklung Jesu oder die Entwicklung seines Sendungsbewusstseins nach heute einigermaßen validen Kriterien zu rekonstruieren. Das bedeutet aber nicht, dass es christologisch belanglos wäre, entsprechende Fragen zu stellen und zu bearbeiten.

men, selbst zu einem Verständnis Jesu zu kommen, das *ihnen* die Bedeutung seiner Sendung erschließt. Sie übermalen die Gestalt Jesu mit ihren Deutungen nicht zur Unkenntlichkeit, sondern *zeigen* sie, zeichnen sie mit ihren Mitteln und Intentionen und im Kontext der Nachfolgepraxis, zu der ihre Gemeinden ermutigt werden sollen. So weisen sie heutige Leser in die Aufgabe ein, sich den von ihnen gezeichneten und bezeugten Jesus Christus Lebens- und Glaubens-bedeutsam werden zu lassen: zu einer Bezugsperson des Glaubens aus Fleisch und Blut mit einer Botschaft, die herausfordernder nicht sein könnte – so wie sie schon die Zeitgenossen dieses Zeugen um des Lebens willen auf Leben und Tod herausgefordert hat.

Die neutestamentlichen Zeugnisse bezeugen, wie Jesus – um den modernen Kommunikations-Jargon einmal wörtlicher zu nehmen – *angekommen* ist: mit dem, was ihn bewegte und was er als seine Sendung erkannt hatte; wie er bei denen angekommen ist, zu denen er sich gesandt wusste und denen er (sich) mitteilte; schließlich über allen mehr oder weniger gewaltsamen Kommunikationsabbruch hinaus bei denen angekommen ist, bei denen seine (Ich-)Botschaft angekommen ist und von denen sie als wegweisend gehört wurde. Bei ihnen ist er angekommen, weil er seine Botschaft – wie man heute sagen würde – *authentisch* kommunizierte: Sie haben ihn als einen Menschen wahrgenommen, der sich ganz von dem ergreifen ließ, was er kommunizierte; dem man Identitäts-Kommunikation ansehen konnte, die von einer seine Identität entscheidend bestimmenden Wirklichkeit Zeugnis gab, welche auch die Kommunikationspartner als mehr oder weniger oder aber im höchsten Maße Identitäts-relevant beurteilen konnten. Dass er bei ihnen »ankam«, mag primär auf die Authentizität seiner Identitäts-Kommunikation zurückgegangen sein: Es hat sie »bewegt«, wie er sein innerstes Bewegt-Sein »performen« konnte. Seine Performance weckte bei ihnen – ganz anders bei denen, die ihn bis zum Äußersten ablehnten – das Zutrauen zu dem, was er kommunizierte: *Glaubwürdigkeit.*

Solche Glaubwürdigkeit ist aber nicht nur die Sache eines authentischen »Rüberkommens«. Sie ist im gegebenen Kontext auch vermittelt worden durch eine überzeugende Weise, die Gemeinschafts-Identität der Adressaten treffend neu und wiederum »authentisch« – aufs Entscheidende hin – auszulegen und zur Sprache zu bringen, sie so zur Sprache zu bringen, dass die Angesprochenen sich von dieser Auslegung angesprochen, ja getroffen wissen konnten. Jesus hat sich die Glaubwürdigkeit seines Zeugnisses offenkundig auch durch Überzeugungsarbeit kommunikativ erarbeitet: indem er vom selbst »Gesehenen« her den Adressaten neue Glaubens- und Handlungsperspektiven eröffnete; indem er durchaus argumentativ triftig seine

Sicht im gemeinschaftlich Geglaubten und Gewussten verankerte oder daraus plausibel zu machen versuchte.

Die neutestamentlichen Zeugnisse bezeugen einen »Kommunikator«, bei dem die charismatisch und die argumentativ »erzeugte« Überzeugungskraft, prophetische Vollmacht ebenso wie schriftgelehrt-weisheitliche Kompetenz angetroffen wurden.[10] In charismatisch-prophetischer Vollmacht gelang es ihm – bei denen, die ihm glaubten und folgten –, die keineswegs neue Rede von der Erneuerung oder der Herbeiführung der Gottesherrschaft als für ihre Gegenwart höchst bedeutsam und aktuell zu kommunizieren: Was darin angesprochen war, geschieht jetzt. Es geschieht »mitten unter uns« – und darin werden alle damit verbundenen Hoffnungen erfüllt; es geschieht freilich ganz anders, als man es sich vorstellte. So wird diese Rede jetzt höchst bedeutsam – und zugleich höchst missverständlich. Das jetzt Geschehende verlangt einen neuen Blick aufs Bekannte.

3.3 Die missverständliche Botschaft von Gottes endzeitlichem Handeln

Von Gottes Herrschaft zu künden und davon zu sprechen, sie sei zum Greifen nah herbeigekommen oder sie stehe unmittelbar bevor, das ist offenkundig für Jesu Zeitgenossen beinahe so missverständlich gewesen, wie es heute noch fast unvermeidlich Missverständnisse oder Unverständnis hervorruft, wenn Predigt oder Bibelstudium mit diesem Wort konfrontieren und die Perspektive der nahegekommenen oder schon angebrochenen Gottesherrschaft zum Thema machen. Diese Missverständlichkeit wird entscheidend dazu beigetragen haben, dass Jesus von Nazaret wohl von Anfang an sehr unterschiedliche Hoffnungen und Verdächtigungen auf sich gezogen hat und dass die Vertreter des höchsten jüdischen Gerichtshofs – des Synhedriums – ihn dann bei Pilatus, dem römischen Gerichtsherrn, des Aufruhrs gegen den Kaiser beschuldigen konnten. Die Ausrufung der endzeitlichen Gottesherrschaft schien – zumindest in den Ohren derer, die

[10] Man kann darin einen Kommunikationsstil erkennen, der nicht nur für religiöse Kommunikation bis in die Gegenwart hinein von hoher gesellschaftlicher Bedeutung geblieben und in gewissem Sinn noch immer als gesellschaftlich erstrebenswert angesehen wird. Das Auseinanderklaffen von Authentizitäts- und Überzeugungskommunikation wird zwar in soziologischer Beschreibung als der Normalfall religiöser Kommunikation ausgegeben. Es scheint aber eher einen religiösen Kommunikationsstil zu kennzeichnen, der von einer einseitig expressiven Identitäts-Kommunikation bestimmt ist und den Zwang zur Identifikation kommuniziert.

mit den Traditionen Israels nicht so genau vertraut waren oder sich nicht näher auf sie beziehen wollten – den Verdacht wachzurufen, hier melde jemand den Anspruch an, im Namen JHWHs Gottes Herrschaft in Israel aufzurichten, indem er sich selbst zum »König der Juden« ausrief, der Israel von der Fremdherrschaft befreien sollte.

Dieser Verdacht wurde dadurch genährt, dass im Falle Jesu die Davidssohnschaft im Raum stand[11] und damit auch unterschiedliche Messiashoffnungen mobilisiert wurden. Pilatus scheint dem Versuch der Tempelaristokratie, Jesus in die Ecke des aufrührerischen Messiasprätendenten zu drängen und ihn so für die Besatzungsmacht gefährlich zu machen, nicht getraut zu haben (vgl. Joh 19,12–16a). Aber er bestand doch auf dem Kreuzes-Titulus »König der Juden«, der den Grund angeben sollte, auf den hin die Strafe der Kreuzigung verhängt worden war (Joh 19,19–22). Jesus selbst hatte sich offenbar nicht auf den Königstitel festlegen lassen; nach dem Johannesevangelium bekennt er sich im Verhör durch Pilatus zu einem Königtum, das »nicht von dieser Welt« ist (Joh 18,36).

Aber was wollte Jesus mit seiner Proklamation der nahe herbeigekommenen, gar schon mitten in Israel angekommenen Königsherrschaft *Gottes* den Zeitgenossen zu verstehen geben? Mit welchem Verstehenshorizont konnte er rechnen? Wie hat er sich selbst wohl darin verortet? Gottes Herrschaft würde – soviel ist klar – die Gegenwirklichkeit zu einer ja immer wieder erlebten und Israel wie Juda zuinnerst entfremdenden Fremdherrschaft sein. Man mag das als rückwärtsgewandte Utopie ansehen, gar als nationale Selbstbehauptungs- und Selbstprivilegierungs-Ideologie: gegen fremde Kultureinflüsse und soziale Umwälzungen gerichtet, die von fremden Herrschern Gottes »eigenem« Land aufgezwungen wurden. Jerusalems Machthaber von der Fremdherrscher Namen und Gnaden würden es nicht vermögen, diesem Verhängnis ein Ende zu bereiten. JHWH würde eingreifen müssen und den guten Herrscher auf den Weg bringen, der endlich JHWHs eigene Herrschaft über Israel errichtet und aller Unterdrückung ein Ende setzt.

Das Buch *Daniel* bringt diesen Traum in Daniels Ausdeutung eines Traums des Großkönigs Nebukadnezzar zur Sprache (Dan 2,29–45): Der Weltenherrscher sieht im Traum – nach Daniels Deutung –, wie die Reiche in der Nachfolge seines eigenen »goldenen Zeitalters« immer instabiler wer-

[11] Vgl. dafür etwa das Verheißungswort in Jer 33,15–17, wonach JHWH »in jenen Tagen [...] für David einen gerechten Spross aufsprießen lassen« wird, der »für Recht und Gerechtigkeit« im Land sorgt.

den und schließlich zu Staub und Schutt zerfallen. Das letzte Reich aber, das Gott selbst errichtet, wird in Ewigkeit nicht untergehen; er wird es mit seinem eigenen Volk aufrichten. Nebukadnezzar hat es im Traum noch nicht gesehen; Daniel kündigt es ihm an. Er sieht es durch den »Menschensohn« auf die Erde kommen, der nach den Weltreichen kommt, die wie schreckliche Monster über die Erde herrschen und die Menschen versklaven. Der Menschensohn bringt vom Himmel her eine wahrhaft menschliche Herrschaft; und die wird ewig währen (vgl. Daniel 7,1–14).

Eine menschliche Herrschaft, in der von Gott selbst bzw. durch seinen Gesandten die Verhältnisse wiederherstellt sein werden, die das von JHWH erwählte und geheiligte Volk im Anfang auszeichneten; in der das Land, auf dem es leben durfte, als Gottes Gabe jedem Stamm und jeder Familie zugeteilt war, um von ihr zu leben – mit Gott in ihrer Mitte zu leben. Die Verhältnisse waren *jetzt* nicht mehr so. Daniels Menschensohn-Vision sprach herausfordernd in das Jetzt der Zeitgenossen Jesu hinein: in die Zeit der herodianischen Appeasement-Politik. Die römische Besatzungsmacht verstand ihre Ober-Herrschaft in dem Sinne, dass alles Land dem Kaiser gehörte und nur zur Pacht an lokale Fürsten »ausgeliehen« sei, die es ihrerseits verpachteten, um aus den Erträgen, welche die Bauern erwirtschafteten, einen immer größeren Gewinn zu ziehen.[12] Die Herrschaft des Messias und Menschensohns, die Herrschaft nach menschlichem Maß, würde das Menschen-Anrecht auf die jedem Menschen – jedem Israeliten – von Gott zugedachte Gabe für ein menschenwürdiges Leben durchsetzen und wahren. Der Messias würde so die Voraussetzung dafür schaffen, dass Gottes heiligende Gegenwart inmitten seines Volkes dieses zu einem endzeitlichen Bundesvolk erneuert.

Dass Israel dieser Erneuerung bedurfte, war bei Jeremia (vgl. 33,8–11) wie bei Ezechiel (vgl. 36,22–32; 37,23–28; 39,25–29) vorgedacht. Gottes Herrschaft sollte dem erwählten Volk die Gabe des Landes neu zueignen; sie würde zugleich Israel um den Wohnsitz JHWHs inmitten seines Volkes sammeln und von seinem Tempel her reinigen, so dass es ihn wieder als seinen alleinigen Herren anerkennen könnte und die Wahrheit seines Namens erfahren dürfte: Ich bin der *Ich bin für euch da* (Ex 3,14). Zur Zeit Jesu erscheinen diese beiden Dimensionen der Herrschaftsübernahme JHWHs

---

[12] So gab es – um mit Martin Ebner zu sprechen – zwei einander entgegengesetzte Land-Konzeptionen mit der letzten Alternative: Gehört das Land in Wirklichkeit Gott oder dem römischen Kaiser? Vgl. Martin Ebner, Jesus von Nazaret in seiner Zeit. Sozialgeschichtliche Zugänge, Stuttgart [2]2004, 64.

in vielfältigen Variationen miteinander verbunden und aufeinander bezogen.[13] Die *Sadduzäer* verwalteten die Reinigungsfunktion des Tempels in Jerusalem und sahen damit die Lebensbasis des Volkes Israel im Wesentlichen gesichert – im Rahmen eines und in Kooperation mit einem Besatzungsregime, das dem Hohenpriester weitgehende innenpolitische Rechte einräumte. »Oppositionelle« Sadduzäer hatten sich schon um etwa 100 vor Christus vom Jerusalemer Tempel losgesagt, dem sie angesichts des herrschenden Unrechts und aufgrund einer tief reichenden kultischen Entheiligung des Tempels selbst keine Reinigungskraft mehr zutrauten. Sie sahen sich selbst – etwa in der *Qumran-Gemeinschaft* – als Ersatz-Tempel zur Entsühnung Israels, bis JHWH durch seinen Herrscher-Messias (oder durch einen priesterlichen *und* einen königlichen Messias) die gute Ordnung wieder eschatologisch in Kraft setzen würde. Auf dieses endzeitliche Ereignis bereitete sich die Gemeinschaft in Askese und mit einem Schriftstudium vor, welches die endzeitlich durch den Messias (oder die Mesiasse) neu in Kraft tretende kosmische Ordnung immer tiefer erfassen wollte.

Die *Pharisäer* suchten die priesterliche Heiligkeits- und Heiligungsordnung des Tempels auf die Alltagswirklichkeit eines jeden Hauswesens zu übertragen und in diesem Sinne Laien-tauglich zu machen. Würde diese »laikale« Heiligung Israels tatsächlich erreicht werden und würde das Volk »das Joch der Königsherrschaft des Himmels auf sich nehmen«[14], zwei Sabbate wirklich einhalten, würde es nur einen Tag Buße tun, so würde JHWH nicht länger zögern, den Messias zur Befreiung seines Volkes zu senden.[15] Auf dem linken Flügel der Pharisäer mag sich eine »vierte Philosophie« gebildet haben, die sich nicht damit zufrieden gab, der endzeitlichen Befreiung durch das Einhalten der Tora »sozusagen Geburtshilfe [zu] leisten«[16], sondern den Einsatz von Gegen-Gewalt gegen die Besatzer forderte und so Gottes Reich gleichsam herbeidrängen wollte: JHWH würde gewiss zugunsten seiner Eiferer (der »Zeloten«) eingreifen, sollte es zum Äußersten kommen – wie es dann ja in der Festung Massada im Jahre 73 tatsächlich zum

[13] Für die kurze Beschreibung dieser unterschiedlichen Optionen orientiere ich mich an Martin Ebner, Jesus von Nazaret in seiner Zeit, 60–89.

[14] Belege bei Hermann L. Strack – Paul Billerbeck, Kommentar zum Neuen Testament aus Talmud und Midrasch, Bd. 1: Das Evangelium nach Matthäus, München [9]1986, 173 ff.

[15] So Rabbi Schimon ben Jochai (allerdings erst um 150), vgl. den Artikel zum Sabbat von Eduard Lohse in: G. Friedrich (Hg.), Theologisches Wörterbuch zum Neuen Testament, Bd. VII, Stuttgart 1964, 1–35, hier 8 bzw. Sanhedrin 97a.

[16] Vgl. Gershom Scholem, Zum Verständnis der messianischen Idee im Judentum, in: ders., Über einige Grundbegriffe des Judentums, Frankfurt a. M. 1970, 121–170, hier 134.

Äußersten, aber auch zum Ende der Zelotenbewegung gekommen ist. Zu allem entschlossene Messiasprätendenten versuchten, vor allem in Zeiten dynastischer Instabilität, die Gunst der Stunde zu ergreifen und in Guerillataktik die Macht an sich zu reißen, damit der Kollaboration der einheimischen Machthaber mit den Römern endlich Einhalt geboten würde. Prophetische Gestalten setzten nicht auf das Herbeidrängen der »letzten Dinge« durch Waffengewalt, sondern allein auf Gottes alles verwandelndes Eingreifen am Ende der Tage, auf das man sich durch Umkehr und Askese vorzubereiten, für das man sich entsprechend zu reinigen habe: JHWH würde sein Volk neu zum triumphalen Einzug in das ihm zubestimmte Land sammeln und ihm das Land neu zum Eigentum geben – was wiederum voraussetzte, dass man sich dieses Handelns Gottes würdig erwiese.

Versucht man diese religiös-politische Gemengelage topologisch zu ordnen[17], so kann man auf der einen Seite Optionen identifizieren, die eher auf Stabilität durch kultisch-ethische Heiligung setzen und einen endzeitlichen Umsturz durch JHWH selbst oder seinen Messias eher marginal im Blick haben. Ihnen stehen Optionen und Positionierungen gegenüber, die stärker apokalyptisch geprägt sind und *theozentrisch* oder *synergistisch* auf einen Radikal-Umsturz durch Gottes endzeitliches Eingreifen hinleben, sei es, dass sie sich durch Askese und existentiell Ernst genommene Umkehr darauf vorbereiten und dafür reinigen, sei es, dass sie diesen Umsturz durch Gottes Befreiungshandeln herbeidrängen, indem sie es durch ihren opferbereiten Einsatz geradezu provozieren. Messias-Gestalten können – müssen aber nicht – eine unterschiedlich bestimmte Rolle spielen. Unterschiedlich wird auch die apokalyptische Radikalität der Erneuerung durch Gottes endzeitliches Handeln gesehen. Wird es die ursprünglichen Heils-Verhältnisse der göttlichen Verfassung Israels wiederherstellen? Oder wird Neues geschehen, das alles Gewesene unendlich weit hinter sich lässt, einen neuen Himmel und eine neue Erde schafft und eine Gerechtigkeit erstehen lässt, in der endlich Gott allein über die Menschen herrscht und sie zu ihrer Vollendung kommen lässt? Je apokalyptischer gedacht wird, desto deutlicher wird das Jetzt als so abgründig heillos empfunden, dass man die Erwählungsgeschichte, die zu ihm geführt hat, als zu Ende gekommen ansieht, weshalb man das Heil nur von einer radikalen Erneuerung der Schöpfung zu erwarten hätte. Auch hier können Messias-Gestalten eine mehr oder weniger große Rolle spielen, dieses endzeitliche Handeln mit herbeiführen oder auch in ihm mit dem Volk untergehen, um danach in »das endzeitliche

[17] Vgl. Martin Ebner, Jesus von Nazaret in seiner Zeit, 90.

Heil der Geretteten, das Paradies der kommenden Welt, die himmlische Stadt und die Heimat [einzugehen], in der es keine Krankheit, keinen Tod und keine Vergänglichkeit gibt und wo gute Werke und Weisheit herrschen (4 Esra 9,52–54).«[18]

Eine radikal theozentrische Apokalyptik sieht die Möglichkeiten einer Rettung Israels durch Kult und/oder Tora-Observanz als heilsgeschichtlich erschöpft an und verweigert sich auch einem apokalyptischen Aktivismus, der die eschatologische Wende durch Waffengewalt (mit) herbeiführen will. Der nötige und erhoffte Wandel wird so tief reichend sein, dass Menschen sich nur für ihn bereiten und ihm in opferbereiter Treue entgegengehen können, was ihnen durch ein ihnen offenbartes apokalyptische Wissen um den Ablauf und die »Logik« der letzten Dinge ermöglicht wird. Wo die Heils- und Erwählungsgeschichte Israels nicht verlorengegeben wird, da bietet sie die kultisch-ethische Matrix, die treu beobachtet oder in ganz Israel zur Geltung gebracht werden muss oder aus der – wie in Qumran – eine kosmisch-göttliche Ordnung abzuleiten ist, die dem Handeln Gottes am Ende der Tage zugrunde liegen wird.

Jesu Zeugnis für die zum Greifen nahe Gottesherrschaft setzt sich zu diesen Optionen in Beziehung und in höchst differenzierter Weise von ihnen ab. Das wird – wie die Synoptiker christologisch deutlich machen wollen – an seiner Beziehung zu *Johannes dem Täufer* exemplarisch greifbar. Jesus ist sein Schüler gewesen und hat wohl in der Absetzung von ihm zu seinem eigenen Weg gefunden.[19] Der Täufer war ein apokalyptischer Umkehr-Prophet. Er kündigte den eschatologischen Umsturz der sündigen Verhältnisse in der Welt und speziell in Israel an, der von Gott her bald über die Menschen kommen würde und dem sie nicht etwa durch eine heilsgeschichtliche Erwählung, sondern nur durch eine zuinnerst vollzogene und mit der Jordantaufe draußen in der Wüste[20] besiegelte Umkehr entgehen könnten. »Schon ist die Axt an die Wurzeln gelegt« (Mt 3,10par.); alle Bäume, die keine Frucht bringen, werden umgehauen und verbrannt. Es kommt jetzt nicht mehr auf die Verwurzelung in einer unendlich weit

[18] Günter Stemberger, Heilsvorstellungen im nachbiblischen Judentum, in: Bibel und Kirche 33 (1978), 115–121, hier 117. Zur Deutung der Apokalyptik generell vgl. Karlheinz Müller, Studien zur frühjüdischen Apokalyptik, Stuttgart 1991 bzw. ders., Das Weltbild der jüdischen Apokalyptik und die Rede von Jesu Auferstehung, in: Bibel und Kirche 52 (1997), 8–18.

[19] Vgl. Martin Ebner, Jesus von Nazaret in seiner Zeit, 81–89.

[20] Erinnert wird dabei der Wüstenzug Israel als ein Umkehrweg, der vor dem Einzug ins zugesagte Land der Erfüllung gegangen werden muss.

zurückreichenden Erwählungsgeschichte an, sondern nur noch auf das Fruchtbringen, auf eine Radikal-Umkehr, die Früchte bringt, dem Weizen vergleichbar, der, wenn er nach dem Dreschen mit der Worfschaufel in die Luft geworfen wird, nicht in den Stürmen (des Gerichts) davonfliegt wie Spreu und Spelzen, sondern auf der Tenne liegen bleibt und als wertvolle Frucht eingesammelt wird für die endzeitliche Gotteswirklichkeit. Johannes sieht den »Größeren«, der mit dem Feuer des Gerichts taufen wird, schon mit der Worfschaufel bereitstehen, um »den Weizen in seine Scheune zu bringen« und die Spreu »in nie erlöschendem Feuer [zu] verbrennen« (Mt 3,12). Die Jordantaufe besiegelt die Getauften für das Endgericht. Sie reinigt so unvergleichlich wirksam vor Gott, dass die im Jerusalemer Tempel erwirkte Sühne ihre eschatologische Bedeutung verliert.

Vor dem Hintergrund dieser ausgeprägt apokalyptischen Botschaft, die den Blick auf »ein einziges Gericht am Ende [fokussiert], das über alles entscheidet«[21], wird einigermaßen deutlich, worin das Kennzeichnende des Reich-Gottes-Zeugnisses Jesu von Nazaret gelegen haben wird – und weshalb er sich vom Täufer wie von dessen Taufpraxis distanzierte; wird aber auch deutlich, wie die synoptischen Evangelien Jesus zwar als den von Johannes angekündigten »Größeren« zeichnen, der mit Feuer (also nicht mehr mit Wasser) taufen wird, die Rolle dieses »Größeren« aber gegen die Täufer-Prophetie völlig neu profilieren. Die Fokussierung auf das Feuer des Gerichts wird dem Wortlaut nach auf die Taufe mit dem Heiligen Geist hin erweitert (Mt 3,11), tatsächlich aber von hier aus interpretiert: Der Größere bringt den neuen Geist in die Welt, der nach Ez 36,26–27 den Gottesbund verinnerlicht und den Getauften zur Herzensangelegenheit macht, sie im Innersten reinigt und heiligt, so dass sie diesen Bund und seine Ordnung leben können. Die vom Täufer gepredigte, in der Jordantaufe erlangte Sühne ohne Tempel wird nun dem Geistträger und Geist-Austeiler Jesus zugeschrieben und soteriologisch gesteigert: Wer mit dem Geist getauft wird, der lebt *jetzt schon* in der Wirklichkeit des erneuerten Bundes und hat schon Teil an Gottes Herrschaft. Diese Taufe versiegelt nicht nur zum Bestehen im Gericht; sie teilt schon mit, was die Heilswirklichkeit der Gottesherrschaft ausmachen wird: als »Anzahlung« (Röm 8,23), aber eben doch schon als Heilswirklichkeit.

Das »Größersein« Jesu[22] soll an seiner Vollmacht kenntlich werden,

---

[21] Martin Ebner, Jesus von Nazaret in seiner Zeit, 83 f.

[22] Der Größere ist in bestimmter Hinsicht der »Kleinere«, der zu dem kam, von dem er selbst sagt, nie sei unter den von Frauen Geborenen ein Größerer aufgetreten (nach Quel-

nicht nur als Prophet das Gericht anzukündigen, sondern als der *Messias* – als der selbst Geist-Gesalbte – die neue, vom Heiligen Geist mitgeteilte Bundeswirklichkeit gegenwärtig zu setzen und auszuteilen. Damit ist die radikale Gerichts-Apokalyptik des Täufers deutlich relativiert, wenn nicht im Kern verändert. Das alles aufdeckende Gericht am Ende wird von Jesus nicht in Abrede gestellt; aber es ist nicht das beherrschende »Thema« seines Zeugnisses. Es rückt eher wieder ins Zentrum seiner Verkündigung, als er mit dem Scheitern seiner Sendung in Israel zu rechnen beginnt.[23] Aber auch hier scheint es so zu sein, dass er sich selbst auf ein »Gericht«, auf ein »Getauftwerden« (vgl. Lk 12,50) vorbereitet, die zwar auch seinen Gefährten nicht erspart bleiben, für sie aber – wie für ihn selbst – der Durchgang zur Vollendung in der Gottesgemeinschaft sein wird. Das Jetzt der Gottesherrschaft wird durch das Gericht und die Todestaufe nicht außer Kraft gesetzt. Vielmehr ist es umgekehrt: Die Todestaufe und das darin vollzogene Gericht wird für die mit dem Geist Gesalbten und Getauften zur Heilswirklichkeit, die zum endgültigen Durchbruch bringt, was schon mit ihnen geschehen ist. Aus der Taufe, die das Gericht abbildet und rituell vorwegnimmt, so dass man in ihm bestehen kann, wird deshalb in der Nachfolge Christi das Hineingetauftwerden in den Weg Jesu zum Vater (vgl. Röm 6,3–6), das mit der Jesus-Gemeinschaft die Teilhabe an Gottes Herrschaft schon wirksam zueignet.

Diese christologisch-soteriologische Transposition des Taufthemas wird nicht Jesus selbst zuzuschreiben sein. Wohl aber geht auf ihn die deutliche »Richtungsänderung« von der dringlichen Gerichtsansage zur Ansage des schon nahe gekommenen und in der Umkehr und im Glauben an Gottes Handeln zum Heil Israels bereits real gegenwärtige Gottesherrschaft zurück. Wenn man den Blick auf die in Israel zeitgenössischen weiteren Optionen weitet, wird man sagen dürfen:

- Jesu eschatologische Verkündigung ist betont theozentrisch: Gott wird die Gottesherrschaft von sich aus durchsetzen und vollenden;
- sie ist gegenwartsbezogen, insofern die Ankunft der Gottesherrschaft die Menschen jetzt in Anspruch nimmt und zu reinigender Umkehr herausfordert;

le Q 7,28a). Nach Q 7,27 aber ist der Kleinere der im Himmelreich Größere; vgl. Martin Ebner, Jesus von Nazaret in seiner Zeit, 91 f.

23 Nach dem Johannesevangelium haben die an Jesus, den Christus Glaubenden, das Gericht schon hinter sich; sie werden nicht mehr gerichtet (vgl. Joh 3,18), sie sind vielmehr schon ins Leben übergegangen (vgl. Joh 5,24).

- aber sie setzt nicht vorrangig auf den Sühnekult im Jerusalemer Tempel und auch nicht auf das Tun der Tora als *Voraussetzung* für das Kommen des Messias;
- sie setzt auch nicht auf die Restitution einer ursprünglich guten »davidischen« Ordnung von Herrschaft und Gemeinwesen; sie greift vielmehr mit apokalyptischer Radikalität aus auf eine *Gottes*-Herrschaft, in der *alle* menschliche Not durch Gottes umfassend in Kraft gesetzte Gerechtigkeit überwunden wäre;
- sie vertagt diese umfassende und an die Wurzel menschlichen Zusammenlebens reichende Verwirklichung göttlicher Gerechtigkeit nicht auf die »letzten Dinge« in einer mehr oder weniger nahen Zukunft, sondern sieht Gottes Menschen-gerechte Herrschaft jetzt geschehen, wo immer Menschen sich ihr unterstellen;
- sie identifiziert Gottes Herrschaft nicht mit der strengen Tora-Observanz, wie die Pharisäer sie einforderten, sondern sieht sie als die Erfüllung der Tora, an der die Menschen teilzunehmen haben und teilnehmen können, damit Gottes Herrschaft den Menschen jetzt in ihrer konkreten Not zugutekommt.
- In diesem Sinne weiß sich Jesus nicht gekommen, das Gesetz und die Propheten aufzuheben, sondern zu »erfüllen«, was die Tora als Menschen- und Gott-gerecht vor-schreibt und die Propheten als Gottes heiligen Willen geschehen sahen (Mt 5,17); er gibt nicht verloren, was Israels Bundesgeschichte bestimmte – bestimmen sollte –, er sieht sich vielmehr in Dienst genommen, es zum Ziel zu bringen.

Jesu Blick richtet sich nicht zuerst darauf, dass die Axt schon an die Wurzel gelegt ist, sondern darauf, wie Gott mit seinem guten Willen in diese Welt Eingang finden soll, wie jetzt geschehen kann, was seine Herrschaft kennzeichnet, wie sie *jetzt* anfängt, um eschatologisch zu ihrer Fülle zu kommen. Sein Blick richtet sich auch nicht primär auf den Tempel als den Ort, an dem Gott sich seinem Volk im Kult zuwendet, sondern auf das Nahekommen Gottes überall da, wo sein guter Wille geschieht, wo man seiner Menschen-Gerechtigkeit den Weg bereitet und sie bereitwillig mitvollzieht. Jesu Botschaft ist freilich im Entscheidenden *Zeugnis:* Sie will die Adressaten nicht primär fordern, sondern aufmerksam machen auf das, was jetzt geschieht, damit man ihm im eigenen Leben Rechnung trage und Raum gebe.

Aber wie kam es zu dieser ausgeprägt eigenständigen und eigenwilligen Botschaft, zu dieser Absetzung nicht nur von der Gerichtspredigt des Täufers, sondern auch von heute noch erkennbaren anderen Optionen im Israel seiner Zeit? Angesichts der Intentionen und der literarischen Genera der neutestamentlichen Zeugnisse wäre es unangemessen, nach einer Lebenswende Jesu oder einem »Durchbruch« zu dem ihm Ureigenen zu suchen und diesen biographisch verorten zu wollen. Die schon erwähnte »Berufungsvision«, die den Fall des Satans vom Himmel schaute (vgl. Lk 10,18), markiert eher den Inhalt als den biographischen Ort einer solchen neu orientierenden Gottes- und Reich-Gottes-Erfahrung. Aber die synoptischen Evangelien vermitteln doch auf je ihre Weise narrativ, was man den Durchbruch Jesu zu seiner Sendung nennen kann. Sie erzählen ihn erstaunlicherweise als die Taufe durch Johannes.

3.4 Jesus und die Johannestaufe

Das Erstaunliche: Da, wo Jesus sich in die Jüngerschaft des Täufers einzureihen scheint und sich dem Umkehrritus unterzieht, der von der apokalyptischen Gerichtspredigt des Johannes dringlich gemacht wird, erzählen die Synoptiker die göttliche Erwählung und Sendung Jesu und die Herabkunft des Heiligen Geistes auf ihn, die ihn für seinen eigenen Weg zurüstet, da sie ihn zum Christus salbt. Markus und Matthäus versuchen diese Spannung narrativ auszugleichen, indem sie Jesus von Nazaret als den von Johannes selbst erwarteten Größeren einführen, der nach der Matthäus-Version von Johannes auch als solcher erkannt wird (»Ich müsste von dir getauft werden, und du kommst zu mir?«). Damit ist unabweisbar die Frage aufgeworfen, weshalb Jesus sich der Johannestaufe unterzieht. Die Antwort, die Jesus selbst gibt, führt zunächst nicht recht weiter: Gottes Gerechtigkeit müsse so erfüllt werden (vgl. Mt 3,13–17). Wie wird sie durch die Taufe konkret erfüllt? Allenfalls so, dass Jesus nun als Gesalbter (Messias) und Gottesknecht mit seiner Sendung und seiner Botschaft an die Stelle der Johannestaufe tritt, ohne die Stelle des Bußpredigers, Asketen und Täufers einzunehmen. Er wird sich nach seiner Zeit in der Wüste und der von Johannes empfangenen Taufe – wohl nach seiner Zeit als Jünger des Täufers – anders verorten. Dazu wird er in der Taufe gesandt und legitimiert: durch die Adoptionsformel nach Ps 2,7 (»Du bist mein geliebter Sohn«) und den Vorblick auf die »Erfüllung« seines Weges als des neuen Gottesknechts (»an dem ich Gefallen gefunden habe«; nach Jes 42,1[24]). Die sachliche Parallelstelle in der Verklärungsperikope des Lukasevangeliums fügt an die Adop-

[24] Die Fortführung der Gottesknechts-Formel in Jes 41,1 (»Ich habe meinen Geist auf ihn gelegt, er bringt den Völkern das Recht«) wird zum einen in der Taufszene als eben jetzt

tionsformel noch die paradigmatische Propheten-Legitimation nach Dtn 18,15 an: »Auf ihn sollt ihr hören!«. Das narrative Konzept der Taufperikope ist bei Markus und bei Matthäus so angelegt, dass nur Jesus selbst den Himmel geöffnet und die Herabkunft des Geistes auf sich »sieht« und wohl auch nur er die Legitimationsworte hört; die Lukas-Erzählung bleibt hier unentschieden. Damit ist – jedenfalls bei Markus wie bei Lukas – narrativ offengehalten, wie sich der Täufer im Verhältnis zu Jesus verortet. Sogar Matthäus, nach dessen Tauferzählung der Täufer den »Größeren« als solchen erkannte, berichtet davon, wie es zu Konflikten zwischen Jesus- und Johannesjüngern über die Fastenpraxis gekommen ist und der Täufer sich keineswegs darüber im Klaren war, mit wem man es bei Jesus zu tun hatte (vgl. Mt 9,14–15; 11,2–6).

Versucht man, das hier narrativ Gestaltete in seiner »proto-christologischen« Intention zu erfassen, so wird man – besonders bei Matthäus, aber nicht nur bei ihm – die Intention erkennen dürfen, die Täuferjüngerschaft Jesu, die nicht in Abrede gestellt werden sollte, als den Berufungsweg darzustellen, der aus der Wüste und dem Asketenleben des Täufers in das »Gelobte Land« hineinführen sollte, damit das Volk zur festlichen Gemeinschaft der Gottesherrschaft gesammelt und in der Gemeinschaft mit seinem Gott eschatologisch erneuert würde. In der Taufe am Jordan geschieht dieser Übergang. In der Konfrontation mit dem Täufer und Wüstenasketen erfährt Jesus, dass die Wüste nur dazu da ist, sich als Geistgesalbter gegen den Versucher zu behaupten, damit man in ebendiesem Geist zum Verkünder des Evangeliums werden kann.

Soviel wird man sich historisch am Auftreten Jesu von Nazaret und seiner Reich-Gottes-Verkündigung verständlich machen können, weil es sich aus dem geschichtlichen Kontext heraus verstehen lässt bzw. von ihm gerade spezifisch abhebt. Und das Bild lässt sich sicher mit einem Mehraufwand an historischer Gelehrsamkeit weiter präzisieren und farbenfroher ausmalen. Aber ist damit wirklich verstanden, was Jesus bewegte, wovon er sich zuinnerst getragen und in Anspruch genommen wusste – was in diesem Sinne für ihn *identitätsbestimmend* wurde? *Verstanden* wäre es erst, wenn wir verstanden hätten, warum es hier auch für Menschen des 21. Jahrhunderts um eine Frage von Heil und Unheil, von Leben und Tod geht. Nur dann hätte man verstanden, dass sie für Jesus von Nazaret identitätsbestimmend werden konnte; würden wir vielleicht auch von Ferne erah-

geschehend dargestellt; und sie strahlt womöglich andererseits – bei Matthäus – in das Motiv »Erfüllung der Gerechtigkeit« aus, mit dem Jesus sein Tauf-Begehren motiviert.

nen, warum die Botschaft seines Lebens von den Erstzeugen als Gottes eigene Botschaft gehört werden konnte. Das Geheimnis seines Lebens verlangt danach, in diesem Sinne verstanden zu werden: in einem Verstehen, das dieses Lebens-Geheimnis zur Identitäts-entscheidenden Herausforderung für *unser* Leben macht.

Mea res agitur: Es geht um alles, weil es um mich, um uns geht! Da liegt es nahe, gefährlich nahe, das, was wir für unsere *res* halten – für das Lebensentscheidende in unserer Selbst- und Weltwahrnehmung –, im Zeugnis Jesu wiederzufinden, in es »hineinzugeheimnissen«. Dem kann die historische Forschung einigermaßen[25] wehren. Aber auch sie würde Jesus nicht verstehen, wenn ihr sein »Anliegen« nicht ähnlich wichtig wäre, wie es das für Jesus gewesen ist. Man kommt aus diesem Dilemma nicht heraus; man kann nur versuchen, mit ihm in Glauben und wissenschaftlicher Praxis möglichst selbstkritisch umzugehen und sich dafür bereit zu halten, dass einem im Glauben aufgeht, was Jesus bezeugte und die Erstzeugen Jesu herausforderte, ihr Leben dafür einzusetzen. Was also *ist* die Gottesherrschaft, deren Nahekommen Jesus verkündigte? Was ist sie für mich; was könnte sie für Menschen sein, die ich einigermaßen kenne, weil ich mit ihnen zusammenlebe, wenigstens ihr Zeitgenosse bin?

3.5 Herrschaftswechsel *jetzt*

Wenn man einen Schritt zurücktritt, weniger die Einzelzüge des Bildes identifizieren will, sondern das Gesamtbild auf sich wirken lässt, so fällt einem die Fremdheit dieser Lebens- und Sendungs-Landschaft in die Augen: Ein Rabbi ganz am Rande, am Rande seines Volkes, das seinerseits politisch und sozial marginalisiert war, Hoffnungen hegte, endlich (wieder?) im Mittelpunkt zu sein, und seinen Gott dafür in Anspruch nahm, dass es so nicht ewig weiterging! Kann man das anders als historisch verstehen? Diese kompensatorisch-überschwänglichen Hoffnungen, die Einforderung Gottes für eine heilsgeschichtliche Sonderrolle Israels, der gegenüber die Imperiums-Ideologie Roms zur Bedeutungslosigkeit zerfallen

[25] Diese Einschränkung muss sein. Die historisch-kritische Forschung schlägt sich von Anfang an mit ihren blinden Flecken herum: mit der unkritischen Anmutung, dieser Selbst- und Zeitblindheit durch ihre unanfechtbaren Methoden allein enthoben zu sein. Inzwischen hat man hier die Selbstrelativierung gelernt, die einigermaßen davor schützt, Kant oder Heidegger in Jesus von Nazaret hineinzulesen. Aber hat man sich schon davor hüten gelernt, in Jesus die eigene Selbstrelativierung hineinzulegen?

würde? Wie können wir diesem Rabbi glauben, das von ihm Bezeugte als für uns Lebens-entscheidend und Identitäts-bestimmend glauben, wenn denn dieser Glaube mehr sein soll als das unbeirrt-verblüffungsfeste Beharren auf einer metaphysisch-theologisch von vornherein unterstellten Außerordentlichkeit, ja Übermenschlichkeit dieses Rabbis? Könnte ihm geglaubt werden, weil man ihn in seinem Anliegen einigermaßen verstanden hat und es ihm »abnimmt«?

Gottes-*Herrschaft:* Schon damit fängt es an. Wie kann man nur dazu kommen, sich von Herrschaftsverhältnissen etwas Gutes zu erwarten. Man mag historisch verstehen, dass Jesus bei allem Dissens mit seinen Zeitgenossen auf einen endgültig-eschatologischen Herrschaftswechsel setzte. Aber was könnten historisch Ernüchterte und zu beinharten politischen Skeptikern Gewordene noch von einem Herrschaftswechsel erwarten! Wenn JHWH selbst die (Königs-)Herrschaft übernimmt, so würde dies für alttestamentliche Fromme – etwa für Beter des Psalms 82 – die Entmachtung all der Potentaten und Mächte bedeuten, die mit ihrem Machtmissbrauch das Leben in Gemeinschaft nicht schützen und stärken, sondern es schädigen und ins Chaos stürzen. Der Sinn von Herrschaft liegt aber genau darin: dass sie von der in Anspruch genommenen Macht einen schöpferischen, Lebens- und Gemeinschafts-fördernden Gebrauch macht. Gute Herrschaft bedeutet: Disziplinierung von Macht um des Lebens in Freiheit willen; Wahrung und Durchsetzung von *Gerechtigkeit* im Sinne der Lebens- und Gemeinschafts-Gerechtigkeit, jener elementaren Verlässlichkeit, in der Menschen sich aufeinander verlassen können, weil Macht nicht mehr zur Unterdrückung und zur Ausbeutung missbraucht wird.

Die Gottesherrschaft soll die Entmachtung all derer bringen, die ihre Macht zur Unterdrückung der Menschen gebrauchen und damit jenen Schöpfungssinn der Macht pervertieren, den man mit dem zeitgenössischen Therapeutenslang *Empowerment* nennen könnte. In ihr soll es nicht so zugehen, wie in den Machtsystemen, die von den Großen dieser Welt im eigenen Interesse aufrechterhalten werden (vgl. Mk 10,42–43). Der gute Herrscher ermächtigt, statt die Untertanen klein zu halten. Gott, der schlechthin gute Herrscher, setzt seine Macht zugunsten derer ein, die er ins Dasein gerufen hat und deren Wohlergehen ihm am Herzen liegt. Sein Diener, der Diener der anbrechenden Gottesherrschaft, setzt sein Leben ein, damit die Menschen freikommen können aus lebensfeindlichen Bindungen, in denen sie den bösen Mächten unterworfen, gar ihnen hörig geworden sind (vgl. Mk 10,45).

Der Macht- und Herrschaftswechsel am Ende der Tage würde dem

Missbrauch der Macht, der Menschen, ein Ende setzen und die Schöpfung werden lassen, wie sie vom Schöpfer gemeint ist. Er würde bedeuten, dass Menschen und Schöpfung zu dem ermächtigt werden, was sie sein können. Gott, der gute Herrscher, würde *und wird* noch dafür einstehen – seine unübertrefflich-unerschöpfliche Macht dafür einsetzen –, dass die Menschen auch der scheinbaren Übermacht des Todes nicht ausgeliefert bleiben. Das Neue Testament denkt in apokalyptischer Radikalität die Über-Macht Gottes über den Tod zugunsten der Menschen, die daran glauben dürfen, dass Gott sie zu Teilnehmern seiner Herrschaft berufen hat und seiner Berufung Geltung verschaffen wird.

Dass Menschen glaubend auf diese *Gottes*herrschaft hinleben und darin ihrer ureigenen Lebens-Sehnsucht Raum geben, wird wohl heute noch von Zeitgenossen verstanden und gewiss auch nachvollzogen werden können. Wie aber sollen sie – zweitausend Jahre nach Jesus Zeugnis – von der zum Greifen nahen und unter den Glaubenden schon angekommenen Gottesherrschaft sprechen können? Zum Greifen nahe nicht mit der unmittelbar bevorstehenden Weltrevolution; angekommen tatsächlich seit zweitausend Jahren? Steht, was man als das Ankommen der Gottesherrschaft in Jesus Christus ansehen dürfte und zu glauben hätte, nicht in einem grotesken Missverhältnis zu dem, was in apokalyptischer Radikalität als Gottesherrschaft erhofft und von Jesus angekündigt wurde? Lässt sich dieses Missverhältnis mit dem Hinweis auf eine Kirche auflösen, die doch beschämend wenig von den Hoffnungen einlösen oder auch nur wachhalten konnte, die mit Jesu Verkündigung von der nahegekommenen Gottesherrschaft geweckt wurden?

Das angesprochene Missverhältnis wurde schon von Jesu Zeitgenossen empfunden und gegen sein Reich-Gottes-Zeugnis ins Feld geführt. Er hat mit mehreren Wachstumsgleichnissen darauf reagiert, von denen das Senfkorngleichnis dieses Missverhältnis sicher am prägnantesten zum Thema macht (vgl. Mk 4,30–32parr.). Es ist nicht einfach das Größen-Missverhältnis zwischen dem kleinen Samen und der großen Staude, das da in den Blick gerückt wird, sondern zugleich das Wunder der Natur, dass dieses unscheinbare Samenkorn eine solch überbordende Lebenskraft freisetzt, wie man sie der Senfstaude ansehen kann, die sich wie Unkraut verbreitet und durch keine gärtnerische Gegenmaßnahme unter Kontrolle zu bringen ist.[26] Wenn der Glaube wenigstens so groß ist wie ein Senfkorn, wird ihm nichts unmöglich sein (vgl. Mt 17,20par.), wird er unzähmbar »weiter-

[26] Zur Interpretation dieses Gleichnisses vgl. Martin Ebner, Jesu irritierende Gottesrede.

wuchern« und die Lebenswirklichkeit wie das Zusammenleben der Glaubenden durchdringen. Er wird dem, was von Jesus Christus bezeugt wird und durch ihn schon senfkornklein geschieht, den »Baum« der Gottesherrschaft ansehen können, in dem die zu ihr Berufenen und in der Gottesgemeinschaft Lebenden »nisten« können.[27]

Die Senfkorn-Hoffnung der Glaubenden mag die Unscheinbarkeit der Anfänge für eine gewisse Zeit zusammenhalten mit der so anspruchsvollen apokalyptischen Perspektive einer alles – so auch den Tod noch – in die Fülle des Lebens einbringenden Heilswirklichkeit »am Ende aller Dinge«. Aber was geschieht, wenn die Einlösung dieser Hoffnung auf lange Zeit hin ausbleibt? Die Natur erfüllt ihre Wachstumsversprechen in absehbarer Zeit; und auf die absehbare Zeit bezieht sich auch Jesus selbst in seiner Reich-Gottes-Verkündigung.[28] Von Gott und seiner Herrschaft konnte man schon in der zweiten Generation der Christusjünger so nicht mehr sprechen. Wie konnte, wie musste sich ihre Senfkorn-Hoffnung verändern, wenn sie weiter gehegt werden sollte? Welche Veränderungen musste sie erfahren in den Jahrhunderten danach bis in die Gegenwart unseres Glaubens hinein? Wird sie die gleiche Hoffnung geblieben sein, die der Reich-Gottes-Zeuge Jesus den ihm Nachfolgenden durch seine Gleichnisrede stärken wollte?

In der Kirche hat der apokalyptische Impuls der Verkündigung Jesu meist so weitergewirkt, dass man ihn nach Ostern und Pfingsten in der Kirche aufgenommen und gewissermaßen auf Dauer gestellt sah. Noch die Kirchenkonstitution des Zweiten Vatikanischen Konzils *Lumen gentium* nennt die Kirche »Keim und Anfang dieses Reiches [Gottes] auf Erden« (*Lumen gentium* 5). Sie setzt die Sendung Jesu Christi fort, in dessen Wort, Werk und Gegenwart dieses Reich aufleuchtete. Und während sie in dieser Sendung »allmählich wächst, streckt sie sich verlangend aus nach dem voll-

---

Eine Schulung für Prediger in: Der Prediger und Katechet 151 (2012), 578–583, hierzu 578 f.

[27] Vorausgesetzt ist die Metaphorik des mächtigen Ur-Baumes, der im Alten Orient Wachstum, Gedeihen und Bestand der Weltreiche versinnbildet – und der im verfremdenden Kontrast steht zur wenig repräsentativen äußeren Gestalt der Senfstaude, die sich eben nicht eindrucksvoll zum Himmel reckt.

[28] Vgl. etwa das Bildwort vom Feigenbaum Mk 13,28–30, das auf die Conclusio zuläuft: So, wie man am aufsprießenden Feigenbaum erkennen kann, dass der Sommer bald bevorsteht, kann man an allen Anzeichen jetzt erkennen, »dass das Ende vor der Tür steht.« Und weiter heißt es: »Amen, ich sage euch: Diese Generation wird nicht vergehen, bis das alles eintrifft.« Die Frage, inwieweit Jesus selbst naheschatologisch gedacht hat und wie sich das mit der präsentischen Eschatologie seiner Verkündigung vereinbaren lässt, ist in der exegetischen Fachdiskussion heftig umstritten. Sie wird uns weiter begleiten.

endeten Reich; mit allen Kräften hofft und sehnt sie sich danach, mit ihrem König in Herrlichkeit vereint zu werden« (ebd.). Jesu Wachstumsgleichnisse scheinen hier auf das Wachstum der Kirche hinzudeuten, die alle Gläubigen dem Jüngsten Tag entgegenführt. Wird dieses Wachstum aber auf Dauer gestellt, so verliert die Vorstellung von einem »Ende aller Dinge« ihre Prägnanz für die gläubige Vorstellungskraft – es sei denn, die Rede vom Ende aller Dinge wird auf das individuelle Heilsschicksal der Menschen hin umcodiert. Damit wird aber – von den keineswegs unbedeutenden apokalyptischen »Erweckungsbewegungen« etwa auf der reformatorischen Linken und deren Säkularisierungen vor allem im 19. und 20. Jahrhundert abgesehen – der Glaubens-Horizont eines eschatologischen Herrschaftswechsels eher abgeblendet; die Rede von einem endzeitlichen Reich Gottes wird entweder als anderer Name für »Himmel« gebraucht oder im Sinne einer Zielgröße menschheitlicher oder kirchlicher Entwicklung uminterpretiert oder zu einer theologischen Begrifflichkeit, welche die Vorstellungskraft des Glaubens kaum noch berührt. Diese apokalyptische Sprachlosigkeit wurde seit Ende des 19. Jahrhunderts besonders stark empfunden, als man die apokalyptische Prägung der Verkündigung Jesu wiederentdeckte und als deren Spezifikum meinte ansehen zu müssen.[29] In seinen Heidelberger Vorlesungen hat *Ernst Troeltsch* einen »modernen Theologen« mit der Einschätzung zitiert, »das eschatologische Bureau sei heutzutage zumeist geschlossen«[30]; es sei nicht besonders auskunftsfreundlich, wenn man es über die »letzten Dinge« befrage.

Die Apokalyptik Jesu – was man auch darunter jeweils verstanden hat – schien der Lebens- und Welterfahrung der Menschen im 19. und 20. Jahrhundert so quer im Wege zu stehen, dass die Theologie vor die Entscheidung gestellt schien, ihre »Christlichkeit« im Sinne der Bindung an das Anliegen Jesu Christi mehr oder weniger aufzugeben oder mit fremd gewordenen Vorstellungen zu hantieren, die in der Gegenwart kaum Resonanz finden, jedenfalls auf kein Verständnis mehr zählen konnten.[31] Die Systematische Theologie hat von diesem Dilemma im 20. Jahrhundert wenig Notiz genommen oder sich ihm – wie bei Karl Barth und Rudolf Bult-

---

[29] Hinzuweisen ist hier auf die »religionsgeschichtliche Schule« und vor allem auf den Neutestamentler Johannes Weiß, Die Predigt Jesu vom Reiche Gottes, Göttingen [3]1964 (ursprünglich 1892).

[30] Ernst Troeltsch, Glaubenslehre. Nach Heidelberger Vorlesungen aus den Jahren 1911 und 1912, hg. von G. von Le Fort, München – Leipzig 1925, 36.

[31] So etwa der Religionsphilosoph Franz Overbeck, Über die Christlichkeit unserer heutigen Theologie, Nachdruck Darmstadt 1989 (ursprünglich Leipzig 1873).

mann – durch radikale Re-Interpretationen des Apokalyptischen entzogen. Diese Apokalyptik-Vergessenheit der Gegenwarts-Theologie ist dann vor allem von Johann Baptist Metz beklagt und bekämpft worden. Die grundlegende Erfahrung der Apokalyptik sei die der befristeten Zeit, die jetzt zur Entscheidung drängt. Ihr sei gegen evolutionär entspannte und bürgerlich auf ein ewiges *Weiter-so* orientierte Zeitvorstellungen neu Geltung zu verschaffen, damit die »Ungleichzeitigkeit« der Botschaft Jesu heute ihre Zeitkritische Kraft entfalte.[32]

Auf die Semantik der Gottesherrschaft wie eines bevorstehenden oder im Jetzt geschehenden und im christlichen Glauben nachzuvollziehenden eschatologischen Herrschaftswechsels hat sich gleichwohl auch die von Metz begründete neue Politische Theologie eher zögerlich eingelassen. Die Erfahrungen, die in dieser Semantik zum Ausdruck kommen, scheinen den Menschen von heute unwiderbringlich fremd. Und die Plausibilität der Behauptung, dieser Herrschaftswechsel sei jetzt schon unverkennbar, auf die Jesus mit seiner Reich-Gottes-Verkündigung und in seiner Reich-Gottes-Praxis der Sündenvergebung, der eschatologischen Mahlfeiern, der Heilungs-Machttaten, insbesondere der Dämonenaustreibungen setzen konnte, scheint unerschwinglich. Oder täuscht dieser Eindruck – wenn nur mehr hermeneutischer Aufwand getrieben wird, die Herausforderung des so fremd Gewordenen zu spüren und ihr Raum zu geben?

Es ist wohl so, dass die Vorstellung eines im Sinne der Naheschatologie im Umfeld Jesu erwarteten, unmittelbar bevorstehenden krisenhaft-katastrophales Endes der Geschichte, das Gott selbst herbeiführt, um die Gläubigen in einen neuen Äon der Vollendung hineinzuführen, heute nicht mehr eins zu eins nachvollzogen werden kann. Wo das versucht oder beansprucht wird – etwa in der Imagination eines endzeitlichen Entscheidungskrieges –, entstehen krude-fundamentalistische Mischkonzepte aus Politik und (Zivil-)Religion, die etwa politisch-militärische Gewalt-Optionen dadurch legitimieren, dass man in die Schlacht von Armaggedon ziehen müsse.[33] Jesu eschatologische Verkündigung von der nahe bevorstehen-

---

[32] Zur Diskussion vgl. T. R. Peters – C. Urban (Hg.), Ende der Zeit? Die Provokation der Rede von Gott. Dokumentation einer Tagung mit Josef Kardinal Ratzinger, Johann Baptist Metz, Jürgen Moltmann und Eveline Goodman-Thau in Ahaus, Mainz 1999.

[33] Vgl. die Hinweise auf die Ideologiebildungen der Reagan-Administration in den Achtzigerjahren des 20. Jahrhunderts in: Jürgen Ebach, Apokalypse. Zum Ursprung einer Stimmung, in: Einwürfe 2 (1985), 5–61, hierzu 24 (mit Fn. 17) und Jürgen Werbick, Widerstands-Gewissheiten. Apokalyptische Vergewisserungen einer »anderen Welt«, in: ders. – S. Kalisch – K. von Stosch (Hg.), Glaubensgewissheit und Gewalt. Eschatologische

den bzw. unter den Jesus-Jüngern und mit ihm schon angekommenen Gottesherrschaft wird in ihrer mehr oder weniger stark ausgeprägten Naherwartung[34] nach zweitausend Jahren nur noch historisch verstanden werden können. Wie also muss und kann sich diese eschatologische Boschaft in Verkündigung, Glaube und Theologie der Kirche verändern, ohne ihren Rückhalt an den Zeugnissen des Neuen Testaments zu verlieren?

Die apokalyptische Erwartung einer alle Dinge zur Menschen- und Lebens-Gerechtigkeit machtvoll zurechtbringenden endzeitlichen Gottes-Gemeinschaft ist für die Verkündigung Jesu essentiell. Man wird sie nicht aufgeben dürfen, wenn man sich Christ nennt. Ebenso essentiell ist seine prophetisch-gegenwartsbezogene Botschaft, Gottes machtvoll-zurechtbringende Herrschaft beginne *jetzt* und fordere jetzt die Entscheidung der Menschen ein, an Gottes schöpferisch-gutem Willen mitzuwirken, der sich »am Ende« als alles bestimmend herausstellen und alles so gut machen werde, wie es überhaupt nur gut werden kann. Eine authentische Glaubens-Relecture der neutestamentlichen Zeugnisse wird also die innergeschichtliche Dynamik des durch Gottes Geist in den glaubenden Menschen wirksamen guten Willens Gottes ebenso zu würdigen haben wie die von diesem guten Willen machtvoll herbeigeführte Vollendungswirklichkeit, die den Menschen jedenfalls insofern nahe ist, als diese dazu erwählt sind, mit dem Ende ihrer Lebens-Zeit in der Welt an ihr teilzuhaben. Theologie hat dieses Spannungsgefüge soweit zu stabilisieren, dass für Menschen, die sich an die Glaubens-Bezugsperson Jesus Christus halten wollen, vorstellbar bleibt und nachvollziehbar wird, wie sie sich in dieser Spannung verstehen und in ihr glaubend zu einem Leben in Fülle unterwegs sein können.

Es kann und sollte dabei – so die These, die ich erläutern will – durchaus auf die Semantik der Gottes*herrschaft* zurückgegriffen werden, die Jesu Verkündigung und ihre neutestamentlichen Bezeugungen erkennbar bestimmte. Die Frage, die schon Jesus selbst[35] und in theologischer Durcharbeitung Paulus bewegte und gerade in gegenwärtiger Welt- und Selbsterfahrung Resonanz finden kann, ist vielleicht gerade diese: Was beherrscht mein Leben so innerlich und bis zum Äußersten, dass es unter dieser Herrschaft zugrunde geht oder aber zur Fülle des Lebens aufblüht? Die unheil-

Erkundungen in Islam und Christentum, Paderborn – München – Zürich – Wien 2011, 65–82, hierzu 72–75.

[34] Es wird – wie schon erwähnt – höchst kontrovers diskutiert, wie stark diese Prägung gewesen sein wird.

[35] Man denke etwa an den Glaubens-Hintergrund der Streitrede über die Steuerpflicht Mk 12,13–17parr.

vollen Mächte haben die Menschen dadurch im Griff, dass sie ihnen das Wollen »implantieren«, diesen Mächten zu dienen, ihnen das eigene Leben und Streben zum Opfer zu bringen, damit einem zuteilwerde, was sie versprechen. Das ist offenkundig die effektivste Weise einer Unheils-Herrschaft: dass das Wollen und die Sehnsucht der Menschen, so auch ihre innerste Motivation, enteignet und von den herrschenden Mächten feindlich »übernommen« werden. Martin Luther nennt die Mächte, die auf diese Weise über die Menschen herrschen, *Götzen*. Und er nennt als Beispiele Reichtum und Ehre.[36] Manches andere wäre dem heute hinzuzufügen bis hin zu den dunklen Mächten der Hoffnungslosigkeit, die den von ihr Überwältigten alle Lebendigkeit rauben.[37] Ihnen wäre allein Gott gewachsen, dessen gute Herrschaft die Menschen aus den Unheilsherrschaften auslöst, ihnen die Hoffnung des Glaubens auf ein Gott-erfülltes Leben zurückgibt und sie in ihrem Innersten so ergreifen und jetzt schon beschenken kann, dass sie Gott allein die Erfüllung ihres Lebens zutrauen. Gott ist der, an den Menschen »ihr Herz hängen« und bei dem sie Zuflucht suchen in der Not ihres Menschseins. Nehmen die Götzen diese Stelle Gottes ein – glaubt man an sie –, so beuten sie alle für sich aus, die ihr Herz an sie gehängt haben. Darf der wahre Gott den Menschen Gott sein, so befreit er sie zu einem Leben, in dem ihre innerste Lebens-Sehnsucht erweckt und die Menschen den Weg zu ihrer Erfüllung geführt werden.

Aber es liegt – wenn überhaupt – nicht letztlich an den Menschen, ob sie dem wahren Gott so nahekommen, dass sie sein Gottsein erfahren und deshalb an ihn allein ihr Herz hängen können. Gott muss ihnen von sich aus nahekommen, so nahe, dass er ihnen als die schlechthin verheißungsvolle Alternative zu den Götzen wahrnehmbar und glaubbar wird. Das geschah und geschieht den Menschen durch Jesus Christus und im Heiligen Geist. Der eschatologische Herrschaftswechsel vom Beherrschtwerden durch die Mächte (oder Götzen) zum Auflebenkönnen der Menschen in Gottes Herrschaft ist das in Jesu Zeugnis Bezeugte: Er ist den Mächten und ihrem Anführer Satan nicht unterworfen.[38] So bezeugt er die Freiheit von diesen Mächten in der Gegenwart Gottes; so lebt er diese Freiheit der

---

[36] Einschlägig sind hier Luthers Ausführungen zum ersten Gebot in seinem Großen Katechismus, Luthers Werke in Auswahl, hg. von O. Clemen, Bd. 4, Berlin ^{6}1967, 1–99, hier 4–8.

[37] Von diesen Mächten und der in Jesus Christus geschehenen Überwindung ihrer Macht ist bei Paulus sehr prägnant in Röm 8,37–39 die Rede.

[38] Das wird in der Erzählung von der an die Taufgeschichte anschließenden Versuchung Jesu durch den Satan (Mk 1,12–13parr.) zum Ausdruck gebracht. Dass die Engel (des

Gottesherrschaft, indem er sie austeilt – an ihr durch seine Verkündigung und Reich-Gottes-Praxis Anteil gibt. Das Zeugnis für die Entmachtung des Satans und seiner Mächte (vgl. noch einmal die »Berufungsvision« Lk 10,18f., die ja die Mitteilung der Macht zur Überwindung des Satans an die Jünger einschließt) zeigt diese Entmachtung im Zeugnis für eine Macht, mit der Gott selbst unter den Menschen gegenwärtig wird und sich – seine gute Herrschaft – zugänglich macht.

Jesus bezeugt durch seine Verkündigung, seine Machtaten, sein vertrauensvolles Gebet, dass die Tür zur machtvoll-befreienden Gottesgegenwart offen steht.[39] Das Johannesevangelium bezeichnet ihn selbst als die Tür: als die Tür zu den Schafen, durch die die Nachricht von der Gottesherrschaft – vom Leben – zu den Schafen kommt; aber auch als die Tür der Gottesherrschaft selbst, die offen steht, damit alle, die durch sie eintreten, gerettet würden (Joh 10,7.9).[40] Jesus ist in diesem Sinne der Türöffner zum Leben (der archegós), der die Mauer der Gottferne durchbricht (vgl. Apg 3,15; vgl. 5,30 und Hebr 2,10). Er bezeugt den zugänglichen Gott, der sich in seinem Zeugen bezeugt: von ihm unter den Menschen vergegenwärtigt wird, so dass diese durch Jesus Christus und in ihm den Zugang zur Wirklichkeit Gottes und seiner eschatologischen Herrschaft gewinnen – wenn sie seiner Einladung folgen und durch die offene Tür gehen, die er ist.

Es wird genauer zu untersuchen sein, wie Jesus von Nazaret den Menschen, mit denen er umgeht und Gemeinschaft hat, dieses Zeugnis der offenen Tür gibt und sie so einlädt, sich dafür zu öffnen, dass Gottes Herrschaft mit ihrer Herausforderung bei ihnen Zugang finden kann und sie selbst zu ihr Zugang finden. Ein Merkmal sei vorweg herausgestellt, weil sich von ihm her die Metaphorik des Öffnens und der Tür selbst exemplarisch erschließt: Gottes Herrschaft ist das *jetzt* Geschehende und jetzt in Anspruch Nehmende, der Anfang eines Anfangs, der nicht aufhören will mit den Menschen das »ewige«, erfüllte Leben anzufangen[41], bis sie in seine Fülle – in Gottes endzeitliche Herrschaft – eingehen werden.

Himmels) ihm dienen, illustriert die Zugehörigkeit Jesu zum Reich der Himmel, gegen die der Satan von vornherein keine Chance hat.

[39] So ermutigt er zu einem Gebet, das an dieser Tür anklopft, gar »rüttelt«: im Vertrauen darauf, dass sie nicht mehr verschlossen ist; vgl. die Gebetsparänese im Anschluss an das Vaterunser (Lk 11,10parr.).

[40] Diese christologische Wendung ist umso bemerkenswerter, als sie der narrativen wie der Bild-Logik des Kontextes nicht entspricht.

[41] Die hier soteriologisch artikulierte Figur des Anfangs, »der nicht aufhört Anfang zu

3.6 So fängt es mit der Gottesherrschaft an

Gottes Herrschaft ist *nahe*gekommen; sie ist zugänglich geworden, da Gottes eigene Wirklichkeit in der Welt geschieht und die Menschen herausfordert, sich ihr zu öffnen. Der diese herausfordernd-nahegekommene Wirklichkeit in Person ist – es macht ja sein Lebensgeheimnis aus, dass Gott sich in ihm bezeugt –, fordert die Menschen heraus, nun auf die Ankunft der Gottesherrschaft hin den Blick zu weiten. So soll es beginnen, dass das Menschen-Wirkliche in Gottes Herrschaft verwandelt wird, da bzw. indem diese *wahr*genommen wird. Und die in falschen Herrschaftsverhältnissen und Selbstverständlichkeiten gefangene Menschen-Wirklichkeit ist schon dabei, durch die Sendung Jesu Christi und des guten Geistes verwandelt zu werden.

Aber die Menschen sind gefangen: in einer falschen Welt, falschen, Gott-feindlichen weil lebensfeindlichen Perspektiven, die an den Rand drängen, verdrängen, was als entscheidend wahrgenommen werden müsste. Sie sind von einem Blick gefangengenommen und zuinnerst beherrscht, der ihr Wahrnehmen und Urteilen bestimmt, sie gegen Gottes eigene Wirklichkeit mit Welt-Selbstverständlichkeit »abdichtet«. Sie sind beherrscht von den Herren, die ihre Aufmerksamkeit gefangen nehmen, ihr Leben in seinem Innersten okkupiert haben.[42] So müsste man ins Fragen geraten: In welchem Blick sind wir gefangen? Wer beherrscht unsere Aufmerksamkeit und lenkt unseren Blick? Wer hat unser Urteilsvermögen mit seinen Wertsetzungen infiltriert? In welche Welt sind wir dadurch eingesperrt?

Dass Gott von sich aus die Tür zu dieser Welt aufmacht[43], dass er sie in seinem »Sohn«, dem Messias Jesus, aufmacht, so dass die Menschen dem Gefangensein in ihrer Welt entrinnen und durch diese Tür in die Gottesherrschaft eingehen können, das ist die Pointe, auf die Johannes in den zitierten Passagen hinaus will und die von den Synoptikern schon erzählt wird. Gott kommt in seinem Christus auf die Menschen zu, bittet um Einlass und gewährt von sich aus Einlass.[44] Er kommt mit sich und seiner guten Herrschaft auf die Menschen zu, damit ihnen aufgehen kann, wie die Tür ihres Gefängnisses aufgeht: Durch das Wirklichwerdenlassen der Gottes-

seyn« hat – freilich in einem etwas anderen Kontext – Friedrich Wilhelm Josef Schelling gezeichnet; vgl. von ihm: Die Weltalter, Fragmente, München – Leipzig 1946, 188.

[42] Vgl. die Analysen in Georg Frank, Ökonomie der Aufmerksamkeit.

[43] Es ist klar, dass hier primär auf das Welt-Verständnis der johanneischen Schriften referiert wird.

[44] Vgl. Eberhard Jüngel, Die Autorität des bittenden Christus, a. a. O.

wirklichkeit in ihrem Leben; durch die Umkehr, die den Blick weitet auf das bisher nicht Wahrgenommene, Verleugnete; durch eine Metanoia, die Gott wie das von ihm Gewollte und ins Dasein Gerufene, *wirklich werden lässt* und die Herren dieser Welt – die Herren über unsere Aufmerksamkeit – um ihre Macht bringt.

Wo der menschliche Blick nicht hinschauen will auf das, was vor unseren Augen geschieht, eng wird und nicht wahrnimmt, was von Gott her ist und sein soll, da entwirklicht er, wovor er die Augen verschließt: Gott und das durch ihn Wirkliche. Statt es zu würdigen, missachtet er es; er lässt die Menschen so leben, als sei es nicht wirklich. Die Umkehr erlöst vom Missachtungs-Blick. Sie lässt in den Blick treten, was um Würdigung bittet – und sie verdient. Sie weitet den Blick auf das Gut- und Schönsein des Geschaffenen; auf den, der ihm das Gut- und Schönsein mitgegeben hat (vgl. Gen 1,1–2,4), bringt Aufmerksamkeit auch für das auf, was nicht so bleiben darf, sich unbedingt ändern muss, da es gegen die Wirklichkeit Gottes und des von ihm ins Dasein Gerufenen gerichtet ist. Jesu Zeugnis provoziert diese Öffnung des Blicks, damit er sieht, wie Gott in seiner Schöpfung da ist und so gewürdigt werden soll, dass sie als das von ihm Gewollte wirklich werden kann. Nicht Missgunst und Selbstbehauptung sollen unseren Blick und unsere Aufmerksamkeit *beherrschen*, wenn er in seinem Messias mit seinem heilsamen Dasein für das Nicht Gewürdigte auf uns zukommt. Wenn er uns in den Blick tritt, dürfen wir uns von dem »beherrschen« lassen, was uns hier aufschließt und zu unserem Heil geschieht.

Jesu Zeugnis bezeugt Gott als das unausschöpfbare Geheimnis einer unerschöpflichen Liebe, das den Menschen immer wieder neu zur Wirklichkeit wird, so dass sie daraus leben und daran teilnehmen können. In seiner Herrschaft geschieht es so, dass die Liebe hier zur Herrschaft kommt, nichts als die Liebe. Das Wort *Liebe* aber »kann man ja übersetzen in: Wirklichwerden des Anderen für mich« (Robert Spaemann[45]). Genau so beginnt Gottes Herrschaft jetzt und mitten unter uns: Missachtung, Marginalisierung und Entwirklichung finden ihr Ende, da Gott uns von sich aus im Zeugnis eines Messias zur Wirklichkeit wird und den Blick dafür öffnet, wie wir selbst wirklich werden, da wir die Anderen für uns wirklich werden lassen, das von unserer Sünde der Missachtung Entwirklichte als Wirklichkeit wahrnehmen und geschehen lassen.

Gottes Herrschaft beginnt, wo die Mächte der Missachtung ihre Macht

[45] Robert Spaemann, Über die Vernünftigkeit des Glaubens an Gott, in: zur debatte. Themen der Katholischen Akademie in Bayern 6/2006, 39f., hier 40.

verlieren und das Entwirklichte zu seiner Wirklichkeit kommt, weil es nun gewürdigt wird. Genau so beginnt Gottes Herrschaft unter den Menschen wirklich zu werden, durch sie selbst wirklich zu werden. Wie sollte sie anders beginnen, da sie doch darauf abzielt, dass es mit allem so gut wird, wie es überhaupt nur gut werden kann? Jesus, der Christus, ist das Wirklichwerden Gottes und seiner Herrschaft mitten unter den Menschen. Der gute Gottesgeist, aus dem er lebt und den er mit den Menschen teilt, ist Gottes Wirklichwerden in mir, damit ich mich von den Götzen lösen und mein Herz an den hängen kann, der es allein verdient, mein Gott zu sein; damit Gottes Herrschaft auch in mir anfängt – und durch mich.[46] Das ist die christologisch-trinitätstheologische Explikation des *Persongeheimnisses Jesu* durch die Theologie der großen Kirchen, wie es im Neuen Testament bezeugt wird. Auf dieses Persongeheimnis Jesu bezieht sich der Glaube; und so wird Jesus von Nazaret *die* Bezugsperson des christlichen Glaubens: Der Glaube hält sich an Jesus, den Christus, weil er an ihm sehen kann, wie Gottes Herrschaft beginnt – und dass sie beginnt, wenn man ihm nachzufolgen und durch die Tür zu gehen versucht, die er geöffnet hat. Ihm nachfolgen aber heißt: sich mit dem Dienst dienen lassen, den er als Diener der anbrechenden Gottesherrschaft den Menschen – und so auch mir – leisten wollte und leisten kann: den Dienst des Blick-Öffners und des Wegöffners. Wer in ihm und seiner Sendung die andringende Gottesherrschaft sieht, der sieht auch Wege, die in sie hineinführen; der kann in den Blick des Glaubens hineinkommen, der die ganze Existenz öffnet für Gottes Dasein, dafür, wie er in die Welt kommt und in ihr wirklich wird.

Der Reich-Gottes-Dienst Jesu, des Christus, ist ein Dienst für die Menschen: damit sie in Gottes Herrschaft hineinfinden, sich in ihr (ein-)finden. Es ist – in christologischer Verdichtung gesagt – *Gottes* Dienst an den Menschen. Gott dient den Menschen mit sich selbst, indem er ihnen Anteil gibt an sich, in der Gottesgemeinschaft, in der er alles gut macht – so gut wie es nur werden kann, wie es nur durch ihn werden kann. Die christologische Verdichtung darf nicht zur Verkürzung werden. Sie zentriert den Blick auf das Persongeheimnis Jesu, damit der Glaube sich ihm öffnen kann – und dann wahrnimmt, wie Jesus von Nazaret den Dienst Gottes an den Menschen konkret geleistet hat und leisten konnte. So tritt das Persongeheimnis Jesu als das Geheimnis seiner Verkündigung und seines Reich-Gottes-Han-

[46] Zum rechtfertigungs- und gnadentheologischen Hintergrund dieser Formulierung vgl. Jürgen Werbick, Gnade, Paderborn 2013, 62–84.

delns in den Blick. Es ist ein Geheimnis, nicht weil die *Vollmacht* rätselhaft wäre, in der Jesus verkündigte und Gottes Herrschaft handelte, sondern weil diese Vollmacht in eine Tiefe führt und aus einer Tiefe kommt, die dazu motivieren kann, zu sagen, in ihr wirke Gott selbst zum Heil der Menschen.

4. Wie Jesus Gottes Herrschaft lehrt und handelt

4.1 Lehre?

Jesus von Nazaret tritt als Lehrer auf, als Rabbi. Das ist die Rolle, in der er zunächst und meistens wahrgenommen wird: von denen, die bei ihm Hilfe suchen (vgl. Mk 10,51); von denen, die mit ihm ziehen und mit ihm Gemeinschaft haben wollen, weil sie von seinem Lehren angesprochen sind, ihn in seiner Lehre aber oft missverstehen (vgl. Mk 9,5; 11,21); nach dem Matthäusevangelium gerade von dem, der an seiner Lehre verzweifelt und ihn verrät (Mt 26,25; 26,49). Auffällig oft wird Jesus im Johannesevangelium als Rabbi angeredet: wiederum von denen, die seine Nähe suchen (Joh 1,38), auch von denen, die ihn schon als den »vom Himmel« gekommenen Lehrer der eschatologisch gültigen und rettenden Weisheit bekennen, als Sohn Gottes und Messias (vgl. Joh 1,49), der die Lehrer Israels belehren kann, weil er gesehen hat, was er lehrt, und vom Himmel her durch Zeichen legitimiert ist (Joh 3,2.10–13); von Maria aus Magdala, die den Auferstandenen erkennt, da sie sich ihm *zuwendet* und ihn *sieht*, ihn aber nicht festhalten kann (Joh 20,16), sich von ihm vielmehr – wie Thomas – in den Glauben einweisen lassen muss, der nicht (mehr) sieht. Der Rabbi und Gottessohn ist nun wieder »im Himmel«, beim Vater, von woher er gekommen ist und seine göttliche Lehre »mitgebracht« hat (vgl. Joh 7,16f.; 8,28).[1]

In den Evangelien ist vielfach die Rede davon, dass Jesus von Nazaret

[1] Weil er seine Lehre direkt vom Vater hat, muss sich Jesus, der Christus, nach dem Johannesevangelium nicht dadurch legitimieren, dass er selbst jahrelang in die Schule von Rabbinen gegangen ist (vgl. Joh 7,15). Als der *himmlische* Lehrer kann er eine gegenüber den Rabbinen schlechthin überlegene Autorität für sich beanspruchen Es ist natürlich klar, dass diese johanneische Perspektivierung nicht als Beleg dafür bemüht werden kann, dass Jesus sich tatsächlich in diesem Sinne als Rabbi verstanden hat; vgl. Adele Reinhartz, Rabbi Jesus im Johannesevangelium, in: Kirche und Israel 29 (Heft 2/2014), 108–118 bzw. Andreas J. Kostenberger, Jesus as Rabbi in the Fourth Gospel, in: Bulletin for Biblical Research 8 (1998), 97–128.

die Menschen lehrte:[2] in den Synagogen (Mt 4,23; 9,35; 13,54), gar im Tempel (Mt 21,23; Lk 21,37–38; vgl. Mk 14,49par.). Er reklamierte für sich den Titel des Lehrers und Meisters, des Rabbi, der seinen Schülern nicht zukommt (vgl. Mt 23,8.10); vor der »Himmelfahrt« lehrte er die Jünger, alles zu befolgen, was er ihnen geboten hatte (Mt 28,20). Was wird das für ein Lehren gewesen sein? Wie ein gelehrter jüdischer Rabbi lehrte Jesus seine Zuhörer, was es bedeutet, hier und heute aus den Überlieferungen Israels zu leben und sich durch das Tun der Tora dem Verbundensein Gottes mit seinem Volk zu öffnen. Er legte mit Autorität die Schrift aus, so dass die Hörer sich von ihr »gemeint«, getroffen und in Anspruch genommen wissen. Aber es kam etwas hinzu; und das machte in den Augen und Ohren der Zuhörer den entscheidenden Unterschied: »[…] die Menschen waren sehr betroffen [erschrocken] von seiner Lehre; denn er lehrt wie einer der Vollmacht [exusia] hat, nicht wie die Schriftgelehrten« (Mk 1,22). Hier wird nach dem Urteil der Zuhörer mit Vollmacht eine neue Lehre (diathéke kainé) verkündet (vgl. Mk 1,27). Worin zeigt sich diese Vollmacht – und die Neuheit dieser Lehre?

Das Johannesevangelium profiliert den Lehrer Jesus von Nazaret als den durch Zeichen ausgewiesenen Offenbarer einer himmlischen Lehre, der mit seiner Lehre vom Himmel her das Leben bringt. Die synoptischen Evangelien bleiben näher an der Rolle des jüdischen Rabbis und sind doch christologisch kaum weniger anspruchsvoll. Jesu neue Lehre lehrt nicht nur religiöse Inhalte und die Anforderungen eines Lebens mit der Tora. Sie bezeugt ein Geschehen, das jetzt schon in Gang ist und auf das man sich einzustellen hat: Die Basileia Gottes, in der Gott wirklich Herr sein wird, ist zum Greifen nah gekommen, so nahe, dass sie in das Jetzt hereinwirkt: darin, dass dieser Rabbi und Messias Unfreiheits-Geister austreibt, dass er nicht nur redet, sondern wirksam handelt, so dass man sehen kann, was seine Lehre bedeutet; darin, dass er Machttaten wirkt, die man einem Menschen nur zutrauen kann, wenn Gott mit ihm ist (so wieder Joh 3,2). Jesu Lehre geschieht in Exusia, weil er handelt – gegenwärtig setzt –, wovon er spricht: Er legt Gottes Willen vollmächtig aus, indem er ihn tut und den Menschen zugute geschehen lässt. Gottes guter Wille geschieht befreiend an Menschen, die in ihrer Not zu ihm kommen. Sie erfahren an Jesu Interventionen, was es bedeutet, dass Gottes Basileia dabei ist, das Angesicht ihrer

[2] Vgl. zum Überblick: Veronika Tropper, Jesus Didáskalos. Studien zu Jesus als Lehrer bei den Synoptikern und im Rahmen der antiken Kultur- und Sozialgeschichte, Frankfurt a. M. u. a. 2012.

Welt zu verwandeln, und dafür den *Gehorsam* – das Sich-Öffnen und das Mittun der Menschen – beansprucht.

Jesus lehrt mit Vollmacht: Er legt die Bibel so aus, dass die Hörer die Lebendigkeit der Überlieferung an sich erfahren. Es geschieht, wovon die Bibel spricht. Es geschieht in diesem Rabbi, mit seiner Auslegung. Es geschieht so, dass jetzt in neuer Weise wirklich wird, wovon die Schriften handeln: Es »erfüllt sich« (vgl. Lk 4,21) in dem und mit dem, der als Rabbi auftritt und mehr als ein Rabbi ist.[3] Seine Schriftauslegung erschließt die Schrift als das, was die Hörer nun als Wirklichkeit angeht und herausfordert. Er handelt – wie Hans Weder sagt – am Herzen der Menschen[4], zu denen er spricht, um ihnen die Augen zu öffnen für ein Geschehen, dem sie sich anvertrauen dürfen, weil in ihm Gottes guter Wille geschieht und sie in die Fülle des Lebens einführt. Jesus interveniert mit seiner Lehre, indem er die Adressaten zur Umkehr herausfordert und ihnen verheißungsvoll nahezubringen sucht, wozu sie sich jetzt bekehren dürfen. Weil er mit seinem Lehren den Zugang zu dem Geschehen eröffnet, von dem er spricht, lehrt er mit Exousia, *kommuniziert* er, teilt er mit den Angesprochenen, wovon er spricht, übergibt er es ihnen, damit es an ihnen und durch sie zur Wirkung komme.[5]

---

[3] Damit ist die Problematik der Erfüllungszitate in einem Horizont angesprochen, der nicht auf apologetische Bedürfnisse reduziert werden darf, sondern von dem Glaubens-Bedürfnis offen gehalten wird, den Messias Jesus im Licht der Tora zu sehen und zu würdigen.

[4] Vgl. Hans Weder, Arbeit am Herzen. Zur bewegenden Dimension der Sprache Jesu, in: Der Prediger und Katechet 150 (2011), 424–438.

[5] So werden die von Jesus Belehrten selbst zu Lehrern, zuerst die Apostel, gerade der »späte Apostel« Paulus. Ihm ist die Lehre vom Gekreuzigten und Auferstandenen übergeben, damit sie durch ihn befreiend wirksam werde an all denen, die bisher der Sünde dienen und dem gehorsam sind, wozu die Sünde sie antreibt. Jetzt ist ein neuer, befreiender Gehorsam in die Welt gekommen. Und Paulus verkündigt die Lehre von Christus so, dass in den Hörern dieser Herzens-Gehorsam geweckt wird gegenüber der Lehre, »an die ihr [durch die Verkündigung des Paulus] übergeben wurdet« (Röm 6,17). Das ist die Vollmacht seiner Verkündigung, dass sie Menschen für diesen Herzens-Gehorsam gewinnen kann, sie so ansprechen kann, dass sie sich der Lehre »übergeben« und so aus der Unheils-Loyalität des Sündigens befreit werden, dass sie als Getaufte und Glaubende teilnehmen wie am Begrabenwerden Jesu Christi so auch an dessen Auferweckung zum Leben. Auch Paulus lehrt mit Vollmacht, wie man daran sehen kann, dass die in seinen Gemeinden zum Glauben Gekommenen von Gottes Geist ergriffen und zum Leib Christi auferbaut werden (vgl. 1 Kor 12). Verkündigung entspricht dieser Form der Lehre: Ausrufung, Proklamation einer neuen Gottes- oder Christus-Gegenwart, in die sie zugleich hineinruft, damit die Gerufenen eine neue Schöpfung werden, Menschen der Versöh-

4.2 Jesu *bewegendes* Wort

Wie Jesus lehrte? Die Rolle des Lehrers wird kulturgeschichtlich ja höchst unterschiedlich wahrgenommen und bestimmt. Mit großer Selbstverständlichkeit sieht man Jesus in ganz unterschiedlichen kulturellen Kontexten in durchaus unterschiedlichen Rollen auftreten. Man sieht ihn hinein in das als selbstverständlich angesehene Rollenprofil, in die damit gegebenen Interaktions-Zusammenhänge und Lernsituationen. Man übersetzt sein Lehrersein – sein Rabbi-Sein im Kontext des Judentums vor der religionsgeschichtlich so folgenreichen Zerstörung des Jerusalemer Tempels – in das Lehrersein, das man jeweils selbst gut kennt, und beschreibt ihn möglicherweise – so ja noch Lessing – als den »beßren Pädagogen«, der sein Volk und die Menschheit einen entscheidenden Schritt auf ihrer Lerngeschichte vorangebracht habe.[6] Im Anschluss an das Johannesevangelium war es über lange Jahrhunderte hinweg christlich selbstverständlich, Jesus Christus, den Gottessohn, als den göttlichen Lehrer zu verstehen, dessen Vollmacht sich darin zeige, dass er die Menschen als Gottes ewiger Logos und Sohn über

---

nung, für die das Wort der Versöhnung eingesetzt wurde, damit es ihnen durch den Apostel, den Diener der Versöhnung, zugesprochen werde (vgl. 2 Kor 5,17–20). Aber die Geschichte geht weiter; schon im Neuen Testament. Einerseits zum johanneischen Verständnis der dem Gottessohn mitgegebenen und den Glauben anfordernden »himmlischen Lehre«; andererseits – bei den Deutero- und Trito-Paulinen – zur Sicherung dieser Lehre durch kirchliche Autoritäten: Die Lehre muss geschützt werden gegen alle, die sie verdrehen, damit sie die »gesunde Lehre« bleibt (1 Tim 1,10; 2 Tim 4,3); sie muss eingeschärft werden, wo man sie nicht »ertragen«, »der Wahrheit nicht mehr Gehör schenken«, sondern einschmeichelnden Reden folgen will. Der Bischof hat dem zu wehren. »Er muss ein Mann sein, der sich an das wahre Wort der Lehre hält; dann kann er mit der gesunden Lehre die Gemeinde ermahnen und die Gegner widerlegen« (Tit 1,9). Wenn er verkündigt, »was der gesunden Lehre entspricht«, schärft er allen Ständen in der Gemeinde ein, sich besonnen und ihrem Stand gemäß zu verhalten; und auch den Sklaven wird noch als gesunde Lehre verkündigt, »ihren Herren [zu] gehorchen, ihnen in allem gefällig [zu] sein, nicht [zu] widersprechen« (vgl. Tit 2,1–10). So unterschiedlich wird Lehre in der Nachfolge des Rabbi Jesus verstanden und realisiert. In den Deutero- oder Trito-Paulinen erscheint sie schließlich als die gesunde Lehre, an der man festhalten muss, um in allem besonnen zu bleiben und nicht in die phantastischen »Fabeleien« der Gnostiker abzugleiten. Nun kommt es darauf an, zu schützen, was man selbst gelehrt worden ist, und den richtigen Glauben zu lehren, in dem die Gemeinde zusammenhalten soll. Bald wird es entscheidend darauf anzukommen, die richtige Lehre *über den* zu bekennen, der diese Lehre einst vom Himmel gebracht und der Kirche übergeben hat (vgl. unten Kapitel 8).

[6] Vgl. Gotthold Ephraim Lessing, Die Erziehung des Menschengeschlechts, in: ders., Werke, Bd. 8, 489–510, hier 501 (§ 53); vgl. 502 f. (§§ 58–64); vgl. oben Kapitel 2, Fn. 17.

Gott und seine Heilspläne mit der Autorität göttlichen Wissens zuverlässig in Kenntnis setzen, ihnen die verbindlich-gültige himmlische bzw. heilige Lehre zu glauben vorlegen konnte.[7] Er informierte – *belehrte* – mit unbezweifelbarer Kompetenz über Tatsachen und göttliche »Dekrete« (aeterna voluntatis suae decreta; vgl. DH 3004 f.), die glaubend für wahr und gültig gehalten werden müssen, wenn man zum Heil gelangen will. Er berief die Kirche in ihr Lehramt, damit sie diese heilswichtige himmlische Lehre getreu auslege und vor Verfälschung schütze.

Das Verständnis von Lehren und Lernen, das hier so selbstverständlich im Spiel war, bezog sich auf den vom Lehrer beim Schüler ermöglichten *Zuwachs von Wissen:* eines Wissens über göttliche Dinge und den göttlichen Heilswillen, der sich auf ein bestimmtes, von den darüber zu belehrenden Menschen nachzuvollziehendes Procedere für die Heilsteilhabe festgelegt habe. Wer im Glauben weiß, welches die Dekrete des göttlichen Heilswillens sind und wie man sie befolgt, der kann zu dem Heil kommen, das dieser Heilswille den Menschen bereitet hat und zugänglich machen will.

Auf den ersten Blick ist dieses Verständnis von Lehren und Lernen gar nicht so weit weg von der Lehrpraxis der Rabbinen, wie man sie für die Zeit Jesu annehmen darf. Es ging hier darum, den Menschen Gottes Willen so auszulegen, dass sie nicht mehr darüber im Zweifel sein müssen, wie er »gemeint« und in den konkreten Situationen ihres Lebens zu erfüllen ist, damit Gottes Wille auch durch die Menschen geschieht – im Himmel, aber auch auf Erden, zum Heil der Menschen. Die kirchliche Lehre in der Nachfolge des göttlichen Lehrers Jesus Christus bezieht sich allerdings primär darauf, klarzustellen, was Gott für die Menschen in Jesus Christus getan hat und wie die Menschen diesem Heilswerk in ihrer kirchlichen Praxis zu entsprechen haben. Zwar ist auch die Tora für Israel zuerst Vor-Gabe, ehe sie als Aufgabe verstanden wird: Sie ist dem erwählten Volk als Urkunde der Befreiung aus der Knechtschaft in Ägypten gegeben: die Magna Charta einer Freiheit, die nicht aufs Spiel gesetzt werden darf und in den einzelnen »Geboten« geschützt werden muss. Für die Christen aber ist die Glaubens-Vorgabe des Heilswerks Jesu Christi der Inbegriff ihres kirchlichen Gehorsams, in den sie vom göttlichen Lehrer eingewiesen werden und der ihnen

[7] In diesem Sinne fasst etwa Thomas von Aquins *Summa theologica* den Theologie-begründenden Sinn der »heiligen Lehre« nach dem Wissenschaftsverständnis, das hier im Anschluss an Aristoteles ausgearbeitet wird; vgl. Summa theologica I quaestio I, articuli 4–5.

im Gehorsam des am Kreuz für die Sünder leidenden Gottessohnes vor Augen gestellt wird. So ist der jüdische Rabbi eher Gesetzeslehrer; der Lehrer in der Nachfolge Christi aber erscheint als der Ausleger des Heils, das in Jesus Christus geschehen und in kirchlichem Glauben anzuerkennen ist.

Die europäische Aufklärung hat offenkundig den Schritt zurück versucht von einer *Glaubens*-Lehre, die den christologisch-soteriologisch richtigen Glauben in Jesu Christi Leben, Lehren und Leidensgehorsam mitgeteilt sah und ihn entsprechend einforderte, zu einer *Lebens*-Lehre, die moralische Besserung zum Ziel hatte und in Jesus den besseren Morallehrer sah, der mit Vollmacht lehrte, weil er ein höchst überzeugendes *Vorbild* war. In Jesus Christus haben die Menschen – so Kant – »das *Beispiel* eines Gott wohlgefälligen«, »wahrhaftig göttlich gesinnte[n]« Menschen, »aber [einen] ganz eigentlich menschliche[n] Lehrer«, in dem »das Ideal des Guten [...] leibhaftig (in Lehre und Wandel) dargestellt« ist.[8] Postmodern-religionsaffine, mystikfreundliche Zeiten sind geneigt, in Jesus den Lebe-Meister wiederzuerkennen, der die Menschen zur Einübung des wahren Bei-sich- und In-Gott-Seins einlädt und sie auf diesen Weg mitnimmt. Der Meister ist dann der *Erfahrenere*, der die weniger Erfahrenen der Disziplin seiner größeren Erfahrung unterwirft.

In der Wirkungsgeschichte der Reformation steht das Bild des *Lehrers* Jesus deutlich weniger im Vordergrund. Jesus ist hier der Verkündiger einer frohen Botschaft: des Evangeliums von Gottes Gnade, die den Sünder davon befreit, sein Rechtsein vor Gott durch die Erfüllung des Gesetzes erreichen zu wollen. Er kommt nicht mehr als der Rabbi in den Blick, der die Tora auf neue Weise auslegt, sondern als der Evangelist in Person, der statt des fordernden Willens Gottes die Zusage der Rechtfertigung ohne menschliche Vorleistung verkündigt und erst daraufhin von der Verpflichtung spricht, sich dieser Zusage zu öffnen und ihr im Dienst für die Anderen zu entsprechen. Jesu Wort soll die Menschen bewegen, seinem Evangelium von Gottes rechtfertigender Gnade zu glauben, sich deshalb von allen Versuchen abzuwenden, Gottes Gnade durch die Werke des Gesetzes zu erwirken. Die existentiale Theologie Rudolf Bultmanns, die Luthers Intention mithilfe der Fundamentalontologie Martin Heideggers zur Sprache zu bringen sucht, sieht Jesus von Nazaret in der Rolle dessen, der die Sünder, die ihr Leben und ihre Zukunft sich selbst und nicht Gott verdanken wollen, in die *Entscheidung* ruft, sich allein Gottes Zukunft anzuvertrauen

[8] Immanuel Kant, Die Religion innerhalb der Grenzen der bloßen Vernunft, in: Kants Werke. Akademie Textausgabe, Bd. VI, 1968, 1–202, hier 63 bzw. 65.

und von ihm die Ganzheit ihres Daseins schenken zu lassen, statt sie in den hilflosen Gesten der Selbstbehauptung erringen zu wollen.

Jesu Wort fordert Glauben; zuvor aber *ermöglicht* es ihn. Das ist der christologisch-rechtfertigungstheologische Fund Luthers. Die Rolle des göttlichen Lehrers reicht nicht mehr hin, ihn christologisch angemessen zur Sprache zu bringen. Auch für die Scholastik galt freilich, dass Jesus Christus mit seiner Botschaft den Glauben ermöglichte, da er als der präexistente Gottessohn vom Vater mitbrachte, was Glauben verdiente: das zuverlässige Wissen um die göttlichen Dinge und die daraus resultierende Verpflichtung des Menschen. In der Spur Martin Luthers aber kann man entdecken, wie in Jesu Wort den Menschen Gottes eigene Wirklichkeit – die Wirklichkeit seines guten Willens – so nahe kommt, dass sie von ihr ergriffen werden und sich ihr *anvertrauen* können. Es ist also kein Zufall, dass in der lutherischen Tradition der Sinn des Evangeliums Jesu als *Zusage* (promissio) neu aufgedeckt wurde: dass Jesu Wort von der nahe gekommenen Gottesherrschaft die Hörer dazu bewegen will, Gottes Herrschaft mit sich geschehen zu lassen, sich in die *Präsenz der Gottesherrschaft* einzufinden.

Die exegetisch-historische Erschließung der Zeugnisse deckt auf, wie die rabbinische Auslegungsarbeit von Jesus dafür in Anspruch genommen wird, das *Jetzt* zu qualifizieren: Jetzt geschieht, soll geschehen, was die Schriften ankündigen und einfordern. Jetzt geschieht Gottes guter Wille für die Menschen; jetzt soll und kann er durch sie geschehen, denn Gottes Herrschaft hat sich ihnen geöffnet. Jesus kommuniziert die Gottes-Perspektive der jetzt zugänglichen Gottesherrschaft so, dass die Angesprochenen sich mit ihren vielfältigen Lebens- und Alltagsperspektiven von ihr heilsam herausgefordert erfahren können, sich da einzufinden, wo Gott sich eingefunden und ihnen die eschatologische Gottesperspektive eröffnet hat. Jesu Verkündigung kommuniziert das Jetzt als Gottes Menschen-Präsenz und als die herausfordernde Einladung, sich Gottes heilvoller Präsenz, seinem *Da-Sein*, auszusetzen, das in der mitmenschlichen Präsenz Jesu Christi geschieht.

Die existentiale Theologie hat diese Qualifikation des Jetzt durch Jesu Verkündigung als das *Jetzt der Entscheidung* herausgestellt: Jetzt sollen sich die Menschen entscheiden, die Welt-Perspektiven der Selbstbehauptung und des Selbermachens hinter sich zu lassen und sich als die von Gott aus dem Unheil dieser Welt Geretteten zu verstehen. Zu dieser Entscheidung will Jesus die Menschen drängen. Es ist Entscheidungszeit – und die Zeit läuft ab. Die apokalyptische Perspektive der ablaufenden Zeit wird von Bultmann in die jetzt unausweichliche Entscheidung für Gott und seine

Herrschaft hinein transponiert und mit dieser Übersetzung als die beherrschende Perspektive der Verkündigung Jesu angesehen. Aber wird man so der Verkündigungspraxis Jesu und seinem darin wahrnehmbaren Selbstverständnis – dem Geheimnis seiner Identität – tatsächlich gerecht?

Mit Paul Ricœur wäre gegen Bultmann einzuwenden, eine Entscheidungs-zentrierte Hermeneutik fokussiere den elementaren Gestus der Verkündigung Jesu nicht deutlich genug. Jesus zeigt, was ist; er bezeugt es und fordert die Adressaten auf, sich dieser Wirklichkeit auszusetzen: die »Initiative des Sinnes« aufzunehmen, die ihnen hier geschieht – wahrzunehmen, was ihnen geschieht und wie sie sich deshalb in einem neuen Horizont, dem Horizont der Gottesherrschaft, vorfinden.[9] Zu realisieren, worin sie sich jetzt vorfinden, geht mit einer »Umkehr der Einbildungskraft« einher[10] bzw. es vollzieht sich ursprünglich genau darin: Die Menschen werden herausgefordert, die ihnen von vielfältigen Vorstellungszwängen zugefügte Enge und Armut ihrer Einbildungskraft zu transzendieren, sich dazu befreien zu lassen, sich das bisher Unvorstellbare vorzustellen, da es nun auf sie zugekommen und ihnen geschehen ist. Jesu Verkündigung ist in diesem Sinne zuerst Appell an eine menschlich-allzumenschlich reduzierte Einbildungskraft, sich dem zu öffnen, was ihr vom treuen Zeugen aufgezeigt wird, sich in die Daseins-Möglichkeiten eines »neuen Seins« und den darin eröffneten Horizont eines befreiten, Gott-erfüllten Lebens hineinzuleben, das er ihr mit seinem Dasein für die Menschen bezeugt.[11]

Die in sich verschlossene Einbildungskraft eines Menschen kann »umkehren« und sich öffnen, wenn sie auf das Geheimnis einer Präsenz trifft, die sie über ihren engen Horizont hinausführt. Das geschieht ihr folgenreich und herausfordernd in der Präsenz eines Menschen, die den von ihr »Getroffenen« selbst in die Präsenz – ins *Da*-Sein – ruft, ihm glaubwürdig den weiteren Horizont eines Lebens in Fülle bezeugt. Präsenz, die mir tatsächlich geschieht, versammelt mich in diese Präsenz; sie fordert mich heraus, zu »realisieren«, was mir da gegenwärtig wird und Herausforderung zu einem neuen Leben sein will.[12] Die Zeugnisse des Neuen Testaments

[9] Vgl. Paul Ricœur, Vorwort zur französischen Ausgabe von Rudolf Bultmanns *Jesus* (1926) und *Jesus Christus und die Mythologie* (1951), dt. in: ders., Hermeneutik und Strukturalismus. Der Konflikt der Interpretationen I, München 1973, 175–198.

[10] Vgl. ders., Stellung und Funktion der Metapher in der biblischen Sprache, in: ders. – Eberhard Jüngel, Metapher, 45–70, hier 70.

[11] Vom »neuen Sein« spricht Ricœur mit Paul Tillich (vgl. ders., Systematische Theologie, Bd. 2, dt. Stuttgart [4]1973, 87–194).

[12] Vgl. die Ausführungen oben in Kapitel 3.6.

lassen keinen Zweifel daran: In Jesu Verkündigung geschieht den Menschen die aufschließende Präsenz eines glaubwürdigen Zeugen, der ihnen in seinem Zeugnis die Präsenz Gottes und seiner guten Herrschaft zuspricht und zugänglich macht, sie in diese Präsenz gleichsam *hereinholt*. Das lässt sich an einer Form der Verkündigung gut nachzeichnen, die für Jesu Auftreten kennzeichnend war: dem Erzählen von Gleichnissen und Parabeln.

4.3 Wie Gleichnisse in die Gegenwart der Gottesherrschaft hereinholen

Jesu Gleichnisse wollen eine grundlegende Veränderung des *In-der-Welt-Seins* provozieren, indem sie auf das hinführen, was jetzt von Gott her Wirklichkeit wird – indem sie mit dem Herankommen der Gottesherrschaft konfrontieren und für sie gewinnen wollen. Sie fordern aus den Selbstverständlichkeiten des »alten« In-der-Welt-Seins *heraus* und fordern in die neue, größere Selbstverständlichkeit der jetzt sich öffnenden Gottesherrschaft *hinein*. Es geht in ihnen um Destruierung wie um Steigerung von Selbstverständlichkeit, um den Konflikt zwischen dem herkömmlich Selbstverständlichen und dem nun – im Nahekommen der Gottesherrschaft – selbstverständlich Gewordenen.[13] Sie wirken auf die Einbildungskraft ein, in der sich das *für mich* Vorstellbare ausbildet und zum Handeln motiviert – oder Handlungsmotivationen sabotiert. Sie wirken auf die Einbildungskraft ein, über das bisher Vorstellbare hinauszudenken, hinauszufühlen und hinauszuhandeln: damit umzugehen, dass das jetzt Geschehende mein Eingebundensein in die alten Selbstverständlichkeiten in Frage stellt, sie ganz und gar nicht mehr selbstverständlich erscheinen lässt. Gleichnisse sind in diesem Sinne *Wirkungskommunikation*, »performatives« Sprach-Handeln, in dem Wirklichkeit nicht nur besprochen, sondern hervorgerufen und (um)gestaltet wird.[14] In Jesu Auftreten sind sie vielfach bezogen auf sprechendes Handeln, dessen Performance die neue Wirklichkeit inszeniert, die jetzt – in diesem Handeln, mit dem jetzt Handelnden – dabei ist, das gewohnt Wirkliche und deshalb Selbstverständliche zu unterwandern und umzustürzen.

[13] Vgl. Eberhard Jüngel, Vorwort zu: ders., Entsprechungen: Gott – Wahrheit – Mensch. Theologische Erörterungen, München 1980, 8 f.

[14] Zur Theorie des Handelns durch Sprache vgl. John L. Austin, How to Do Things with Words, Oxford 1962 und John R. Searle, Sprechakte. Ein sprachphilosophischer Essay, dt. Frankfurt a. M. 1971.

Vielleicht kann man dieses Ineinander- und Miteinander-Wirken von Sprechen und Handeln auf die Dramatik beziehen, die in der Dramentheorie Bertolt Brechts als V-Effekt bezeichnet wird: als Kommunikation der *Verfremdung.* »Einen Vorgang oder einen Charakter verfremden heißt zunächst einfach« – so Brecht –, »dem Vorgang oder dem Charakter das Selbstverständliche, Einleuchtende zu nehmen und über ihn Staunen und Neugier zu erzeugen.«[15] Staunen und Neugier sind mit einer Erfahrung verbunden, in der das gewohnt Selbstverständliche fragwürdig wird und Selbstverständlicheres – ein alternatives In-der-Welt-Sein – sich ankündigt, so dass es die Neugier des Angesprochenen weckt, über das bisher Selbstverständliche hinauszudenken.

Die Praxis der Verfremdung lässt sich am deutlichsten an den Parabeln erkennen, die Jesus wohl selbst erzählt hat und in den Evangelien auf neue Verkündigungssituationen hin umgeschrieben worden sind. Aber auch die Gleichnisworte im engeren Sinn arbeiten mit diesem Effekt. *Parabeln* erzählen einen aufschlussreich-denkwürdigen, außergewöhnlichen Fall; *Gleichnisworte* gehen von einem typischen Fall aus und machen ihn in einer ungewöhnlichen Situation – dem Nahekommen der Gottesherrschaft – weit über das an ihm offenkundig Sichtbare hinaus geltend. Zwischen diesen beiden Erzählmodi kommen vielfältige Übergangstypen vor. Ich gehe von ihnen aus, um die unterschiedlichen Weisen gleichnishaften Erzählens in einem nachvollziehbaren Zusammenhang zu erschließen.

Gleichnisworte und Parabeln wollen dafür sensibilisieren, wie es ist, wenn Gottes gute Herrschaft zu den Menschen kommt: wie sie die Menschen beansprucht und herausfordert – wie Gott darin zu den Menschen kommt – wie Jesus diesem Kommen dient und es »handelt«. Diese verschiedenen Aspekte kommen differenziert in einem Gleichnis- und Parabel-Kranz zur Sprache, der sich um *Erfahrungen und Ereignisse des Suchens und des Findens* rankt. Die aufs Äußerste verknappte Doppelparabel vom Schatz im Acker und der wertvollen Perle (Mt 13,44–46) evoziert eine nach dem Kalkül dieser Welt nachvollziehbare Logik, die alles einzusetzen verlangt, einen wertvollen Fund tatsächlich zu erlangen. Der Finder des Schatzes wird alles drangeben, den Acker zu erwerben, der den Schatz birgt; der Perlenhändler wird alles investieren, um die einzigartig wertvolle Perle er-

[15] Bertolt Brecht, Gesammelte Werke in 20 Bänden, Frankfurt a.M. 1967, Bd. 15, 301. Für die verkündigungstheoretische Bedeutung der Verfremdung immer noch aufschlussreich: Hans-Dieter Bastian, Verfremdung und Verkündigung – Gibt es eine theologische Informationstheorie?, München 1965.

werben zu können. Das Himmelreich kommt zu den Menschen, wie ein überraschender Fund, der ihnen alles bedeutet, an den sie – um mit Luther zu sprechen – ihr Herz hängen: Wo dieser Schatz ist, da ist ihr Herz (vgl. Mt 6,21 und Lk 12,34[16]). Ihn zu finden bedeutet unendlich mehr als alle anderen denkbaren Funde; die Freude dieses Fundes lässt den Einsatz aller Mittel als logische Konsequenz erscheinen: Man hat gefunden, was mit allen Fasern des Herzens gesucht wurde. So ist es, wenn Gottes Herrschaft kommt: Die Menschen erkennen, dass sie das ist, wonach sie zuinnerst verlangen, der Schatz, bei dem ihr Suchen Ruhe findet. Ist das nicht ein leeres Versprechen? Müsste der Gleichniserzähler Jesus nicht zu verstehen geben, worin das Faszinierende dieses Fundes besteht? Oder ist es an den Zuhörern sich zu fragen, wonach sie zuinnerst suchen – was ihr Schatz sein würde?

Das Geheimnis der Gottesherrschaft, auf das die Menschen bei Jesus und in seiner Verkündigung stoßen, ist der Gott, der das Kommen seiner Herrschaft zu den Menschen engagiert und leidenschaftlich betreibt – es in der Sendung seines Sohnes betreibt. Davon sprechen die Parabeln, die nun tatsächlich eine Begebenheit erzählen, welche die Logik dieser Welt sprengt, um die göttliche Logik verstehbar und einleuchtend zu machen – oder die Logik des herkömmlichen Gottesverständnisses sprengt, um von dem schlechthin erstaunlichen Gott zu sprechen, der unendlich größer und liebevoller ist als der Gott, den man zu »fürchten« gelernt hatte. Jetzt ist Gott der mit letztem Einsatz Suchende: Er gibt die Kleinen und Verlorenen nicht verloren, lässt die neunundneunzig Schafe allein, um das eine verirrte Schaf zu finden und zurückzuholen. »Und wenn er es findet – amen, ich sage euch: er freut sich über dieses eine mehr als über die neunundneunzig, die sich nicht verirrt haben« (Mt 18,12–14). Das Lukasevangelium malt diese Freude noch auf der Erzählebene lebendig aus: Sie wird vom Herdenbesitzer mit Freunden und Nachbarn geteilt. Ähnlich bei der Frau, die von den zehn Drachmen in ihrem Besitz eine verliert und alle Energie darauf verwendet, sie wieder zu finden, wohin sie auch gerollt sein mag, sie tatsächlich beim Putzen entdeckt und ihre Freundinnen einlädt: »Freut euch mit mir, ich habe die Drachme gefunden, die ich verloren hatte« (Lk 15,3–10).

Wie es auch um den überlieferungsgeschichtlichen Befund stehen mag, das *Evangelium* von der Gottesherrschaft steht hier klar vor Augen. Es ist

---

[16] Lk 12,34 nimmt das Motiv des Alles-Investierens allegorisch auf: »Verkauft eure Habe und gebt den Erlös den Armen! Macht euch Geldbeutel, die nicht zerreißen! Verschafft euch einen Schatz, der nicht abnimmt, droben im Himmel …«

Evangelium zuerst für die Verlorenen. Gott selbst engagiert sich, damit sie nicht verloren gehen, nicht verloren gegeben werden. Er sammelt die Seinen für die Gottesgemeinschaft ein und will nicht, dass die endzeitliche Sammlung des Volkes Gottes über Kleine, Verirrte, Sünder und Verachtete hinweggeht, sie als *quantité négligeable* durchs Sieb fallen lässt. Gottes Herz hängt daran, dass sie gerettet werden.[17] Dieser Gott wird vom Lukasevangelium im Bild des Vaters ausgemalt, zu dem der »verlorene Sohn« wieder hin*findet:* Er nimmt ihn mit Freuden wieder auf und bittet den unwilligen Bruder an dieser Freude teilzuhaben (Lk 15,11–32).

Das ist vielleicht die Pointe in all den Pointen, auf die diese Geschichten und Gleichnisworte hinführen, für die sie die Zuhörer empfänglich machen, die sie einleuchtend und göttlich selbstverständlich machen wollen: Gottes Leidenschaft ist die Suche nach dem Verlorenen – und seine Sehnsucht ist die Freude darüber, zu finden. Das ist das *Eschaton Gottes*, Gottes letztes, eigentliches Daseinwollen für die Menschen: sich an ihnen zu freuen, weil sie sich finden ließen; seine Mitfreude mit den Menschen, weil sie Gott gefunden haben, den Schatz im Acker, die wertvolle Perle, die unvorstellbare Erfüllung ihrer Sehnsucht, die sich erst begreifen lernt, da sie gefunden hat, wonach sie sucht.

Unverkennbar ist freilich auch der Ernst des Verlorenseins und Sich-nicht-finden-Lassens, Nicht-finden-Wollens. Die Freuden-Botschaft verschweigt nicht, dass, wer gefunden wurde, gefunden hat und zum letzten Einsatz fürs Gefundene herausgefordert ist, sich von Gott erreichen und zum Teilnehmer an der Gottesherrschaft verwandeln lassen muss. An ihr teilzunehmen aber hieße, die Kleinen nicht verloren zu geben, die Notleidenden nicht zu übersehen, sich in Gottes Rettungsinitiative einzufinden. Wer nur meint, gefunden zu haben, und nicht wertschätzt, was er meint, gefunden zu haben, dem droht das Gericht: das Nicht-*teilhaben*-Können am nicht wirklich Gefundenen, an der Gottesherrschaft, die ihm so nahe gekommen ist und an der er doch nicht *teilnimmt;* apokalyptisch ausgemalt als das Hinausgeworfenwerden derer, die sich, obwohl eingeladen, der endzeitlichen Sammlung des Volkes Gottes widersetzen.[18]

---

[17] Hier fügt sich die Botschaft der Gleichnisse (vgl. Mt 13,47 f.) und der Erzählungen vom reichen Fischfang (Lk 5,1–11; Joh 21,3–11) ein, welche spezielle Intention sie auch dazu noch zur Geltung bringen sollten – etwa genau die, dass die Jünger sich in Gottes Rettungs-Initiative einbeziehen lassen müssen.

[18] Ein apokalyptisches Strafgericht am Übergang vom alten zum neuen Äon ist mit der Reich-Gottes-Verkündigung Jesu kaum vereinbar. Vgl. Martin Ebner: »Wenn Jesus, was hier [auch von mir] vertreten wird, bereits von der Gegenwart der Gottesherrschaft im

In der Parabel von der Einladung zum Gastmahl (Lk 14,16–24; Mt 22,1–10) oszilliert die Pointe zwischen diesen beiden Aspekten: der Freude, die der Herr des Gastmahls mit den Eingeladenen teilen will, und ihrer erstaunlichen Widerwilligkeit, die vor allem in der Matthäus-Fassung den gewaltbereiten Zorn des Einladenden, vor allem aber seine Entschlossenheit nach sich zieht, erneut einzuladen, und zwar die, die niemals mit einer solchen Einladung rechnen dürften.[19] So, wie sie im Matthäus- und im Lukasevangelium überliefert ist, mag sich die Parabel an »Skeptiker« wenden, »die zwar die Basileia-Botschaft hören, ihr aber keinen Glauben schenken«[20] – oder geneigt sind, ihre an sich wichtigen Alltagsgeschäfte der Einladung in die Gottesherrschaft vorzuziehen. Zugleich werden sich in ihr diejenigen wiedererkennen, die »an den Hecken und Zäunen« von der unverhofften Einladung erreicht worden sind und sich eingefunden haben, das Gastmahl zu feiern. Auch sie werden freilich zu der Frage gedrängt, ob sie sich von der Einladung tatsächlich in die heilende Gegenwart des Einladenden rufen lassen: das »hochzeitliche Gewand« angelegt haben. Alle Adressaten aber sollen sich einfinden im Staunen darüber, dass es Gott, für den der Herr des Gastmahls ja steht, danach verlangt, Menschen in die Gegenwart seiner Herrschaft einzuladen und er sich von der Geringschätzung, die seiner Einladung entgegengebracht wird, nicht davon abhalten lässt, seine Einladung zur Feier des eschatologischen Hochzeitsmahls (immer wieder?) zu erneuern.

Die Erzählung der Parabel soll auf eine Pointe hinführen, die dazu herausfordert, anders von Gott, der Gottesherrschaft und denen zu denken, denen sie bevorsteht, sich anders zu ihr in Beziehung zu setzen, anders auf sie hin zu leben, als dies den Hörern in ihrem Vorstellungshorizont nahe läge. Gott ruft in seine Gegenwart. An den Gerufenen ist es, sich zum Fest der Gottesgegenwart rufen zu lassen: teilzunehmen, in der Gottesgegenwart ganz gegenwärtig zu werden, feierbereit (im hochzeitlichen Gewand), bereit

Fragment ausgeht, dann kann er – jedenfalls gemäß apokalyptischem Schulbuchwissen – kein Gericht im Sinn einer (universalen) göttlichen Rettungs- und Strafaktion mehr erwartet haben. Denn das müsste genau an der Grenze der beiden Äone stattfinden. Insofern hält sich Jesus nicht an die ›Vorgaben‹, die er beim Täufer gelernt hat. Gerade diese eigenartige Verschiebung […], die von der späteren Tradition wieder aufgehoben wird […] spricht dafür, dass wir an diesem Punkt auf etwas typisch Jesuanisches stoßen« (ders., Jesus von Nazaret in seiner Zeit, 165 f. Fn 94).

[19] Vgl. die detaillierte Auslegung durch Thomas Söding, Die Verkündigung Jesu, 349–372.

[20] Vgl. ebd., 367.

dafür, Gottes Freude zu teilen, mit ihm und mit den anderen Eingeladenen, so dass das Leben für alle in Gottes Gegenwart Grund und Gegenstand der höchsten Freude sein kann. So ist Gott, hier ist Gott, der in der Gabe eines Gott-erfüllten Lebens sich Schenkende. Wo und wie ist der Eingeladene? Die Parabel imaginiert Rollen, in denen er sich finden – und verlieren – kann. Die *Umkehr der Einbildungskraft:* Sie vollendet sich im Hingezogenwerden zu der Rolle, die zum einladenden Gott am besten »passt«. Sie vollzieht sich in der einfühlenden Identifikation mit dieser Rolle: Das würde es *für mich* bedeuten, diese Rolle zu spielen![21] Aber auch: Wie viel Umkehr verlangt das, da ich doch in Wahrheit eine andere Rolle spiele! Welche – und warum gerade diese?

Die Parabeln der Jesusüberlieferung wenden sich als Fragen an die Zuhörer: Wo bist du in dieser Geschichte? Welchen Schritt kannst du – sollst du – jetzt tun, damit du in Gottes Gegenwart lebst? Erkennst du dich in der Rolle des älteren Bruders wieder, der die Freude des Vaters nicht teilen kann, der deshalb nicht »hereinkommen« will? Oder in der Rolle derer, die an den Verlorenen vorübergehen, den Nächsten nicht nahe kommen und an der Leidenschaft Gottes, sie zu finden und zu retten, nicht teilnehmen?[22] In der Rolle derer, die an der Not der Nächsten vorübergehen, weil sie irrigerweise einen direkten Weg in die Erfüllung ihrer Sehnsucht – in die Gottesherrschaft – suchen, der nicht über die Not leidenden Nächsten führt?[23] In der Rolle derer, die sich von der Herausforderung der Gottesherrschaft und von dem, der sie darin herausfordert, nicht in ihren alltäglich wichtigen Geschäften stören lassen wollen? Was folgt für dich aus

[21] Die Auslegung eines Gleichnisses ist hier das *Ausgelegtwerden* durch das Gleichnis. Das Gleichnis bietet mir die von mir zu bestimmende Unbestimmtheit, die »Leerstelle« an, wo ich an seiner Bedeutung mitzuarbeiten habe, wo es für mich Bedeutung gewinnt, weil es an meinem Herzen arbeitet (Hans Weder) und ich mein Herz für es zugänglich mache. Dieser Akzent der Arbeit an den Gleichnissen, die zuletzt eine Arbeit der Gleichnisse an den Auslegenden wäre, wurde von Paul Ricœur eingebracht (vgl. Hermann-Josef Meurer, Die Gleichnisse Jesu als Metaphern. Paul Ricœurs Hermeneutik der Gleichniserzählung Jesu im Horizont des Symbols »Gottesherrschaft/Reich Gottes«, Bodenheim 1997) und in der Spur der Rezeptionsästhetik weiter profiliert (zur Rezeptionsästhetik vgl. Wolfgang Iser, Das Fiktive und das Imaginäre. Perspektiven literarischer Anthropologie, Frankfurt a. M. 1991). Rezeptionsästhetisch orientiert könnte man sagen: Die Pointe des Gleichnisses muss vom Zuhörer mit erarbeitet, eben gefunden werden, indem er sich vom Gleichnis sein In-der-Welt-Sein aufdecken und fraglich machen lässt.

[22] Das ist die Frage, die mit der Parabel vom barmherzigen Samariter (Lk 10,25–37) angeschärft wird.

[23] Die Endgerichtsperikope Mt 25, 31–46 spitzt sich auf diese Frage zu.

dieser Einsicht? Kannst du dir vorstellen, in eine andere Rolle hineinzukommen: in die Rolle derer, die sich herausfordern lassen und die vielfältig in den Parabeln vorgezeichnet wird?

Es ist etwa die Rolle der Tagelöhner, die sich zu ganz unterschiedlichen Zeit und Gelegenheiten in den Weinberg mitnehmen lassen (vgl. Mt 20,1–15) – an den Ort, der in der prophetischen Literatur die Arbeit und den Einsatz Gottes für sein Volk symbolisiert. Hier hat der Lebens-Einsatz der Gerufenen seinen guten Ort; hier wirkt er mit an Gottes Einsatz; hier findet er seinen »Lohn«, den Lohn des Teilnehmen- und Teilhabendürfens an Gottes Werk für die Menschen. Einen größeren Lohn kann es nicht geben. Welches Missverständnis also, wenn man hier abmessen will: ob eine(r) je nach dem Zeitraum seines oder ihres Einsatzes mehr oder weniger verdient! Wer teilnimmt, hat teil an Gottes Gegenwart und ihrer Fülle – wenn er nicht in der alten Logik der Äquivalenz, damit auch des »Neides« und des Mangels gefangen ist, nach der vermutlich auch bei Gott nicht genug für alle da ist; wenn er nicht doch zutiefst missversteht, wozu er eingeladen ist und woran er mitwirken darf.[24]

Die Gleichnisse und Parabeln assoziieren – mitunter implizit, häufig ausdrücklich angesprochen – auch die Rolle dessen, der die Herausforderung wie die Verheißung der Gottesherrschaft sichtbar macht, von dem sie ausgeht, der sie jetzt zugänglich macht und die von ihm Angesprochenen in sie hinein sammeln will: sie zur Teilhabe und Teilnahme an Gottes Da-Sein in der Welt einlädt. Ihm sieht man diese Verheißung an. Er spricht nicht nur von ihr; er *handelt* sie und lässt sie so Wirklichkeit werden. Er macht mit seinem Wort und seinem Wirken das Reich dieser Welt und ihres Beherrschers durchlässig für Gottes Herrschaft, so dass diese darin Wurzeln fasst und kraftvoll wächst: den Menschen Heimat werden kann, die erfahren haben, dass sie in der Welt nicht definitiv zuhause und verwurzelt sein können. Sieht man ihm diese Wirklichkeit, dieses kraftvolle Wachstum,

[24] Gegen die Logik der Knappheit, die das Bestehen auf äquivalenter Entlohnung verständlich macht, zeichnet sich hier – wie schon im Gleichnis vom barmherzigen Vater und in dem vom Gastmahl, dann auch bei der »Inszenierung« dieses Gleichnisses in den Brotvermehrungs-Erzählungen – eine Logik göttlicher Fülle ab, von der noch häufiger zu sprechen sein wird. Greifbar wird sie am Zug ins Extravagante (Paul Ricœur): am Über-Verhältnismäßigen, Über-Erwartbaren. Die Maß-lose Exzessivität, »der Überschwang, das Unmaß, mit dem das Reich Gottes kommen soll«, ist etwa auch für Christoph Türckes höchst anregende, mitunter verstörende Auslegung der Jesusgleichnisse und vor allem des Gleichnisses vom barmherzigen Vater, kennzeichnend; vgl. ders., Jesu Traum. Psychoanalyse des Neuen Testaments, Springe 2009, 114–130.

tatsächlich an, so dass man es glauben dürfte? Sieht man ihm, seinem Sprechen und Handeln im Namen Gottes, die Ankunft der Gottesherrschaft an?

Er ist der Sämann, der den Samen auf die Erde wirft und wenig darauf achtet, wo er hinfällt. Es scheint, der Same werde vergeudet, wo er auf steinigen Boden oder unter die Disteln fällt. Aber was tut's! Wo der Same aufgeht, keimt die Gottesherrschaft mit überraschender Fruchtbarkeit, »dreißigfach, ja sechzigfach und hundertfach« (Mk 4,1–9parr.[25]). Der Sämann darf sich zum Schlaf niederlegen und darauf vertrauen, dass die Saat »keimt und wächst und der Mann weiß nicht wie. Die Erde bringt von selbst ihre Frucht, zuerst den Halm, dann die Ähre, dann das volle Korn« (Mk 4,26–28). So müssen auch die Jünger den Glauben daran aufbringen, dass die Gottesherrschaft keimt und aufgeht, wo man *jetzt* kaum etwas von ihr sieht – und sie sich *ganz anders* ausbreitet, als man es vermuten würde. Davon spricht das Gleichnis vom unscheinbar kleinen Senfkorn, das sich zu überraschender Größe auswächst und große Zweige treibt, »so dass in seinem Schatten die Vögel des Himmels nisten können« (Mk 4,30–32parr.).

Das Senfkorngleichnis bietet in all seiner Kürze eine Fülle schriftgelehrter Anspielungen und Verschiebungen, in denen die Reich-Gottes-Aussaat Jesu noch einmal in neuem Licht erscheint. Es führt wiederum auf die ungeheure Fruchbarkeit des Samens hin: Die Senfstaude ist von verblüffender Durchsetzungskraft; ihrem Wuchern kann man kaum Grenzen setzen. Aber diesem Samen entsprosst nicht der bis zum Himmel reichende Baum, den das Zitat aus Ez 17,23 assoziativ einspielt. Dieser himmelhohe Baum, der das mächtige Menschenreich und seinen König[26] darstellt, kann die Gottesherrschaft gerade nicht symbolisieren. Schon nach Ez 17 wird ihm der Wachstumstrieb abgebrochen und neu eingesetzt. Erst so bringt er das Wachstum des Gottesvolks zum Ausdruck; nach Dan 4 muss der mächtige Baum – der König – umgehauen werden, ehe es zu dem Wachstum kommen kann, auf das JHWH abzielt. Das Überraschende und doch auf diese Weise in der Schrift Vor-Gebildete: Gottes Herrschaft ist nicht verwechselbar mit den aufragenden Reichsutopien; sie wird nicht von mächtigen Königen aufgerichtet. Aber sie setzt sich mit nicht zu bändigender Lebenskraft durch wie die unansehnliche Senfstaude, die gleichwohl den Vögeln des

[25] Die Ausdeutung in Mk 4,13–20 verschiebt die Pointe des Gleichnisses deutlich von der überraschenden Fruchtbarkeit der Aussaat auf die jeweilige Qualität des Bodens und die Aufforderung an die Zuhörer, fruchtbarer Boden zu sein. Diese Applikation passt auffällig schlecht zu dem sich anschließenden Gleichnis von der selbstwachsenden Saat.

[26] Vgl. Dan 4,8 f. und 18.

Himmels – den Bewohnern des Reichs der Himmel – Wohnung und Zusammenhalt bietet.[27] Da ist kein König im Spiel, der in seiner Pracht den himmelhohen Zedern gliche; es ist einer im Spiel wie der Gottesknecht, den niemand anschauen mag.

Im Einzelnen ist nicht leicht zu entscheiden, wo der Gleichniserzähler Jesus »im Originalton« hörbar wird und wo die Evangelisten das ihnen Überlieferte fortgeschrieben haben. Aber man wird davon ausgehen dürfen, dass der Sachzusammenhang der Reich-Gottes-Verkündigung in den Gleichnissen Jesu mit den hier versuchten Hinweisen in Umrissen deutlich wird.[28] So wird man die generelle Behauptung wagen dürfen, dass Jesu Gleichnisse darauf abzielten, den Hörern vorstellbar zu machen, wie Gottes Herrschaft *jetzt* zu ihnen kommt und ihren Glauben, auch ihren Einsatz für das Geschehen des guten Willens Gottes – für die Verwandlung der von Dämonen beherrschten Erde in Gottes Herrschaft – beansprucht. Die Gleichnisse locken die Zuhörer(innen) aus dem Beobachtermodus in die Teilnehmerperspektive: Da ihnen hier sichtbar, vorstellbar gemacht wird, wie Gottes gute Herrschaft in diese Welt »eindringt«, werden sie von der jetzt allein fruchtbaren und herausfordernden Frage angegangen, wie sie selbst »Quelle« der Gottesherrschaft in dieser Welt werden können (vgl. Joh 4,14), wie durch ihr Dasein und Dienen hier und jetzt Gottes guter Wille in die Welt einströmen kann. Dass genau dies geschieht und durch jeden Menschen geschehen kann, das ist das Evangelium, das Jesus ausrichtet. Er ist das *Evangelium in Person*, Gottes herausforderndes Zusage-Wort, das die Menschen in die Teilnehmerperspektive hineinrufende Wirklichwerden seines Versprechens an die Menschen: Ich werde für euch da sein – so, wie es mir entspricht und wie es euch zum Heil ist. Und ihr dürft, sollt in mein Dasein hineinfinden und daran teilnehmen!

In den Gleichnissen wird erkennbar, wie dieses Evangelium das Einwurzeln der Gottesherrschaft in der Welt ist; wie Jesus Christus, das Zusage-Wort Gottes in Person, Gottes Kommen in diese Welt nicht nur ankündigt, sondern es selbst ist, da er den Menschen Gott vergegenwärtigt und darum

---

[27] Mein kurzer Kommentar zum Aussaatgleichnis wie zum Gleichnis vom Senfkorn orientiert sich an: Martin Ebner, Jesu irritierende Gottrede, a. a. O.

[28] Man mag diese Behauptung etwa an Thomas Södings umfassend angelegter Studie *Die Verkündigung Jesu – Ereignis und Erinnerung* überprüfen. Einzuräumen ist, dass in meiner Nachzeichnung viele Aspekte der Gleichnisreden Jesu und der Evangelien abgeblendet bleiben. Sie mögen sich mehr oder weniger gut mit dem hier Skizzierten vereinbaren lassen; aber ich sehe nicht, dass sie es dementieren.

wirbt, dass sie sich in seine Gegenwart einfinden, in ihr gegenwärtig werden und von ihr zu Teilnehmern der Gottesherrschaft umgestalten lassen. Die Gleichnisse handeln das Gegenwärtigwerden Gottes, indem sie die Einbildungskraft der Adressaten für das menschlich kaum vorstellbare, kaum erhoffbare Geheimnis Gottes öffnen. Gott kann mit seiner Herrschaft ankommen, *indem* er die Enge menschlichen In-der-Welt-Seins und des sündigen Sich-in-der-Welt-Behauptens aufbricht und zu den Menschen durchkommt, ihnen nahekommt und präsent wird. Das geschieht im menschgewordenen Zusage-Wort Gottes, in seinem wirksamen Wort; wirksam dadurch, dass es Gott zu den Menschen durchkommen lässt. Der Verkünder der Gottesherrschaft senkt den Samen ein; er berührt die Menschen mit Gottes eigener, herausfordernder Präsenz, so dass sie sich ihr öffnen und von ihr verwandeln lassen können.[29] Er weckt ihren Glauben daran, dass Gott sie sucht und nicht verlorengibt, da Jesus sie aufsucht und ihnen Gott, seinen Vater, *mitbringt*, dahin mitbringt, wo sie ihn vermissen.

Wenn das so ist, dann geschieht in Jesu Sprech-Handeln und in seinem signifikant sprechenden Handeln – darin, dass er Menschen in ihrer Not und ihrer Sehnsucht aufsucht und ihnen Gott mitbringt – die Suche Gottes selbst nach den Menschen.[30] Forciert und für heutige Ohren eher befremdlich geschah dieses die Menschen aufsuchende Sprech-Handeln Jesu in dem Zuspruch der Gottesherrschaft, mit dem Notleidenden und Verfolgten Gottes Herrschaft mit göttlicher Vollmacht nahe gebracht und jetzt schon geltend gemacht wird: in den »Seligpreisungen« (Makarismen) der Bergpre-

[29] Fridolin Stiers Frage, was »von Jesus ›übrig‹ [bliebe], wenn kein Mensch, geschweige eine Gemeinde je gesagt, geglaubt und sich dazu bekannt hätte, dass er der Messias, der Christus ist«, mag den neutestamentlichen Christuszeugnissen eher unangemessen sein. Aber sie ist hermeneutisch hilfreich, um hinter allen Titeln und Auseinandersetzungen über die rechte Christologie Jesu Menschsein nicht aus dem Blick zu verlieren: den Menschen unter Menschen, der »zu ihnen kam, sie zu sich rief, mit ihnen zusammen aß und trank, ihres Elends, ihrer Gebrechen sich annahm, sie von der Schuld freisprach, sie bei der Hand nahm und aufrichtete, sich bedrängen und am Mantelsaum zupfen ließ (wenn er auch der Herr war, übermächtig, dass sie sich ›nicht zu fassen wussten‹, sich ›entsetzten‹ und ›erschauderten‹) – all dieses Konkrete und Unmittelbare seines in Wort und Tat, in Tatworten und Worttaten präsenten Seins« (ders., Vielleicht ist irgendwo Tag. Aufzeichnungen, Freiburg – Heidelberg [3]1982, 80 f.). Darf nicht gerade diese menschliche Präsenz als Gottes Präsenz geglaubt werden? Ist Gottes Präsenz nicht *darin* Welt-wirklich?

[30] Vgl. den beeindruckenden Aufsatz von Wolf Krötke, Gott auf der Suche nach den Menschen. Erwägungen zu einer biblischen Metapher, in: Zeitschrift für Theologie und Kirche 86 (1989), 516–532.

digt nach dem Matthäusevangelium (Mt 5,3–12) bzw. der Feldrede nach dem Lukasevangelium (Lk 6,20–23).

4.4 Das Geltendmachen der Gottesherrschaft: Jesu Seligpreisungen

Die lukanischen Makarismen – das deutsche Wort »Seligpreisungen« ist im Blick auf das Gemeinte eher problematisch, wenn auch kaum ersetzbar – zeigen Jesus in der Rolle des endzeitlichen *Propheten*, der zur Sprache bringt, was von Gott her *ist*, aber nicht für jeden offenkundig ist und vom Propheten aufgedeckt werden muss. Die ältere Lukas-Fassung markiert diesen prophetischen Gestus. Den Jüngern wird zugesagt: Gerade den Armen, die in den Macht- und Verteilungssystemen dieser Welt an den Rand geraten sind und sich nichts mehr von ihnen, alles aber von Gottes Zuwendung erwarten, »gehört das Reich Gottes«. Die Hungernden, die nicht wissen, wer ihnen morgen das Brot reichen wird, die sich in ihrer Sehnsucht aber auch nicht mit Brot allein abspeisen lassen, werden an einer ganz anderen Speise satt. Die trostlos Weinenden werden den Trost finden, der nicht mehr vertröstet. Die wegen ihrer Gott- und Christus-Zugehörigkeit Verfolgten und Ausgestoßenen dürfen sich in Gottes Gegenwart wissen.

Im Lukasevangelium folgen den Makarismen in Gegenparallele gebildete Weherufe an die Adresse der trostlos Reichen, derer, die sich jetzt sattmachen lassen und ihre Sehnsucht verraten, derer, die jetzt gut lachen haben und sich im Lob der Menschen sonnen (Lk 6,24–26): Sie leben an der Zukunft der Gottesherrschaft vorbei, weil sie in alle Zukunft so leben wollen, wie es ihnen jetzt zugefallen ist. Diese alternative Zuspitzung macht die *theologische* Stoßrichtung der lukanischen Makarismen deutlich: Das Ergehen in dieser Welt sagt nichts über die Gott-Zugehörigkeit der Menschen aus. Es ist umgekehrt so, dass die in dieser Welt Begünstigten fern von Gott und seiner Herrschaft leben, weil sie sich der Herrschaft der Dämonen in dieser Welt einordnen. Der traditionell angenommene, im Alten Testament nicht unumstrittene Tun-Ergehens-Zusammenhang, wonach die Gott-Zugehörigkeit der Gerechten Wohlergehen, die Gottesferne der Frevler aber Unglück nach sich zieht, wird auf den Kopf gestellt. Er wird jedenfalls insofern bestritten, als den in der Jesus-Gemeinschaft Not Leidenden Gottes besondere Nähe zugesprochen wird.[31]

[31] Die Makarismen, die in der Weisheitsliteratur und davon inspirierten Psalmen begegnen, stehen eher »im Kontext des Tun-Ergehen-Zusammenhangs« (Thomas Söding, Die

Der endzeitliche Prophet Jesus von Nazaret nimmt sich die göttliche Vollmacht heraus, das so Naheliegende – dass das Wohlergehen der Gottes-Lohn für ein Leben in Gerechtigkeit sei – im Blick auf die andrängende Realität der Gottesherrschaft zu bestreiten und das Gegenteil in Geltung zu sehen. Diejenigen, die nichts aus sich machen und nichts aus sich machen können, dürfen ihre Hoffnung darauf setzen, dass ihr Ergehen in dieser Welt nicht das definitive Urteil über sie spricht, dass dieses Urteil vielmehr Gott allein zusteht, der gerade sie – aus Gnade – in seine Herrschaft beruft und an ihnen wahr machen wird, dass in seiner Herrschaft die in dieser Welt ja auch bei den Reichen und scheinbar Glücklichen frustrierte Sehnsucht nach einem Leben in Fülle ihre Erfüllung findet.

Der endzeitliche Prophet Jesus nimmt sich heraus, die Wertordnung des Daseins in dieser Welt umzuwerten, weil in der Gottesherrschaft, die jetzt schon »wirklicher« ist als die Wirklichkeit dieser Welt, die Ordnungen dieser Welt nicht mehr gelten, sondern Gottes guter Wille Geltungsgrund aller Geltungen sein wird: Ihm entspricht es, den Armen, Ungetrösteten und Verfolgten den Reichtum eines Gott-erfüllten Leben zu gewähren. An diesen guten Willen gegen »das Zeugnis« des in dieser Welt Geltenden und sich Durchsetzenden zu glauben, ihn jetzt schon mitzuwollen, macht die Gottesnähe aus, die der endzeitliche Prophet den Jüngern zusagt – aus der er selbst spricht, die er für sich in Anspruch nimmt bis an sein Kreuz, an dem dieser Anspruch definitiv widerlegt scheint.

Die matthäische Fassung der Makarismen erweitert die Heils-Zusagen und versteht das Zugesagte als den überreichen »Lohn im Himmel« (Mt 5,11): Die arm sind vor Gott und keine Gewalt üben, werden Anteil haben am Reich der Himmel und »das Land erben«. Wer hungert und dürstet nach der Gerechtigkeit, wird Sättigung finden; den Barmherzigen wird Erbarmen zuteil. Die mit dem ungeteilten Herzen werden »ganzherzig« in Gottes Gegenwart sein; die Friedensstifter werden als Söhne Gottes seinen Schalom erfahren; die um der Gerechtigkeit willen Verfolgten und Entwürdigten werden in Gottes Gerechtigkeit eingehen und gewürdigt werden. Damit ist ein Tun-Ergehens-Zusammenhang formuliert, der zwar nicht im Blick auf das Ergehen in dieser Welt, wohl aber im Blick auf den Lohn im Himmel gelten wird und die Konsequenz der Nachfolge in der Spur dessen einfordert, der auf dem Weg in das Himmelreich vorangeht. Der Prophet Jesus nimmt hier seine Rolle wahr, indem er mit Gottes-Vollmacht die »Kri-

Verkündigung Jesu – Ereignis und Erinnerung, 195), da sie dem Gerechten gutes Ergehen verheißen (vgl. etwa Sir 25,8 f. oder Ps 1,1–3).

terien« ankündigt, die für die Zugehörigkeit zum Himmelreich gelten werden – und die er auf seinem eigenen Weg exemplarisch erfüllt.[32]

Jesu Sprech-Handeln kommuniziert das Wort, das Gottes gute Herrschaft – Gott selbst – unter den Menschen gegenwärtig setzt und die Angesprochenen für sie öffnet. Dieses Wort kann – noch vor der Logos-Christologie des Johannesprologs – als Gottes eigenes Wort verstanden und ausgelegt werden: Wovon es spricht, das bringt es mit sich und zu den Menschen, indem es an ihrem Herzen handelt; indem es ihrem Glauben, Vorstellen, Fühlen, Hoffen und Handeln *Gott* gegenwärtig macht. Jesus bringt den Menschen, zu denen er kommt, Gott mit. So können sie sich an ihn halten, wenn sie in ihrem Gott-fernen, oft Gott-losen Leben Gott suchen, den Gott, der schon auf der Suche nach ihnen ist und sie im endzeitlichen Propheten, dem Gottes- und Menschensohn Jesus aufsucht. Er handelt Gottes Herrschaft jetzt. Er handelt sie in seinem Sprech-Handeln, aber auch im sprechenden Handeln, darin, dass er ihre befreiende Kraft jetzt gegen die lebensfeindlichen Zwänge des alten Äons durchsetzt; nicht indem er dem alten Äon jede Wirklichkeit nimmt, aber doch so, dass in ihm Wirklichkeit wird, was den neuen Äon ausmacht.

4.5 Heilende Macht-Taten

Es ist von den »Wundern« zu sprechen, von Jesus, dem charismatischen Heiler und Exorzisten. Auch von dem, der Tote erweckte und übers Wasser ging? Die Theologie gerät ins Stammeln, flüchtet sich in Ermäßigungen und Erklärungen, schämt sich angesichts dieses Pensums ein wenig vor der Selbstverständlichkeit, mit der man spätestens seit der Aufklärung das »Übernatürliche« an diesen Vorgängen einzuordnen oder hinwegzuinterpretieren versucht. Es ist schon so; gerade angesichts der Wunder-Problematik tritt es einem deutlich vor Augen: Gesucht wird »ein sehr akzeptabler, brauchbarer Jesus, mit dem man [...] in Sachen Kirchenreform gern fraternisiert, ein Jesus, dem alles abgetan ist, was einen Aufgeklärten irritieren könnte. Aber gerade dieses, das über das Menschenwesen hinaus ins Göttliche Ragende, seine – begriffliche wie immer zu bestimmende – ›Divinität‹,

[32] Das ist im Rahmen der hier greifbaren und ja auch bei den Synoptikern anderwärts begegnenden Propheten-Christologie (vgl. etwa Mt 23,34.37; Lk 13,33) mit dem Hinweis auf das Schicksal der verfolgten Propheten (Mt 5,12) wenigstens angedeutet.

nicht seine Humanität hat sich von allem Anfang an der Mit- und Nachwelt unauslöschlich eingeprägt; es gehört zum historischen Jesus.«[33]

Die Aufklärung wendet sich gegen den Beweis der Göttlichkeit Jesu, für den man die Wundererzählungen der Evangelien in Dienst nahm: Hier, in den Taten, die das natürlich Unerklärbare wirkten, zeige sich – so die Beweisintention –, dass Jesu Christus Gottes Allmacht zu Gebote stand. Nur Gott selbst könnte wirken, was die Wirkmöglichkeiten des Naturzusammenhangs so deutlich überstieg![34] Die Aufklärung ließ sich von solchen Beweisstrategien nicht mehr beeindrucken. Vor die Entscheidung gestellt, den altüberlieferten Wunderberichten oder der Erfahrung eines rational nachvollziehbaren Naturzusammenhangs zu glauben, verlässt man sich lieber auf das, was man selbst sehen oder sich vertrauenswürdig erklären kann. Alte Überlieferungen können verfälscht worden oder gar von Anfang an unzuverlässig gewesen sein. Am vor unseren Augen regelmäßig Geschehenden haben wir – so David Hume – »einen unmittelbaren vollen Beweis aus der Natur der Sache gegen die Existenz jedweden Wunders; solch ein Beweis kann auch nicht aufgehoben, noch das Wunder glaubhaft gemacht werden, außer durch einen Gegenbeweis, der ihm überlegen ist.«[35] Da mag sich eine apologetisch motivierte historische Forschung noch so sehr anstrengen: Diesen Gegenbeweis für das Geschehensein eines Wunders wird sie nie erbringen können. Ihre Anstrengung wird sich schon wissenschaftsmethodisch als Über-Anstrengung entlarven. Sie wird zutage bringen, dass historische Forschung nur größere oder geringere Wahrscheinlichkeiten begründen kann und auf alle möglichen Motive stößt, die mit der Verfälschung oder – wertfrei gesagt – *Fortschreibung* von Überlieferungen verbunden und bei Wundererzählungen im Spiel sein können.

Aufgeklärte Infragestellung und apologetische Verteidigung des Wunder-Arguments führen beide zu einer Sicht der Dinge, die von einer klaren Abgrenzung der Bereiche von Natur und Übernatur bestimmt ist. Naturzusammenhänge sind in kausal erklärenden Ableitungs- oder Vernetzungsverfahren durch Rückführung auf allgemein geltende Naturgesetze ver-

[33] Fridolin Stier, Vielleicht ist irgendwo Tag, 82.

[34] Der Gedanke ist freilich bereits in der Scholastik ausformuliert worden. Für Thomas von Aquin ist das Wunder ein Geschehen, »quod fit praeter ordinem naturae totius naturae creatae« (das außerhalb der Naturordnung der ganzen Schöpfung [oder gar gegen sie] geschieht; Summa theologica 1, q.110, a.4).

[35] David Hume, Untersuchungen über den menschlichen Verstand, dt. Hamburg 1964, 134 f.

nünftig nachzuvollziehen. Ein Wunder im genauen Wortsinn wäre die Durchbrechung naturgesetzlich determinierter Wirkzusammenhänge. Für die aufgeklärte Wunderkritik ist das unmöglich; es ist – so die Wunderapologetik – sehr wohl möglich durch die Einwirkung einer Wirkkraft höherer Ordnung: durch das Eingreifen Gottes, dem als Schöpfer und Gesetzgeber der Naturgesetze zugestanden werden muss, dass er die von ihm gegebenen Gesetze im Einzelfall aufhebt und über-gesetzlich – durch die übernatürliche Betätigung seiner Allmacht – im Naturzusammenhang handelt.[36]

Man kommt hier zu einer Zwei-Stockwerk-Theorie, die Wunder-apologetisch eine Top-down-Einwirkung vom oberen Stockwerk der Übernatur auf das untere Stockwerk der Natur als denk- und für Gott als realmöglich ansieht: Gott bzw. der Gottessohn, im Ausnahmefall auch heilige Menschen sind in der Lage, in der Kraft der Übernatur in Naturzusammenhängen Effekte zu erzielen, die mit den Wirkmöglichkeiten der Natur nicht zu erzielen wären.[37] Oder man hält Wunder-kritisch genau dies für schlechterdings indiskutabel und sprengt das obere Stockwerk weg, um die Autonomie des unteren zu schützen.

Göttlich übernatürlich und menschlich-natürlich: das sind nun zwei gegeneinander klar abgegrenzte, ja abgedichtete Sphären, die freilich beide

---

[36] Gott erscheint als vorneuzeitlich-absoluter Souverän, der über den von ihm erlassenen Gesetzen steht. Der Gedanke, dass sich ein Souverän an die von ihm in Kraft gesetzten Gesetze bindet, trennt die Aufklärung von einem voluntaristischen Gottesbild, das die Allmacht Gottes gerade an seiner Fähigkeit festmacht, als der Allmächtige auch des *Ausnahmefalls* mächtig zu sein. Dieses Gottes-Konzept hat – so Carl Schmitt – das politisch-juristische Souveränitätsverständnis noch bis ins 20. Jahrhundert bestimmt und gegen die Aufklärung in Stellung gebracht; vgl. ders., Politische Theologie. Vier Kapitel zur Lehre von der Souveränität, Neuausgabe Berlin 1985. Einen lebendigen Eindruck von diesem forciert autoritativen Gottes- und Wunderverständnis vermittelt der um die Wende zum 20. Jahrhundert viel gelesene Apologet Franz Hettinger (ders., Apologie des Christentums, Bd. 2, Freiburg i. Br. [9]1906, 188), wenn er ausführt: »Die Menschheit soll geleitet werden durch *Autorität*, und nicht erzogen in der Schule der Philosophen […] Was aber Autorität sein soll für die gesamte Welt und Menschheit, das muss *höher stehen als die ganze Welt;* eine *übermenschliche* Autorität muss ausgerüstet sein mit *übermenschlicher* Gewalt, vor der alle unwillkürlich sich beugen. Und solche Gewalt erscheint im Wunder«.

[37] Dass Heilige in Heiligsprechungsverfahren immer noch durch Wunder ausgewiesen werden müssen, ist die skurrile Konsequenz dieser Vorstellung: Wie der Gottmensch Jesus Christus sollen sie in ihrer Gottzugehörigkeit durch den außerordentlichen Zugang zu übernatürlichen Wirkmöglichkeiten beweiskräftig erkennbar sein. Das Verfahren zur Heiligsprechung Papst Johannes Pauls II. hat die tiefe Befremdlichkeit und theologische Fragwürdigkeit dieser Vorstellung ins öffentliche Bewusstsein auch der Kirche gerückt.

aus Gott hervorgehen. Er allein könnte deshalb aus der höheren Sphäre auf die niedere einwirken. Sein Wirken bzw. seine Präsenz in der Natur wäre – wenn davon gesprochen werden dürfte – daran kenntlich, dass es aus den Wirkzusammenhängen der niederen nicht ableitbar und verstehbar ist. Natur-*Erklärung* kann nicht auf die Übernatur rekurrieren, muss sie methodisch ausschließen, weil der Rekurs auf übernatürliche Verursachung ihr Verfahren zur Erklärung natürlicher Zusammenhänge durchkreuzen würde.[38] So kann sich, da die Natur sich selbst genug sein muss, die Übernatur im gesellschaftlichen Bewusstsein allenfalls als das Darüber oder Daneben behaupten – oder eben nicht mehr behaupten –, deren Einwirkung die Natur außer Kraft setzen würde; oder gegenläufig: die von den dramatisch ausgeweiteten Möglichkeiten einer natürlichen Erklärung auch der erstaunlichsten Wirkungen argumentativ marginalisiert und schließlich außer Geltung gesetzt wird.

Das Eine scheint das Andere auszuschließen. So erzwingt es entweder die wunderkritische Zurückweisung einer übernatürlichen Kausalität im Kontext der Naturzusammenhänge und/oder ein Verständnis des Wunders als des schlechthinnigen Ausnahmefalls, der allein für Gott möglich ist, bei dem kein Ding unmöglich ist (vgl. Lk 1,37). Damit ist der Zugang zum biblischen Verständnis der Machttaten oder Zeichen verstellt, die ja nicht allein vom Messias Jesus erzählt werden. Hier folgt man offenkundig nicht der Logik des Nebeneinander bzw. des Übereinander, sondern einer »Logik« des *Ineinander:* Gottes Präsenz und Wirken durch Gottesmänner (und Gottesfrauen) setzt das Wunder der Schöpfung nicht außer Kraft, sondern setzt es als das Wunder seines schöpferischen guten Willens in Kraft: auf ganz erstaunliche Weise, so wie es »normalerweise« unter den Menschen nicht geschieht, weil die Menschen so weit hinter dem zurückbleiben, was Gott ihnen zugedacht hat. Gottes-Menschen, neutestamentlich vor allem dieser Gottes-Mensch Jesus von Nazaret, leben und handeln Gottes Gegenwart, da sie Gott in die Not dieser Welt hereinrufen, seinen guten Schöpferwillen gleichsam in sie hineinziehen, so dass Menschen von ihm ergriffen und zu ihren ureigenen Möglichkeiten befreit werden: ureigen, nicht weil sie aus ihnen selbst stammen, sondern weil sie ihnen von Gott

[38] Dieses Methodenargument hat Immanuel Kant in den Vorlesungen über die philosophische Religionslehre (hg. von K. H. L. Pölitz, Reprint Darmstadt 1982) klassisch formuliert. Es sei – so Kant – Merkmal einer »faule[n] Vernunft«, »das von Gott als einer unmittelbaren Ursache her[zu]leiten, was bei geschärftem Nachdenken von uns selbst als eine Naturwirkung eingestanden werden müsste« (ebd., 219; vgl. 212).

schöpferisch zugeeignet wurden. Sie können in Gottes Gegenwart in ungeahnter Weise mobilisiert, in der sündigen Abwendung von Gott aber verhängnisvoll sabotiert werden. Gottes heilsame Gegenwart lässt die Schöpfung zu dem kommen, was der Schöpfer ihr zugedacht und mitgegeben hat; lässt sie so gut und schön (tov), ja so wunderbar werden, wie sie es von Gott her ist (vgl. Gen 1,1–2,4). Die Sünde verdirbt die Güte und Schönheit der Schöpfung, lässt in ihr Unheil und Lebensminderung um sich greifen.

Biblische Weisheit und die Apokalyptik radikalisieren diese Sicht, da sie nicht nur Krankheit und Not, sondern auch den Tod der Menschen als Konsequenz (»Sold«; Röm 6,23a) der Sünde verstehen.[39] Gott wird – so die Hoffnung der Apokalyptiker – die lebensfeindlichen Auswirkungen der Sünde endzeitlich heilen; nach der christologischen Rezeption apokalyptischen Denkens ist er jetzt schon dabei: in Jesus Christus, dem »Hineinführer« in die Gottesherrschaft, in dem den Glaubenden das ewige, wahre Leben neu zugewendet ist (vgl. Röm 6,23b). Die »Wunder« aber sind Zeichen dafür, dass es damit in und durch Jesus Christus jetzt anfängt. Sie sind Zeichen für Gottes endzeitliche Herrschaft in dem Sinne, dass sich im Zeichen schon ereignet, was die Gottesherrschaft ausmacht: das »Heil der Basileia«, die »den ganzen Menschen [erneuert].«[40] Zeichen sind sie vor allem im Johannesevangelium auch in dem Sinne, dass sie den bezeichnen, der die Gottesherrschaft nicht nur erfahrbar macht, sondern – als das vom Himmel gekommene Brot zum ewigen, wahren Leben – mitteilt, göttliches Leben austeilt. Das Zeichen der Brotgabe nach Joh 6 erzählt so »von einem Christus, der sich selbst austeilt in der Gestalt des ausgeteilten Brotes« und zu einem Leben in Fülle nährt (vgl. Joh 10,10).[41]

Die neutestamentlichen Quellen lassen nirgends erkennen, dass man die Zeichen und Machttaten, die durch Jesu geschehen sind, prinzipiell in Zweifel gezogen hätte. Solche Zeichen sind für Menschen der Antike zwar außerordentlich und staunenswert, deshalb berichtenswert, aber nicht unmöglich. Sie machen auf die besondere Sendung des Wundertäters aufmerksam, womöglich auf seine wie immer zu verstehende Göttlichkeit. Im

[39] Vgl. den weisheitlichen Hintergrund in Weish 1,13–15; 2,23–24 mit der pointierten doppelten Behauptung: »Gott hat den Tod nicht gemacht, noch hat er Freude am Untergang der Lebenden […] durch den Neid des Teufels kam der Tod in die Welt, und ihn erfahren alle, die ihm angehören.«

[40] Thomas Söding, Die Verkündigung Jesu – Ereignis und Erinnerung, 405.

[41] Hans Weder, Von der Wende der Welt zum Semeion des Sohnes, in: A. Denaux (Hg.), John and the Synoptics, Leuven 1992, 128–145, hier 145; vgl. 136.

apokalyptischen Umfeld werden sie als Anfang der letzten Dinge wahrgenommen worden sein – oder aber als die äußerste Zuspitzung der apokalyptischen Wirrnisse, in der der ewige Verwirrer (diabolos) die Menschen hierhin und dahin verlockt und von der Aufmerksamkeit für die wahren Zeichen der Endzeit ablenkt (vgl. Mk 13,5 f.parr.). Was bezeichnen sie wirklich? Genau darüber geht der Streit, der den »Wundertäter« Jesus zu einer entschiedenen Deutung seiner Machtaten nötigt. Er schließt sich bezeichnenderweise an einen Exorzismus an (vgl. Lk 11,14–23parr.), an die Austreibung eines lebensfeindlichen Geistes: »Alle Leute staunten.« Viele werden geneigt gewesen sein, die Gottesgabe der Befreiung vom bösen Geist zu bewundern; manche werden den endzeitlichen Propheten, gar den Messias am Werk gesehen haben. Andere, insbesondere Vertreter des religiösen Establishments, versuchen Jesus mit einem im apokalyptischen Kontext gar nicht so schwachen Argument in Misskredit zu bringen: Dass er über die bösen Geister gebietet, spricht dafür, dass er mit ihrem Anführer Beelzebul im Bunde ist und ein Theater aufführt, das nur dazu dient, alle Aufmerksamkeit auf sich zu lenken: die Leute zu verführen, dass sie an ihn »glauben« und ihm in Scharen nachlaufen.

Andererseits wäre ein Messias ohne göttliche Zeichen auch kaum vorstellbar gewesen. Diese »formale Legitimation« musste Jesus von den Vertretern des Establishments von vornherein bestritten werden. Und so verfielen sie auf den naheliegenden Gedanken, die Macht der Zeichen Jesu dem Beelzebul zuzuschreiben und eben nicht der Bevollmächtigung zu seiner Sendung durch JHWH. Jesus wehrt sich mehrfach dagegen, dass man seine Machttaten als Legitimationswunder einordnet. So verweigert er sich demonstrativ der Forderung nach einer Messias-Legitimation durch ein Wunder (vgl. Mt 12,38–42parr.; 16,1–4parr.). Seine Zeichen sollten nicht den Blick auf seine außerordentlichen Fähigkeiten lenken oder ihn gewissermaßen formal ausweisen als den, von dem man – bei seinem endzeitlich-prophetischen Anspruch – solche Machterweise mit Fug und Recht erwarten dürfte. Sie sollten vielmehr darauf hinweisen, wie Gottes Herrschaft schon in diese von der Sünde und von Satan bestimmte Welt eindringt, um dessen Herrschaft schließlich ganz zu entmachten; sie sollten zum Glauben rufen, dass das jetzt geschieht und man sich diesem Geschehen öffnen soll.

So kann Jesus gegen die Plausibilität seiner Kritiker die weitaus höhere Plausibilität seiner Zeichen setzen. Wem der Glaubensblick nicht verstellt ist, der muss doch im Zeichen das Bezeichnete sehen: Die Zeichen Jesu sind Gottes Angriff auf die lebensfeindliche Herrschaft der Sünde, der bösen

Geister und des Satans. Würde der Satan seine eigene Herrschaft angreifen, hätte sie keinen Bestand. Dagegen: »Wenn ich mit dem Finger [nach Mt 12,28: durch den Geist Gottes] die Dämonen austreibe, ist die Herrschaft Gottes zu euch vorgestoßen« (Lk 11,20).[42] Die Zeichen Jesu – insbesondere der Exorzismus, der den Besessenen von seinem Dämon befreit – sind nach ihrer inneren Logik »Realsymbol« der Gottesherrschaft; in ihnen geschieht zeichenhaft und vorweg, vor dem apokalyptischen Ende aller sündhaft verdorbenen Weltdinge, was in der Gottesherrschaft umfassend zur Geltung kommen wird: die Heilung der Menschen von den schlimmen Folgen der Sünde.

4.6 Wunderglaube?

Die Wunder Jesu zielen auf Glauben: auf den Glauben daran, dass in der Gegenwart Gottes und seines Reiches, die Jesus Christus verkündigt, gelebt und gehandelt hat, Wiederherstellung des Lebens in seiner Fülle geschieht: der Anfang gemacht ist mit dem Heil der Endzeit. Dieser Glaube schließt ein – vor allem das Johannesevangelium macht das geltend –, dass der, der solche Taten vollbringt, vom Himmel kommt und so als das endzeitliche Wort Gottes, als Gottes Sohn, legitimiert ist.[43] Die zu Jesus »gleichzeitigen Jünger« (Søren Kierkegaard) haben die Zeichen gesehen und geglaubt, was sie bezeichnen sollten; so stellen es die Evangelien dar: neben den Exorzismen Heilungen, sogar Totenerweckungen, wunderbare Speisungen, eine Seestillung, das Wandeln Jesu über den See Gennesaret. Diese wunderbaren Vorkommnisse werden als Geschichten davon erzählt, wie Jesus von Menschen »berührt« wurde, die in besonderer Weise unter den lebensfeindlichen Auswirkungen der Sünde – gerade nicht ihrer eigenen, sondern *der*

[42] Ich folge der Übersetzung von Thomas Söding, Die Verkündigung Jesu – Ereignis und Erinnerung, 427.

[43] Paradigmatisch wird das bei Jesu erstem Zeichen auf der Hochzeit von Kana ausgeführt: »So tat Jesus sein erstes Zeichen in Kana in Galiläa, und offenbarte seine Herrlichkeit und seine Jünger glaubten an ihn« (Joh 2,11). Seine Mutter hatte schon intoniert, worauf es bei alldem ankommen wird: Sie »sagte zu den Dienern: Was er euch sagt, das tut« (Joh 2,5). Im Epilog des Evangeliums wird das Zeichen-Motiv aufgegriffen: »Noch viele andere Zeichen, die in diesem Buch nicht aufgeschrieben sind, hat Jesus vor den Augen seiner Jünger getan. Diese aber sind aufgeschrieben, damit ihr glaubt, dass Jesus der Messias ist, der Sohn Gottes, und damit ihr durch den Glauben das Leben habt in seinem Namen« (Joh 20,30 f.).

Macht der Sünde, die die Welt gegen Gottes guten und heilvollen Willen verschließt – zu leiden hatten, und wie er sie am endzeitlichen Heil teilhaben ließ; wie ihm der kreatürliche Hunger zu Herzen ging, wie er als Gottes Sohn mit göttlicher Vollmacht ausgestattet Macht über die Unheilssphäre des Wassers hat – und immer wieder: wie er die am Rande und die Ausgeschlossenen in die Gemeinschaft des Gottesvolkes – der Gottesherrschaft – hereinholte und so mit der endzeitlichen Sammlung des Gottesvolks begann.

Wie aber steht es um die »Jünger zweiter Hand«[44], die sich diese Wundergeschichten erzählen lassen; für Menschen, die keine Augenzeugen sind, die – als Menschen des 18. oder des 21. Jahrhunderts – nach dem Geschehensein des Erzählten fragen und danach, ob sie den Geschichten trauen sollen, ob sie sie womöglich auf einer ganz anderen als auf der Geschehensebene zu verstehen haben? Können sie noch einen Zugang finden zu Erzählungen von Vorgängen, die ihrem Weltverständnis so sehr zu widersprechen scheinen? Oder müssten sie sich eingestehen, dass der für die Augenzeugen daraus erwachsene, ihren Glauben stärkende »Beweis des Geistes und der Kraft« »itzt gänzlich weggefallen« ist?[45] Und sollten sie dem nicht darin Rechnung tragen, dass sie die Wundererzählungen allein noch in ihrer theologischen Intuition zu verstehen suchen, Jesus von Nazaret als messianischen Propheten auszuzeichnen, von dem die Zeitgenossen solche Machttaten mit Fug und Recht erwarteten durften?

Würde man die Wundergeschichten der Evangelien generell nur in diesem Sinne theologisch oder historisch verstehen wollen und nicht auch in der Sache im Kontext des eigenen Welt- und Selbstverständnisses nachvollziehen können, wäre der Sinn des messianischen Auftretens Jesu insgesamt kaum mehr nachvollziehbar. Die Wunder wären *Zeichen*, die nur die Absicht der Erzähler bezeichnen, Jesus als Messias und Gottes Sohn auszuweisen. Sie wären jedenfalls nicht mehr als Zeichen für die in Jesus angebrochene Gottesherrschaft geglaubt oder auch nur verstanden – was die theologische Intention dieser Erzählungen ursprünglich gewesen sein wird. Wie aber könnten Menschen, die das Welt- und Selbstverständnis von Menschen des 21. Jahrhunderts mitvollziehen, die Zeichen und Machttaten

[44] Vgl. Søren Kierkegaard, Philosophische Brocken, dt. in Gesammelte Werke, hg. von E. Hirsch und H. Gerdes, 10. Abteilung, Gütersloh ³1991, 52–68 und 85–107.

[45] Gotthold Ephraim Lessing, Über den Beweis des Geistes und der Kraft, in: Werke VIII, hg. von H. G. Göpfert, München 1979, 9–14, hier 11.

Jesu als auch in ihrem Welt-, Selbst- und Gottesverständnis als möglich, als tatsächlich geschehen und für ihren Glauben als bedeutsam ansehen?

Die neutestamentlichen Wundererzählungen bezeugen: Gottes Dasein in Jesus Christus macht in der Welt der Menschen mehr möglich, als den Menschen seiner Zeit – und auch uns – möglich erscheint. Genau darin geschieht Gottesherrschaft mitten in diesem alten Äon. Jesu Zeitgenossen waren höchst verwundert; aber sie hielten die vor ihren Augen geschehenen oder ihnen berichteten Machttaten nicht für schlechterdings unmöglich. Der Raum des Möglichen war für sie von den alltäglichen Erfahrungen vorgezeichnet. Aber er war gewissermaßen »nach oben hin offen«. Die naturwissenschaftlich geprägte Weltsicht kennt diese Offenheit nicht mehr, auch wenn sie sich mühsam darauf einstellt, dass die Nanowissenschaften ebenso wie die Wissenschaften, die sich in äußerste raumzeitliche Fernen hineinzutasten versuchen, alltäglich völlig unvorstellbare Vorstellungen von einem innersten Innen und äußersten Außen hervorbringen. Gleichwohl hält man an dem fest, was Ernst Troeltsch die Analogie der Erfahrung genannt hat: Menschen halten nur das für möglich, was nach Analogie ihrer Alltagserfahrung möglich erscheint.[46] Sie unterstellen selbstverständlich, dass auch »damals« nur das möglich gewesen ist, was man nach Maßgabe heute zugänglicher Alltagserfahrung als möglich ansehen und sich entsprechend verständlich machen kann. Man wird allerdings vorbringen dürfen, dass, was faktisch möglich ist, nicht allein vom »ewigen« Möglichkeitsraum abhängt, den die natürlichen Gegebenheiten einräumen. Politische, gesellschaftliche und interpersonale Gegebenheiten machen oft unmöglich, was man in einem »weiteren Blick« hätte für möglich halten können. Und therapeutische Praxis im interpersonal »Kleinen« wie im gesellschaftlich »Größeren« beweist mannigfach, dass entschlossen-solidarischer Einsatz, Achtsamkeit, Empathie und Liebe Entwicklungen möglich werden lassen, die zuvor verschlossen schienen. Menschlich-gesellschaftliche Lebenspraxis macht von den Möglichkeiten der Natur immer schon in einer Weise Gebrauch, die von Liebe und Hass, von Solidarität oder ausbeutender Gewalt mitbestimmt ist. Hass und Gewalt vernichten Möglichkeiten. Liebe und Mit-Menschlichkeit, Mit-Kreatürlichkeit machen einen guten Willen stark, der möglich werden lässt, was man nicht für möglich gehalten hätte.

Mit solchen Überlegungen ist man doch wieder nahe an biblischen

[46] Vgl. Ernst Troeltsch, Über historische und dogmatische Methode in der Theologie, wieder abgedruckt in: G. Sauter (Hg.), Theologie als Wissenschaft, München 1971, 105–127, hierzu 112.

Zeugnissen, die von der Möglichkeits-vernichtenden Gewalt der Sünde und der schöpferisch-heilenden, Möglichkeits-stiftenden »Energie« der Präsenz Gottes inmitten seines Volkes erzählen. Gottes Präsenz ruft Solidarität, Zuneigung und Liebe hervor, lässt sie unter den Menschen »aufblühen«; setzt Kräfte frei, die in Selbstbehauptung und Missachtung gebunden oder fehlgeleitet waren. Und es ist – im Einzelnen wie im »großen Ganzen« – kaum absehbar, was diese durch Gottes Gegenwart entbundenen schöpferischen Kräfte noch alles vermögen und hervorbringen können.

Die psychosomatische Betrachtung menschlichen Leidens wird die theo-logische Deutung solcher Vorgänge nicht mitvollziehen, sondern auf die Freisetzung von Selbstheilungskräften der Natur verweisen. Aber sie wird nicht in Abrede stellen, dass solche natürliche Selbstheilung vielfach von der Präsenz eines einfühlsam-solidarischen Mitmenschen – eines Therapeuten, einer Freundin, eines geistlichen Menschen – mit hervorgerufen wird, die dem Leidenden die bis in unauslotbare Tiefen seines Daseins reichende Erfahrung von Freiheit bezeugt und ermöglicht: die Erfahrung eines Menschenlebens, das mehr oder weniger davon freigekommen ist, sich zu schädigen und Gewalt anzutun oder sich Mächten auszuliefern, die es – wie auch immer – missbrauchen und um sein Selbst bringen.

Solche Befreiungserfahrungen wird man sich auf unterschiedliche Weise verständlich machen können. Die solidarische Zuwendung und Präsenz eines geistlich präsenten Mitmenschen wird meist, wenn nicht durchweg im Spiel sein. Diese Präsenz ruft – so kann man interpretieren – den Leidenden seinerseits in die Präsenz, ermöglicht ihm Präsenz. Paul Tillich hat von der Daseins-integrierenden Kraft der Präsenz gesprochen. Krankheit ist für ihn dagegen generell gleichbedeutend mit der Desintegration menschlichen Lebens, die das Selbst außer Stande setzt, elementare Lebens-Polaritäten aufrecht zu erhalten und in ein Fließgleichgewicht der unterschiedlichen Leben-ermöglichenden Prozesse zu integrieren. Bestimmte Prozesse und Struktur-Elemente verselbstständigen sich; sie funktionieren zu Lasten anderer Prozesse und Strukturen, statt sie mit zu ermöglichen. Es gilt deshalb, gegen die Krankheit der Desintegration mehr oder weniger zielbewusst heilend-zentrierende Kräfte zu mobilisieren. Diese arbeiten – so Tillich – »auf Wiederherstellung der Integriertheit und Zentriertheit des Selbst, das heißt auf Gesundheit. Da [aber] Krankheit die Zentriertheit in allen Dimensionen zerreißt, so muss auch das Heilen in allen Dimensionen geschehen. Es gibt unzählige Prozesse der Desintegration, die zu Krankheiten führen, und auch viele Wege des Heilens, die die Integration wiederherzustellen suchen. Infolgedessen gibt es viele Arten von ›Heilern‹

entsprechend den verschiedenen Prozessen der Desintegration und den verschiedenen Wegen der Heilung.«[47] Gehört Jesus zu ihnen? Ist er in diesem Sinne einer unter vielen?

4.7 Heilende Präsenz

Jesus von Nazaret gehört nach allem, was uns die neutestamentlichen Zeugnisse überliefern, zu den charismatischen Wunderheilern, welche leidenden Menschen durch ihre Geist-Präsenz zu eigener Präsenz und Selbst-Zentriertheit helfen können. Sie heilen durch den Geist, den sie leidenden Menschen mitteilen, um sie so von einer mehr oder weniger tief reichenden, pathologisierenden Beziehungslosigkeit zu sich selbst, zu Mitmenschen, zu den Prozessen lebendiger, Leben-stiftender Wechselseitigkeit und zum Göttlichen zu heilen. Jesus, auf dem nach den Zeugnissen der Evangelien, Gottes Geist »ruht« (vgl. Lk 4,18 mit Jes 61,1 f.), darf im Kontext einer an Tillich sich anschließenden Auslegung als die »Kraftquelle« des Heiligen Geistes verstanden werden, aus der den Notleidenden die heilende Kraft der Selbst-Integration zuströmt.[48]

Die Glaubens-Sicht auf den Heiler Jesus sieht in ihm den Gottes-Menschen, dessen liebend-solidarische Präsenz Menschen den Gottesgeist mitteilen konnte, der sie in ungeahnten Tiefen und Abgründen ihres Lebens zentrierte und ihnen von dort die Quellen eines Lebens in Fülle entspringen ließ. In den Abgründen, in denen sich die Beziehungsfeindlichkeit dämonischer »Mächte« und der »Sünde«, durch die sie herrschen, eingenistet hat, wird eine Beziehung gestiftet, aus der Leidende ihren elementaren Beziehungsmangel überwinden und sich in Gottes eigenes Dasein aufgenommen erfahren können. Hier ergreift sie eine Liebe, die sie mit sich selbst versöhnt und ihnen die Kraft der Versöhnung in all ihren Möglichkeiten und Dimen-

[47] Paul Tillich, Systematische Theologie, Bd. 3, dt. Stuttgart 1966, 318.

[48] Die feministische Theologin Carter Heyward entwirft ein Bild des Menschen und Wundertäters Jesus, der es vermochte, »Gott in der Welt leibhaftig zu machen«, seine *Macht in Beziehung* (dynamis) so zu leben und zuzuwenden, dass die Notleidenden geheilt wurden, soll heißen aus dieser Macht in Beziehung leben, sie selbst inkarnieren konnten; vgl. dies., Und sie rührte sein Kleid an. Eine feministische Theologie der Beziehung, dt. Stuttgart 1986, 75–108. Nach Carter Heyward lebte und handelte Jesus, wozu alle Menschen berufen und befähigt sind. In seinem Beziehungs-Handeln war »die *dynamis* unmittelbar menschlich und göttlich« (ebd., 91). Einen spezifisch *christologischen* Modus von Inkarnation lehnt Carter Heyward ab.

sionen zugänglich macht. Wer aber will wissen, bis in welche Tiefen diese Geist-Präsenz Jesu Not leidende Menschen berühren und heilen konnte? Das im Wissen um psychosomatische Zusammenhänge einigermaßen Nachvollziehbare mag sich da vielleicht eher an der Oberfläche vollziehen. Die Heilungsgeschichten erzählen von Menschen, die so tief und innerlich vom heilenden Geist berührt worden sind, dass davon eine entsprechend tief reichende »Re-Organisation« ihres Selbst und des von ihm zentrierten – zuvor dissoziierten – Lebenszusammenhangs ausgegangen sein mag. Und vielleicht genau darin werden die Geheilten zu Zeugen der in ihnen schon machtvoll gegenwärtigen Gottesherrschaft: Sie sind befreit von einer Beziehungslosigkeit, die sie der Macht beziehungsfeindlich-desintegrierender Mächte auslieferte. Sie sind hineingenommen in die neue Lebenswirklichkeit der Gottesherrschaft, in der Gott sich ihnen geöffnet und sie durch seinen Geist zu einer versöhnten Existenz gemacht hat.[49]

Aber wie weit reicht diese Interpretationshilfe wirklich? Wie weit macht sie uns Menschen des 21. Jahrhunderts die überlieferten Wunder Jesu wenigstens insoweit verständlich, dass wir sie aus unserem Welt-, Selbst- und Gottesverständnis nicht von vornherein heraushalten müssten? Die Zeugnisse sprechen ja nicht nur von der geistlichen Macht des Heilers Jesus über die Selbstheilungskräfte der Natur, von der Heilungskraft des Glaubens, von einer charismatischen Präsenz, in der Not leidende Menschen neu zur heilsamen Zentrierung ihres Selbst finden konnten. Sie sprechen von Gottes und Jesu machtvollem Handeln zur Speisung der Fünftausend (Joh 6), vom Gebietenkönnen über Naturgewalten, ja von *Totenerweckungen*. Heilungen und Dämonenaustreibungen wird man Jesus zugestehen; sie er-

[49] Die Heilungen durch Jesus werden von den Synoptikern ja weitgehend im Rahmen einer dämonologischen Sicht von Krankheit dargestellt: Dämonen »überfallen« die Menschen; sie »zerstören menschliche Identität: physisch und psychisch, sozial und religiös. Dieses Zerstörungswerk ist [aber] eine offene oder verborgene Folge des Bösen« (Thomas Söding, »Wenn ich mit dem Finger Gottes die Dämonen austreibe …« [Lk 11,20]. Die Exorzismen im Rahmen der Basileia-Verkündigung Jesu, in: A. Lange – H. Lichtenberger – K. F. D. Römheld [Hg.], Die Dämonen – Demons, Die Dämonologie der israelitisch-jüdischen und frühchristlichen Literatur im Kontext ihrer Umwelt – The Demonology of Israelite-Jewish and Early Christian Literature in Context of their Environment, Tübingen 2003, 519–549, hier 544; vgl. auch die hier verarbeitete Literatur). Heilung bedeutet dann den Sieg über die Dämonen, die Errettung derer, denen sich Jesus, der Heiler, hier vom Mitleid bewegt zuwendet, vor dem dämonischen Zerstörungswerk, das sich bis ins Innerste ihres Selbstsein »hineingefressen« hat – und eben darin Anfang des Schalom, der die Gottesherrschaft kennzeichnet.

scheinen auch unserem Denken als nicht völlig undenkbare und wirksame, wenn auch fremd gewordene Umgangsweisen mit psychosomatischen Leiden, mit Epilepsie, mit neurotischen Erkrankungen etwa des hysterischen Formenkreises u. a. m. Der Tod aber ist so sehr mit den Bedingungen des Lebens verknüpft, dass er als definitives Ende aller Lebensprozesse nicht widerrufen werden könnte, ohne die Ordnung des Lebens als ganze zu widerrufen. Wenn in diesem strengen Sinne Leben ohne Tod nicht denkbar ist und jedenfalls biologisch das unwiderrufliche Ende des Lebens bedeutet, so würde sich in einer Totenerweckung nicht nur das ganz und gar Unwahrscheinliche, sondern das definitiv Naturwidrige ereignen, das auch für Gott unmöglich sein müsste. Das Wiederaufleben eines Gestorbenen nach seinem Tod ließe sich jedenfalls in keiner Weise mehr von der Entbindung natürlicher Selbstheilungskräfte her verstehen. Muss man sich dann nicht dazu durchringen, die Zeugnisse über Totenerweckungen Jesu als historisch unzutreffend und allein theologisch motiviert anzusehen?

In historischer Perspektive ist zu sagen: Totenerweckungen waren für Jesu Zeitgenossen ebenso wenig schlechthin ausgeschlossen wie andere Wunder. Dass die belebende Macht des Pneumas in einen Menschen zurückkehrt, aus dem sie entwichen ist, wird als eine herausragende Tat des Erbarmens Gottes – und seines Gesandten – mit den Hinterbliebenen wahrgenommen, weniger als das naturwidrige Rückgängigmachen eines Sterbeprozesses, der an sein Ende gekommen ist. Gott hat Macht über den Tod, weil dieser – so jedenfalls in der Sicht der biblischen Weisheit und Apokalyptik – den Menschen von Gott ursprünglich nicht zugedacht war und mit der Totenerweckung auch ein Hoffnungs-Zeichen gegen die Allmacht des Satans und gegen seinen »Neid« gesetzt wird. Jesus setzt dieses Zeichen des Erbarmens und der Hoffnung. Er trocknet die Tränen und öffnet die Lebens- und Sterbensperspektive der ausnahmslos Todgeweihten auf den Herrn der endzeitlichen Vollendung, der »die Tränen abwischt von jedem Gesicht« und alle »zu den Quellen führen [wird], aus denen das Wasser des Lebens strömt« (Jes 25,8; Offb 7,17).[50]

In heutiger Glaubens-Perspektive wird man nicht darum herumkommen, die Erzählungen, die Jesus in Gottes Vollmacht als den Herrn über den Tod darstellen, aus dieser apokalyptisch-weisheitlichen Hoffnung heraus zu

[50] Schon für Jes 26,19 gilt freilich im Vorblick auf die von JHWH heraufgeführte Wende zum Heil: »Deine Toten werden leben, die Leichen stehen wieder auf; wer in der Erde liegt, wird erwachen und jubeln.«

verstehen. Sie hat Jesus, den selbst vom Tod Erstandenen, auch diese Vor-Zeichen der Gottesherrschaft zugeschrieben: den Sieg über den Tod, der allerdings in diesen Totenerweckungen nur ein vorläufiger gewesen wäre – der Jüngling von Nain, die Tochter des Jairus, Lazarus würden ja wieder sterben – und von der endzeitlichen Totenerweckung überholt werden musste. Eine »historische Substanz« im Sinne des tatsächlichen Stattgefundenhabens von Totenerweckungen wird man diesen Erzählungen nicht mehr zubilligen. Nähme man sie dafür in Anspruch, würde man elementare Bedingungen heutigen Welt- und Selbstverständnisses leugnen müssen. Dazu kann der vernünftige Glaube an den Gott Jesu Christi und seinen im Heiligen Geist die endzeitliche Gottesherrschaft öffnenden Sohn nicht verpflichtet sein. Aber würde man nicht dem Glauben an die Auferweckung Jesu Christi selbst die theo-logische Basis entziehen, wenn man die von Jesus erzählten Totenerweckungen als ontologisch unmöglich und deshalb nicht einmal als für Gott möglich erklärt?

Die Auferweckung Jesu bedeutet keine Rückkehr in die Lebenszusammenhänge dieser Welt, kein Rückgängigmachen eines in den Tod führenden, irreversiblen Sterbeprozesses. Gegen dieses Missverständnis tritt der Auferstandene in der johanneischen Erzählung von seiner Begegnung mit Maria Magdalena selbst auf: Sie darf ihn nicht festhalten, in ihre Welt zurückholen wollen, denn er ist auf dem Weg zum Vater: »zu meinem Gott und zu eurem Gott« (Joh 20,17). Jesus wird in Gottes Wirklichkeit hinein auferweckt. Insofern geschieht hier das Wunder des Durchgangs durch den Tod ins göttliche Leben hinein, nicht das Wunder der Rückkehr ins endlich-menschliche Leben, von dem die Totenerweckungs-Perikopen erzählen. Jesu Weg zum Vater ist nach dem Johannesevangelium ein Vorausgehen (vgl. Joh 14,1–14), dem die Jünger *in dieser Welt* zu folgen haben. Hier bezeugen sie den Vorausgegangenen als den Weg der Wahrheit ins Leben hinein, da sie diesen Weg gehen. Dafür sendet ihnen Jesus vom Vater her den Parakleten, der sie in diese Aufgabe einführt und für sie zurüstet. Die Jünger und Jüngerinnen erleben den Auferstandenen »im Vorübergehen«, da er sich ihnen entzieht und diesen Entzug durch die Präsenz des Heiligen Geistes in ihrer Gemeinschaft gleichsam überbietet. Nun ist selig zu preisen, wer (den Auferstandenen) nicht sieht, nicht festhalten will (vgl. Joh 20,29), wer ihm vielmehr in der Kraft des Heiligen Geistes auf dem Weg nachfolgt, der er ist – und das Wunder erleben darf, dass es ein Weg in die Fülle des Lebens hinein ist. Die Auferweckung des Gekreuzigten ist nicht in dem Sinne ein Wunder, wie es eine der von Jesus berichteten Totenerweckungen gewesen wäre. Sie ist das Eingehen des ums Leben Gebrachten in eine ganz andere Realität von Leben und seine Präsenz unter den Zurückbleibenden im Heiligen Geist – in einer ganz anderen Dimension von Präsenz.

Auch über die Erzählungen von Natur- und Speisungswundern wird man sagen müssen, dass heutiges Glaubensbewusstsein sie eher nicht als Bericht über tatsächlich so Geschehenes, sondern als Bezeugung einer Reich-Gottes-Praxis verstehen kann, die sich auch die Rettung der Menschen aus elementarem Mangel und aus kreatürlicher Lebensnot angelegen sein lässt. Dem Hineinführer in die endzeitliche Gottesherrschaft wird die Vollmacht zugeschrieben, in Gottes Namen dem Bösen Grenzen zu setzen, das in Hunger und Durst, aber auch im Chaos des Seesturms nach den Menschen greift und sie in den Todesabgrund zu reißen droht. Jesus bezeugt die solidarische Fürsorge Gottes mit elementar gefährdeten Menschen, die in der Gottesherrschaft ans Ziel kommt: die Menschen endgültig »hineinrettet« in Gottes heilende Gegenwart. Dessen dürfen die Glaubenden gewiss sein: dass Gott sie sich nicht entreißen lassen wird, weder durch den Tod noch durch das im Leben Zustoßende, weder durch Gegenwärtiges noch durch Zukünftiges, weder durch die Mächte von oben noch durch die aus der Tiefe noch durch irgendeine Kreatur (vgl. Röm 8,38 f.) – auch nicht durch die Macht der Sünde, die ihr Leben zuinnerst bedroht und der sie sich in vielfältigen »Übertretungen« unterwerfen.

Jesu Reich-Gottes-Praxis ist Kampf gegen das Böse, die satanische Gegen-Macht, die sich dem Einwurzeln der Gottesherrschaft widersetzt. Die »Wunder« sind Zeichen dafür, dass diese Gegen-Macht am Ende ist; Zeichen dafür, was aus Menschen und ihrer Welt werden kann, wenn ihnen ein göttlich-guter Wille nahe kommt,[51] in dem sie »aufblühen« und so von diesem guten Willen selbst durchdrungen werden. Das ist das eigentliche Wunder, das in Jesu Reich-Gottes-Praxis immer wieder neu geschieht und gegen die Wirklichkeits-sabotierende Macht des Bösen zum Durchbruch

[51] So wird die Frage Johannes' des Täufers »Bist du es, der kommen soll, oder müssen wir auf einen anderen warten?« (Mt 11,3), die Frage also nach dem endzeitlichen Gekommensein des Messias und der Gottesherrschaft, vom Angefragten mit dem Hinweis auf die endzeitlichen Heilszeichen der jesajanischen Überlieferung beantwortet: »Blinde sehen wieder und Lahme gehen; Aussätzige werden rein und Taube hören; Tote stehen auf und den Armen wird das Evangelium verkündet« (Mt 11,5). Das ist eine deutliche Anknüpfung an die Prophetenverse Jes 29,18 und 35,5, die hier in einem messianischen Kontext gelesen werden und das Gekommensein des Messias bezeugen. Dass schon bei Deuterojesaja, in Mt 11,5 aber pointiert aufgenommen, die Verkündigung des Evangeliums an die Armen in einer Reihe mit den außerordentlichen Machttaten der Endzeit und an ihrem Ende genannt wird, relativiert letztere und macht sie in ihrem Sinn deutlich.

kommt. Jesu Reich-Gottes-Praxis »demonstriert« eine von Gottes Gegenwart schon durchdrungene Menschenwelt; sie setzt Zeichen dafür, dass die Menschen der Gottesherrschaft dem Bösen nicht mehr hilflos ausgeliefert sind. So spricht sie los von der lebensfeindlichen Herrschaft des Bösen und wirkt das Wunder eines Daseindürfens im Machtbereich der Güte Gottes. In diesem Sinne sind die »Wunder« Jesu für Glaubende »Zeichen der Hoffnung« darauf, dass sich durch Gott und in Gott erfüllen wird, was sich in diesen Zeichen ankündigt.[52]

4.8 Sündenvergebung

Es ist ein Wunder, wenn ein Mensch dem Machtbereich des Bösen entkommt und in Gottes Herrschaft erlöstes Leben in Fülle für ihn anfangen kann. Der Sünder ist vom Bösen beherrscht – hat sich ihm ausgeliefert; beides: Die Sünde hat sich in seiner Personmitte eingenistet, sein Fühlen, Vorstellen, Denken und Handeln unterwandert und verdorben. Aber er hat es zugelassen, sich dem ausgeliefert, was da über ihn und in ihn gekommen ist. Die biblischen Zeugnisse sind noch nicht sonderlich daran interessiert, genau zu unterscheiden, wie weit und tief das Beherrschtwerden von der Sünde reicht und wo gewissermaßen die eigene Verantwortung des Sünders »anfängt«. Beides geschieht ineinander und miteinander, ist das von Menschen nicht aufzuhellende *Mysterium iniquitatis*. Jesus von Nazaret klärt es nicht auf. Er tritt ihm entgegen, setzt in seiner Reich-Gottes-Praxis Gottes eigene Wirklichkeit dagegen, in der die Sünde keine Macht mehr hat.

Das geschieht in Heilungswundern, da das Unheil der Krankheit und krankhafter Zwänge zu seiner Zeit als Auswirkung des lebensfeindlich Bösen gilt, der Sünde, die sich in alle Lebenszusammenhänge hineingefressen hat.[53] Es geschieht im Zeichen der Sündenvergebung: der Entlassung aus dem Machtbereich des Bösen, welche es mit der Macht aufnimmt, die in den Übertretungen der Menschen mächtig wird und ihre Macht erweist. Gott allein ist dieser Macht gewachsen; »er allein vergibt die Sünden (vgl. Mk 2,6) […] Aber Gott vergibt die Sünde durch Jesus. So entspricht es

---

[52] Vgl. Walter Kasper, Jesus der Christus, Mainz 1974, 113.

[53] Diese Sicht führt bei Jesus gerade nicht zum Konzept eines Tun-Ergehen-Zusammenhangs, nach dem menschliches Unglück auf das Sündigen des Unglücklichen zurückgeführt werden könnte; vgl. Lk 13,1–5. Die lukanischen »Seligpreisungen« sind gleichsam ein in der Perspektive der Gottesherrschaft verfasstes Manifest gegen die Geltung des Tun-Ergehen-Zusammenhang; vgl. oben Kapitel 4.4.

Gottes Handeln im Zuge der nahekommenden Gottesherrschaft.«[54] Das Freigesprochenwerden von der Macht der Sünde in göttlicher Vollmacht reicht in die Tiefe eines seelisch-leibhaften Menschenlebens: Hier wird für den Freigesprochenen die Vater unser-Bitte erfüllt: Rette uns von dem Bösen! (Mt 6,13); hier werden dem Sünder alle Verbindlichkeiten »erlassen«, die ihn an sein Sündersein banden. Hier wird ihm die Gnade der Vergebung zugewendet, an der er selbst teilnehmen kann und die er möglicherweise – wenigstens hie und da – immer schon austeilt (vgl. Mt 6,12). Das Wunder des Herausgelöstseins aus dem Kraftfeld des Lebens-, Menschen- und Gottfeindlichen ist zugleich das Wunder des Gerettetseins für die Gottesherrschaft. Man kann es nicht mit Legitimationsabsicht vorweisen; deshalb meldet sich gerade hier der verschärfte Widerspruch gegen die von Jesus in Anspruch genommene messianische Vollmacht. Die leibhafte Heilung aber wird zum Zeichen dafür, dass dieses größere Wunder geschieht (vgl. Mk 2,9–12). Wem durch Jesus die Sünden vergeben sind, dem wird gegen die Ausschließungs-, ja Tötungsbereitschaft einer ihrerseits auf Gottes Auftrag pochenden Öffentlichkeit mit höherer Vollmacht die Möglichkeit zugesprochen, auf dem Weg der Jesusnachfolge in die Gottesherrschaft hineinzukommen und die Verurteilungen hinter sich zu lassen, die ihm auf Verurteilung bedachte, zur Selbst-Einsicht unfähige »Sachwalter« des Gesetzes zugedacht hatten (vgl. Joh 8,3–11; Mt 26,6–13).

Das Wunder der Sündenvergebung steht im Sinnzentrum der Reich-Gottes-Praxis Jesu. Mit ihr ist offensichtlich und entsprechend angreifbar Gottes eigenes »Recht« in Anspruch genommen, hier und jetzt zu wirken, was nur in Gottes erlösender Gegenwart Wirklichkeit werden kann.[55] Die Zeugnisse der Evangelien bezeugen, dass Gott selbst in Jesu Reich-Gottes-Praxis da ist und für das Wirklichwerden dessen einsteht, was der Sohn handelt: die Ankunft der Gottesherrschaft. Aber es bleibt die *theo*logische Spannung, die in den synoptischen Evangelien nicht aufgelöst, sondern erzählt wird: dass Jesus Sündenvergebung zuspricht und sie als heilende Wirkung der jetzt anfangenden Gottesherrschaft handelt – und dass er zugleich den Vater um das Kommen der Gottesherrschaft bittet.

---

[54] Thomas Söding, Die Verkündigung Jesu – Ereignis und Erinnerung, 463; vgl. ebd., 532.

[55] Es ist vielleicht kein Zufall, dass gerade die in Mk 2,1–12 so erstaunende Reihenfolge *Sündenvergebung – Heilung* von körperlichen Gebrechen in Ps 103,3 Gott doxologisch zugesprochen wird: »der all deine Schuld vergibt und all deine Gebrechen heilt.«

4.9 Jesu Gebet

Jesus hat das *Vater unser* seinen Gefährten gewiss nicht nur als Gebetslehrer vorgebetet, sondern es tatsächlich *mit*gebetet. So wird sich auch seinen »Schülern« schon – und erst recht den heute Mitbetenden – die Frage aufgedrängt haben bzw. aufdrängen, wie es sein kann, dass er selbst als die erlösende Gegenwart der Gottesherrschaft erlebt und bezeugt werden kann und sich zugleich mit seinen Gefährten an den Vater wendet, er möge seinem Willen wie schon im Himmel so endlich auch auf der Erde Geltung verschaffen: seine Herrschaft über die widergöttlichen und widermenschlichen Mächte endlich antreten, die Menschen »herausreißen« aus den Fängen des Bösen. Der Beter Jesus steht ganz auf Seiten der Menschen, die vom Ausbleiben der Gottesherrschaft bedrängt werden und – nach der Gebetsparänese des Lukasevangeliums (Lk 11,9–13) – um den Heiligen Geist bitten, der sie in dieser »Versuchung« stärken möge. Steht er nicht zugleich auf Seiten Gottes, da er die Menschen an seiner Stelle in die Gottesherrschaft ruft, sie ihnen durch sein Sprech-Handeln wie seine sprechende Reich-Gottes-Praxis öffnet und ihnen Gottes Geist mitteilt?[56] Was könnte dieses Zugleich im Blick auf das Gebet Jesu bedeuten?

Gewiss nicht dies, dass er nicht wirklich gebetet, sondern den Gefährten nur ein Lehrstück vorgeführt habe. Vielmehr: Wenn man in den originalen Wortlaut hineinhört, fällt auf, dass die leitenden Kategorien und das in ihnen Erbetene – die Heiligung des Namens, das Geschehen des Gotteswillens auf der Erde und so auch das Kommen der Gottesherrschaft – nicht einfach nur Gott anheimgestellt werden, sondern auch die Menschen in Pflicht nimmt. Gott wird es anheimgestellt, weil auf die Menschen kein Verlass ist: weil sie seinen Namen so wenig heiligen, dass er vor den Völkern entehrt erscheint; weil sie Gottes guten Willen so wenig mittun, dass er diese Welt *noch* nicht in Gottes Herrschaft verwandelt. Jesu Gebet bittet, so könnte man folgern, gewissermaßen in zwei Richtungen, auf zwei Adressaten hin: Der Vater möge seinen heiligen Namen wahr machen – Ich bin der *Ich bin für euch da* – und seine Herrschaft endlich aufrichten, die lebensfeindliche Mächte endlich entmachten; und die ins Gebet (mit)genommenen Menschen mögen endlich dazu finden, sich von der Heiligung des Gottesnamens und von Gottes gutem Willen in Anspruch nehmen zu las-

[56] Das Johannesevangelium geht kennzeichnenderweise davon aus, dass erst der am Kreuz seinen »Geist« Aushauchende und zum Vater Gehende den Seinen den Geist sendet.

sen, damit diese Welt sich für Gottes Herrschaft öffne. Der betende Jesus spricht in diesem Sinne mit den Menschen zum Vater und für den Vater zu den Menschen. Er spricht ein Gebet, das es nicht erlaubt, Gott in die Rolle des »Ersatzmanns« für den mangelnden Reich-Gottes-Einsatz der Menschen hineinzubeten. Es ist deshalb gleichsam auch das Gebet Gottes an die Menschen, Gottes Bitte, sie mögen sich gewinnen lassen für die Fülle des Lebens, die ihnen in Gottes Herrschaft zuteilwerden soll. Und es ist das Gebet, mit dem sich die Jüngerinnen und Jünger in ihrer Suche nach der Gottesherrschaft und auf dem Weg, der in sie hineinführen soll, Gott anvertrauen, er möge sie auf diesem Weg nicht allein lassen und mit seinem Geist stärken.[57]

Gottes Herrschaft kommt von Gott und durch Gott. Jesus Christus wird im Neuen Testament bezeugt als Gottes mitmenschliches Dasein in der Welt, mit dem sich für die Menschen Gottes Herrschaft öffnet. Und doch ist das Geschehen des Willens Gottes in der Welt, das Sich-Öffnen der Welt für Gottes Herrschaft, in die Hand der Menschen gelegt. Nicht ohne ihr Sich-gewinnen-Lassen geschieht es, so wahr es ganz von Gott her geschieht. Nur auf den ersten Blick erscheint das widersprüchlich. Es erscheint ja einem Gott ähnlich, der den Menschen Leben in Fülle zugesagt hat und sie dafür mit all ihren Möglichkeiten in Anspruch nehmen will. Die offenbar unabdingbare Gottes-Konsequenz: Gott bittet die Menschen durch seinen Sohn und die ihm Nachfolgenden um ihre Teilnahme an Gottes Herrschaft.[58] Und er lässt sich von den so Gebetenen bitten, für sie in letzter Konsequenz da zu sein. Gott gibt seine Herrschaft in die Hände der Menschen[59] und lässt sich bitten, sich in ihr mit seinem guten Willen mächtig zu erweisen. Ja, er gibt seinen Sohn, mit dem die Basileia in die Welt kommt, in die Hand der Menschen und heiligt seinen Namen, da er dessen tödliche Zurückweisung nicht das Letzte sein lässt, sondern bis zum Letzten geht, die Sich-Verweigernden in seine Herrschaft hineinzuretten.

Jesus, der Menschensohn, der mit seinen Menschengeschwistern zum

---

[57] Ich darf hinweisen auf die Einzelauslegung in: Jürgen Werbick, Vater unser. Einführung ins Christsein, Freiburg – Basel – Wien 2011.

[58] Vgl. wiederum: Eberhard Jüngel, Die Autorität des bittenden Christus, a. a. O.

[59] In diesem Sinne dürfte man – »so schockierend es klingt« – vielleicht sagen, dass Gott »es in unsere Hände gelegt hat, ihn [den auferstandenen Christus] zum wahren Herrn der Geschichte zu machen« (Jon Sobrino, Systematische Christologie: Jesus Christus, der absolute Mittler des Reiches Gottes, in: I. Ellacuria – J. Sobrino [Hg.], Mysterium Liberationis. Grundbegriffe der Theologie der Befreiung, Bd. 1, dt. Luzern 1995, 567–591, hier 587).

göttlichen Vater betet, und Jesus, Gottes Sohn, der mit dem Vater die Menschen bittet, sich für Gott und seinen guten Willen und so für die Fülle des Lebens gewinnen zu lassen: dass er beides ist, macht das Geheimnis seines Lebens und Daseins mit den Menschen aus. Die Abgründigkeit dieses Geheimnisses führt in die Abgründe einer göttlichen Liebe, die sich nicht davon abbringen lässt, von Menschen verstanden und mit gelebt zu werden. Dass diese Liebe den Menschen bis in die letzte Konsequenz hinein geschieht ist das Eine – und auch dies, dass sie ihnen im Gottesgeschenk seines Sohnes geschieht. Dass sie ihnen geschieht, um von ihnen mit getan zu werden, damit die Tora Israels erfüllt werde, das ist das nun zu betrachtende Andere, das vom Einen und Ersten niemals abgetrennt werden darf.

5. Die Erfüllung der Tora

5.1 »Fernab vom Gesetz«?

Die Versuche christlicher Theologie, Jesu Persongeheimnis zu verstehen, haben lange selbstverständlich vorausgesetzt, man käme ihm gerade da nahe, wo er nicht aus den religiös-kulturellen Lebens- und Diskurs-Zusammenhängen des Judentums seiner Zeit verstanden werden kann. Was ihn kennzeichnet – das ihm *Eigene* –, müsse sich zeigen, wo er in Absetzung vom Mainstream oder wichtigen religiös-politischen Gruppen des Judentums seiner Zeit als »originell« erkennbar wird. Man nahm also an, Jesus sei am deutlichsten die identitätsstiftende Bezugsperson eines *christlichen* Glaubens, wo er nicht mehr Jude ist. Jesus sollte sichtbar werden als Initiator eines Weges, der aus dem Judentum herausführen *musste*. Die Christologie müsste es sich dann angelegen sein lassen, das Judentum hinter sich zu lassen; damit fungierte sie – wozu sie tatsächlich oft scharf gemacht wurde – als »Speerspitze des Antijudaismus« (Tiemo Rainer Peters[1]). Aber es ist offenkundig: Jesus war Jude und nicht Christ. Man versteht ihn nur, wenn man ihn als Juden versteht – und dann einigermaßen verstehen kann, wo er sich in spezifischer, auch konfliktträchtiger Positionierung zum Judentum seiner Zeit ins Verhältnis gesetzt hat.[2]

---

[1] Vgl. Tiemo Rainer Peters, Thesen zu einer Christologie nach Auschwitz, in: J. Manemann – J. B. Metz (Hg.), Christologie nach Auschwitz. Stellungnahmen im Anschluss an Thesen von Tiemo Rainer Peters, Münster 1998, 2–5, hier 2.

[2] Die Forschergruppe, deren Forschungsrichtung man mit dem Sammelbegriff »Third Quest of the historical Jesus« kennzeichnet (beginnend mit: Tom Wright – Stephen Neill, The Interpretation of the New Testament 1861–1986, Oxford ²1988; vgl. weiterhin: John Dominic Crossan, The Historical Jesus, The Life of a Mediterranean Jewish Peasant, San Francisco 1991 bzw. Ed Parish Sanders, The Historical Figure of Jesus, London – New York 1993), hat diesen Perspektivenwechsel entschieden vollzogen. Sie versucht, in der »neutralen« Auswertung einer möglichst breiten, z. T. neu erschlossenen Quellenbasis ein »›objektives‹, auf kritischer Quellenanalyse gründendes Bild Jesu zu rekonstruieren und es von seiner späteren Vereinnahmung durch die christliche Dogmatik zu befreien«

Dass die Christologie bis zur Mitte des 20. Jahrhunderts eigentlich durchweg versuchte, ihre neutestamentliche Basis in den Zeugnissen zu finden, die Jesus als den Nicht-mehr-Juden darstellen oder darzustellen scheinen, hat natürlich entscheidend damit zu tun, dass zwischen Juden und Christen die Anerkennung Jesu als des Messias und endzeitlichen Erlösers strittig blieb und die Wurzeln dieses Streites christlich auf Jesu eigenes Selbstverständnis und/oder auf das Geschick zurückgeführt werden mussten, das ihm in Jerusalem am Karfreitag und zu Ostern widerfuhr. Christlich schien es unabdingbar, im Geschick Jesu die Konsequenz seines Auftretens als Gottes- und Menschensohn zu sehen: die gewaltsame Ablehnung seines Auftretens durch die jüdischen Autoritäten und die eschatologische Bestätigung seines Anspruchs durch den Vater, der ihn durch den Heiligen Geist aus dem Reich der Toten erweckt und als seinen Sohn in Herrlichkeit eingesetzt habe.

Die erste theologische Durcharbeitung dieser Unabdingbarkeit findet sich bei Paulus, bei dem sie zugleich die Unabdingbarkeit seiner eigenen Bekehrung tragen muss. Die Bekehrung zu Jesus, dem Christus, wird von ihm als Abkehr vom Weg des Gesetzes verstanden – wie auch immer man sich diesen Weg im Verständnis des vom Saulus zum Paulus gewordenen letzten Apostels vorzustellen hat.[3] Und diese Überzeugung ist für Paulus elementar; sie ist offenkundig der Inhalt seiner Bekehrungserfahrung:

(so die kritische Einordnung bei Jens Schröter, Die aktuelle Diskussion über den historischen Jesus und ihre Bedeutung für die Christologie, in: Chr. Danz – M. Murrmann-Kahl [Hg.], Zwischen historischem Jesus und dogmatischem Christus. Zum Stand der Christologie im 21. Jahrhundert, Tübingen 2010, 67–86, hier 81 f.). Dabei gerät mitunter aus dem Blick, dass die Frage, ob Jesus in all seinen Positionierungen als Jude seiner Zeit denkbar wäre oder mit seinem Auftreten doch den Rahmen des Judentums »gesprengt« habe, einigermaßen akademisch bleibt. Das »Judentum seiner Zeit« ist ja keine festgeschriebene Größe, sondern in dynamischer Entwicklung begriffen gewesen. So ist es eine Frage der theologischen Einschätzung, ob man ihn meint in diesen Rahmen einordnen zu können und die spätere Trennung vom Judentum eher kontingenten Faktoren zurechnet oder die spätere Entwicklung schon entscheidend im Auftreten Jesu selbst begründet sieht.

[3] Auch in dieser Frage werden neue Perspektiven diskutiert. So versteht James D. G. Dunn die Ablehnung des Gesetzes als Heilsweg durch Paulus in strikter Abhängigkeit von dessen Option für die Heidenmission. Sie richtet sich dann nicht gegen das Tun des Gesetzes im Allgemeinen, sondern gegen die Heilsbedeutung bestimmter, Israels Erwählungs-Identität markierender Torabestimmungen (des Sabbats, der Beschneidung und der Speisevorschriften). Paulus würde sich dann von diesen Identitätsmerkmalen als unabdingbaren Zugangsbedingungen zum Heil distanzieren. Im Blick auf das in Jesu Kreuz zugängliche Heil sähe sich Paulus zu der Einsicht genötigt, dass der Vollzug der entspre-

»Jetzt aber ist unabhängig vom Gesetz Gottes Gerechtigkeit offenbart worden, bezeugt vom Gesetz und von den Propheten: die Gerechtigkeit aus dem Glauben an Jesus Christus, offenbart für alle, die glauben. Denn es gibt keinen Unterschied: Alle haben gesündigt und die Herrlichkeit Gottes verloren. Ohne es verdient zu haben, werden sie gerecht, dank seiner Gnade, durch die Erlösung in Jesus Christus« (Röm 3,21–24).

Unabhängig, ja fernab vom Gesetz: Wenn das Gesetz so verstanden wird, dass man durch das Tun des Gesetzes Gerechtigkeit erlangen, sie sich verdienen will, verkennt man von Grund auf, was es um Gottes Gerechtigkeit ist: Sie wird den Glaubenden durch Christus *geschenkweise* zuteil: als die göttliche Kraft, in der die Menschen, die als Sünder von sich aus das Gute nicht anfangen können, instandgesetzt werden zu tun, worauf die Tora abzielt. Und dies will die Tora mit Israel: dass es den guten Willen Gottes mit will, ihn gegen die Macht der Sünde in der Welt zur Wirkung kommen lässt. Dem Menschen in der Sünde aber offenbart die Tora das Unvermögen, selbst hervorzubringen, worauf das Gesetz abzielt (vgl. Röm 8,3). Die Sünde hat dieses Vermögen gleichsam getötet; das Gesetz kann es nicht durch sich selbst wieder lebendig machen (vgl. Gal 3,21). Es bedarf in der Tora, über sie hinaus, der Gottesgerechtigkeit als der zur Rettung – zur *sotēria* – mächtigen Kraft der Gnade Gottes, die Menschen gerecht zu machen und von der Herrschaft der Sünde zum Tun des Guten zu befreien. Diese Kraft ist vom Tod und der Auferweckung Jesu Christi her in den Menschen frei und mächtig geworden, da die Sünde im Kreuz Jesu Christi mit ihrer Macht ans Ende gekommen ist und der Kraft des Heiligen Geistes, wie sie sich in der Auferweckung des Gekreuzigten machtvoll manifestierte, das Feld überlassen musste. Die Sünde ist am Kreuz Jesu ans Ende gekommen, weil sie hier erreicht hat, was ihr Ziel war: den Tod; *sie ist am Ende*, weil der Tod hier in

chenden Riten das Gerechtsein vor Gott nicht bewirkt; gar nicht bewirken kann, weil Jesu Christi Heilswerk in seinem Wirksamwerden nicht auf den Vollzug solcher »Werke des Gesetzes« angewiesen ist. In dieser Deutung impliziert ist die These, die paulinische Rechtfertigungslehre richte sich mit ihrer Lehre vom Gesetz nicht gegen »das Judentum« und seinen Toragehorsam, sondern gegen judenchristliche Gegner, die an den genannten Identitätsmerkmalen auch in der Christusnachfolge festhalten wollten. Vgl. James D. G. Dunn, The Theology of Paul the Apostle, Edinburgh 1998 sowie die diese Diskussion zusammenfassende Darstellung bei Karl-Wilhelm Niebuhr, Die paulinische Rechtfertigungslehre in der gegenwärtigen exegetischen Diskussion, in: Th. Söding (Hg.), Worum geht es in der Rechtfertigungslehre? Das biblische Fundament der »Gemeinsamen Erklärung« von katholischer Kirche und Lutherischem Weltbund, Freiburg i. Br. 1999, 106–130.

den Sieg des Lebens aus dem Geist hinein aufgehoben, »verschlungen« ist (1 Kor 15,55). Der Tod hat seinen Stachel verloren: »Sold der Sünde« zu sein, da in dem einen Tod des Gekreuzigten genug getan ist für das, was die Sünde anrichtete – unter den Menschen und vor Gott. So wurde in diesem Tod und in der Auferweckung des Gekreuzigten jenseits des Machtbereichs der Sünde und des Gesetzes, das der Sünde nicht Herr werden konnte, die Gnadengabe Gottes gegeben: »das ewige Leben in Christus Jesus, unserem Herrn« (Röm 6,23).[4]

Man kann kaum annehmen, dass Jesus diese Einschätzung der Tora geteilt hat. Die Evangelien bezeugen jedenfalls eine andere Sicht des Gesetzes. Auch bei Paulus selbst wird man zu differenzieren haben. Er will ausschließen – muss es gewissermaßen biographisch ausschließen –, dass das Vertrauen auf das Tun des Gesetzes das Vertrauen auf die mit Tod und Auferweckung Jesu – und nur hier – zugänglich gewordene Heilsmacht der Gnade relativiert oder in Zweifel zieht. In diesem Zugänglichwerden der Gnade findet er aber einen Vorgang, der das Gesetz gewissermaßen heilbringend erneuert. Wer gesinnt ist, »wie es dem Leben in Christus Jesus [der in der Taufe begründeten Lebensverbundenheit mit Christus] entspricht« und an seiner göttlichen Demut teilnimmt (vgl. Phil 2,5–8), wer »des Anderen Last« trägt, der wird – als vom Geist *Erfüllter* – »das Gesetz Christi *erfüllen*« (Gal 6,1–2).[5] Die Lebensverbundenheit mit und in Jesus Christus erfüllt die Glaubenden mit dem Geist, der sie nicht nur auf das Gesetz verpflichtet, sondern in ihnen wirkt, worauf das Gesetz abzielt: ein Leben in und mit Gottes gutem Willen; ein Leben, das an der Selbsthingabe Gottes teilnimmt, die in Jesus Christus Mensch geworden ist. Die in seinem Geist mit ihm Verbundenen leben – erfüllen – das Gesetz Christi durch das selbstvergessene Dasein für die vom Leben Getroffenen und Beladenen. Es führt sie zu einem Leben in Fülle, da es in ihnen lebendig macht, worauf die Tora abzielt.

[4] Hier haben bei Paulus Bezugnahmen auf Sühnevorstellungen im Buch Leviticus ihren Ort, die Sühne als die Tilgung dessen verstehen, was den Zorn Gottes hervorrufen muss (vgl. etwa Röm 1,18–32; 4,15; 9,22). Man muss diesen Vorstellungshorizont freilich auch bei Paulus nicht als das Sinnzentrum der Sühne-Soteriologie ansehen; vgl. die Ausführungen dazu im nächsten Kapitel.

[5] Vom Gesetz Christi ist außerdem in 1 Kor 9,21 die Rede.

5.2 Das Gesetz Christi

Dass die Tora nicht nur (über-)fordert, sondern selbst Gabe, ja *Gnade* ist, wird von Paulus nur vom Gesetz Christi gesagt. Nur dieses Gesetz führt nach Paulus zum Leben, weil es schon die Gabe des Lebens ist – ihm zugleich mit der Gabe die *Ausrichtung* gibt. In den theologischen Gesprächen, die in den letzten Jahrzehnten zwischen Juden und Christen geführt worden sind, wurde vielfach darauf hingewiesen, dass es das Gegeneinander von Gesetz und Gnade, das nach Paulus eben nur im »Gesetz Christi« aufgehoben ist, generell nicht gibt;[6] dass es allenfalls in einer schon legalistisch gewordenen Gesetzespraxis als solches gesehen worden sein mag – und für Paulus dann zur Herausforderung geworden sein wird, die Ausweglosigkeit und Heillosigkeit eines Gesetzes geltend zu machen, das nur noch als Überforderung und so auch als Manifestation des Scheiterns an dieser Überforderung – als Offenlegung der Sünde – empfunden werden kann.

Der Jesus des Matthäusevangeliums könnte für diese Sicht nicht in Anspruch genommen werden. Im Zentrum der Bergpredigt setzt sich Jesus pointiert mit einem Missverständnis seines Gekommenseins auseinander, das für die judenchristliche Gemeinde, die sich in diesem Evangelium wiedererkennt, womöglich identitätsbedrohend war und deshalb – gewiss nicht gegen die Jesus-Überlieferung – entsprechend deutlich zurückgewiesen wird:

> »Denkt nicht, ich sei gekommen, um das Gesetz und die Propheten aufzuheben. Ich bin nicht gekommen, um aufzuheben, sondern um zu erfüllen. Amen, das sage ich euch: Bis Himmel und Erde vergehen, wird auch nicht der kleinste Buchstabe des Gesetzes vergehen, bevor nicht alles geschehen ist. Wer auch nur eines von den kleinsten Gesetzen aufhebt und die Menschen entsprechend lehrt, der wird im Himmelreich der Kleinste sein. Wer sie aber hält und halten lehrt, der wird groß sein im Himmelreich. Darum sage ich euch: Wenn eure Gerechtigkeit nicht weit größer ist als die der Schriftgelehrten und Pharisäer, werdet ihr nicht in das Himmelreich kommen« (Mt 5,17–20).

Auffällig ist an diesem Jesuswort auf den ersten Blick, dass zunächst vom Gesetz und den Propheten gesprochen wird und in diesem Sinne das Ge-

[6] Vgl. Zwi Werblowski, Tora als Gnade, in: Kairos 15 (1973), 156–163; Frank Crüsemann, Die Tora: Theologie und Sozialgeschichte des alttestamentlichen Gesetzes, München 1992, 9; Gudrun Holtz, Eine Kritik christlicher Interpretationen des sog. jüdischen Verdienstdenkens, in: M. Stöhr (Hg.), Lernen in Jerusalem – Lernen mit Israel. Anstöße zur Erneuerung in Theologie und Kirche, Berlin 1993, 322–333, hier 330f.

samt der biblischen Schriften im Blick ist, dann aber doch nur von der Tora als dem Korpus der für Juden lebensverbindlichen Gesetze die Rede zu sein scheint. Es macht ja einen Unterschied, ob man von der Erfüllung dieser Gesetze, also davon spricht, dass sie *getan* werden, oder ob man davon spricht, dass zur Erfüllung kommt und *geschieht*, was die Propheten ankündigten. Die Doppeldeutigkeit des hier angekündigten Geschehens – im Sinne des Getanwerdens wie des eschatologischen Eintreffens – ist so offenkundig, dass sie bei der Auslegung auf keinen Fall übergangen werden dürfte. Es liegt ja nahe anzunehmen, dass der Evangelist es auf diesen Doppelsinn angelegt hat oder dass es für ihn kein Doppelsinn gewesen ist.

Man kann etwa darauf hinweisen, dass im Judentum des 2. Jahrhunderts die Vorstellung eine Rolle spielte, wonach das Reich Gottes anbrechen würde, wenn das Volk zwei Sabbate wirklich einhielte.[7] Der Sabbat gilt hier als das Zentralgebot der Tora und mag »pars pro toto« für die ganze Tora stehen. Gerade am Sabbat ließe sich wahrnehmen, wie die Tora im Ganzen zugleich Verpflichtung und Gnadengabe ist: Wenn er wirklich geschieht, geschieht er zur Freude Gottes und seiner Schöpfung. Und genau dafür ist der Jude mit all seinen Kräften in Anspruch genommen. Wenn man diese Vorstellung aus späterer Zeit auch für die Zeit Jesu und der Abfassung des Matthäusevangeliums schon als lebendig ansehen dürfte, so ergäbe sich ein deutlicher Hinweis darauf, wie der oben angesprochene Doppelsinn erklärbar wäre und weshalb das Matthäusevangelium die Erfüllung des mit der Tora Aufgetragenen und des prophetisch Angekündigten mit Jesus verbindet. Jesus steht für beides: für die Erfüllung des Gesetzes wie für das Kommen der Gottesherrschaft. Wieso aber steht er für die eschatologische Erfüllung der Tora?

Der Text selbst sagt es so: Der Rabbi Jesus weiß von einer größeren Gerechtigkeit als die »Schriftgelehrten und Pharisäer«. Er *lehrt* sie mit Vollmacht und führt in sie ein. Die ganze Bergpredigt darf als diese Hineinführung in die Tora gelten, in der sich die größere Gerechtigkeit öffnet. In der Bergpredigt aber wird geltend gemacht, was man »Toraverschärfung« nennt; schon in den sogenannten Antithesen (»Ihr habt gehört ...« – »Ich aber sage euch ...), die unmittelbar folgen, bis hin zum Feindesliebegebot und der Aufforderung, vollkommen zu sein, »wie es auch euer himmlischer Vater ist« (Mt 5,48). Die Einführung in die Gott entsprechende Vollkommenheit ist aber nicht einfach eine Verschärfung der Gesetze, sondern ihre

[7] So etwa Rabbi Schimon ben Jochai (um 150; vgl. G. Friedrich [Hg.], Theologisches Wörterbuch zum Neuen Testament, Bd. VII, Stuttgart 1964, 8) bzw. Sanhedrin 97a.

»Verinnerlichung« oder ihre »Vergrundsätzlichung«[8] in dem Sinne, dass der gute Wille Gottes erschlossen wird, der in den Geboten zum Ausdruck kommt und zum Auftrag wird, ihn zu schützen und mit zu wollen. Jesus führt in die Tora hinein, da er ihren Geist erschließt und mitteilt, so dass die ihm Verbundenen – die ihm *nachfolgen* – sich von der Erfahrung der Vollkommenheit Gottes im Tun des Gottgemäßen beseelen lassen. Im Rückblick auf Paulus dürfte man vielleicht sagen: In der Jesus-Gemeinschaft wird nicht ein verschärftes Müssen gelernt und eingefordert, sondern der Geist geteilt, in dem Gottes guter Wille zuinnerst wahrgenommen und mitgetan werden kann.

Damit ist ein Thema angesprochen, das in der *prophetischen* Überlieferung Israels repräsentativ begegnet: die Erneuerung der Tora als das Ereignis der neuen Erwählung und der Erneuerung des Bundes. Es werden Tage kommen – so Jeremias Gottes-Spruch –, da lege ich »mein Gesetz in sie hinein und schreibe es auf ihr Herz. Ich werde ihr Gott sein und sie werden mein Volk sein. Keiner wird mehr den andern belehren, man wird nicht zueinander sagen: Erkennt den Herrn!, sondern sie alle, Klein und Groß werden mich erkennen. Denn ich verzeihe ihnen die Schuld, an ihre Sünden denke ich nicht mehr« (Jer 31,33–34; vgl. 24,7 und 29,13). Ezechiel arbeitet das Motiv weiter aus, indem er den Gottes-Spruch von der Geist-Gabe eines neuen Herzens kündet:

> »Ich gieße reines Wasser über euch, dann werdet ihr rein. Ich reinige euch von aller Unreinheit und von allen euren Götzen. Ich schenke euch ein neues Herz und lege einen neuen Geist in euch. Ich nehme das Herz von Stein aus eurer Brust und gebe euch ein Herz von Fleisch. Ich lege meinen Geist in euch und bewirke, dass ihr meinen Gesetzen folgt und auf meine Gebote achtet und sie erfüllt […] Ihr werdet mein Volk sein und ich werde euer Gott sein« (Ez 36,25–28; vgl. 11,19–20).[9]

Der Geist schenkt die Einsicht in und die Mitfühlsamkeit mit Gottes gutem Willen, so dass niemand mehr von Gesetzes-Spezialisten belehrt werden muss. Diese Geistes-Gabe ist zugleich Vergebung der Sünde, da die Herrschaft der Sünde es bisher verhindert hat, dass das Volk zur Einsicht in Gottes guten Willen gekommen ist. Wenn all das geschieht, ist der Bund

8 Vgl. Jens Schröter, Jesus im Judentum seiner Zeit, in: Zur Debatte 7/2012, 1–4, hier 4.

9 In dem verwandten Gottesspruch Ez 18,31 ist von der Umkehr des Volkes die Rede, mit der es sich ein neues Herz und einen neuen Geist *schaffen* soll. In Dtn 10,16 ist die Mahnung umzukehren mit der Forderung verbunden, »die Vorhaut eures Herzens [zu] beschneiden«.

von Gott her erneuert, sind die Aufkündigungen des Bundes durch das Volk Vergangenheit – endgültig Vergangenheit, weil der Bund eschatologisch erneuert wird. Wenn all das geschieht, kehrt die Freude an der Tora zurück, die etwa in Psalm 119 geradezu überbordend besungen wird: dass einem Gottes Weisung »lieb geworden« ist, weil sie ins Leben einweist und aufzeigt, wie – trotz allem – in allem Gottes guter Wille geschieht, wie man an diesem Geschehen teilnehmen kann. Und so darf man mit dem Matthäusevangelium Jesus als das endzeitliche Geschehen des guten Willens Gottes – als die Erfüllung der Tora – verstehen, in dem – mit ihrer Einfachheit – die Güte und Menschlichkeit der Tora aufscheint. Jesus selbst mag es so verstanden haben. »Verschärft« aber wird die Tora in der Bergpredigt, um zu dieser Einfachheit zu gelangen, der sich eigentlich niemand entziehen kann, weil in ihr Gottes Wille so überzeugend als gut ausgelegt wird, dass von ihr her sich das Gesetz und die Propheten erschließen: »Alles, was ihr also von anderen erwartet [erhofft], das tut auch ihnen! Darin besteht das Gesetz« (Mt 7,12 und Lk 6,31). Oder in der Fassung des Römerbriefs: »Bleibt niemand etwas schuldig; nur die Liebe schuldet ihr einander immer. Wer den anderen liebt, hat das Gesetz erfüllt«; der Dekalog und »alle anderen Gebote sind in dem einen Satz zusammengefasst: Du sollst deinen Nächsten lieben wie dich selbst« (Röm 13,8–9; Gal 5,14 mit Bezugnahme auf Lev 19,18b). Das ist – zusammen und in eins mit der Gottesliebe – nicht nur das höchste Gebot, sondern die Seele aller Gebote; an ihnen »hängt das ganze Gesetz samt den Propheten« (Mt 22,37–40parr.).

In diese Einfachheit führt der Rabbi Jesus die Seinen hinein; in ihr erschließt die Tora Gottes Güte und Vollkommenheit, wie sie in Jesus konkret geschieht, zum Mittun für die Menschen. Wer sich dem stellt, erfährt sich freilich nicht erst durch das Feindesliebegebot (Mt 5,43–48) seines Scheiterns überführt und doch zugleich hineingenommen in die Liebes- und Handlungsgemeinschaft des Reiches Gottes, in der der Geist des guten Willens Gottes in ihm immer wieder neu erweckt wird: Die Sündenvergebung Gottes durch Jesus Christus öffnet diese erneuerte und bis zur »Beschneidung der Herzen«[10] vertiefte Bundes-Gemeinschaft, in die kein Mensch von sich aus hineinkommen könnte. So also geschieht in Jesus, dem Christus, die Erfüllung des Gesetzes und der Propheten: nicht als Abkehr oder Überbietung der Tora oder der Prophetenüberlieferung, sondern eben ihre

[10] Vgl. die Aufnahme des Motivs aus Dtn 10,16 in Röm 2,28 f. und die Inanspruchnahme der wahren Beschneidung in Phil 3,3 sowie die Rede von der »Beschneidung des Christus« in Kol 2,11.

Lebendig-Machung, welche die eschatologische Erneuerung des Bundes in Gottes jetzt angebrochener Herrschaft ausmacht – ihre Vermenschlichung in der Heiligung Gottes bzw. umgekehrt: die Heiligung Gottes in ihrer Menschlichkeit.

5.3 Jesus Christus, die Tora in Person?

Das Gesetz und die Propheten: Die Formel steht für die ganze Heilige Schrift Israels – christlich das Alte Testament – und das darin Juden wie Christen verbindlich gewordene Gotteswort. Steht sie nicht auch für eine untergründige Spannung, etwa wenn man auf die prophetische Opferkritik schaut, die entsprechende Vorschriften der Tora zu relativieren scheint? Brandopfer sind JHWH ein Gräuel, Heilsopfer will er nicht sehen; weg mit dem Kult der Lieder und des Harfenspiels; vielmehr: »das Recht ströme wie Wasser, Gerechtigkeit wie ein nie versiegender Bach« (vgl. Am 5,21–24) – »Liebe will ich, nicht Schlachtopfer, Gotteserkenntnis statt Brandopfer« (Hos 6,6). Das gilt es, so der Jesus des Matthäusevangeliums, zu lernen. Und so soll die Tora als Gottes Willen gelernt und erkannt werden: Barmherzigkeit steht über dem Opfern (Mt 13,9). Vergleichbares soll bei den Vorschriften über Reinheit und Unreinheit von Speisen (vgl. etwa Lev 11–15) gelten. Jesus erklärt alle Speisen für rein und begründet das mit einem geradezu unschlagbaren Argument; unschlagbar jedenfalls, wenn man die entsprechenden Vorschriften der Tora auf ihren »Sinn« hin relativiert: »Seht ihr nicht ein, dass das, was von außen in den Menschen hineinkommt, ihn nicht unrein machen kann? Denn es gelangt ja nicht in sein Herz, sondern in den Magen und wird wieder ausgeschieden […] Was aus dem Menschen herauskommt, das macht ihn unrein. Denn von innen, aus dem Herzen der Menschen, kommen die bösen Gedanken, Unzucht, Diebstahl, Mord, Ehebruch, Habgier, Bosheit, Hinterlist, Ausschweifung, Neid, Verleumdung, Hochmut und Unvernunft« (Mk 7,18–22).[11]

Die Tora-Relativierung beruft sich hier nicht auf spezielle prophetische Überlieferungen, aber gewissermaßen auf die leitende Intuition propheti-

[11] Eine vergleichbare Diskussion überliefert das Lukasevangelium (11,39–41). Den Pharisäern wird vorgehalten: »Ihr haltet zwar Becher und Teller außen sauber, innen aber seid ihr voll Raubgier und Bosheit. Ihr Unverständigen! Hat nicht der, der das Äußere schuf, auch das Innere geschaffen? Gebt lieber, was in den Schüsseln ist, den Armen, dann ist für euch alles rein.«

schen Einspruchs gegen Tora-Vorschriften und Ableitungen, die Gottes Gebot durch *menschliche* Überlieferungen verdecken – und dies gerade mit dem Anspruch verbinden, die Tora konkret zur Geltung zu bringen: »Dieses Volk ehrt mich mit den Lippen, sein Herz aber ist weit weg von mir. Es ist sinnlos, wie sie mich verehren; was sie lehren, sind Satzungen von Menschen« (Mk 7,6–7 mit Jes 28,13G). In das Umfeld dieser prophetischen Konfrontationen gehört dann auch die Tempelaktion Jesu, mit der in prophetischer Performance die Doppelbödigkeit *kultischer* Reinheitsvorstellungen aufgedeckt wird: Wie zur Zeit des Jeremia ist der Tempel durch ökonomische Interessen der Priesteraristokratie entweiht: »Mein Haus soll ein Haus des Gebetes sein [vgl. die Verheißung Jes 56,7]. Ihr aber macht daraus eine Räuberhöhle« (Mt 21,12–17parr. mit Jer 7,11). Dass sich nach dieser Konfrontation der Konflikt Jesu mit der Tempelaristokratie so zuspitzte, dass man darauf sann, »ihn umzubringen« (Mk 11,18), hat durchaus die historische Wahrscheinlichkeit für sich.

Prophetische Kritik deckt das Offensichtliche auf, macht es gegen »Ideologisierungen« geltend, welche die Tora missbrauchen, um sich Gottes Willen zu entziehen oder den Menschen in Gottes Namen Lasten aufzuerlegen. Es geht ihr um die »Erkenntnis« dieses guten Willens, der sich eine interessegeleitete Schriftgelehrsamkeit gerade verschließt.[12] Ihre Vertreter müssen sich von Jesus im Lukasevangelium sagen lassen: »Wehe euch Gesetzeslehrern! Ihr habt den Schlüssel zur Erkenntnis weggenommen. Ihr seid nicht hineingegangen und die, die hineingehen wollten, habt ihr daran gehindert« (Lk 11,52). Das von Gott her und durchaus auch für die Menschen Offensichtliche stellt die schriftgelehrte Autorität prekär in Frage. Wie und warum muss der Sabbat heiliggehalten werden? Um Gott zu heiligen und seine Schöpfung heilig zu halten. Was bedeutet es dann, wie Jesus kurz und bündig zu lehren: »Der Sabbat ist für den Menschen da, nicht der Mensch für den Sabbat« (Mk 2,27) – dann auch noch hinzuzufügen, der

[12] Das Geltendmachen des offensichtlich Vernünftigen löst in Jesu Tora-Auslegung – so Joseph Ratzinger/Benedikt XVI. – eine Universalisierung des Gottes-Gebots aus, mit der der »Gott Israels zu den Völkern getragen [wurde], so dass alle Völker nun zu ihm beten und in den Schriften Israels sein Wort, des lebendigen Gottes Wort erkennen« (Jesus von Nazareth. Erster Teil: Von der Taufe im Jordan bis zur Verklärung, Freiburg – Basel – Wien o.J., 149). Diese Universalisierung weist – nach Ratzinger/Benedikt XVI. – die Menschen aller Völker und Traditionen in die Freiheit ihres Vernunftgebrauchs ein, in der sie den vernünftigen Willen Gottes in je ihre Situation hinein zu konkretisieren haben (vgl. ebd., 151).

Menschensohn sei »Herr auch über den Sabbat« (Mk 2,28parr.)? Und dabei blieb es offenkundig nicht. Die Autorität, die hier in der Auslegung und Sinnbestimmung der Tora in Anspruch genommen wird, stellt sich auch noch über den Tempel: Wenn schon nach dem Gesetz gilt, dass – von den Priestern – in ihm am Sabbat zum Wohl und Heil der Menschen gehandelt werden darf, so dürfen das auch der Menschensohn und seine Gefährten, denn: »hier ist einer, der größer ist als der Tempel« (Mt 12,6).[13] Durch ihn wird wieder selbstverständlich, dass man schon bei einem Tier, das in Gefahr für Leib und Leben gerät, auch am Sabbat rettend eingreift. Um wie viel mehr bei einem Menschen! Jesus spricht ihm Heilung *und Vergebung* zu, ohne dass der Tempel dabei eine Rolle spielen müsste. – Oder es bei seinem zweifelhaften Ruf als Räuberhöhle überhaupt noch könnte.

Wie weit ging Jesus tatsächlich mit seinem Anspruch, das Gesetz zu »erfüllen«: es ganz von dem guten Willen Gottes her zu verstehen und zu lehren, der ihm selbst so innerlich und selbstverständlich aufgeleuchtet war, dass das Johannesevangelium sagen konnte, es sei seine Speise, diesen Willen zu tun (Joh 4,34)? Eine prophetisch-kritische Relecture und die Zentrierung der Tora auf ihren eigentlichen Sinn werden in der Reichweite der Gesetzes-Auslegung zur Zeit Jesu gelegen haben.[14] In ihr wird man auch »innerhalb der Tora selbst durchaus unterschiedliche Stufen von [rechtssetzender] Autorität« wahrgenommen haben.[15] Aber die etwa in der Bergpredigt und insbesondere in deren Antithesen für die eigene Person geltend gemachte Autorität, den eigentlichen Willen Gottes hinter Menschensatzungen authentisch zur Sprache zu bringen, verweist auf eine eschatologische Erneuerung der Tora, die das Gesetz dadurch erfüllt, dass es vom

[13] Mitzulesen ist hier der ganze Zusammenhang von Mt 12,1–14, vom Ährenausreißen der Jünger bis zur Heilung der »vertrockneten« Hand am Sabbat, die im Erzählzusammenhang des Matthäusevangeliums den Beschluss nach sich zieht, Jesus umzubringen.

[14] Ob und in welchem Sinne dabei Unterscheidungen eine Rolle gespielt haben werden, die man in der Forschung mit den Termini *apodiktisches* und *kasuistisches* Recht zum Ausdruck brachte, mag dahingestellt bleiben. Womöglich konnte die darin angezielte Unterscheidung die Funktion haben, »Metanormen« als Kriterien einer eher variablen, mit Rechtsfolgen sanktionierenden kasuistischen Rechtssetzung zu qualifizieren; so Joseph Ratzinger/Benedikt XVI., Jesus von Nazareth, 156ff. (unter Berufung auf Frank Crüsemann, Die Tora). Die Unterscheidung selbst geht zurück auf Albrecht Alt, Die Ursprünge des israelitischen Rechts, in: ders., Kleine Schriften I, München 1968, 278–332; kritisch differenzierend: Erhard S. Gerstenberger, Wesen und Herkunft des »apodiktischen Rechts«, Neukirchen-Vluyn 1965.

[15] So Joseph Ratzinger/Benedikt XVI., Jesus von Nazareth, Erster Teil, 158.

neuen Mose[16] als die Rechtsordnung der jetzt anbrechenden Gottesherrschaft geltend gemacht wird.

Die Tora, die der Messias bringt, so dass sie als *seine* Tora angesprochen werden darf, bedrückt die Menschen nicht, lässt sie aufatmen und von ihren Lasten freikommen. Der neue Mose kündet den *Unmündigen*, die sich nicht an der gelehrten Gesetzesauslegung der Fachleute orientieren können: »Nehmt mein Joch [das Joch meiner Tora] auf euch und lernt von mir; denn ich bin gütig und von Herzen demütig; so werdet ihr Ruhe finden für eure Seele. Denn mein Joch drückt nicht und meine Last ist leicht« (Mt 11,29–30.25). Beziehungsreich ist das hier eingefügte Zitat: Der von Jeremia überlieferte Gottesspruch (Jer 6,16b) richtet sich an Jerusalem und fordert es auf: »Fragt, wo der Weg zum Guten liegt; geht auf ihm«, dann folgt die Zusage: »so werdet ihr Ruhe finden für eure Seele«; am Schluss steht hier freilich Jerusalems Absage: »Wir gehen nicht«. Jesus erneuert die Zusage eschatologisch und stellt Israel von Neuem vor die Entscheidung, den Weg zum Guten zu gehen. *Jetzt* ist die Zeit, das befreiende Joch der Tora Jesu Christi auf sich zu nehmen: zu ihm zu kommen und ihm auf seinem Weg nachzufolgen, die Tora zu erfüllen.

Zu ihm kommen, sich von ihm sein sanftes Joch auflegen zu lassen und so in die »grundlegende Willensgemeinschaft mit Gott«[17] eingewiesen zu werden, den guten Willen Gottes bei ihm kennenzulernen, ihn in der Christusnachfolge zu tun: Damit hat Jesus von Nazaret weit über die Auslegungs-Autorität eines Gesetzeslehrers, selbst eines Propheten, hinausgegriffen; er sieht sich – da er von *seiner* Tora (seinem Joch) spricht – in der Rolle des eschatologischen Gesetzgebers. Ein Rabbi aus unseren Tagen lässt keinen Zweifel daran, dass hier die Grenze des für einen gläubigen Juden Hinnehmbaren überschritten ist; nicht damit überschritten ist, dass Jesus etwas »weggelassen« hätte, sondern dadurch, dass er etwas hinzugefügt hat[18]: *sich*

[16] Die Rolle des neuen Mose wird Jesus schon von der Kindheitsgeschichte Mt 2 narrativ zugeschrieben, indem sie Motive aus Moses Kindheit assoziiert: die Rettung des Neugeborenen, den Kindermord u. a.

[17] Joseph Ratzinger/Benedikt XVI., Jesus von Nazareth, Erster Teil, 151.

[18] Beides ist ja nach der Gesetzgebung des Mose verboten: »Ihr sollt dem Wortlaut dessen, was ich euch gebiete, nichts hinzufügen, ihr sollt nichts davon wegnehmen« (Dtn 4,2). Jesu Tora-Auslegung scheint wesentlich gerade davon bestimmt gewesen zu sein, dass er die menschlichen Hinzufügungen als den Versuch darstellte, sich der Lebens-verändernden Herausforderung der Tora zu entziehen.

selbst.[19] Die Nachfolge, zu der er herausfordert, gilt nun als der Weg zur Vollkommenheit, den die Tora führen will – bis dahin, dass das Bekenntnis zu Jesus Christus und das Mitgehen auf seinem (Kreuz-)Weg darüber entscheiden sollen, ob der Menschensohn einen Menschen mit zum Vater nimmt und ins Leben führt oder ihn vor ihm »verleugnet« (vgl. Mt 10,32–33.38–39/Lk 9,23–26/Mk 8,38). Darf, ja muss man dann nicht sagen, dass Jesus von Nazaret hier als die Bezugsperson des Glaubens vor Augen tritt, weil er die menschgewordene Tora, die »Tora selbst« oder in Person ist, wie er sich schon als den Tempel in Person oder gar als über dem Tempel stehend vorstellt?[20] Jacob Neusner kann diesen Anspruch Jesu nicht anders verstehen: »Jetzt steht Christus auf dem Berg und nimmt den Platz der Tora ein«[21]. Er nimmt ihn nicht nur in der Autorität dessen ein, der selbst der Gesetzgeber ist, sondern dazu noch in der Rolle dessen, in dem die Tora sich erfüllt, so dass sie in der Gemeinschaft mit ihm und bei denen, die ihm nachfolgen, lebensbestimmend werden kann.[22]

Wenn die Evangelien das Auftreten Jesu authentisch bezeugen – und davon gehen die Christen aus –, wird an diesem Punkt deutlich, was bei allen Kontingenzen, die diese Entwicklung mitbestimmten, das Glaubensverständnis der Christen von dem der Juden unterscheiden würde: Jesus ist

[19] Jacob Neusner, Ein Rabbi spricht mit Jesus. Ein jüdisch-christlicher Dialog, München 1997, 114.

[20] Vgl. Hartmut Gese, Zur biblischen Theologie, Tübingen ²1983, 81. Joseph Ratzinger/Benedikt XVI. schließt sich diesem Sprachgebrauch an und bezieht ihn auf den Johannes-Prolog: »Jesus versteht sich selbst als die Tora – als das Wort Gottes in Person. Der gewaltige Prolog des Johannes-Evangeliums […] sagt nichts Anderes, als was der Jesus der Bergpredigt und der Jesus der synoptischen Evangelien sagt. Der Jesus des vierten Evangeliums und der Jesus der Synoptiker ist ein und derselbe: der wahre ›historische‹ Jesus«; ders., Jesus von Nazareth, Erster Teil, 143. Diese sehr grundsätzliche Aussage wirft erhebliche methodisch-terminologische Probleme und jedenfalls die Frage auf, wie das »ist« hier gemeint ist und in welchem Sinne es für das Verständnis Jesu im christlichen Glauben fundamental sein kann. Eine historische Aussage kann damit nicht gemacht sein. Was aber meint dann in Ratzingers/Benedikts These »der wahre ›historische‹ Jesus«? Zum Hintergrund der Formel Jesus, die *Tora in Person*, vgl. den Kommentar von Achim Buckenmaier, Jesus – die Tora in Person. Anmerkungen zum ›Gespräch‹ zwischen Jacob Neusner und Joseph Ratzinger, in: J.-H. Tück (Hg.), Annäherungen an ›Jesus von Nazareth‹. Das Buch des Papstes in der Diskussion, Ostfildern 2007, 80–93.

[21] Jacob Neusner, Ein Rabbi spricht mit Jesus, Freiburg – Basel – Wien 2007, 91.

[22] Ist damit die Ablösung Israels als des zum Empfang der Tora und zum Toragehorsam erwählten Volks durch die Kirche als das eschatologische Israel verbunden? Dieser prekäre Gedanke ist bei Ratzinger/Benedikt nur andeutungsweise angesprochen (144ff., 153). Unproblematisch wird er dadurch nicht.

für die Christen die Erfüllung der Tora, da in ihm Gottes guter Wille sich manifestiert und eschatologisch geschieht, so dass die Glaubenden in der Nachfolgegemeinschaft mit Jesus an diesem Geschehen Anteil nehmen können. Die Tora Jesu lässt die Menschen aufatmen und »Erquickung« finden, weil in ihr Gott selbst ihnen seinen guten Willen geschehen lässt: mit der Zuwendung seines Christus, die gerade denen gilt, denen die »Erfüllung« der Tora unerreichbar scheint. Er ist der Arzt der »Kranken« (vgl. Mk 2,17parr.), der Freund und Anwalt derer am Rand. Ihm nachfolgen und mit ihm die Tora erfüllen heißt aber auch, mit ihm zu denen gehen, die – warum auch immer – an den Rand oder in die Fänge des Bösen geraten sind. Gottes guter Wille geschieht, wo sie aufgesucht und in das Gottesvolk hereingeholt werden. So – mit der Rettung der Verlorengegangenen – beginnt der Messias Jesus die eschatologische Sammlung des Gottesvolks. Und die ihm nachfolgen, sollen seine Helfer dabei sein.

Die Tora, die er ist und auferlegt, ist – wie der Sabbat – für die Menschen da, nicht der Mensch für die Tora, weil Gott selbst für die Menschen da ist und es in Jesus Christus allen zeigt, damit sie mit und in Gott – in Gottes Herrschaft – da sein können. Die Tora ist Gottes herausforderndes Gnaden-Geschenk an die Menschen: ein Geschenk, das die Forderung in sich trägt, es nicht zu verderben oder verloren gehen zu lassen. Gott schenkt sich; der Messias Jesus ist sein Geschenk. Er ist die Suche nach den Verlorenen, Gottes Initiative zu ihrer Rettung *in Person*. Die Tora, die er auferlegt, fordert von den Menschen, was sie als Rettung erfahren haben, selbst zu leben, wie es der Steuereintreiber Zachäus tut (vgl. Lk 19,1–9); die Befreiung von den Mächten zu leben, deren Zugriff die in Gottes Herrschaft Gerufenen nicht mehr erliegen müssen – denen sie sich nicht mehr ausliefern und mit denen sie nicht mehr gemeinsame Sache machen dürfen. Darin wird tatsächlich der Sinn der Tora eschatologisch erneuert, deren »grandiose[s] Thema« nach Erich Zenger in ihrem Anfang eben dies war: »Rettung aus tödlicher Bedrohung und Befreiung zur Freiheit«, Wegweisung dafür, wie das befreite Volk »inskünftig mit dieser ihm geschenkten Freiheit umgehen soll«.[23] Jesus von Nazaret aber wird neutestamentlich als der neue Mose bezeugt, als der *Archegos*, der die Bresche in die Herrschaft der Mächte schlägt (vgl. Apg 3,15; 5,30 f.) und die ihm Nachfolgenden in die Freiheit der Gottesherrschaft hineinführt; der ihnen das sanfte Joch seiner

[23] Erich Zenger, Die Tora Israels als Lehrerin der Freiheit. Rabbiner-Brandt-Vorlesung 2007, Internetpublikation durch den Deutschen Koordinierungsrat der Gesellschaften für Christlich-Jüdische Zusammenarbeit, Seite 3.

Tora auferlegt, damit diese Freiheit ihnen zur Fülle des Lebens wird. Weit mehr noch als Mose ist er mit diesem eschatologischen Befreiungswerk und der es schützenden Tora verbunden: Er ist ja dazu gekommen, denen, die sich rufen lassen, Gottes Präsenz auf dem Weg zu einem erfüllten Leben in der Gottesherrschaft zu sein, so dass sie in der Gemeinschaft mit ihm und an seiner Erfüllung der Tora teilnehmend schon in der endzeitlichen Gottes-Gemeinschaft leben.

Aber noch sind die Mächte in dieser Welt nicht ohnmächtig. Sie vergreifen sich an denen, die ihnen den Gehorsam verweigern; sie vergreifen sich an dem, der die Präsenz der Gottesherrschaft in dieser Welt lebt. Die in dieser Welt von den Mächten Bedrohten müssen und können sich nur an den Archegos halten, der vorangeht, ihnen noch am Kreuz den Zugang zur Gottesherrschaft offen zu halten.[24] Ihre Nachfolge wird ebenfalls unter dem Zeichen des Kreuzes stehen; die Schüler und »Knechte« sind nicht größer als ihr Meister (vgl. Joh 13,16). Gerade wenn sie zu seinen Freundinnen und Freunden geworden sind, denen der Freund »alles mitgeteilt« hat und mit denen er alles teilt, werden sie ihrerseits teilen und mitzuleben haben, was der Freund lebt und ihnen mitgeteilt hat, werden sie seiner Weisung folgen und seinen Weg gehen (vgl. Joh 15,13–15). Sie werden seine Tora als Weg in die Freiheit und zum Vater erkennen; sie werden ihn als das Wort erkennen, in dem Gott sich ihnen zugesagt und ihnen den Sohn gegeben hat, der sein Leben gibt und an alle austeilt, die sich als seine Freundinnen und Freunde gewinnen lassen.

Diese johanneische Profilierung der Rolle Jesu als Bezugsperson des Glaubens im Sinne der *Freundschaft* und *Weggefährtenschaft* stellt auch seine Weisungen – seine Tora – unter das Vorzeichen der Freundesgabe: Sie ist den Freundinnen und Freunden als die Liebes-Gabe des Freundes mitgegeben, in der seine Sorge darum mitspricht, dass die Freundinnen und Freunde das Leben haben und es in Fülle haben (vgl. Joh 10,10). In ihr spricht freilich auch das Vertrauen mit, dass die Freundinnen und Freunde diese Gabe wertschätzen können, da sie sich ihnen als tatsächlich *zum Leben* mitgegeben erschließt.

Von der Erfüllung der Tora in Jesus Christus wird neutestamentlich also

---

[24] Die Exodus-Stilisierung des Weges Jesu und seines Todes im Sinne eines (Pessach-)Opfers zur Rettung der Gefährten für die Gottesherrschaft bestimmt die Abendmahlüberlieferung im Neuen Testament. Jesus erhebt den Kelch, in dem der Kelch des Leidens, den die Jünger mit ihm trinken werden (vgl. Mk 10,38–39 und Mt 20,22–23), zugleich und jetzt schon der Kelch des Segens ist, mit dem die Erneuerung des Bundes in Gottes Herrschaft gefeiert wird (vgl. Lk 22,18.22).

in dem Sinne gesprochen, dass die Tora in der Gabe mitgegeben ist, die dem Volk Israel, schließlich allen Völkern, von Gott in seinem Sohn und Messias gegeben ist, damit sie sich für die eschatologische Gottes-Gemeinschaft des Reiches gewinnen und in Gottes Herrschaft sammeln lassen und so das Leben haben. Jesus, der Christus, ist die Tora in Person, da er den Menschen – auch den religiös und sozial Marginalisierten, als Gott-unwürdig Angesehenen – Gott mitbringt und sie anleitet, diese Gabe so zu empfangen, dass sie in ihr zu einem Leben in Fülle finden. Nicht zu verschweigen ist, dass die Tora auch als Jesus-Tora *Forderung* bleibt: Heraus-Forderung in die Nachfolge auf den Weg der Freiheit, Gottes in und durch Jesus Christus geltend gemachte Forderung, seine Herrschaft und die in ihr herrschende »größere« Gerechtigkeit zuerst zu suchen (Mt 6,33), sich von den sich vordrängenden Alltags-Sorgen um die »Fleischtöpfe Ägyptens« nicht den Horizont der Suche nach dem Leben eng machen zu lassen. Gott soll und will der Herr eines Lebens in Fülle sein. Allen anderen Herren über das Leben wird die Legitimität bestritten; ihnen darf der Lebens-Gehorsam nicht entgegengebracht werden. Die Tora des Gottes Israels, die der Messias ist und zu den Menschen bringt, ist die Heraus-Forderung in seine Herrschaft hinein. In diese Herrschaft gelangt man nach dem Zeugnis des Neuen Testaments in der Gemeinschaft mit seinem Sohn, dem Christus. Es geht also um die Entscheidung des Menschen, sich von dieser Herausforderung bestimmen zu lassen und *hineinzukommen* oder eben nicht hineinzukommen; es geht in diesem Sinne um »Gericht«.

5.4 Wie man mit dem Sohn Gemeinschaft hat

Die Gerichtsthematik ist im Neuen Testament wie in seinem jüdischen Umfeld apokalyptisch »kontaminiert«. Die Apokalyptik erwartet das Endgericht am Ende des alten Äons als den von Gott herbeigeführten Übergang in den neuen Äon. Im Gericht geschieht *Apokalypsis*, wird offengelegt, was und wer das Leben im alten Äon beherrscht hat: wem im Leben des einzelnen Gerichteten wie im Ganzen des Volkes die Herrschaft überlassen und Gehorsam entgegengebracht wurde, Gott oder den zerstörerischen Mächten und ihrem Obersten, dem Satan. Der endzeitliche Richter spricht das Urteil darüber, ob ein Mensch in die Vollendung des neuen Äons eingehen kann.

Dass apokalyptisches Gedankengut in der Verkündigung Jesu vorkam, ist wahrscheinlich und wird von den Synoptikern übereinstimmend bezeugt. Aber es geht in ihren »kleinen Apokalypsen« eigentlich nicht um ein Endgericht am Übergang zum neuen Äon; das würde zur Botschaft Jesu von der *jetzt* – vorösterlich – offen stehenden und mit den Glaubenden schon beginnenden Gottesherrschaft auch schlecht passen.[25] Vielmehr wird den Gläubigen – besonders deutlich bei Lukas – angesichts der erwarteten apokalyptischen Drangsale Trost und die Hoffnung auf den zur Vollendung des neuen Äons wiederkommenden Menschensohn zugesprochen: »Wenn das beginnt, dann richtet euch auf und erhebt eure Häupter; denn eure Erlösung ist nahe«. In die ausgeprägte Präsenz-Eschatologie des Johannesevangeliums fügt sich die Vorstellung eines »jüngsten Gerichts« gar nicht mehr ein. So wird die Gerichtsvorstellung dahingehend metaphorisiert, dass es mit dem Kommen des »Lichts« (des Sohnes) in die Welt schon geschieht: Hier kommt ans Licht, wie es um diese Welt und das Leben in ihr steht und dass dem Herrscher dieser Welt die Herrschaft entrissen ist. Es kommt vollends da ans Licht, wo Gottes Herrlichkeit definitiv erscheint: am Kreuz des Sohnes und im Geist, der vom Gekreuzigten ausströmt. Die aber, die sich von diesem Licht erleuchten ließen, sind schon gerichtet und haben kein Endgericht mehr vor sich (vgl. Joh 3,19; 5,22–27; 12,31; 16,8.11).

Prominent aufgegriffen wird das Motiv des Menschensohns, der zum *Endgericht* wiederkommt, in Mt 25,31–46: Am Ende einer Reihe von Gleichnissen, in denen es darum geht, wachsam zu sein und darauf zu schauen, dass man mit der Berufung in die Gottesherrschaft sorgsam umgeht, es nicht versäumt, in sie »hineinzukommen« (Mt 24,43–25,30), wird erzählt, wie es sein wird, »wenn der Menschensohn in seiner Herrlichkeit kommt«, um »sich auf den Thron seiner Herrlichkeit [zu] setzen.« Dieser Zusammenhang macht es unmöglich, die Perikope im Sinne der Information über den Ablauf eines Endgerichts am Übergang zum neuen Äon verstehen zu wollen. Es geht der Perikope vielmehr darum, den Vorausblick aufs Ende umzuwenden auf das, was jetzt geschieht und geschehen muss. Sie stellt den Zuhörern wie in den Gleichnissen zuvor die Frage, welche Rolle sie in dieser Erzählung einnehmen und welche Rolle sie (stattdessen) einnehmen sollten – und was die jeweilige Rolle *entscheidend* ausmacht.

Die Rolle derer zur Linken, die nicht in die Gottesherrschaft hineinkommen, wie derer zur Rechten, die in sie eingehen, wird jeweils von einem elementaren Nichtwissen bestimmt: Sie wissen nicht, was sie »am Ende« erwartet. Aber es geht auch gar nicht um ein Wissen über die letzten Dinge, sondern um das, was jetzt allen vor Augen liegt und dazu herausfordert, im

[25] Vgl. oben Kapitel 4, Fn. 18.

Sinne der Tora Jesu zu handeln. Darauf gilt es sich zu konzentrieren; davon hängt ab, ob man der Gottesherrschaft angehört oder ihr fernbleibt: Es geht darum, ob man die Hungrigen speist und den Durstigen zu Trinken gibt, die Heimatlosen aufnimmt, die Nackten kleidet, die Kranken besucht, die Gefangenen nicht allein lässt. Wer das tut, wer in diesem Sinne wie Jesus handelt und das Joch seiner Tora auf sich nimmt, der begegnet Jesus in den geringsten Brüdern und Schwestern. Wer mit *ihnen* Gemeinschaft hat, hat mit *ihm* Gemeinschaft. Wer nicht mit ihnen Gemeinschaft hat, der hat auch mit ihm keine Gemeinschaft, so sehr er sich erwählt wissen mag.

Das ist das Entscheidende, darin vollzieht sich die Scheidung, für die das Bild des Gerichts steht: zu wissen und zu tun, was jetzt in die Gemeinschaft mit dem Menschensohn führt, in die Gemeinschaft, die er als Gottesgemeinschaft öffnet, als die Zukunft eines Gott-erfüllten Lebens. So wird hier im Bild des Gerichts mit Nachdruck zur Geltung gebracht: Der am Ende Wiederkommende ist kein Anderer als der, dem man jetzt – nach Ostern – in den geringsten Nächsten begegnet oder nicht begegnet. Man muss nicht einmal wissen, dass man ihm in ihnen begegnet, man muss es tun. Im Tun seiner Tora findet man mit ihm Gemeinschaft, die Gemeinschaft, die zum Glied der Gottesherrschaft macht.

Diese Rede vom Gericht ist in der Gestalt, in der sie im Matthäusevangelium vorliegt, wohl nicht Jesus selbst zuzuschreiben. Und doch wird man davon ausgehen dürfen, dass sie sein Verständnis des »Teilhabenkönnens« an der Gottesherrschaft gültig bezeugt. In der Gemeinschaft mit ihm öffnet sich Gottes Herrschaft. Aber sie kann sich nur öffnen, in ihr kann man nur »bleiben«, wenn man in das »Gesinntsein« hineinfindet (vgl. Phil 2,5), das sich in seiner Sendung, seiner Verkündigung und Reich-Gottes-Praxis manifestiert – wenn man ihn sich nahekommen und sich das sanfte Joch seiner Tora auflegen lässt. Dann nimmt man an seiner Erfüllung der Tora teil; dann wird diese Willens- und Weggemeinschaft die Gottes-Zukunft bestimmen, die sich in allen apokalyptischen Bedrängnissen als das Heil der zum Menschensohn Gehörenden erweisen wird.

Dass es darauf ankommt, die Tora Jesu zu »erfüllen« und so mit ihm in Gemeinschaft zu bleiben, markiert den Gegen-Akzent zur paulinischen Rechtfertigungslehre, in der es darum geht, Gottes Heilshandeln in Jesus Christus als den alleinigen Zugang zur Gottesherrschaft herauszustellen. Dass Gott (nur?) in Jesus Christus den in Sünde gefangenen und von den Welt-Mächten beherrschten Menschen nahekommt, ist das Eine. Dass die Menschen herausgefordert sind, Jesus Christus sich nahe kommen zu lassen und sich in den guten Willen einzustimmen, der ihnen hier begegnet und widerfährt, ist das Andere. Beides mag in der theologisch-anthropologischen Theorie nicht leicht zu vermitteln sein; die unaufgelösten Konflikte um das Verhältnis von Freiheit und Gnade machen das deutlich.[26] Womöglich soll diese Spannung gar nicht theoretisch ausgeglichen, sondern als Christus-Nachfolge gelebt und gestaltet werden: in einer Christus-Nachfolge, die alles dem verdankt, der uns in Jesus Christus und durch seinen guten Geist mit seinem guten Willen näher gekommen ist, als wir uns selbst nahe sein könnten; in einer Christus-Nachfolge, in der wir uns zu denen führen und sie uns als Nächste nahe gehen lassen, in denen er uns begegnet – in einer Christus-Nachfolge, in der wir seine »vorrangige Option« für die Armen und Ausgeschlossenen mit leben[27] und Mitwirkende an seiner Sendung zur Einsammlung der Menschen in die Gottesherrschaft werden.

Die Pointe der Endgerichtsrede in Mt 25 dürfte christologisch nicht um ihre Spitze gebracht werden. So, wie Gott in Jesus Christus da ist, so ist der Menschensohn in den Armen und Marginalisierten da, damit die Glaubenden ihm in ihnen begegnen und mit ihm Gemeinschaft haben. In den Kirchen ist eine ekklesiologische und sakramententheologische Domestizierung dieser Reich-Gottes-Herausforderung üblich geworden: Christusgemeinschaft, das ist die Kirche als der Leib Christi; und diese Christusgemeinschaft wird im Mysterium der Eucharistie gefeiert. Hier ist er, der in der himmlischen Gemeinschaft mit dem Vater Daseiende, geheimnisvoll inmitten seiner Gemeinde da, damit sie sich um ihn zusammenfindet und von diesem Brot lebt, das vom Himmel kommt. Fridolin Stier hat in diesem Normalkonzept der Gegenwart Christi die Vorherrschaft einer »spekulativen Assumptus-in-coelum-Christologie« wahrgenommen. Es kam ihm so vor, »als hätte der himmlische Christus der Glaubenslehre und des Kultes

[26] Vgl. Jürgen Werbick, Gnade, 85–111.

[27] In der Ausarbeitung der theologischen Leitgedanken von *Gaudium et spes* und der lateinamerikanischen Bischofskonferenzen von Medellin (1968) und Puebla (1979) hat die Befreiungstheologie die vorrangige Option für die Armen als Prüfstein einer authentisch christlichen Nachfolgepraxis herausgestellt (vgl. Clodovis Boff – Jorge Pixley, Die Option für die Armen, dt. Düsseldorf 1987). Man hat dieser Theologie weitgehend zu Unrecht eine einseitige Politisierung der Reich-Gottes-Praxis und der Verkündigung Jesu vorgeworfen. Einer der Wortführer dieser Kritik war und ist Joseph Ratzinger/Benedikt XVI., der noch im ersten Band seines Jesus-Buches wohl auch mit Blick auf die Befreiungstheologie meint feststellen zu müssen, »politische Theologien aller Art [bedeuteten] die Theologisierung eines einzelnen politischen Weges, die der Neuheit und der Weite der Botschaft Jesu widerspricht« (ders., Jesus von Nazaret. Erster Teil, 154). Widerspricht es nicht auch – vielleicht folgenreicher – der »Neuheit und Weite der Botschaft Jesu«, die politische Brisanz seines Auftretens ekklesiologisch zu domestizieren?

seine Identität mit dem ›irdischen‹ Jesus verloren«[28] oder – so wäre der Gedanke weiter zu führen – als sei die irdische Gegenwart Jesu Christi nur noch im ekklesiologischen bzw. im eucharistischen Leib Christi gegeben, nicht aber in der Lebens-Konkretheit der Begegnung mit Armen und Ausgeschlossenen. Das 2. Vatikanum hat in neuer Vielfalt von der Gegenwart Christi für die Glaubenden inmitten der Gemeinde gesprochen: im Gottesdienst, im Wort der Verkündigung und im Sakrament, im Singen und Beten der Gemeinde, in den Bischöfen.[29] Die lateinamerikanische Befreiungstheologie sucht den Blick der Kirche auf die Präsenz Jesu Christi in den von wirtschaftlicher und politischer Gewalt gekreuzigten Völkern[30] und bei den Armen zu lenken, damit ihre Botschaft gehört und darin Christi eigene Herausforderung – seine Tora – erkannt werde.

5.5 Die Entmachtung der Herren dieser Welt

Die Armen und Marginalisierten leiden am meisten unter der Herrschaft gott- und lebensfeindlicher Mächte. Deren Herrschaft bedeutet für sie konkret und alltäglich das Ausgeschlossensein von den Ressourcen, die ein menschenwürdiges Leben braucht. Im Kalkül der Herren dieser Welt sind sie Verfügungsmasse, Humankapital, das im Interesse der Kapitalverwertung ausgebeutet werden kann. Die biblische wie die außerbiblische Apokalyptik war auch und vielleicht entscheidend Widerstandstheologie: eine Theologie gegen die Mächte, deren Herrschaft Sünde und Verderben über

[28] Fridolin Stier, Vielleicht ist irgendwo Tag, 126. Stier wandelt hier den Fachterminus »Homo-assumptus-Christologie« beziehungsreich ab, der im Blick auf die Christologie-Geschichte die ursprünglich nestorianische Konzeption bezeichnet, nach der der Logos nicht (nur) eine menschliche Natur, sondern einen ganzen Menschen (mit eigenem Personzentrum) angenommen habe; vgl. den Überblick in Kapitel 8.

[29] Vgl. etwa *Sacrosanctum concilium* 7, *Lumen gentium* 21, *Ad gentes* 9.

[30] Vgl. Jon Sobrino, Christologie der Befreiung, Bd. 1, dt. Mainz 1998, 358 f. Der Abschnitt 1.3 des 10. Kapitels trägt die Überschrift: »Die Gegenwart des gekreuzigten Christus im gekreuzigten Volk«. Die Frage, in welchem Sinne das Gottesknechts-Martyrium des gekreuzigten Volkes im soteriologischen Sinne die Sünden der Welt »trägt«, hat zu heftigen Diskussionen über dieses Konzept und schließlich zu einer Maßregelung (Notifikation) Sobrinos durch die römische Glaubenskongregation geführt. Zu den theologischen Mängeln dieser Notifikation vgl. Peter Hünermann, Moderne Qualitätssicherung? Der Fall Sobrino ist eine Anfrage an die Arbeit der Glaubenskongregation, in: K. Wenzel (Hg.), Die Freiheit der Theologie. Die Debatte um die Notifikation gegen Jon Sobrino, Ostfildern 2008, 51–59.

das Leben in dieser Welt bringt. Nur Gott konnte und würde ihr ein Ende setzen – wenn er endlich nach der apokalyptischen Zuspitzung dieses Elends seinen Gerichtstag halten würde.

Jesu Verkündigung und Reich-Gottes-Praxis haben diesen apokalyptischen Vorstellungshorizont mit der Überzeugung von Gottes in der Nachfolge-Gemeinschaft des Messias offenstehender Herrschaft modifiziert, aber nicht völlig hinter sich gelassen. Die neue politische Theologie von Johann Baptist Metz[31] und die lateinamerikanische Befreiungstheologie rücken die apokalyptische Einfärbung der Verkündigung Jesu wieder deutlich in den Blick: die Klage »Wie lange noch?«, die den Leidenden eine Stimme gibt – die Aufkündigung der Kumpaneien mit den Herren dieser Welt – die Herausforderung zur Nachfolge in den Spuren Jesu Christi, des »Befreiers«[32]. Der »apokalyptische Stachel« sollte verhindern, dass die Christologie triumphalistisch wird: sich als Christologia gloriae versteht und die Christologia crucis leichten Herzens hinter sich lässt.[33] Die in Mt 25,31–46 geltend gemachte Präsenz Christi in den Leidenden und Ausgeschlossenen fordert die Solidarisierung mit ihnen und das Sich-frei-Machen aus den Bindungen, die den Herren dieser Welt die Herrschaft über unser Leben und die ökonomisch-gesellschaftlichen Lebensbedingungen einräumen. Gottes Herrschaft steht denen nicht offen, die sich anderen Herren unterwerfen. Die Suche nach Gottes Reich, die für Glaubende vor allem Anderen den Vorrang haben muss, ist zu bezeugen im Einsatz dafür, dass die den Hungernden, Dürstenden, Verfolgten und Unterdrückten, den zur Trauer und Unfreiheit Verurteilten zugesprochenen »Seligpreisungen« nicht Vertröstung bleiben: dass sie – die von Gott her wirklich sind – in unserem Miteinander wirklich werden. Es ist nach den Seligpreisungen des Mat-

---

[31] Von Johann Baptist Metz stammt der Satz: »Christologie ohne Apokalyptik wird zur Siegerideologie«, in: ders, Memoria passionis. Ein provozierendes Gedächtnis in pluralistischer Gesellschaft, Freiburg – Basel – Wien 2006, insbesondere § 2,2 Annäherungen an eine Christologie nach Auschwitz, hierzu 59 bzw. ders., Glaube in Geschichte und Gesellschaft. Studien zu einer praktischen Fundamentaltheologie, Mainz [5]1992, § 10.

[32] Der spanische Originaltitel des im Deutschen als »Christologie der Befreiung, Bd. 1« publizierten Buches von Jon Sobrino lautet: Jesuschristo liberador. Lectura historico-teológica de Jesús de Nazaret, Petropolis 1991 bzw. Madrid 1991.

[33] Diese Formeln sind natürlich mit Bezugnahme auf Martin Luthers Polemik gegen eine *theologia gloriae* und sein Plädoyer für die *theologia crucis* gebildet. Zum Thema *christologischer Triumphalismus* vgl. Jürgen Werbick, Die Soteriologie zwischen »christologischem Triumphalismus« und apokalyptischem Radikalismus, in: I. Broer – ders. (Hg.), »Auf Hoffnung hin sind wir erlöst« (Röm 8,24). Biblische und systematische Beiträge zum Erlösungsverständnis heute, Stuttgart 1987, 149–184.

thäusevangeliums das Kennzeichen der zur Gottesherrschaft Gehörenden, dass sie nach der Gerechtigkeit hungern und dürsten und deshalb Verfolgung erleiden (Mt 5,6.10). Sie lassen sich von der Tora Jesu den Weg der Gerechtigkeit führen. Und genau so wird ihr Hunger und Durst gestillt, »gehört [ihnen] das Himmelreich.«

Das Zeugnis dafür, dass Gottes Herrschaft diese Welt ergreifen und von der Herrschaft der Sünde befreien will und dass sie ihr Befreiungswerk tut, wo immer Menschen sich für das Mittun gewinnen lassen, führt die Gottesherrschaft nicht eigenmächtig herbei. Aber vielleicht darf man mit Gustavo Gutierréz sagen: Das menschliche Zeugnis dient dem »Wachsen des Reiches«; es nimmt in christlich inspirierter Befreiungspraxis »Gestalt an«. Gutiérrez geht noch einen Schritt weiter: Menschliche Befreiungspraxis darf gewiss nicht als solche mit der Gottesherrschaft identifiziert werden; das Zeugnis darf sich nicht mit dem Bezeugten gleichsetzen. Dennoch wird – so Gutiérrez – »ohne geschichtliche Befreiungsinitiativen das Gottesreich nicht wachsen können, und der Befreiungsprozess wird die Wurzeln der Unterdrückung und der Ausbeutung des Menschen durch den Menschen erst mit dem Advent des Reiches besiegen, das aber doch Geschenk bleibt.«[34]

Ist das – wenn man auf Jesu eigene Verkündigung und Reich-Gottes-Praxis schaut – nicht ein Schritt zuviel? Jesu Vision der Gottesherrschaft ist eine Spur »theozentrischer«, vielleicht apokalyptischer, jedenfalls nicht so deutlich und ausdrücklich auf gesellschaftliche Befreiungspraxis bezogen, wie etwa in befreiungstheologischen Konzepten. Aber wird man in apokalyptischen Situationen der Zuspitzung von Unterdrückung und Entwürdigung in der Verkündigung und der Reich-Gottes-Praxis nicht die herrschaftskritische und zur Befreiung von den Götzen provozierende prophetische Prägung des Auftretens Jesu deutlicher identifizieren und aus eigener Glaubenserfahrung stärker im Vordergrund sehen? Und ist es dann nicht auch legitim, diese Prägung stärker zu akzentuieren, als es die neutestamentlichen Zeugnisse selbst getan haben, und Jesus in der Rolle des Befreiers zu sehen, dessen Reich-Gottes-Botschaft zu »integraler Befreiung« herausfordern will: zum Sich-befreien-Lassen von der Macht der Sünde, zum Einsatz gegen kulturelle, religiöse und gesellschaftlich-ökonomische Unterdrückung, in denen die Sünde sich als alltäglich mächtig erweist?[35]

---

[34] Gustavo Gutiérrez, Theologie der Befreiung, München – Mainz [8]1985, 171.

[35] Vgl. ebd., 168–172. Schon hier wie ja auch schon in Leonardo Boffs Buch: Jesus Chris-

Man wird jedenfalls kaum sagen dürfen, dass es Jesu Verkündigung verfälscht, wenn Jon Sobrino zusammenfassend feststellt:

> »Jesus verkündet nicht nur das Reich und einen Gott Vater, sondern er klagt auch das Antireich an und entlarvt die Götzen. Damit dringt er bis an die Wurzeln der in jeder Hinsicht unterdrückenden Gesellschaft vor: ökonomisch, politisch, ideologisch und religiös. Das Antireich ist historische Wirklichkeit, und Jesus berücksichtigt auf objektive Weise dessen Wurzeln. Er begnügt sich [...] nicht damit, das Böse als transhistorische Wirklichkeit anzuklagen, sondern geht auch gegen die Verantwortlichen vor, die sehr real und historisch sind.«[36]

Jesus weiß sich in der Reihe der Propheten, die mit unterdrückenden und JHWH-feindlichen religiösen und politischen Mächten aneinandergerieten. So sieht er sich und die Seinen auch von dem Geschick bedroht, das diese den Propheten angedroht und bereitet haben (vgl. Mt 5,12/Lk 6,23 und Mt 23,37/Lk 13,34). Das gewaltsame Ende des Lebens Jesu spricht eine klare Sprache: So geht man mit denen um, die Herrschaft entlarven und so überzeugend in Misskredit bringen, dass man ihrer nicht mehr anders Herr wird. Das tiefste Mysterium des Lebens Jesu Christi aber ist, dass es noch auf seinem Weg ans Kreuz *Mysterium liberationis* ist[37], Geheimnis der Befreiung. Es bezeugt den vom »Antireich« Unterdrückten und in ihm Gefangenen Möglichkeiten eines befreiten, menschlicheren Lebens. Und sein Zeugnis bezeugt einen Gott, der mit denen unterwegs ist, die sich in der Spur Jesu mit dem ungestillten Hunger und Durst nach der größeren Gerechtigkeit auf den Weg machen, dem Wirklichwerden der Gottesherrschaft in dieser Welt zu dienen. Er bezeugt Gottes Einsatz dafür, dass die Seligpreisungen wahr werden, dass ein Menschenleben seine Erfüllung findet, das in diesem Einsatz Gottes gelebt ist.

---

tus, der Befreier (dt. Freiburg – Basel – Wien 1986; im Original des Ersten Teils: Jesus Cristo Libertador) begegnet der Titel und die Rollenzuschreibung »Christus als Befreier«.

[36] Jon Sobrino, Christologie der Befreiung, 250.

[37] Vgl. den Titel *Mysterium liberationis* des von Ignacio Ellacuria und Jon Sobrino herausgegebenen Sammelwerks sowie Jon Sobrino, Christologie der Befreiung, Bd. 1, 15 f.

6. Jesu Tod am Kreuz: Heils-Wirklichkeit?

6.1 Ein Straftod und seine Deutungen

Die Kreuzigung Jesu von Nazaret sollte – soweit man das mit historischen Methoden noch erkennen kann – nach der Absicht derer, die sie betrieben, eine klare Botschaft haben: Der am Kreuz zu diesem grausamen und entwürdigenden Tod Bestrafte hat keine göttliche Sendung; seine Ansprüche, im Namen des Gottes Israels zu sprechen und zu handeln, sind blasphemisch und mit seinem Tod zu Schall und Rauch geworden. Das ist die Botschaft der von den Akteuren gesetzten Fakten.[1] Aber schon in den Passionsgeschichten der Evangelien wird eine andere Deutung sichtbar, die von den jüdischen Autoritäten wohl nicht nur taktisch ins Feld geführte wurde: Die messianischen Ansprüche Jesu von Nazaret – oder auch seine messianischen »Attitüden« – stellen das Volk Israel vor die Frage, welchem »Herrscher« es seine Loyalität erweist: diesem »König der Juden« oder den vom römischen Kaiser eingesetzten Herrscher-Autoritäten. Wer den Tod Jesu von Nazaret ins Werk setzt, der tut es, um den politischen Status quo – die Kooperation mit der Besatzungsmacht – aufrechtzuerhalten. Mit dieser Zweckbestimmung des Todes Jesu setzte man Pilatus unter Druck, seiner Kreuzigung zuzustimmen. Und das nicht nur mit der Absicht, Jesus möglichst effektiv in Misskredit zu bringen. Wäre dieser Jesus der Messias, so würde sich für gläubige Juden tatsächlich die Machtfrage stellen. So jedenfalls entsprach es dem vorherrschenden Messiasverständnis. Und wenn sich die Machtfrage stellt, so ist die Machtbalance in Jerusalem bedroht; so lässt sich die politisch-religiöse Interessenkoalition zwischen jüdischem Establishment und den Autoritäten der römischen Besatzungsmacht nicht länger stabil halten – mit all den verheerenden Konsequenzen, die drei Jahrzehnte

[1] Die religiös-politische Gemengelage, welche das Vorgehen der jüdischen Autoritäten im Prozess gegen Jesus vermutlich bestimmt hat und die so auch zum Tod Jesu geführt haben wird, beschreibt Martin Ebner, Jesus von Nazaret in seiner Zeit, 178–203.

später dann ja auch eingetreten sind. Das Johannesevangelium schreibt der Führungselite Israels genau diese Überlegungen zu: »Wenn wir ihn« – den Prediger und Wundertäter, der alle in Erstaunen setzt – »gewähren lassen, werden alle an ihn glauben. Dann werden die Römer kommen und uns die heilige Stätte und das Volk nehmen« (Joh 11, 48). Der Hohepriester Kajaphas zieht die fast unerlässliche Konsequenz: Es sei »besser für euch« – für die Machtpolitiker in Jerusalem, aber auch für ganz Israel –, »wenn ein einziger Mensch für das Volk stirbt, als wenn das ganze Volk zugrunde geht« (Joh 11,50).

Das Johannesevangelium deutet die Einschätzung des Kajaphas als christologisch-soteriologische Prophetie, in der sogar dem Gegenspieler Jesu die Wahrheit eingegeben worden sei, »dass Jesus für das Volk sterben werde« (Vers 51). Damit öffnet sich nach Joh 11 schon hier – beim Tötungsbeschluss des Hohen Rates – das ganze Spektrum der Deutungen, die Jesu Tod bei allen irgendwie Beteiligten hervorgerufen haben mag – und hervorrufen »musste«; das Spektrum auch der Deutungen, die er bis in die Gegenwart hinein hervorruft und herausfordert. Hat man diesen Tod auf ein religiöses Urteil zurückzuführen, mit dem Jesus für die blasphemische Anmaßung zur Rechenschaft gezogen werden sollte, als der eschatologische Gottesprophet, gar als der Messias aufzutreten und mit dieser Autorität die Fortdauer des Tempels und des dort gefeierten Kultes in Zweifel zu ziehen?[2] Ist der Tötungsbeschluss einem politisch-religiösen Kalkül zuzurechnen, das die herrschende Machtbalance retten sollte? Mit beiden Deutungen wird man sich die historisch noch greifbaren Gegebenheiten und Interessenlagen mehr oder weniger plausibel verständlich machen können. Oder muss man eine völlig andere Perspektive einnehmen, um zu erfassen, was dieser Tod wirklich bedeutete: die Perspektive der dem Kajaphas nach Joh 11 »eingegebenen« soteriologischen Sendung, nach der Jesus seinen Weg ans Kreuz gehen musste, um sein Volk zu retten?

Die historisch einigermaßen identifizierbaren Interessen der religiös-

---

[2] Der Vorwurf, gegen den Tempel Stellung zu beziehen, hat offenbar im Prozess gegen Jesus eine ausschlaggebende Rolle gespielt; vgl. Mt 26,61parr. Der Vorwurf, gegen den Tempel und die Stadt Jerusalem zu reden, ist auch gegen Jeremia vorgebracht worden (vgl. Jer 26). Er hat in seinem Fall nicht zur Hinrichtung geführt, weil man ihn schließlich doch als wahren Gottespropheten anerkannte (»Dieser Mann hat den Tod nicht verdient, denn er hat zu uns im Namen den Herrn, unseres Gottes geredet«; Jer 26,16). Dieser Traditionshintergrund macht deutlich: Jesus wird – aus der Sicht der Jerusalemer Autoritäten mit guten Gründen – nicht als wahrer Gottesbote anerkannt. So ist er in ihren Augen des Todes schuldig.

politischen Akteure gehen eindeutig dahin, die Sache zu Ende und Jesus zum Schweigen zu bringen: ihn nicht nur zum Tod, sondern zur Bedeutungslosigkeit zu verurteilen. Die Jüngerinnen und Jünger Jesu, die als Erstzeugen im Neuen Testament zu Wort kommen, bezeugen aber dies: Die den Tod Jesu von Nazaret betrieben und zu verantworten haben, kamen mit ihren Absichten und Interessen nicht zum Ziel. Die Mächte dieser Welt – auch die »übermenschlichen«, deren Agenten die politisch-religiösen Machthaber gewesen sein mögen –, behalten nicht das letzte Wort; sie können Gottes Wort nicht zum Schweigen bringen. Es kann gerade da neu gesagt und bezeugt werden, es bringt sich genau da neu zur Sprache, wo man seinen messianischen Verkündiger zum Verstummen bringen wollte.

Das sollte ja mit diesem Verstummenmüssen gesagt werden: Nun spricht nichts mehr für das Ankommen der Gottesherrschaft in diesem vorgeblichen Diener der Gottesherrschaft, da man ihn ans Kreuz gebracht und damit seinen Anspruch für alle als haltlos erwiesen hatte. Aber nun fängt dieser Tod selbst zu sprechen an. In ihm liegt eine Botschaft, die alle hören und verstehen können, die den Gekreuzigten in ihrer Mitte lebendig erfahren: Noch der Schmachtod Jesu spricht für die Ankunft der Gottesherrschaft im Gekreuzigten. Der Weg, der in die Gottesherrschaft hineinführt, führt nun über diesen Tod und durch ihn hindurch: für den Gekreuzigten selbst und für die, die ihm folgen, neu mit ihm verbunden sind, so dass auch für sie der Untergang in dieser Welt das Eingehen in die Gottesherrschaft ist. Gott hat an diesem Gekreuzigten erwiesen – er wird es ebenso an den Christus-Gläubigen erweisen –, dass er alles gut machen kann, auch das noch, was die Menschen in dieser Welt auf schrecklichste Weise zerstört haben. Es gibt – etwa in den Abendmahlstexten der Evangelien – Indizien dafür, dass auch Jesus selbst die Hinrichtung, die er mit seinem Gang nach Jerusalem riskierte, in diesem Sinne vor sich gesehen hat: als ein Sterben *für die Seinen*, damit sie leben und sich in der endgültigen Gottesherrschaft neu um ihn versammeln (vgl. Lk 22,16.18).[3]

[3] Man wird freilich in der Frage, wie Jesus selbst seinen Tod verstanden haben mag, wenn er ihn denn – was man historisch eher für wahrscheinlich halten muss – vor sich gesehen hat, kaum auf sicheren Boden kommen. Zu deutlich sind die Zeugen mit ihren Erfahrungen des Auferstandenen in den neutestamentlichen Zeugnissen involviert, als dass man in ihrem Zeugnis das Bezeugte gewissermaßen für sich greifen könnte. Aber das ist ja nur der Ernstfall der neutestamentlichen Zeugnisse insgesamt. Das Spannungsverhältnis von Zeugnis und darin Bezeugtem lässt sich nirgends in ein kausal klar bestimmtes Nacheinander auflösen. Historisch etwas »optimistischer« urteilt Heinz Schürmann, wenn er es für wahrscheinlich hält, dass Jesus von Nazaret sein Dasein für die »verlorenen Schafe

Aber worin liegt die »soteriologische Notwendigkeit« dafür, dass der Weg in die Gottesherrschaft, den Jesus von Nazaret ja in seiner Reich-Gottes-Verkündigung und seiner messianisch-prophetischen Reich-Gottes-Praxis als *jetzt* schon offen stehend proklamierte, nach dem »Karfreitag« erst durch seinen Tod am Kreuz geöffnet und zugänglich sein sollte? Es liegt nahe, hier so zu argumentieren: Jesu Reich-Gottes-Herausforderung ist zu seinen Lebzeiten nicht angenommen worden, nicht einmal von seinen Jüngern so angenommen worden, dass sie sich von ihr wirklich hätten erreichen und auf den Weg in die Gottesherrschaft hätten führen lassen.[4] So »musste« diese Herausforderung am Kreuz erneuert und bis zum Letzten intensiviert werden: als Herausforderung an den Glauben, der nachvollziehen lernt, dass dieser Gekreuzigte Gottes Heilswirklichkeit in dieser Welt war *und ist* und deshalb nicht am Kreuz zur Nichtigkeit verurteilt worden sein konnte. Gott »musste«, so könnte man es deuten, angesichts der äußersten Entschlossenheit der Mächte und ihrer Repräsentanten, angesichts der Flucht der ihr schließlich erlegenen Jünger aus ihrer Berufung, seine äußerste Entschlossenheit, die Menschen auf seine Herrschaft hin zu verwandeln und in ihr zur Fülle des Lebens zu vollenden, durch die Auferweckung des Gekreuzigten erweisen. So bekannte er sich zu dem bis ans Kreuz treuen Lebens-Zeugnis Jesu für die Nähe und Zugänglichkeit der Gottesherrschaft – und so bezeugte er noch am Kreuz seine Identifikation mit dem Gekreuzigten und seinem Zeugnis, da er ihn nicht im Tod verloren sein ließ.

Es wird sich zeigen, dass einige Schriften des Neuen Testaments tatsächlich in diesem Sinne »argumentieren« und damit gewissermaßen eine soteriologische Minimalposition einnehmen: Gott selbst öffnet am Kreuz den Weg in die Gottesherrschaft neu, den Jesus, der Christus, als offenstehend bezeugte, der er – nach dem Zeugnis des Johannesevangeliums – selbst war und den Israel als Repräsentantin der Menschen nicht beschreiten wollte, da es den Wegöffner-Dienst des *Archegos* Jesus zurückwies. Man könnte hier nur von einer »schwachen« soteriologischen Notwendigkeit des Kreuzes sprechen: Nachdem die Mächte und ihre Repräsentanten über Jesus den Tod verhängten, musste es mit der göttlichen Notwendigkeit eines zur Er-

---

des Hauses Israel« (Mt 10,6; vgl. Joh 10,1–39) – seine Pro-Existenz, in der sich Gottes Pro-Existenz bezeugen sollte – »auch in der Stunde des Martyriums durchzuhalten gewillt war«; vgl. ders., Jesu ureigener Tod, Freiburg i. Br. 1975, 48 f.

[4] Der Verrat des Petrus und die Flucht der Jünger stehen dann paradigmatisch für die Verweigerung der Weggefährtenschaft. Immerhin müsste man einräumen, dass zumindest das Johannesevangelium Maria und Johannes am Kreuz davon ausnimmt.

wählung und Rettung der Menschen entschlossenen Gottes dazu kommen, dass auch dieser gewissermaßen als äußerstes Datum menschlicher Verweigerung verhängte Tod in die Erwählungsgeschichte Israels und des Menschengeschlechtes einbezogen wurde, indem Gott am Kreuz über diese Verweigerung *hinaus*handelte und seiner Erwählung eine Zukunft öffnete.

Gott lässt sich in seiner Entschlossenheit zur Erwählung vom Kreuz seines Messias herausfordern, an diesem Kreuz seine Erwählung der Menschen und ihre Berufung in die Gottesherrschaft zu erneuern. Nach diesem Verständnis kam es nicht notwendigerweise zu diesem Kreuz. Aber es kam mit göttlicher »Liebes-Notwendigkeit« dazu, dass Gott sich von der Ablehnung seines Messias nicht besiegen ließ, sondern seinen Messias zum »Sieger« über die Mächte machte, die ihn zu Tode brachten, und ihn so neu zu dem Archegos machte, der den ihm Nachfolgenden den Weg in die Gottesherrschaft öffnet. Muss man darüber hinaus von einer starken soteriologischen Notwendigkeit des Todes Jesu am Kreuz insofern sprechen, als es um des Heils der Menschen willen zu diesem Tod kommen musste, weil nur *durch diesen Tod* den Menschen der Weg in die Fülle des Lebens geöffnet werden konnte?

Die neutestamentlichen Zeugnisse weisen auch in diese Richtung. Sie beziehen sich dann auf eine kultisch gehandelte »Logik«, nach welcher das Kreuz zur *Vergebung* der Sünden der Menschen nötig war und die Entsühnung der Menschen bewirken »musste«. Dass Jesus Christus am Kreuz *für uns* – anstelle und zugunsten von uns – gestorben ist, bedeutet in diesem Sinne, dass sein Tod den Tod der Sünder abgewendet hat, den deren Sünden nach dem Tun-Ergehen-Zusammenhang hätten nach sich ziehen »müssen«.[5] Hier wird also in einer gewissen Spannung zur Verkündigung und Reich-Gottes-Praxis Jesu angenommen, dass die Tür in die Gottesherrschaft erst durch das Kreuzesleiden Jesu »aufgelitten« werden musste, damit die Menschen im bevorstehenden Endgericht auf einen Freispruch hoffen und einen heilswirksamen Zugang in die Gottesherrschaft finden konnten.[6] Es wäre mehr oder weniger ausdrücklich unterstellt, dass das Kreuz ein für

[5] Als Tun-Ergehen-Zusammenhang bezeichnet man den von biblischen Zeugnissen oft, wenn auch eben nicht ausnahmslos angenommenen Geschehens-Zusammenhang zwischen der Güte oder der Verfehltheit menschlichen Handelns und einem entsprechenden Ergehen, der sich entweder »sachnotwendig« oder durch Gottes Einwirkung herstellt bzw. durch Gottes erlösendes Eingreifen aufgehalten werden kann.

[6] Auf diese Spannung weist hin: Anton Vögtle, Todesankündigungen und Todesverständnis Jesu, in: K. Kertelge (Hg.), Der Tod Jesu. Deutungen im Neuen Testament, Freiburg – Basel – Wien 1976, 51–113.

Gott selbst und so auch für Jesus unerlässliches Mittel gewesen sei, die Menschen durch die Vergebung ihrer Sünden – und durch ihre Heiligung – Gott-fähig bzw. Reich-Gottes-fähig zu machen, sie durch den Fluchtod Jesu Christi am Kreuz vor dem für sie »eigentlich« unausweichlichen Fluchtod zu bewahren. Diese *necessitas medii*[7] ließ sich offenkundig an der Logik alttestamentlicher Opfer- bzw. Sühnepraktiken aufweisen, die in unterschiedlichen neutestamentlichen Traditionen in durchaus unterschiedlicher Weise argumentativ aufgeboten und meditativ erinnert wird.

Die Zeugnisse des Neuen Testaments sind nicht eindeutig als Optionen für eine starke oder eine schwache soteriologische Notwendigkeit des Kreuzes Jesu Christi zu identifizieren und entsprechend auszuwerten, auch wenn sich schon relativ früh eine Tendenz abzeichnet, das Kreuz als *Ursprung des Heiles* anzusehen. Die staurozentrische Soteriologie bleibt jedoch neutestamentlich nicht die einzige Möglichkeit, Jesus Christus als den eschatologischen Heilsmittler zu verstehen. Gewiss nicht alternativ, aber doch in einer gewissen Spannung dazu wird mitunter schon die Sendung Christi in die Welt der Sünde – also die Inkarnation – als das entscheidende soteriologische Datum angesehen, was die Option für eine eher schwache soteriologische Notwendigkeit des Kreuzes nahelegen würde. Außerdem stehen die unterschiedlichen Optionen nie für sich allein, sondern in einem Argumentationskontext, der in den Blick kommen muss, wenn man sich über die bleibende theologische Verbindlichkeit der neuzeitlich ja stark angefochtenen staurozentrischen Soteriologie Rechenschaft geben will.

---

[7] Ich greife eine sakramententheologisch eingeführte Terminologie auf, wonach Taufe und Eucharistie nicht nur gemäß einer *necessitas praecepti* – aufgrund einer positiven Willenssetzung Gottes – zum Heil nötig seien, sondern aufgrund einer unabdingbaren Notwendigkeit in der Sache *(necessitas medii)*, welche diese Sakramente ursächlich heilsvermittelnd sein lassen. Zur Taufe vgl. die Definition des Konzils von Trient DH 1524 und 1608. Soteriologisch soll diese necessitas in den *rationes necessariae* nachvollzogen werden, die *Anselm von Canterbury* aufbietet, um nicht nur die Notwendigkeit der Menschwerdung des Logos, sondern auch noch der *satisfactio* zu erweisen, die sein Leiden am Kreuz geleistet habe; vgl. Anselm von Canterbury, Cur deus homo – Warum Gott Mensch geworden ist, lateinisch und deutsch, Darmstadt 1965. Es geht Anselm in *Cur deus homo* genau darum, auf die Frage eine Antwort zu finden, »aus welchem Grunde […] und aus welcher Notwendigkeit [qua scilicet ratione vel necessitate] Gott Mensch geworden sei und durch seinen Tod, wie wir glauben und bekennen, der Welt das Leben wiedergeschenkt habe« (I 1, ebd., 11).

6.2 Das Kontrastmodell

Die Petrusreden der Apostelgeschichte sind Osterzeugnisse, die von der den Jüngern offenbarten Auferweckung des Gekreuzigten her auf das Kreuz zurückkommen und an ihm die Entscheidung über die Sendung Jesu fallen sehen; dies aber eben nicht im Sinne derer, die diese Entscheidung hier als die definitive Entlarvung des falschen Messias erzwingen wollten. Ihnen hält Petrus entgegen:

> »Jesus, den Nazoräer, den Gott vor euch beglaubigt hat durch machtvolle Taten, Wunder und Zeichen, die er durch ihn in eurer Mitte getan hat, wie ihr selbst wisst – ihn, der nach Gottes beschlossenem Willen und Vorauswissen hingegeben wurde, habt ihr durch die Hand von Gesetzlosen ans Kreuz geschlagen und umgebracht. Gott aber hat ihn von den Wehen des Todes befreit und auferweckt, denn es war unmöglich, dass er vom Tod festgehalten wurde« (Apg 2,22–24).

Unmöglich war es, weil dieser dem Tod Überlieferte in einer Gottesgemeinschaft lebt, die es nach Ps 16,8–11G ausschließt, dass er der Unterwelt preisgegeben bleibt und die Verwesung schaut (vgl. VV. 25–28). Die jüdischen Autoritäten beanspruchten mit ihrem Todesurteil, die Sache Jesu mit seiner Überlieferung an die Unterwelt zu Ende zu bringen, weil sie nicht erkannten, dass Jesus von Nazaret dieser Gottesmensch ist, den die Unterwelt nicht fassen und festhalten kann.[8] Gott revidiert ihr Todesurteil in letzter Instanz, da er den auferweckt, der zu ihm gehört. Das Todesurteil war ein Fehlurteil schon deshalb – entscheidend deshalb –, weil die menschlichen Richter das Aus-Gott- und Mit-Gott-Sein Jesu nicht (an-)erkannten. Gottes letztinstanzliches Urteil setzt dieses Aus- und In-Gott-Sein in Kraft und bestätigt so die Sendung Jesu, da sie diese zum Ziel kommen lässt; und es setzt diejenigen ins Unrecht, die das Todesurteil über ihn zu verantworten haben und meinten, es im Namen Gottes vollstrecken zu dürfen. Man kann in diesem Sinne von einem Kontrastmodell sprechen: Am Kreuz wird der Kontrast sichtbar zwischen dem, was »ihr« getan habt, und dem, was von Gott her geschehen ist und gerade am Kreuz neu in Geltung gesetzt wird. Am Kreuz also fällt die Entscheidung für die Gültigkeit der Reich-Gottes-Sendung Jesu Christi und gegen ihre Bestreitung durch die Autoritäten Israels.

---

[8] Als unmöglich darf dies angesehen werden, wenn schon dem wahren Gottesboten, etwa Daniel, zugesagt wird, dass er »am Ende der Tage« auferstehen und sein »Erbteil« empfangen wird; vgl. Dan 12,13.

Noch pointierter kommt diese Intention in der Petrusrede Apg 10,34–43 zum Ausdruck: In Jesus Christus ist Israel von Gott das Wort des Schalom gesandt worden; ihn hat Gott gesalbt »mit dem Heiligen Geist und mit Kraft«, und »Gott war mit ihm«, so dass er die Menschen von der Gewalt des Satans befreite. Ihn, dem man seine göttliche Sendung und das Wort Gottes ansehen musste, »haben sie [die jüdischen Autoritäten] an den Pfahl gehängt und getötet. Gott aber hat ihn am dritten Tag auferweckt« und hat ihn den vorher erwählten Zeugen erscheinen lassen, damit sie bezeugen: »Das ist der von Gott eingesetzte Richter der Lebenden und der Toten. Von ihm bezeugen alle Propheten, dass jeder, der an ihn glaubt, durch seinen Namen die Vergebung der Sünden empfängt.«

Der Kontrast, der hier gezeichnet wird, ist der zwischen dem Gottgesandten und Gottbevollmächtigten, der Israel Gottes Wort und Werk in Gottes Geist ausrichtet und es wirkt *einerseits* und *andererseits* denen, die ihn hinrichten und gerade damit Gottes Tora zu erfüllen beanspruchten: Sie hängen den Gottesmenschen an den Pfahl und identifizieren ihn nach Dtn 21,22f. so als den Gottverfluchten. Indem sie ihn an den Pfahl bringen, wollen sie ihn öffentlich als den Gottverfluchten erweisen.[9] Gott identifiziert ihn als den zu ihm Gehörenden, von ungerechten Richtern zu Tode gebracht, von ihm aber zum endzeitlich maßgebenden Richter eingesetzt.[10] In ihm und von ihm her wird Israel nicht, wie Dtn 21,23 es über die am Pfahl Hingerichteten sagt, mit unheilbringender Verunreinigung bedroht (weshalb man die Leichen noch am gleichen Tag vom Pfahl abnehmen und bestatten soll); von ihm, dem ungerecht Hingerichteten, geht vielmehr das Heil aus: die Vergebung der Sünden für alle, die an ihn glauben.[11]

Der als Bedrohung für Israel Hingerichtete wird als Israels Retter erwiesen: »Ihn hat Gott als Herrscher und Retter (sotēr) an seine rechte Seite erhoben, um Israel die Umkehr und Vergebung der Sünden zu schenken« (Apg 5,31). In welchem Sinne aber ist er endzeitlicher Herrscher und Retter: er, der sich selbst nicht helfen konnte, der als Gottesknecht darauf vertraute,

---

[9] Die Anspielung auf Dtn 21,11 findet sich ganz ähnlich in Apg 5,30.

[10] In Gal 3,13 findet sich ebenfalls eine soteriologisch allerdings deutlich anspruchsvollere Kontrast-Bezugnahme auf Dtn 21,22f. Das Kontrastmodell wird zu einem Stellvertretungsschema ausgebaut; vgl. unten.

[11] Die Passion des Johannesevangeliums gestaltet diese Bezugnahme narrativ aus. Dem Gekreuzigten wird die Seite geöffnet, damit sein Tod zweifelsfrei festgestellt wird und der Leichnam noch am gleichen Tag – dem Rüsttag des Pessach – abgenommen und bestattet werden kann. Aus der geöffneten Wunde aber strömt das Wasser der Reinigung und das Blut der Gemeinschaft aus (vgl. Joh 19,31–37).

von Gott gerettet zu werden (vgl. Mt 27,42 f. parr.) und doch in den Fluchtod am Kreuz festgenagelt blieb, er, dem man so die Sünde der Gottes- und Messiasanmaßung vergelten wollte? In welchem Sinne wird gerade am Kreuz offenbar, dass er der *ist*, als der er der Welt angekündigt wird: *Jesus* und *Immanuel*, Gottes Wirklichkeit in dieser sündenverfallenen Welt und deshalb der, der »sein Volk von seinen Sünden erlösen« wird (Mt 1,21–23)? Noch ist nicht direkt gesagt, dass die von ihm ausgehende Rettung und Erlösung durch das Kreuz bewirkt wird. Vielmehr ist gesagt, wer an ihn glaube, empfange durch seinen Namen die Vergebung der Sünden (Apg 10,43): wer an seine Sendung glaubt *und* daran, dass sie am Kreuz nicht gescheitert, sondern – gegen den Augenschein, eben nur im Blick des Glaubens – zum Ziel gekommen ist.

Wer an ihn *glaubt:* Der Glaube stellt sich dem unerträglichen Kontrast zwischen dem, was Menschen am Gottgesandten, dem Messias Jesus, für alle sichtbar vollstreckten, und der Gotteswirklichkeit des in der Welt der Sünde so hilflosen Retters, der noch am Kreuz der Diener der jetzt zugänglichen Gottesherrschaft war und sich ganz in diesen Dienst hineingab, in ihm *hingab* (vgl. Mk 10,45parr.). Im Blick des Glaubens macht das Eine das Andere nicht unmöglich, ist das Eine vielmehr zugleich das Andere: Sein Tod am Kreuz führt ins Leben und in die Rettung hinüber, in die Gottesherrschaft, als deren *Herrscher* ihn Petrus vor den Juden bekennt.

Es ist hier also nicht so, dass das Thema Sündenvergebung (durch das Kreuz) das Thema der in Jesus zugänglichen Gottesherrschaft ablösen oder in den Hintergrund drängen würde. Es ist vielmehr so, dass Gottes Herrschaft gerade darin mächtig wird und zugänglich ist, dass die Sünde ihre Macht über die Menschen verliert – dass damit auch deren Sünd*en* die Macht verlieren, Unheil über sie zu bringen und sie aus der Gottesgemeinschaft auszuschließen. Am Kreuz scheinen die Sünde und deren Agenten den Sieg davonzutragen. Aber Gott selbst ist es, der den Sieg der Sünde zu ihrer definitiven Niederlage macht und das Kreuz zum wirksamen Versöhnungszeichen umdefiniert: von ihm die Versöhnung und den Schalom ausgehen lässt. Der Glaube an Jesus, den Christus, rettet in die Gottesherrschaft hinein; der Glaube daran, dass er es war *und ist*, der in die Gottesherrschaft hineinführt; der Glaube daran, dass nicht die Macht der Sünde am Kreuz gesiegt hat, sondern Gott in seinem gekreuzigten Messias den Menschen zugute über die Sünde und ihre Agenten gesiegt hat, so dass auch jetzt noch – gerade jetzt – Menschen in der Nachfolge Christi Anteil an der Gottesherrschaft gewinnen.

So ist der Glaube an den Messias Jesus Glaube an den Gott, der ihn gesandt hat und sich mit seinem Gesandten – mit der Sendung, für die er in die Welt gekommen ist – rückhaltlos identifiziert; Glaube an den Gott, der den Menschen seinen Gesandten »hin*gegeben*« und dessen Gesandter sich seinerseits in seine Sendung hineingegeben hat; Glaube an den Gott, der den Menschen in seinem geliebten Sohn »alles« gegeben, ja sich selbst hingegeben hat, damit sie an der Gemeinschaft der Liebe Anteil fänden, die ihnen in Jesus Christus und seinen Dienst an der Zugänglichkeit des Reiches Gottes offen steht. Paulus hat sich im 8. Kapitel des Römerbriefs – neben und mit anderen soteriologischen Ansätzen – zu dieser Soteriologie eindrucksvoll und wohl in Aufnahme älterer Traditionsstücke bekannt. Es ist das Bekenntnis zu einem Gott, der »seinen eigenen Sohn nicht verschont, sondern ihn für uns alle hingegeben« hat. »[W]ie sollte er uns mit ihm nicht alles schenken?« (Röm 8,32). In dieser (Selbst-)Hingabe, die am Kreuz seines Sohnes offenkundig wurde, hat er seine Entschiedenheit gezeigt, die Menschen nicht an die Mächte des Bösen verloren zu geben. Wo und wie auch immer sie sich gegen die Menschen wenden, dürfen diese sich gesagt sein lassen: »Ist Gott für uns, wer ist dann gegen uns?« (Röm 8,31). All das, was die Macht der Sünde und ihre Agenten gegen die Menschen und ihre in Jesus Christus zugängliche Gottverbundenheit ins unheilvolle Werk setzen, »das überwinden wir durch den, der uns geliebt hat. Denn ich bin gewiss: Weder Tod noch Leben, weder Engel noch Mächte, weder Gegenwärtiges noch Zukünftiges, weder Gewalten der Höhe und Tiefe noch irgendeine andere Kreatur können uns scheiden von der Liebe Gottes, die in Christus Jesus ist, unserem Herrn« (Röm 8,37–39).

Das Kreuz Jesu Christi ist für die Glaubenden Erweis der Selbsthingabe Gottes in seinem Sohn *für die Menschen*, die den Menschen – als Selbsthingabe *Gottes* – alles schenkt, sie Anteil haben lässt an der Liebe Gottes in Gottes Herrschaft und ihnen so den »Sieg« gibt über die Unheilsmächte, in denen die Sünde über die Menschen herrscht, sie bis jetzt unter der Knechtschaft des Sündigens und seiner schlimmen Auswirkungen, insbesondere des Sterbenmüssens festhält. Die Auferweckung des Gekreuzigten hat den Gläubigen mit dem Sieg über die Unheilsmacht der Sünde auch den Sieg über deren äußerste Unheils-Konsequenz, die Macht des Todes, geschenkt. So »erfüllt sich das Wort der Schrift: Verschlungen ist der Tod vom Sieg. Tod, wo ist dein Sieg? Tod, wo ist dein Stachel? [nach Jes 25,8 und Hos 13,14 G]. Der Stachel des Todes aber ist die Sünde, die Kraft der Sünde ist das Gesetz. Gott aber sei Dank, der uns den Sieg geschenkt hat durch Jesus Christus, unserem Herrn« (1 Kor 15,54–57).

Das Zeichen des Scheiterns an den Mächten dieser Welt, das den Messias als den Gottverfluchten erweisen soll, wird zum Zeichen des Sieges über die Mächte, die Welt und Menschen beherrschen, und das in diesen Mächten letztlich Mächtige: die Macht der in der Sünde immer wieder neu zum Verhängnis werdenden und im Tod sich »erfüllenden« Vergeblichkeit allen menschlichen Beginnens, der die Menschen auch durch die Erfüllung des in der Tora Gebotenen nicht entrinnen können. Der Tod Jesu Christi manifestiert nicht die Vergeblichkeit seiner Sendung, sondern die Sieghaftigkeit einer Hingabe – einer *Kenosis* –, in der sich der den Mächten dieser Welt Unterworfene als der Kyrios erweist, von Gott »über alle erhöht« und mit einem Namen ausgezeichnet, »der größer ist als alle Namen, damit alle im Himmel, auf der Erde und unter der Erde ihre Knie beugen vor dem Namen Jesu und jeder Mund bekennt: ›Jesus Christus ist der Herr‹ – zur Ehre Gottes des Vaters« (Phil 2,9–11). In diesem Bekenntnis finden die Glaubenden zusammen, leben sie jetzt schon im Machtbereich dieses Kyrios, aus dem Geist, der sie mit der Liebe Gottes verbindet und in ihr lebendig macht (vgl. 1 Kor 12 und 13).

Der Kontrast, den die Petrusreden der Apostelgeschichte formulieren und der sich hier auf ein Handeln Gottes bezieht, in dem das Gericht der in dieser Welt Mächtigen eschatologisch außer Kraft gesetzt und der (Hin-) Gerichtete zum Richter eingesetzt wird, ist bei Paulus als Gegensatz von Tod und Leben, der Beherrschung durch die Mächte und der eschatologischen Freiheit in der Zugehörigkeit zu Gott, der Sünde und der Vergebung, der Vergeblichkeit und des Handelns aus dem Geist zum Aufbau des »Leibes Christi« verstanden. Die Folie, auf der dieser Gegensatz seine soteriologische Bedeutung gewinnt, ist die apokalyptische Zwei-Äonen-Lehre, die den alten Äon, den die Mächte, Sünde und Tod beherrschen, in einem unmittelbar bevorstehenden Gottesgericht auf sein katastrophales Ende zugehen sieht und in diesem Gericht den Anbruch des neuen Äons – der Gottesherrschaft – erwartet. Tod und Auferweckung Jesu sind bei Paulus das Ende des alten und der Beginn des neuen Äons: Der neue Äon bricht im alten an, der für die Glaubenden tatsächlich im Kreuz Jesu zu Ende gekommen ist. Das Kreuz *ist* das Ende des alten und der Aufgang des neuen Äons, da mit ihm die liebende Selbsthingabe Gottes in Jesus offenbar wird und aus dem Tod Jesu das Leben im neuen Äon schafft. Der Geist, in dem der Gekreuzigte auferweckt wurde, ergreift die Glaubenden, damit auch sie im Glauben und durch die Taufe zum Leben im neuen Äon – »in Christus« – auferweckt werden (Röm 6,1–14; vgl. auch Mk 16,16).

Was wie ein Ereignis aussieht, mit dem die Mächte des alten Äons sich zu behaupten scheinen, das wird als deren eschatologische Entmachtung im

Anbruch des neuen Äons wahrgenommen und geglaubt. Die Taufe ist deshalb nicht mehr wie noch beim Täufer Johannes die Versiegelung zur Rettung im bevorstehenden Gericht, sondern das »Zusammengepflanztwerden« (Röm 6,5) mit Jesus Christus – seinem Tod und seiner Auferweckung – zur Teilhabe an der endzeitlichen Gottesherrschaft, in welche das In-Christus-Sein die auf ihn Getauften und an ihn Glaubenden jetzt schon einbezieht, womit sie freilich zu einem Leben als »neue Menschen« verpflichtet und befähigt sind. Das Hineingetauftwerden in Christus begründet die reale Gemeinschaft des Lebens im neuen Äon, die den alten indes nicht in jeder Hinsicht macht- und wirkungslos werden lässt. Auf den Beistand des Geistes angewiesen, harren die Glaubenden in Geduld und Schwachheit, bis sie als Kinder Gottes und Miterben Christi »offenbar werden« (vgl. Röm 8,17.22.23–26).

Hier wird deutlich: Die Apokalyptik etwa des Täufers Johannes wird *christologisch* und *soteriologisch* reinterpretiert. In Christus bricht der neue Äon in den alten ein, beginnt Gottes Herrschaft, da sie die Mächte des alten Äons – an Kreuz und Auferweckung Jesu erkennbar – jetzt schon entmachtet. Die apokalyptische Naherwartung eines die Äonen trennenden und den neuen Äon erst heraufführenden Endgerichts wird als Wiederkunft des ungerecht Gerichteten, vom Vater aber zum endzeitlichen Richter eingesetzten Christus umcodiert, mit der die Glaubenden und Getauften als das »offenbar werden«, was sie jetzt schon sind. Paulus rekurriert in seiner christologischen Reinterpretation der zeitgenössischen Apokalyptik auf eine dämonologische Weltsicht, welche das Geschehen in der Welt übelwollenden und Verderben bringenden Mächten unterworfen sieht, die ihrerseits dem Satan – dem Übelwollenden von Anfang an – botmäßig sind. Ihr Übelwollen zieht die Menschen ins Unheil hinein, treibt sie zum Sündigen an und sucht sie so von Gott zu trennen. Als Himmelsmächte schieben sie sich gewissermaßen zwischen den Gott im Himmel und den Menschen auf der Erde. Nach dem Lukasevangelium sieht Jesus in seiner »Berufungsvision« den Satan und die ihm hörigen Mächte vom Himmel fallen und so ihre Herrschaft verlieren. Paulus sieht Jesus, den Gekreuzigten als den Sieger über den Satan und seine Mächte des Übelwollens. Und er geht noch einen Schritt weiter, wenn er – von der in Jesus Christus geschehenen Entmächtigung der Mächte her – »die Vielzahl der Mächte auf die Sünden- und Todesmacht reduziert«[12] und so gleichsam entmythologisiert. Ist damit

[12] Paul Hoffmann, Er ist unsere Freiheit. Aspekte einer konkreten Christologie, in: Bibel und Kirche 42 (1987) 109–115, hier 115.

für Christinnen und Christen der Gegenwart nicht die Frage aufgeworfen, ob diese Entmythologisierung entschieden weitergetrieben werden sollte und man das soteriologische Denken in Machtkategorien überhaupt hinter sich lassen müsste? Aber was würde dann noch von den neutestamentlichen Soteriologien übrigbleiben?

Jesus, dem Christus, wird die Rolle des Retters – des *Sotēr* – zugeschrieben, der das Heil – die Soteria – der Menschen initiiert. Rettung geschieht durch *gute Herrschaft*, in der den Mächten des Übelwollens und der Zerstörung die Macht genommen ist, Menschen ins Unheil zu bringen. Der römische Kaiser figurierte als Sotēr; die Pax Augustana sollte allen Heil bringen, da sie stabile Herrschaftsverhältnisse aufrichtete. Aber stabile Verhältnisse sind noch keine guten Verhältnisse. Jesus, der Christus, wird im Neuen Testament als der Sotēr bezeugt, weil er der *Kyrios* einer guten Herrschaft ist, die weit über den Machtbereich der Herrscher dieser Welt hinausreicht, da sie auch die Mächte des Bösen und des Todes noch in die Schranken weist. Er ist der Retter, weil ihm die Macht des guten Geistes zugesprochen werden darf, die von den Mächten befreit: »Der Kyrios aber ist der Geist, und wo der Geist des Kyrios wirkt, da ist Freiheit« (2 Kor 3,17). Er hat die Geist-Macht, uns zur Freiheit zu befreien (Gal 5,1), die Macht, die in den Glaubenden Freiheit wirkt, da sie in ihnen den Glauben daran und die Hoffnung darauf hervorruft, dass die in Jesus Christus »siegreich« in dieser Welt gegenwärtige Liebe Gottes die Menschen ergreifen und zu Teilhabern der Gottesherrschaft – der wahrhaft guten Herrschaft – machen kann. Wer an den Sotēr Jesus Christus glaubt, weiß von dieser schöpferischen Macht, die es vermag lebendig zu machen, und versteht es, sich gegen die Mächte zu behaupten, die das Leben in Fülle sabotieren. Wer dem wahren Sotēr zuinnerst verbunden ist, lebt im Machtbereich der guten Herrschaft, in dem das Leben in Fülle zugänglich wird – zugänglich wird freilich »auf Verheißung hin« (vgl. Röm 8,24), auf die Verheißung hin, dass das, was jetzt beginnt und in der »Anzahlung« (2 Kor 1,22) schon erfahren wird, nicht aufhören, sondern sich erfüllen wird.

Das Kreuz Jesu provozierte eine weitere *soter*iologische Profilierung der Rolle des Boten und Dieners der Gottesherrschaft dahingehend, dass die neutestamentlichen Zeugnisse die Zerstörungs-Macht der Mächte in den Blick rücken, mit der sie am Kreuz den alten Äon gegen die gute Herrschaft des neuen Äons zu sichern suchten. »Muss« es nicht so sein, dass die Mächte des alten Äons am Kreuz ihr wahres Gesicht zeigen? »Muss« es nicht so sein, dass der Bote und Zeuge des guten Gotteswillens – der exemplarisch Gerechte – ihre Reaktion wie die Reaktion derer provoziert, die sich von seinem Wort- und Tatzeugnis und dem darin bezeugten Nahekommen der Gottesherrschaft bedroht erfahren?[13] Die synoptischen Evangelien rekurrieren hier – vor allem in den Passionserzählungen – auf die Typologie des *leidenden Gerechten*[14], der nicht nach der biblisch mitunter geltend gemachten Tun-Ergehen-Kongruenz verdientermaßen Böses erleidet, sondern von den Ungerechten als Gerechter bis aufs Blut verfolgt wird. Diese Typologie wird etwa von den vielfachen Bezugnahmen der Passionserzählungen auf den Psalm 22 eingespielt, zugespitzt im verkürzten und zugleich kennzeichnend fortgeschriebenen Zitat der Verse 8f. in Mt 27,43: Der gerechte Beter, der Gott in seiner Gottverlassenheit anruft (Vers 2, zitiert in Mk 15,34), schildert mit Eindringlichkeit das Ausgeliefertsein an seine Verfolger:

> »Alle, die mich sehen, verlachen mich, verziehen die Lippen, schütteln den Kopf:
> [Sie sagen:] ›Er wälze die Last auf den Herrn, der soll ihn befreien!
> Der reiße ihn heraus, wenn er an ihm Gefallen hat‹.«

Das Matthäusevangelium pointiert noch die Gerechtigkeit dieses Hingerichteten (»anderen hat er geholfen, sich selbst kann er nicht helfen«) und lässt seine offenkundige Schwäche im Mund der Umstehenden zum Argument gegen seinen Messias-Anspruch werden. Jetzt am Kreuz müsste sich doch *zeigen*, ob dieser Gerechte tatsächlich gerecht, ja Gottes Sohn ist, ob Gott ihn »herausreißt«, weil er Gefallen an ihm hat[15]: Wenn dieser Gekreuzigte Gottes Sohn wäre, so müsste er in der Kraft dieses Gottes sich selbst helfen können und vom Kreuz herabsteigen (vgl. Mt 27,40). Am Kreuz sollte es doch herauskommen, ob hier Gottes Sohn hängt. Das müsste sich darin zeigen, dass der Vater seinen geliebten Sohn »herausreißt«.

Nichts davon geschieht. Der hingerichtete Gerechte stirbt den Tod der Ungerechten, die mit ihm gekreuzigt werden. Und doch geschieht es, dass

[13] Von dieser inneren Unheilskonsequenz, die durch Kreuz und Auferweckung zur Heilskonsequenz wird, spricht ausdrücklich das Lukasevangelium, so etwa in der Emmaus-Perikope. Den Jüngern, die diesen Zusammenhang nicht verstehen können und deshalb in Hoffnungslosigkeit geraten, legt der auf dem Emmaus-Weg Mitgehende die Schriften aus und führt sie genau dahin: »Musste nicht der Messias all das erleiden, um so in seine Herrlichkeit zu gelangen?« (Lk 24,26; ganz ähnlich die Unterweisung durch den Auferstandenen in der Erscheinungsgeschichte Lk 24,44–47).

[14] Zur Motivgeschichte vgl. Lothar Ruppert, Jesus als der leidende Gerechte, Stuttgart 1972.

[15] Deutlich ist hier die schon bei der Taufperikope der Verlautbarung Gottes zugeschriebene Bezugnahme auf den Gottesknecht, den »geliebten Sohn«, an dem der Vater »Gefallen gefunden« hat (Mt 3,17parr. mit Jes 42,1).

der Vater ihn »herausreißt«, da der Gerechte nicht in letzter Instanz als der Ungerechte verurteilt bleiben konnte. Es geschieht durch Gottes Kraft in der Auferweckung des Gekreuzigten. Gott erweist die Gerechtigkeit dessen, der anderen hilft, sich selbst aber nicht retten will; er erweist ihn als den Retter und seine Gerechtigkeit als rettende Gerechtigkeit. Der Typos des leidenden Gerechten wird an Jesu Kreuz »erfüllt«; von ihm her wird die rettende Heilswirklichkeit eines Leidens für die Gerechtigkeit einsehbar, wird offenbar, was die das Kreuz Umstehenden sehen und verstehen könnten, was die Emmaus-Jünger hätten nachvollziehen können, was ihnen allen aber durch den Geist – den Mitgehenden – ausgelegt und offenbart werden musste. So erweist sich aber auch das Kontrastmodell der Petrusreden in der Apostelgeschichte auf dem Hintergrund der »Schriften« durchaus als argumentativ zugänglich: Man kann – so wird hier geltend gemacht – als Jude verstehen, dass die Gerechtigkeit Jesu dadurch offenbar werden »musste«, dass er für sie starb – und dass Gott »gar nicht anders konnte«, als seine Gerechtigkeit zu bestätigen, indem er ihn dem Tod entriss. Damit wird das Kontrastmodell mit einer heilsgeschichtlichen Konsequenz »implementiert«, an der man die universelle Bedeutung des Kreuzestodes und der Auferweckung Jesu glaubend erkennen kann: So »geht« Rettung, dass der Retter die Anderen, nicht aber sich selbst rettet, da er von dem gerettet wird, »für den« er die Anderen rettet(e).

Die Übersetzung dieser Sotēr-Vorstellungen in gegenwärtige Selbst- und Weltverständigung scheint mir keine vergebene Liebesmüh' zu sein. Man wird die dämonologische Weltsicht der Antike und der Apokalyptik nicht teilen müssen und die dämonischen (Kosmos-)Mächte doch in den Machtsystemen wiedererkennen können, welche die Menschenwelt mit Vergeblichkeit »imprägnieren« und die Menschen in mehr oder weniger aggressiver Hoffnungslosigkeit gefangen halten, sie deshalb zu lebensfeindlichen Lebens- und Gesellschaftsentwürfen verführen. Und die neutestamentlichen Zeugnisse vom Sieg des Gekreuzigten über die Mächte, der gerade dadurch errungen wird, dass die Mächte sich am Kreuz »offenbaren« müssen, der Offenbarung der Lebensmacht Gottes am Gekreuzigten aber nicht gewachsen sind, werden das Einbildungsvermögen von Menschen herausfordern können, denen die Sehnsucht nach einer radikalen Alternative zur Herrschaft der Mächte nicht völlig abhandengekommen ist. Sie werden in Jesus ihren Retter erkennen können, wenn sie die guten Anfänge wahrnehmen, die sich ihnen »in Christus« erschließen und denen sie zutrauen lernen, auf ein (Gott-)erfülltes Leben hinzuführen. Sie werden freilich lernen müssen, dass die Leben-schaffende Gerechtigkeit sich angesichts der Übermacht der »Mächte« selbst nicht helfen kann, dass sie darauf angewiesen ist, von Gott gerettet und immer wieder neu in Kraft gesetzt zu werden. Das wird die Glaubenden nicht davon abhalten, Gottes größere Gerechtigkeit als ihre ureigene Herausforderung anzusehen und jetzt schon an ihr teilhaben zu wollen: zu Gottes guter Herrschaft *jetzt* Zugang zu finden.

6.3 Auf dem Weg zu einer staurozentrischen Soteriologie

Die bisher skizzierten Deutungen des Kreuzes Jesu liefen darauf hinaus, *theo*-logisch deutlich zu machen und zu bezeugen, dass Jesu Reich-Gottes-Sendung mit seinem Tod nicht zu Ende, sondern zu ihrem Ziel kam.[16] Jesu Auferweckung steht nicht nur dafür, dass der Schmachtod am Kreuz die Sendung Jesu Christi nicht vereiteln konnte und der göttliche Vater dem Recht gab, der zu Unrecht verurteilt wurde. Sie bedeutet vielmehr, dass der Vater die Gerechtigkeit der Gottesherrschaft neu in Kraft setzte, die vom Kreuz ins Unrecht gesetzt sein sollte.[17] Es geht in den Passions- und Ostererzählungen der Evangelien von vornherein nicht nur um die Rettung dieses Einen, sondern darum, dass diese Rettung die Rettung aller bedeutet: Offenbarung einer eschatologisch rettenden Gerechtigkeit, welche die Menschen zu ihrem Heil ergreifen, mit Gottes-Gerechtigkeit »anstecken« und ihnen an der Gottesherrschaft Anteil geben will. Am Kreuz kommt heraus, was es um die Macht der Mächte ist, die auf den Tod hinarbeiten. Am Kreuz kommt weit mehr noch dies heraus: was es um die Macht Gottes und seiner Gerechtigkeit ist – wie sie aus dem Tod das Leben schafft, aus dem Menschen-Unrecht die rettende Gottesgerechtigkeit erstehen lässt, wie sie noch im Grab des Gekreuzigten Gottes Herrschaft öffnet.

Es ist nicht direkt davon die Rede, dass das Kreuz das Heil des neuen

[16] In diesem Sinne formuliert der »Grundlagentext des Rates der Evangelischen Kirche in Deutschland«: Für uns gestorben. Die Bedeutung von Leiden und Sterben Jesu Christi, Gütersloh 2015, als das Sinnzentrum der Kontrastaussagen der Apostelgeschichte, das Kreuz Jesu erscheine hier »nicht länger als das Scheitern, sondern als die Vollendung des Lebens und Weges Jesu (S. 30).«

[17] Der »eschatologische Ausblick« der Abendmahlsüberlieferung (Lk 22,16.18/Mt 26,29/Mk 14,25) bringt das zur Sprache: Die Mahlgemeinschaft mit dem Messias, in der Gottes Herrschaft jetzt schon gefeiert werden darf, wird vom Schmachtod Jesu nicht als irreal erwiesen, sondern in der endgültig und umfassend zur Wirklichkeit gewordenen Gottesherrschaft neu gefeiert werden.

Äons, das von ihm her in den alten Äon »einbricht«, selbst *bewirkt*. Noch ist das Kreuz von der Sendung Jesu her gesehen, die als ganze – den Tod am Kreuz eingeschlossen – in die Gottesherrschaft hineinführt und an ihr Anteil gibt. Aber es gibt schon in den frühen neutestamentlichen Zeugnissen Ansätze und Assoziationen, die dem Kreuz Jesu ein größeres soteriologisches Eigengewicht zuschreiben; etwa an der Typologie des leidenden Gerechten, die im zeitgenössischen Judentum mit Vorstellungen verbunden scheint, nach denen der leidende Gerechte nicht für sich – für eigene Sünden –, sondern für die Sünden anderer leidet und so von den Sündern wegnehmen kann, was diese treffen müsste. Der Gedanke ist bereits in der *Gottesknechtstheologie* des Deuterojesaja deutlich greifbar, auf die – wie mehrfach erwähnt – vor allem die Christologie der Synoptiker an entscheidenden Stellen des Weges Jesu zurückgreift. *Durch* sein Martyrium schafft der Gottesknecht, der Gerechte par excellence, dem Volk – den Vielen – Sühne; ihm sind die Vergehen des Volkes aufgeladen, damit er sie wegtrage und so unschädlich mache. »Züchtigung für unser Heil lag auf ihm, durch seine Wunde ward uns Heilung zuteil« (Jes 53,5). Gott aber »fand Gefallen an seinem Zerschlagenen; er heilt ihn, der sein Leben als Sühnopfer hingab« (Jes 53,10).

Ohne traditionsgeschichtlichen Zusammenhang damit hat es zur Zeit Jesu, vor allem nach der Zerstörung des kultischen Sühneortes im Tempel, Märtyrervorstellungen gegeben, nach denen man Gott bitten konnte, wegen der eigenen unverdienten Leiden die verdiente Strafe von Anderen – vom Volk – abzuwenden. Wo die Sühne nicht mehr kultisch begangen werden konnte, da zeigten sich offenbar andere Wege, Sühne zu erlangen und daran mitzuwirken, dass das Volk von Gott her neu geheiligt wird.[18] In Daniel 3,39 f.G betet Asarja für sich und seine Freunde: »Wie Brandopfer von Widdern und Stieren, wie Myriaden fetter Lämmer, so soll unser Opfer vor dir heute sein und dich versöhnen.« Gott möge das eigene Blut und Leben dafür gelten lassen, verwirktes anderes Leben zu schonen. Leben soll für Leben gegeben und von Gott angenommen werden.[19] Um 150 nach

[18] Auch zuvor schon wird ja immer wieder davon gesprochen, dass es neben den kultischen Begängnissen andere Wege gibt, Sühne zu erlangen. Vgl. etwa die weisheitliche Sentenz: »Liebe deckt alle Vergehen zu« (Spr 10,12). Die Metapher des Zudeckens darf durchaus als ursprünglich sühnetheologische Vorstellung gesehen werden: Gott sieht über die Vergehen hinweg; er gibt selbst die Möglichkeit für die Menschen, das Ihre zu tun, damit er über ihre Sünde hinwegsehen, sie vergessen »kann«.

[19] Vgl. das Gebet des Greises Eleazar im 4. Makkabäerbuch, das etwa zur Mitte des 1. Jahrhunderts entstanden sein dürfte: »Lass dir die Strafe genügen, die wir für sie erdul-

Christus formuliert Rabbi Schimon ben Jochai als Auslegung von 1 Kön 20,37 die Sentenz: »Jener Tropfen [Blut], der aus jenem Gerechten kam, hat für ganz Israel gesühnt.«[20]

Ist hier, was zu vermuten ist, eine ältere Tradition lehrhaft ausformuliert, so wird man annehmen dürfen, dass auch neutestamentliche Deutungen des Todes Jesu in einen Vorstellungshorizont hineinformuliert wurden, der die weisheitliche Logik *Leben für Leben* sühnetheologisch auffasste und es nahe zu legen schien, das Kreuz Jesu als sein Lebensopfer zugunsten der Seinen – schließlich aller in der Sünde und den Sündenfolgen gefangenen Menschen – anzusehen. Aber ist es nicht so, dass gerade dieser Vorstellungshorizont in den Jahrhunderten seit der europäischen Aufklärung seine Plausibilität vollständig eingebüßt hat und so kaum noch theologisch-hermeneutisch geltend gemacht werden kann? Und ist es nicht so, dass die soteriologische Bedeutung des Kreuzes Jesu sich in solchen Sühnopfer-Konzeptionen vom Sinn seiner Sendung, wie er ihn selbst vielfach formulierte, mehr oder weniger deutlich ablöst und ihn soteriologisch »entwichtigt«?

Was die zweite Frage angeht, darf man immerhin darauf verweisen, dass der Zuspruch der Sündenvergebung den Sinn der Sendung Jesu durchaus signifikant zum Ausdruck brachte: Sein Dienst, die Gottesherrschaft für die Menschen zugänglich zu machen, schloss es offenkundig ein, die Menschen von Bindungen loszusprechen, die sie unfähig machten, sich auf Gottes guten Willen einzulassen und in Gottes nahe gekommener Herrschaft die Fülle ihres Lebens schenken zu lassen. So kann Jesus nach den synoptischen Evangelien den Sinn seines *Gekommenseins* darin sehen, dass er die Diakonie der Gottesherrschaft leistet und sein Leben einsetzt »als Lösegeld für viele« (Mk 10,45parr.). Die Lösegeldmetaphorik kann auf die Sühnethematik verweisen, hat aber ein eigenes Sinnzentrum.[21] Sie rekurriert auf soziale Loskaufpraktiken, in denen ein Goël – der »Löser« – seinen Verwandten durch eigenes (finanzielles) Engagement aus der Schuldknechtschaft aus-

den. Zu ihrer Läuterung lass mein Blut dienen und als Ersatz für ihr Leben nimm mein Leben hin« (4 Makk 6,27–29).

[20] Hermann L. Strack – Paul Billerbeck, Kommentar zum Neuen Testament aus Talmud und Midrasch, Bd. 2: Das Evangelium nach Markus, Lukas und Johannes, München [8]1983, 279; vgl. Gerhard Friedrich, Die Verkündigung des Todes Jesu im Neuen Testament, Neukirchen-Vluyn 1982, 40 f.

[21] Vgl. Bernd Janowski, Auslösung des verwirkten Lebens. Zur Geschichte und Struktur der biblischen Lösegeldvorstellung, in: Zeitschrift für Theologie und Kirche 79 (1982), 25–59.

löst und ihm so die Möglichkeit eines eigenständigen und freien Lebens in Israel zurückerwirbt (vgl. Lev 25,23–28).[22] JHWH selbst tritt immer wieder in die Rolle des Goël ein. Er kann – wie von Ijob – als der Löser angesprochen werden, an den man sich in äußerster Not mehr oder weniger vertrauensvoll wendet. Ijob weiß, dass sein Goël lebt, auch wenn er kaum noch weiß, wie er jetzt auf ihn zählen kann (vgl. Ijob 19,25a). Von Deuterojesaja wird an die Exilierten das Hoffnungswort JHWHs ausgerichtet:

> »Fürchte dich nicht, denn ich habe dich ausgelöst, ich habe dich beim Namen gerufen, du gehörst mir.
> Wenn du durchs Wasser schreitest, bin ich bei dir, wenn durch Ströme, dann reißen sie dich nicht fort.
> Wenn du durchs Feuer gehst, wirst du nicht versengt, keine Flamme wird dich verbrennen.
> Denn ich, der Herr, bin dein Gott, ich, der Heilige Israels, bin dein Retter.
> Ich gebe Ägypten als Kaufpreis für dich.
> Weil du in meinen Augen wertvoll und teuer bist und weil ich dich liebe,
> gebe ich für dich ganze Länder und für dein Leben ganze Völker« (Jes 43,1b–49).

So steht die Lösegeldmetaphorik, die in der christlichen Soteriologie-Geschichte eine höchst zwiespältige Karriere machen sollte[23], für den solidarischen Selbst-Einsatz des Lösers, schließlich Gottes selbst, der alles einsetzt, die, die zu ihm gehören und in äußerste Not geraten sind, aus der Gefangenschaft in der lebensfeindlichen Fremde, in der Gottferne, die ihnen ihre Sünde zugezogen hat, zu *erlösen*. Bei Paulus klingt der Gedanke nach: Gott gibt sich selbst, da er seinen Sohn gibt; mit ihm und in ihm gibt er »uns« alles, uns freizukaufen aus der Macht des Todes und der Sünde (vgl. Röm 8,32.38–39).

---

[22] Eine kollektiv »lösende« Funktion hatte das Jobeljahr – das fünfzigste Jahr nach sieben mal sieben Jahren –, in dem die ursprüngliche Lebensordnung des Volkes, die für jedes Glied des Volkes eine von Gott selbst zugeeignete Lebens-Grundlage bot, wiederhergestellt werden sollte. Eine terminologische Querverbindung zur Sühnethematik wird bei sozialen Koper-Praktiken deutlich, durch die die Talions-Vergeltung bei Kapitalvergehen dadurch sistiert wurde, dass der Schädiger einen Schadensausgleich anbot, der – sofern der Geschädigte sich versöhnlich zeigte und auf das Angebot einging – beide Beteiligte aus der »selbstwirksamen« Vergeltungsdynamik des Bösen auslöste. *Koper*: das ist das Stichwort, das auch die kultischen Sühnepraktiken semantisch strukturiert.

[23] In der Alten Kirche kommt der Mythos auf, Jesus habe am Kreuz das Lösegeld verdient, das dem Teufel gezahlt werden musste, damit sein legitimer Rechtsanspruch auf die Sünder abgelöst würde. Später ist es der göttliche Vater selbst, dessen Strafanspruch durch das Verdienst Jesu abgelöst wird. Zur Geschichte solcher Vorstellungen bis zu Anselm von Canterbury vgl. Jürgen Werbick, Den Glauben verantworten. Eine Fundamentaltheologie, Freiburg – Basel – Wien [4]2010, 436–442.

Soweit die Lösegeldmetaphorik das äußerste Engagement Gottes selbst in Jesus Christus zum Ausdruck bringt, uns aus lebensfeindlich-entfremdenden Bindungen »auszulösen«[24], mag sie in heutiger Welt- und Selbstverständigung neue und durchaus herausfordernde Signifikanz gewinnen. Wo sie sich aber zu explizit kultbestimmten Sühnekonzepten verdichtet, scheint die Grenze des Zumutbaren erreicht, drängt sich doch fast unvermeidlich die prekäre Vorstellung auf, es müsse vor Gott durch Blut und Tod ein Ausgleich für das geschaffen werden, was die Menschen durch ihre Sünde an Unheil in die Welt gebracht haben – und nur so könne es vor Gott und mit ihm Versöhnung geben. Aber ist damit überhaupt auch nur annähernd getroffen, was für die Bibel Sühne heißt – und was dann mit dem Kreuz Jesu in Verbindung gebracht wird? Sehen wir genauer zu!

6.4 Zur Sühne für unsere Sünden?

Der theologische Skandal, als der die Sühnopfer-Soteriologie heute empfunden wird, ist offenkundig darin begründet, dass man das Kreuz Jesu hier als das Eintreten des Gekreuzigten für die Sünder deutet: Er erleidet, was die Sünder zu erleiden hätten und was sie nicht hätten tragen können; er gibt dem göttlichen Vater mit seinem Leiden die Möglichkeit, für die Sünder Gnade vor Recht ergehen zu lassen. Er trägt mit seinem gehorsamen Leiden eine Schuld ab, die der Vater von den Menschen gerechterweise hätte einfordern müssen, zu deren Tilgung diese aber gar nicht in der Lage gewesen wären.

Vorausgesetzt ist dabei, wie es scheint, eine geradezu metaphysische, jedenfalls moralisch-juridische Logik des Bezahlenmüssens, nach der ein Übeltäter für das Übel, das er in die Welt gebracht hat, mit eigenem Leiden oder anderen Leistungen bezahlen muss, ehe er von den bösen Folgen, die ihn für seine Vergehen treffen müssten, freigestellt werden kann. Das noch im 20. Jahrhundert vielfach diskutierte Konzept des Sühne-Strafrechts transportierte solche zunehmend angefochtenen Vorstellungen im gesell-

[24] Dieses Engagement Gottes in Jesus Christus wird neutestamentlich mitunter in der Metaphorik des Kampfes Gottes gegen die Unheilsmächte und seines Sieges über sie zum Ausdruck gebracht. Das Motiv ist etwa in 1 Kor 15,55.57 aufgenommen und findet noch Resonanz in Martin Luthers bekanntem Osterlied »Nun freut euch, liebe Christen g'mein«, wo in der vierten Strophe vom »wunderlichen Krieg« und dankbar davon gesungen wird, dass durch den Tod Jesu am Kreuz der Tod »verschlungen« und der Sieg des Lebens über den Tod errungen wurde.

schaftlichen Bewusstsein.[25] Aber es spiegelte nur die menschlich tief reichende Vorstellung einer ausgleichenden Gerechtigkeit[26], nach der jeder Mensch für die gesellschaftlichen »Unkosten« aufkommen muss, die er mit seinem Fehlverhalten verursacht hat.

Die Vorstellung, Menschen müssten die Folgen des von ihnen verschuldeten Bösen ausleiden – gewissermaßen »unschädlich leiden« –, prägt menschliche Welt- und Selbsterfahrung in einer anthropologischen Tiefe, aus der sie in viele Bereiche der Lebensführung ausstrahlt und sich aufklärungsresistent als weitgehend säkularisierter Religionsrest zu behaupten scheint. Wo früher den Göttern Opfer dargebracht wurden, damit sie einem wegen mehr oder weniger gravierender Untaten nicht mit einem bösen Schicksal bestraften, da hat man in säkularen Zeiten durch nachgereichte oder im Vorhinein geleistete »Opfer« das Schicksal versöhnlich stimmen zu wollen. Man muss zwar – so eine berühmt gewordene Wahlkampfparole aus den 1970er Jahren – die Dinge so nehmen, wie sie kommen. Aber man kann etwas dafür tun, dass sie so kommen, wie man sie nehmen möchte.

Ist Gott auch biblisch der Herr des Schicksals, mit dem man sich durch Opfer arrangieren müsste, damit er unser Ergehen (bis ins Jenseits hinein) nicht unheilvoll ausgehen lässt? Ist Sühne der Preis, den man zu zahlen hätte, damit es nicht schlecht ausgeht? Solche Vorstellungen sind nicht nur in der Antike allgemeinreligiös verbreitet; sie finden sich auch in der Bibel und beruhen dann auf einem Tun-Ergehen-Zusammenhang, nach dem Gott seine Verantwortung für die Ordnung der Welt nicht zuletzt dadurch wahrnimmt, dass er die Guten verdientermaßen gut und die Bösen ebenso verdientermaßen schlecht davonkommen lässt. In diesem Vorstellungsmuster wäre die stellvertretende Sühneleistung durch das Kreuz Jesu Christi tatsächlich als Ersatzleistung zu verstehen, die aufgewendet werden muss, damit die Menschen – die an Jesu Sühnopfer Glaubenden – nicht so schlecht davonkommen, wie sie es »eigentlich« verdienen.

So sehr dieses soteriologische Sühne-Denken in biblischen Zeugnissen hie und da mitspielte und dann unter dem Einfluss römischen oder germa-

[25] In den Diskussionen um die Reform des Strafrechts seit den Sechzigerjahren des 20. Jahrhunderts ist deshalb mit zunehmender Dringlichkeit die Ablösung des Sühnestrafrechts durch ein Resozialisierungsstrafrecht gefordert worden.

[26] Diese Suum-cuique-Vorstellung fand ihre klassische Formulierung bei dem antik-römischen Juristen Ulpian. Sie ist aber in der griechisch-römischen Antike weit verbreitet; vgl. etwa Cicero, De officiis I,15. Bei Ulpian selbst findet sich die berühmt gewordene Formel: »Iustitia est constans et perpetua voluntas ius suum cuique tribuendi« (Corpus Iuris civilis, Digesten 1,10).

nisch-feudalen Rechtsdenkens theologisch einflussreich, wenn nicht gar bestimmend wurde: Das rituelle Sühne-Denken hat im Alten Testament ein anderes Sinnzentrum. Und das bestimmt – so meine These – auch die Übertragung des Sühne-Modells durch Paulus und andere Autoren des Neuen Testaments auf das Kreuz Jesu Christi. Will man die möglicherweise bleibende und christlich normative Bedeutung der Sühne-Soteriologie richtig einschätzen, wird man mit einer Relecture alttestamentlicher Sühnepraktiken einsetzen und sich die Frage stellen müssen, wie sie in neutestamentliche Deutungen des Kreuzes einbezogen worden sind.

Die im Alten Testament überlieferten Opferpraktiken sind von der Vorstellung bestimmt, das, was die Menschen von sich – an tierischen oder vegetabilen Opfergaben – hingeben, bereite den Ort einer heilshaften Gottesgemeinschaft, die Gott konkret denen öffnet, die ihn *jetzt* im Opfer bei sich zu Gast sein lassen und sich so ihm öffnen.[27] Der Opferaltar ist in diesem Sinne der »Ort des Kommens Gottes«; das Opfer aber »ist Zeichen der Gastfreundschaft gegenüber Gott.«[28] Das gilt auch noch für die Sühnerituale und schließlich für die Liturgie des Großen Versöhnungstages, des Jom Kippur: Mit der von JHWH gewährten Gottes-Vergegenwärtigung ist überwunden – bedeckt[29], getilgt –, was die Sünde des Volkes anrichtete: Sie

[27] Ich beziehe mich auf Alfred Marx, Les systèmes sacrificiels de l'Ancien Testament. Formes et fonctions du culte sacrificiel à Yhwh, Leiden 2005; ders., Opferlogik im alten Israel, in: B. Janowski – M. Welker (Hg.). Opfer. Theologische und kulturelle Kontexte, Frankfurt a.M. 2000, 129–149 und den systematischen Überblick bei Veronika Hoffmann, Vor Gottes Angesicht treten. Zum Opfer in biblisch-christlicher Perspektive, in: J. Werbick (Hg.), Sühne, Martyrium und Erlösung. Opfergedanke und Glaubensgewissheit in Judentum, Christentum und Islam, Paderborn – München – Wien – Zürich 2013, 51–71.

[28] So – mit Bezug auf das sogenannte »Altargesetz« Gen 20,24–26 – die Formulierung Bernd Janowskis, der mit seinem Buch: Sühne als Heilsgeschehen. Traditions- und religionsgeschichtliche Studien zur Sühnetheologie der Priesterschrift, Neukirchen-Vluyn ²2000 das Verständnis der Opfer- und Sühnepraxis Israels auf eine neue Basis gestellt hat, sich hier aber auf die Forschungen von Alfred Marx bezieht. Die Zitate sind genommen aus: Bernd Janowski, Homo ritualis. Opfer und Kult im alten Israel, in: Bibel und Kirche 64 (2009), 134–140, hier 135f.

[29] JHWH sieht über das *hinweg*, was rituell gleichsam zugedeckt wurde: Diese archaisch anmutende Vorstellung weiß Gott immerhin in der Rolle dessen, der gerade nicht darauf festgelegt ist, das mit der Sünde in die Welt Gebrachte adäquat zu vergelten. Die Metaphorisierung dieses Vorstellungskomplexes, dem sich ja auch der Metaphernkreis *Beflecken – Reinigen* assoziiert, reicht bis ins Neue Testament und noch weit darüber hinaus. Gerade in solchen Metaphorisierungen wird er anschlussfähig für Fortschreibungen bis in die Gegenwart hinein. Wenn es etwa in Tobit 12,9 heißt »Barmherzigkeit rettet vor dem

hatte den Mächten der Zwietracht und der Ungerechtigkeit im Volk Einlass gewährt und so die Wohngemeinschaft zwischen JHWH und seinem Volk zerrüttet.[30] Der Gottesdienst am Tempel überwindet diese folgenreiche Entfremdung von JHWH her; JHWH macht sich von Neuem zugänglich; er *kommt* in die Mitte seines Volkes, um es zu versöhnen. Am Großen Versöhnungstag ist es der Hohepriester, dem als dem Repräsentanten des in Sünde gefallenen Volkes Israel im Vollzug des Blutopfers Reinigung und Zugang zum Allerheiligsten und damit die Nähe des versöhnenden Gottes gewährt wird (vgl. Lev 16). Mit der Applikation des Opferblutes an den Deckel der Bundeslade – die Kapporaet (griechisch: hilasterion) – wird gleichsam das Heiligtum neu für Gottes heilbringende Gegenwart geweiht[31]; wird durch JHWHs Gnade und in der Kraft seiner Heiligkeit die durch die Sünde des Volkes verdorbene Atmosphäre des Zusammenlebens mit JHWH gereinigt.[32] So gilt gerade für das Sühneritual am Jom Kippur, was Bernd Janowski als grundlegendes Merkmal des Opferverständnisses in Israel herausstellt: »Wenn Gott anlässlich eines Opfers kommt, dann nicht in Feindseligkeit, so dass man ihn – wie immer wieder behauptet wird – gnädig stimmen müsste, sondern um die Gastfreundschaft seines Volkes anzunehmen und um es zu segnen (Ex 20,24b).«[33]

Sieht man in solchen Ritualen eine gottgegebene, Gott entsprechende An-Ordnung für den auf dem gnädigen »Kommen« JHWHs beruhenden,

Tod und reinigt von jeder Sünde« oder 1 Petr 4,8 mit Spr 10,12 davon spricht, dass die Liebe eine Menge (alle?) Sünden zudeckt, so lässt sich darin ein wichtiger Impuls identifizieren, die Sünden-überwindende »Energie« der Barmherzigkeit und der Liebe gegen die Dynamiken der Missachtung und des Hasses zur Geltung zu bringen, ihnen in diesem Sinn »sühnende« Bedeutung zuzuerkennen.

[30] Wichtig ist in diesem Zusammenhang eine adäquate Bestimmung des Sinnzentrums alttestamentlicher Sündenvorstellungen; vgl. dazu Joachim von Soosten, Die »Erfindung« der Sünde. Soziologische und semantische Aspekte zu der Rede von der Sünde im alttestamentlichen Sprachgebrauch, in: Jahrbuch für Biblische Theologie 9: Sünde und Gericht, Neukirchen-Vluyn 1994, 87–110.

[31] Zur Inanspruchnahme des Motivs bei Paulus vgl. Wolfgang Kraus, Der Tod Jesu als Heiligtumsweihe. Eine Untersuchung zum Umfeld der Sühnevorstellung in Römer 3,25–26a, Neukirchen-Vluyn 1991.

[32] Sühne soll in diesem Sinne »einen Prozess der Resozialisierung in Gang [setzen], der die Wiederaufrichtung verlorener [für das soziale Leben konstitutiver] Balancen verspricht.« Es geht in ihr um die Überwindung der Sünde im Sinne einer »Entbindung des Menschen aus der unheilvollen Wirklichkeit des Zerfalls lebensbereichernder Balancen«, um die Unterbrechung der von der Sünde freigesetzten »bedrohliche[n] Dynamik der Zertrennung« (Joachim von Soosten, Die »Erfindung« der Sünde, a. a. O., 107 f.).

[33] Bernd Janowski, Homo ritualis, a. a. O., 136.

heilsamen Umgang zwischen Israel und seinem Gott, so kann man, wie es Paulus dann vor allem in Röm 3 und nach ihm der Hebräerbrief tun, auch das blutige Kreuzesleiden als Opferliturgie beschreiben, in welcher den Glaubenden Gottes Selbstvergegenwärtigung freilich mit eschatologisch-endgültiger Gültigkeit geschieht – und gerade *am Kreuz* geschieht. Was sich in den Opferritualen Israels vor-abzeichnet, in ihnen gleichsam vorweg schon immer wieder neu vollzogen wird, das findet seine eigentliche Gestalt und Wirklichkeit in Jesus Christus, so dass es nun keinen heilswirksamen Opferkult mehr geben muss und geben kann.[34]

Jesus steht nach Paulus, aber auch etwa nach dem Matthäusevangelium für eine Versöhnung, die nicht an den Tempel gebunden ist. Hier – in ihm – ist »mehr als der Tempel« (Mt 12,6). Im Römerbrief (3,21–26) spitzt Paulus den Gedanken der endzeitlichen Überbietung der sühnenden Tempelopfer durch das Kreuz Jesu zu einer fast unerträglichen theologischen Herausforderung zu: Das Kreuz ist jetzt die neue und wahre Kapporaet, die in der kultischen Fiktion etwa der Jom-Kippur-Liturgie als Thronschemel JHWHs und damit als Ort der gnadenhaften Gegenwart Gottes vorgestellt wurde.[35] Das Kreuz Jesu, des Christus, ist nun der Ort, an dem der heilschaffende Gott in dieser Welt gegenwärtig ist. Es ist offen in der Welt hingestellt, nicht mehr verborgen im Allerheiligsten und nur einmal im Jahr für den Hohenpriester zugänglich. Alle können zu ihm Zugang finden: zu dem Gott, der

[34] Bernd Janowski spricht mit Blick auf Röm 3,25 f. zutreffend von einer »Transformation des Opfers« durch »Metaphorisierung des Kultischen«: »Der von Gott im Tod am Kreuz öffentlich hingestellte Jesus Christus tritt an die Stelle, die zuvor die kapporaet innehatte und wird zu dem Ort, an dem sich nunmehr die Reinigung von Sünden ereignet. Der Tempelkult wird damit zwar abgelöst, aber die in ihm verwurzelten Anschauungen von der Annäherung an die Sphäre Gottes bleiben erhalten, weil sie wie nichts anderes geeignet sind, die urchristlichen Vorstellungen von der eschatologischen Aufhebung der Distanz zwischen Gott und Mensch modifiziert zur Sprache zu bringen« (Homo ritualis, a. a. O., 140).

[35] Von kultischer Fiktion wäre im Blick auf Lev 16 deshalb zu sprechen, weil die Bundeslade in die hier dargestellte nachexilische Tempelliturgie gar nicht mehr als real im Allerheiligsten vorhanden einbezogen werden konnte; sie war ja mit der Eroberung Jerusalems durch die Babylonier verloren gegangen. Die oben angesprochene Thronschemel-Hypothese ist vielleicht – mit Bernd Janowski – in dem Sinne zu modifizieren, dass man die kultische Funktion der Keruben über der Lade und der kapporaet (1 Kön 8,6 f.) einbezieht: Sie tragen gewissermaßen den unsichtbar thronenden JHWH, womit noch deutlicher würde, dass dessen heilshafte Anwesenheit keine irgendwie materialisierte Präsenz sein kann, sondern Begegnung aus dem Unsichtbaren heraus an dem Nicht-Ort, »an dem himmlischer und irdischer Bereich ineinander übergehen«; vgl. Bernd Janowski, Sühne als Heilsgeschehen, 288.

noch im tiefsten Abgrund des Leidens und Sterbens an-gekommen und nun gegenwärtig ist, um zu retten, wen immer dieser Abgrund verschlingt. Das ist die äußerste Zuspitzung jenes Beziehungs-Dramas, das die Bibel vielstimmig bezeugt und immer wieder neu »inszeniert« sieht, zuletzt eben in jener »Liturgie«, in welcher der Christus selbst am Kreuz zur definitiven Gottes-Epiphanie und Gottes-Vergegenwärtigung wird und gegen den Augenschein, der das Kreuz als Ort äußerster Gottferne wahrnehmen muss, *geglaubt* werden darf. Wer diese heilvolle Selbst-Vergegenwärtigung Gottes am Kreuz Jesu Christi glaubt, ist einbezogen in das Geschehen der von Gott ausgehenden Bundes-Gerechtigkeit, die alle (Bundes-)gerecht, Gott- und Reich-Gottes-fähig macht, in diesem Sinne »heiligt«, die sich ihr öffnen und aus dem Unheils-Zusammenhang des Sündigens *auslösen* lassen.[36]

Die religiöse Praxis des Opfers am Jerusalemer Tempel, die auch den Juden in der Diaspora, womöglich auch den Heiden, elementar verständlich ist, soll bei Paulus dem Verstehen dessen, was in Jesus Christus und am Kreuz geschehen ist, den Boden bereiten. Die kultische Plausibilität, auf die er sich bezieht, lässt sich vielleicht so fokussieren: Im Kult kann man Gott nahekommen, ihn fast berühren. Das gilt in besonderer Weise für Jesus Christus. Bei ihm kommt man Gott ganz nah, bekommt man ihn gleichsam zu fassen – am Kreuz und darin, dass man ihm nahekommt, sich in die Kreuzesnachfolge einbeziehen lässt.[37] Genau so wird man *herausgelöst* aus dem Machtbereich der Mächte und ihres obersten Machthaber, des Satans; so entrinnt man – von Gottes schöpferischer Gerechtigkeit gerecht gemacht – den Teufelskreisen der *Sünde*. So geschieht Heiligung in dem Sinne, dass

---

[36] Die gängigen Übersetzungen bringen diese Sinnspitze des Zusammenhangs Röm 3,21–26 in der Regel nicht deutlich genug zur Geltung. Vom griechischen Wortlaut her erschließt sich – etwa anhand der hier weiter präzisierten Übersetzung von Fridolin Stier das oben Skizzierte: »Jetzt aber ist abseits vom Gesetz Gottesgerechtigkeit aufgeschienen – bezeugt vom Gesetz und den Propheten: als Gerechtheit aus Gott durch Glauben an Jesus den Messias – für die Glaubenden alle. Denn da besteht kein Unterschied: Alle haben ja gesündigt und entbehren der Herrlichkeit Gottes. Gerechtgesprochen aber werden sie geschenkweise, dank seiner Gnade – kraft des durch den Messias erwirkten Loskaufs. Ihn hat Gott vorangestellt (öffentlich hingestellt) – als durch Glauben zu erlangende Versöhnung in seinem Blut (wörtlich als Versöhnungsort [gemeint ist die Bundeslade bzw. deren Deckel als »Gnadenthron« Gottes: kapporaet/hilasterion]) zum Erweis seiner Gerechtheit.«

[37] So kann der Hebräerbrief die Gemeinde auffordern: »Mit Zuversicht lasst uns also zum Thron der Gnade [hier allerdings nicht mit hilasterion bezeichnet] hintreten, damit wir Erbarmen finden und Gnade empfangen, Hilfe zur rechten Zeit« (Hebr 4,16).

man in die heiligende Gottesgemeinschaft inkorporiert und aus der Gott-Entfremdung erlöst wird, in der die Sünde die Menschen in der Unversöhntheit mit sich selbst, mit ihrer Berufung zu »Lebensgefährten« Gottes und mit diesem Gott festhält.[38]

Keine Rede davon, dass die Menschen durch *ihr* Opfer Gott gleichsam zur Versöhnlichkeit motivieren, ihn bewegen müssten, sich von Neuem als zugänglich zu erweisen. Keine Rede auch davon, dass die Menschen durch ihre Opfer den göttlichen Zorn besänftigen müssten. Es wird vielmehr unübersehbar: Die Opferliturgie ist schon am Jerusalemer Tempel Gottes eigene Liturgie, in welche die Menschen sich einbeziehen lassen dürfen. Gott selbst geht dann nach dem Zeugnis des Neuen Testaments in Jesus Christus auf die Menschen zu; er sucht ihre Nähe, damit sie sich bekehren. Und an Christi statt bittet der Apostel: »Lasst euch mit Gott versöhnen!« (2 Kor 5,20). Jesus Christus ist in diesem Sinne das Person gewordene Versöhnungsangebot Gottes, der Versöhnungsweg, der über alle Unversöhnlichkeit und das darin gründende Leid, selbst noch über den Tod hinaus in Gottes eigene Wirklichkeit hineinführt. Er ist der Weg Gottes zu den Menschen, mitten hinein in die Sphäre des Fluchs (vgl. Gal 3,10–13[39]), den alle sich zuziehen, die sich von der Geist-Wirklichkeit des guten Lebens entfernen. Ihnen geht der zur Rettung der Verlorenen entschlossene »Hirte« nach[40]. In seinem Christus geht Gott selbst hinein in die Verlorenheit der »Schafe«; noch dramatischer: geht er denen nach und kommt er denen nahe, die ihm oder einander Feind geworden sind, um sie in göttlicher

[38] Solche Heiligung und Versöhnung geschieht nach kultischer Logik durch die Reinigung »im Blut«. Der Hebräerbrief, der den Gedanken in Röm 3,21–26 aufnimmt und bis in die Einzelzüge des kultischen Begängnisses am Jom Kippur hinein allegorisch ausdeutet, stellt diese Logik ausdrücklich heraus: »Fast alles wird nach dem Gesetz mit Blut gereinigt, und ohne dass Blut vergossen wird, gibt es keine Vergebung« (Hebr 9,22). Blut reinigt das Heiligtum, so dass von ihm die Reinigung des Volkes von der Sünde – Vergebung und Versöhnung – ausgehen können. Versöhnung aber geschieht so, dass sich die Glaubenden von Neuem in die heilvolle Lebensgemeinschaft mit Gott aufnehmen lassen, die vom Gott allein gehörenden und ihm im Opfer zurückerstatteten, die Unverfügbarkeit und Lebendigkeit des Lebens bezeichnenden Blut symbolisiert wird.

[39] An Gal 3,6–14 lässt sich exemplarisch erkennen, dass die kultische Terminologie die neutestamentliche Soteriologie nicht durchweg, vielleicht nicht einmal zentral bestimmt, dass es gerade bei Paulus eine Vielfalt von Modellen gibt, mit denen er die Bedeutung des Lebens und Sterbens Jesu Christi »für uns« zu plausibilisieren versucht; vgl. Michael Theobald, »Verflucht ist jeder, der am Holz hängt«. Die Deutung des Todes Jesu nach Gal 3,6–14, in: Bibel und Kirche 64 (2009), 158–165.

[40] Vgl. das Q-Bildwort Mt 18,12–14/Lk 15,4–7.

Entfeindungs-Liebe zu versöhnen.[41] Hier nimmt der Christus – wieder paulinisch – die Stelle in der gottfeindlichen Fluchsphäre ein. Als »Verfluchter«, am Kreuz als Gottesfeind Hingerichteter, teilt er den Fluch mit den Verirrten, um sie zurückzuholen; um ihnen an diesem Ort Gott heilsam zu vergegenwärtigen. Als der Weg zu den Verlorenen und Verirrten ist er – in der johanneischen Christologie – der Weg der Wahrheit zum Leben (vgl. Joh 14,6); als solcher wird er in der Auferweckung aus dem Tod erwiesen und für die aus der Verlorenheit Zurückgeholten *zu*gänglich, *mit*gänglich (vgl. Röm 6,3–11).

Zu fragen wäre, ob der von Paulus mit anderen neutestamentlichen Autoren erstrebte Auslegungs- und Verständigungsgewinn im Blick auf die Heilsbedeutung des Kreuzes Jesu Christi mithilfe der oben angesprochenen soteriologischen Kategorien, Bilder und Logiken noch erreichbar scheint oder ob es angesichts der von ihnen immer wieder neu aufgeworfenen Missverständnisse vernünftiger wäre, die christlichen Glaubensüberzeugungen ohne Rückgriff auf diese soteriologische Kodierung zum Ausdruck zu bringen. Dass das Gespräch mit anderen religiösen Überlieferungen, vor allem mit dem Islam, aber auch die innerchristliche Selbstverständigung über den Sinn des Glaubens an Erlösung so einfacher würde, liegt auf der Hand. Aber es ist wahrscheinlich, dass mit dem Verzicht auf die soteriologische und speziell die sühnetheologische Kodierung des Christus-Glaubens Entscheidendes an der christlichen Glaubensüberzeugung und Hoffnungspraxis verloren ginge. Man sollte also hermeneutisch sorgsam mit den soteriologischen Artikulationsmustern des Christlichen umgehen und im Einzelnen prüfen, welcher Verständigungsgewinn sich bei einem hermeneutisch angemessen erarbeiteten Verständnis des biblisch-christlich mit Erlösung und stellvertretendem Sühneopfer Gemeinten heute erzielen lässt und wo irreführende Assoziationen oder Ableitungen kritisch revidiert werden müssen.

---

[41] Der deuteropaulinische Epheserbrief nimmt diese Versöhnungs-Konzeption pointiert auf: Jesu Blut hat Nähe geschaffen: Gottesnähe und die Nähe von Juden und Heiden. Die Heiden müssen sich nicht mehr in der Gottesferne verorten. Die »trennende Wand der Feindschaft« zwischen Gott und den Menschen, zwischen den Menschen (den Juden und den Heiden) ist niedergerissen in Jesu Kreuz. »[E]r selbst ist unser Friede [...] Er hat in seiner Person die Feindschaft getötet. Er kam und verkündete den Frieden: euch, den Fernen, und uns, den Nahen. Durch ihn haben wir beide in dem einen Geist Zugang zum Vater« (Eph 2,14.16b–18).

6.5 Die zwiespältige Karriere eines biblischen Modells

Eine christentumsgeschichtlich verhängnisvolle Konnotation der Sühne-Soteriologie liegt gewiss darin, dass man den Tod Jesu Christi am Kreuz als die Allein- oder Haupt-Ursache der menschlichen Erlösung ansah – und dies im Wesentlichen deshalb, weil der gerechte Gott im Kreuz des Menschen-Stellvertreters die Sünde der Menschen richten *musste* und nur so die Gnade seines göttlich-liebenden Wohlwollens gewähren *konnte*. In vielfältigen Variationen wurde dieser Gedanke etwa dahingehend ausgearbeitet, dass der leidende Messias und Gottessohn jene Leiden stellvertretend ertrug, die die Menschen als Strafe für ihre Sünde hätten erleiden müssen. Hier fügte sich eine Inanspruchnahme der biblischen Lösegeldmetaphorik ein, die nicht mehr vorrangig den Selbst-Einsatz Gottes (in Jesus Christus) für die Befreiung der Menschen in den Blick rückte, sondern bedenken wollte, wem der Lösepreis eigentlich zu entrichten war: dem Satan für seine in der Sünde der Menschen begründeten legitimen »Besitzansprüche« auf die Sünder[42] oder Gott zur Ablösung seiner legitimen Ansprüche auf Bestrafung der Sünder.

Anselm von Canterbury versuchte stattdessen eine rationale Argumentation zu entwerfen, wonach Christus Mensch werden und am Kreuz leiden *musste*, weil nur so jene Schöpfungsordnung wiederhergestellt werden konnte, die Gott um seiner Herrscherehre willen gegen die Sünde der Menschen und ihre verheerenden Folgen verteidigt *musste*. Gott musste die Genugtuung (satisfactio) für die Entehrung geleistet werden, die ihm in der Sünde und der in ihr der Schöpfung zugefügten Schändung angetan wurde; und nur der gottmenschliche Erlöser, nicht die Menschen, die ja alles schuldig geblieben waren, konnte die Leistung erbringen, die hier »genug tat«.[43]

[42] Der altkirchlichen Soteriologie schien lange plausibel, der Satan habe von Gott nach der Gerechtigkeit behandelt und in seinen Ansprüchen durch das Opfer Jesu befriedigt werden müssen. Gegen das Unpassende des Gedankens wendet sich Gregor von Nazianz (Orationes 45,22). Noch Augustinus hat ihn leicht abgewandelt vertreten, wenn er im *Handbüchlein* (Kapitel 49) feststellt: »Der Teufel sollte aber durch die innere Folgerichtigkeit der Gerechtigkeit, nicht durch gewaltsame Machtausübung unterdrückt und besiegt werden. Da er ihn [Christus], der von jeder Sündenschuld frei war, aufs ungerechteste tötete, so verlor er durchaus gerechterweise diejenigen, die er der Sünde wegen mit Recht in seiner Macht hatte.« Anselm von Canterbury wollte mit seiner Satisfaktionslehre in *Cur deus homo* die Vorstellung von einem an den Satan gezahlten Lösegeld endgültig durch Vernunftargumentation überwinden; vgl. Kapitel I 7.

[43] Vgl. Cur deus homo II 6.

Anselm bezog sich auf die feudale Satisfactio-Praxis, in der es um eine durch einen Vermittler zustande gebrachte friedliche Konfliktlösung zwischen Lehensherrn und rebellischem Lehensnehmer ging, die dem Lehensnehmer zwar die Todesstrafe ersparte, ihm aber eine Leistung auferlegte, die seinen jetzt erneuerten Gehorsam zum Ausdruck brachte. Der Vermittler Jesus Christus stiftete danach die Versöhnung zwischen Gott und den Sündern, da er selbst gehorsam war bis zum Tod und so selbst die Leistung der Satisfactio übernahm, die in den gesellschaftlich-politischen Verhältnissen der Zeit vom Rebellen hätte erbracht werden müssen.[44]

Das Verständnis der Satisfactio als (relativ) friedliche Konfliktlösung, das in der Sache der alttestamentlichen Vorstellung der Sühne als Auslösung (durch eine Kopēr-Gabe) durchaus nahe kam und sich gerade nicht auf eine (stellvertretend erlittene) Strafe, sondern auf die heilsame Alternative zur Strafe bezog, war mit dem Zerfall der feudalen Genugtuungspraxis seit dem späten Mittelalter bald nicht mehr nachvollziehbar. Es fügte sich auch nicht bruchlos in christologisch-soteriologische Argumentationen ein, da hier hätte deutlich werden müssen, warum der Vermittler *sterben* muss, um als Vermittler zum Ziel zu kommen. So wurde aus der Satisfactio, die der Vermittler zustande bringt, da er selbst die Leistung erbringt, die den Frieden wieder herstellt, schließlich doch die stellvertretend erlittene Todesstrafe bzw. Verdammungsstrafe, die der göttliche Richter den Sündern um der Gerechtigkeit willen nur erlassen konnte, weil er sie seinem Sohn aufbürdete.[45]

Das Konzil von Trient spricht schließlich von dem Verdienst, das Jesus Christus am Kreuz durch seinen schuldlosen Tod erworben habe und in der

[44] Vgl. Belege und Ausführung in: Jürgen Werbick, Den Glauben verantworten. Eine Fundamentaltheologie, Freiburg – Basel – Wien ^{4}2010, 437–442. Aus mediävistischer Perspektive einschlägig: Gerd Althoff, Genugtuung (satisfactio). Zur Eigenart gütlicher Konfliktbeilegung im Mittelalter, in: J. Heinzle (Hg.), Modernes Mittelalter: Neue Bilder einer populären Epoche, Frankfurt a. M. – Leipzig 1994, 247–265.

[45] Diese Wendung des Satisfactio-Gedankens begegnet auch bei Luther, der selbstverständlich annimmt, Jesus Christus habe Genugtuung durch die Strafe erwirkt, in der er Gottes Zorn anstelle der Menschen erleidet; vgl. Weimarer Ausgabe 40/I, 434,7–9. Der Grundlagentext der EKD: Für uns gestorben. Die Bedeutung von Leiden und Sterben Jesu Christi, Gütersloh 2015, fasst Luthers Position so zusammen (79): »Der Sohn Gottes begibt sich in die Welt und nimmt das göttliche Gericht über die Sünde stellvertretend für die sündige Menschenwelt auf sich. Er erleidet – an unserer Statt – die Gottverlassenheit und den Tod als die äußersten Formen des göttlichen Gerichts über die Sünde – damit der Sünder lebe.«

Rechtfertigung denen zugewandt werde, die an ihn glauben und sich taufen lassen. Es folgert im Rechtfertigungsdekret: »Wenn er [Jesus Christus] aber auch ›für alle gestorben ist‹ [2 Kor 5,15], so empfangen doch nicht alle die Wohltat [beneficium] seines Todes, sondern nur diejenigen, denen Anteil am Verdienst seines Leiden [meritum passionis eius] gewährt wird« (DH 1523). Mit diesem Verdienst-Modell wird der verdienstliche, weil freiwillig übernommene Tod Jesu endgültig als das eigentliche soteriologische Datum angesehen, das im Glauben und in der sakramentalen Praxis angeeignet wird. Es führt dazu, dass dem Sünder seine vom göttlichen Richter als verdammungswürdig zu beurteilenden Sünden nachgelassen werden und Gott ihm ohne eigenes Verdienst das Geschenk des Gerechtseins zueignen kann. Sündentilgende Sühne geschieht stellvertretend in dem Sinne, dass der Mittler und Heilbringer durch seinen Tod für diejenigen Genugtuung leistet, die von sich aus zu dieser Leistung nie in der Lage wären.

Die Karriere des Sühne-Modells ist der immer wieder neu mehr oder weniger gelungenen Inkulturation eines Denkens zu verdanken, das im Verlauf seiner Inkulturationsgeschichte in neue Plausibilitätshorizonte hineinwuchs, sich dabei aber weitgehend von seinen biblischen Verstehenskontexten und dann auch von den bei Anselm maßgebenden Denkvoraussetzungen löste. Der semantische Gewinn, der vom Trienter Konzil schließlich in einer fast ökonomisch konzipierten soteriologischen Verdienstlehre gesichert und sakramententheologisch für ein antireformatorisches Verständnis der Kirche als heilsvermittelnde Anstalt ausgewertet wurde, war erkauft mit einer nicht als solche wahrgenommenen Umdeutung biblischer Vorstellungen, deren eigene semantische Potentiale für die Deutung der Sendung und des Todes Jesu dabei auf der Strecke blieben. Das war solange kirchlich und theologisch unauffällig und unproblematisch, als die Vorstellung einer vom göttlichen Richter zur Wahrung der Gerechtigkeit aufzuerlegenden Todesstrafe, die um des Heils der Menschen willen von einem göttlichen Stellvertreter übernommen werden konnte, noch irgendwie nachvollziehbar war und in der kirchlichen Verkündigung als Glaubensverbindlich geltend gemacht werden konnte. Neuzeit und Moderne haben diese Plausibilität zersetzt[46], so dass die traditionelle Lehre bis in die »Kerngemeinden« hinein geradezu als widersinnig angesehen und mitunter radikalen Revisionen ausgesetzt wird.[47] Zugleich hat die historisch-exegetische

[46] Repräsentative Stationen dieses Zersetzungsprozesses stelle ich dar in: Den Glauben verantworten, 442–471.

[47] Der schon zitierte Grundlagentext der EKD *Für uns gestorben* will ausdrücklich dem

Forschung seit dem 18. Jahrhundert unübersehbar gemacht, wie groß der Abstand zwischen den »dogmatischen« Aussagen zum heilswirksamen »Verdienst« des Leidens Jesu Christi und den neutestamentlichen Zeugnissen wie den von ihnen in Anspruch genommenen alttestamentlichen Praxis- und Deutungsmodellen doch ist. Und es wurde vor diesem Hintergrund auch deutlich, dass die neutestamentlichen Zeugnisse »inspirierte« Deutungen des Todes Jesu im Glauben der Zeugen sind, nicht aber die Mitteilung von Kenntnissen über einen göttlichen Heils-Plan, der aus biblisch belegbaren guten Gründen über den Tod Jesu führen *musste*.

Steht damit die gesamte, in den Kirchen nur in Details unterschiedlich gelehrte Soteriologie mit ihrer Deutung des Todes Jesu zur Disposition? Man sollte hermeneutische Besonnenheit walten lassen und die prekäre Situation als Chance begreifen. Die spannungsreiche Vielfalt der Auslegungen, in denen man die Rolle Jesu Christi als »Heiland« oder »Heilbringer« für die Menschen von den neutestamentlichen Zeugnissen an ausgelegt hat, ist in der Lehrgeschichte der Kirchen weitgehend harmonisiert, damit aber auch formalisiert worden: Alles kam auf das Verdienst an, das der Gekreuzigte für die Menschen erworben haben soll. Ist die neutestamentliche Bezeugung der Heilssendung Jesu Christi nicht viel reicher, semantisch vielfältiger? Bietet sie nicht viele Möglichkeiten, die Heilsamkeit seines Gekommenseins, seines Wirkens und Sterbens neu zu sehen und in einer Glaubenssituation nachvollziehbarer auszulegen, in denen die Rationalitäts- und Plausibilitätsressourcen der mittelalterlichen Heilslehre weitgehend erschöpft sind?

Wenn man diese Zuversicht hegt, wird man wichtige Traditionen wie die Sühne-Christologie nicht vorschnell aufgeben, sondern sie nach dem Stand exegetischer Einsichten neu zu Gehör bringen; wird man sich vor der kaum harmonisierbaren Vielfalt biblischer und glaubensgeschichtlicher Interpretationen der Sendung und des Kreuzes Jesu Christi nicht fürchten, sondern diese miteinander und mit uns Heutigen ins Gespräch zu bringen versuchen, um deutlicher zu hören, was sie mit ihren so unterschiedlichen Akzentuierungen »immer noch« zu sagen haben. Wird man freilich auch aufmerksam beobachten, wo und weshalb es zu problematischen Verengungen und Zuspitzungen kam, die man tatsächlich nur noch »historisch verstehen«, aber nicht mehr glaubend nachvollziehen kann – schon in der

theologischen Orientierungsdefizit begegnen, das mit dieser Entwicklung in den Gemeinden eingetreten ist. Dieses Orientierungsdefizit wird in katholischen Gemeinden kaum weniger dramatisch sein.

Bibel selbst und dann in einer kirchlichen Lehrgeschichte, deren Blick ja immer auch durch problematische Frontstellungen und historisch bedingte sprachliche Artikulationsmöglichkeiten begrenzt blieb.[48] Zu diesen Verengungen wird man rechnen müssen, dass die kirchliche Lehrgeschichte – durchaus mit Anhalt an neutestamentlichen Positionierungen – die weite Sicht auf den »Heilbringer« Jesus Christus so nachhaltig auf sein Kreuz als das entscheidende soteriologische Datum fokussiert hat und damit die Heilsbedeutung seines geschichtlichen Wirkens unterbelichtet ließ. Für diese Verengung ursächlich scheint eine soteriologische Logik, die das Kreuz als die Allein-Ursache der Erlösung versteht: als das Heilsereignis schlechthin, das von Gott her um der Rettung der Menschen willen unabdingbar *so* geschehen musste.

6.6 War der Tod Jesu am Kreuz für die Erlösung der Menschen notwendig?

Alles soteriologische Gewicht fällt auf das Kreuzesleiden Jesu Christi, sobald man durch dieses Leiden – und zwar im Wesentlichen: *nur* durch dieses Leiden – die heillose Entfremdung zwischen Gott und den Sündern überwunden und die heilbringende Gottes- bzw. Christus-Gemeinschaft geöffnet sieht. Voraussetzung für diese Zuspitzung ist die schon im Neuen Testament und vor allem bei Paulus begegnende Überzeugung von der Sündenverfallenheit der ganzen Menschheit, aus der es nur durch den Heils-Tod Jesu und auf keinem anderen Weg – auch nicht dem des Gesetzesgehorsams – einen rettenden Ausweg geben kann. Jesus Christus ist etwa für die johanneische Tradition das Pessachlamm, dessen Blut vor den Heimsuchungen der Endzeit schützt und so in den Exodus aus dem Verderben dieser Welt hineinretten kann.[49] Und schon Paulus kann das Motiv intonieren: »[A]uch wir haben ein Pessachlamm, das ist Christus, der geopfert ist« (1 Kor 5,7).[50] Der Gekreuzigte ist hier – sobald andere »Heils-

[48] Dass dies auch für heutige Versuche gilt, sich den Herausforderungen der Soteriologie-Geschichte einigermaßen verantwortlich zu stellen, versteht sich von selbst.

[49] Diese Exodus-soteriologische Sicht steht ja etwa hinter der von den Synoptikern abweichenden Datierung des Todes Jesu zu der Stunde, in der im Tempel die Pessachlämmer am Rüsttag des Pessach geschlachtet wurden. Diese Sicht wird in der johanneischen Überlieferung vielfach angesprochen; vgl. Joh 1,29.36; 2,13; 6,4; 11,55; 12,1; 18,28; 19,33–36.

[50] Entsprechende Bezugnahmen finden sich im Neuen Testament außerdem etwa in Apg 8,32; 1 Petr 1,19; Offb 5,6–14; 21,22f.

wege« zur Debatte stehen – das exklusiv befreiende Pessachlamm, das blutig geopfert werden *musste*, weil nur so die Gottes-Gemeinschaft des Bundes eschatologisch erneuert werden konnte[51] und das erwählte Volk ins »gelobte Land« der Gottesherrschaft geführt werden kann.

Insbesondere für Paulus, den bekehrten Saulus, ist klar: Der Heilszugang ist allein durch Jesus Christus vermittelt. Er hat die Unheilsherrschaft der Sünde am Kreuz überwunden; mit ihm kommt das Heil in die Welt, von dem sich die Menschen nun ergreifen und zur neuen Schöpfung »in Christus« verwandeln lassen können (vgl. 2 Kor 5,17). Im Römerbrief ist das mit einer vielleicht missverständlichen und von Augustinus folgenreich missverstandenen Figur zum Ausdruck gebracht worden: durch die Adam-Christus-(Gegen-)Parallele, die Jesus Christus als den Ursprung des Heils für die Menschen in Kontrast setzt zu Adam, von dem her die Sünde Welt und Menschheit in Unheil verstrickte:

> »Ist durch die Übertretung des einen der Tod zur Herrschaft gekommen, durch diesen einen, so werden erst recht alle, denen die Gnade und die Gabe der Gerechtigkeit reichlich zuteil wurde, leben und herrschen durch den einen, Jesus Christus. Wie es also durch die Übertretung eines einzigen für alle Menschen zur Verurteilung kam, so wird es auch durch die gerechte Tat eines einzigen für alle Menschen zur Gerechtsprechung kommen, die Leben gibt. Wie durch den Ungehorsam des einen Menschen die vielen zu Sündern wurden, so werden auch durch den Gehorsam des einen die vielen zu Gerechten gemacht werden« (Röm 5,17–19).

Der Gedanke einer Sünde – eines elementaren Ungehorsams gegen Gott – im Anfang, von der die ganze Menschheit »angesteckt« worden sei, so dass die Menschen alle sterblich wurden und, da sie alle sterben, offenkundig alle zu Sündern geworden sind, führt bei Paulus auf das Gegenbild Jesu Christi: Die Menschheit findet keinen Ausweg aus ihrer Sündenverfallenheit außer in Jesus Christus, der durch Kreuz und Auferweckung die Herrschaft der Sünde aufgesprengt und durch seinen Sendungs-Gehorsam den Zugang zu Gottes endzeitlicher Herrschaft – den endzeitlich-befreienden Exodus – geöffnet hat. Es gibt für Paulus keinen anderen Weg zum Heil, sonst hätte es ja diesen leidvollen Opfergang Jesu ans Kreuz nicht gebraucht.

---

[51] Die ursprünglich eigenständigen Traditionselemente des (endzeitlichen) Pessach und der Bundeserneuerung fließen zur Zeit Jesu offenbar ineinander, und sie verbinden sich mit der Sühnethematik, was so wohl auch für die Abendmahlsüberlieferung der Evangelien anzunehmen ist; vgl. Xavier Léon-Dufour, Abendmahl und Abschiedsrede im Neuen Testament, dt. Stuttgart 1983, 193 und 248 f.

Für die Soteriologie des Paulus gilt also zunächst diese Nötigung: Das *Solus Christus* ist ohne Wenn und Aber zur Geltung zu bringen. Man wird darin die radikale Bekehrungserfahrung gespiegelt sehen, die ihn vom Judentum zum Christentum geführt hat. Die Entscheidung für das neue Dasein »in Christus« war die Entscheidung gegen andere Wege zum »Gerechtsein« vor Gott – auch wenn Paulus doch davor zurückschreckte, seinem Volk die Glaubens-Solidarität ganz aufzukündigen (vgl. Röm 10). Aber die Gründe für dieses Geltendmachen des *Solus Christus* werden tiefer liegen. Paulus war – gerade als Jude – zutiefst vom Skandal des Kreuzestodes Jesu Christi in seiner Glaubens-Existenz angefochten. Wie konnte das Kreuz nicht gegen, sondern für den Messias zeugen? Wie konnte gegen die Tora (vgl. Dtn 21,23) behauptet werden, dass im Gekreuzigten Gott selbst da ist und Heil wirkt (vgl. Gal 3,13; 2 Kor 5,19)?

Seinen ganzen theologischen Scharfsinn hat Paulus in den Nachweis investiert, dass das keine von vornherein unglaubwürdige Absurdität ist, sondern Gottes Liebes-Konsequenz in einer Heilsgeschichte, in welcher Gottes Liebes-Torheit sich gerade darin zeigt, dass er sich mit den Schwachen, Verachteten und Scheiternden identifiziert (vgl. 1 Kor 1,20–29) – und sich gerade auch denen zuwendet, die ihm Feind waren, damit sie sich mit ihm versöhnten (vgl. 2 Kor 1,15–21; Röm 5,10). So hat der Römerbrief in einer biblischen Meditation auch das blutige Kreuz Jesu mit der Kapporæt identifiziert, es – weit über das Kontrastmodell der Apostelgeschichte hinausgreifend – mit höchster theologischer Energie »umdefiniert«: Das Zeichen definitiven Scheiterns wurde zum Zeichen der definitiv liebenden Zuwendung Gottes, eines Gottes, der sich auch von der Abgründigkeit menschlicher Gottesfeindschaft nicht von seiner Entfeindungsliebe abbringen lässt, der alles einsetzt – nicht einmal seinen Sohn schont, sondern ihn dahingibt (vgl. Röm 8,32) –, um Versöhnung zu wirken. Hätte Gott sich zu dieser äußersten (Selbst-)Erniedrigung, im Scheitern seines Erwählten offenbar zu werden, bereitgefunden, wenn es auch andere Wege gegeben hätte und geben würde, den Menschen das Heil zuzuwenden? Niemals! Für Paulus ist das klar: Wäre es auch anders gegangen bzw. ginge es auch anders, so wäre dieser entsetzliche Weg zum Kreuz nicht *nötig* gewesen. Wer auch immer andere Wege zu kennen meint, der zweifelt am Kreuz Jesu Christi als der endgültig wirksamen Zuwendung des Heils durch einen zur Versöhnung entschlossenen Gott; der bringt das Evangelium – das »Wort vom Kreuz« – um seine Kraft (vgl. 1 Kor 1,17 f.).

Die Kehrseite, die etwa Friedrich Nietzsche elementar wahrgenommen und als unerträglich empfunden hat: Wenn Jesus Christus und mit ihm

Gott selbst so Entsetzliches auf sich nehmen mussten, um den Menschen einen Weg der Versöhnung zu öffnen, wie abgründig musste dann die Sünde sein, in der die Menschen gefangen waren und aus der sie nur auf diesem *Kreuz*-Weg befreit werden konnten! Man kann es Nietzsche nicht verdenken, wenn er sich von dieser soteriologischen Logik aufs Äußerste provoziert fühlte. Seine scharfe Diagnose: »Um die Menschheit eines solchen Opfers eines Gottes werth zu fühlen, mußte man sie in's Tiefste verachten und vor sich herabwürdigen«, musste man zur »absolute[n] Verdammung des Menschen« seine Zuflucht nehmen, das »odium generis humani« propagieren und die Menschen selbst auf den Kreuz-Weg schicken.[52]

Muss man Paulus in seiner Ausschließlichkeitslogik folgen? Muss man ihn mit dieser Zuspitzung theologisch und soteriologisch maßgebend sein lassen? Das sind theologisch-hermeneutisch heikle Fragen. Es ist keineswegs so, dass es auf sie eine befriedigende und allseits zustimmungsfähige Antwort gäbe, denn zur Verhandlung steht bei all dem ja die Frage: Wie weit darf eine theologische Sachkritik an neutestamentlich zentralen theologischen Positionen gehen – und als solche ist die Solus-Christus-Position des Paulus ja anzusehen? Nun ist es zwar katholischerseits so, dass man insofern vorsichtig von dieser Position abgerückt ist, als das Zweite Vatikanische Konzil einräumt, dass »Gott Menschen, die das Evangelium ohne ihre Schuld nicht kennen, auf Wegen, die er weiß, zum Glauben führen kann, ohne den es unmöglich ist, ihm zu gefallen (Hebr 11,6).«[53] Man darf diese Äußerung so interpretieren, dass sie auch für Menschen gilt, die zwar Kenntnis vom Evangelium haben, es aber nicht in dem Sinne »kennen«, dass ihnen darin die Notwendigkeit aufleuchtet, sich zu Jesus Christus als dem Evangelium in Person zu bekennen. Auch für sie gibt es nach katholischer Überzeugung Wege – von denen selbst katholische Theologie womöglich keine Kenntnis hat –, auf denen Gott sie der Vollendung bei ihm und in ihm entgegenführt. Aber wie gehen wir dann offen und ehrlich mit dem paulinischen *Solus Christus* um? Etwa so, dass auch solche Menschen an der Gnade Christi teilhaben, ohne es zu wissen, diese Teilhabe vielleicht für sich selbst bewusst ablehnen? Dieser Hilfs-Gedanke ist in sich schwierig und im interreligiösen Dialog nicht hilfreich.

[52] Nachgelassene Fragmente Herbst 1880, in: Friedrich Nietzsche, Sämtliche Werke. Kritische Studienausgabe (KSA), München – Berlin 1980, Bd. 9, 233. Vgl. auch: Also sprach Zarathustra II, Von den Priestern, KSA 4, 118: »Und nicht anders wussten sie ihren Gott zu lieben, als indem sie den Menschen an's Kreuz schlugen.«

[53] Dekret über die Missionstätigkeit *Ad gentes*, 7.

6.7 Soteriologische Sachkritik an Paulus?

Ich versuche es mit einem zaghaften Widerspruch gegen Paulus.[54] Es ist gut zu verstehen, warum er auf dem *Solus Christus* besteht. Aber sind uns nicht Denk-Voraussetzungen abhandengekommen, die seine Position impliziert; und Denk-Möglichkeiten zugewachsen, die er noch nicht zur Verfügung hatte? Dürften wir es nicht mit Modifikationen an seiner Lehre versuchen, wenn wir einigermaßen sicher sein könnten, sein *Evangelium* nicht zu verkürzen oder zu verfälschen? Es käme auf den Versuch an. Und der müsste an zentraler Stelle ansetzen: an der Argumentation für die Notwendigkeit des Kreuzes Jesu Christi, die Paulus führt und die ihn zu zwingen scheint, keine anderen Heils-Möglichkeiten anzuerkennen. Fragen wir tatsächlich noch nach dieser Notwendigkeit, danach, warum Jesus Christus den Menschen-Brüdern und –Schwestern seine Solidarität bis ans schreckliche Kreuzesleiden erweisen »musste«?

Für Paulus ist diese Frage die Kehrseite seines Erschreckens über das *Scandalum crucis*. Wir werden heute – an die Botschaft vom Kreuz einigermaßen »gewöhnt« – nicht zu schnell über dieses Scandalum hinweggehen dürfen. Aber die Neigung, Gottes unabdingbare Gründe (rationes necessariae) dafür finden zu können, warum auch das Kreuz zu Jesu Sendung gehörte, ist in gegenwärtiger Theologie nicht sehr ausgeprägt. Bei Christusgläubigen wird sie sich in die Dankbarkeit und das Staunen über Gottes Großherzigkeit verwandelt haben, in der er seine Leben und Heil schaffende Zuwendung auch da noch erneuert und – wenn man so sagen darf – sie ins Unermessliche intensiviert, wo es zum menschlich Äußersten an Tödlichkeit und Ausweglosigkeit gekommen ist. Sie glauben die Sendung Jesu Christi, die ihn schließlich ans Kreuz führte und von Gott, seinem Vater, gleichwohl als Heils-Sendung vollendet wird, als das Gegenwärtigwerden der rettenden Solidarität Gottes unter den Menschen und für die Menschen – auch da, wo alle anderen Solidaritäten sich in Feindschaft und Tod, in Sünde und ausweglosem Leid auflösen.

Nach dem Glauben der Christen ist in Jesus Christus von Gott her für die Menschen geschehen, »quo majus nil fieri potest, worüber schlechterdings nichts Größeres geschehen kann« *(Schelling)*.[55] Es ist geschehen, was den Menschen mitten im Zerbrechen der lebenspendenden Beziehungen

[54] Vgl. meinen Beitrag: Soteriologie als Problemfeld des christlich-muslimischen Gesprächs, in: K. von Stosch – A. Langenfeld (Hg.), Streitfall Erlösung, 230 ff.
[55] Friedrich Wilhelm Joseph Schelling, Philosophie der Offenbarung, Bd. 2, 27.

den neuen Anfang verbürgt; einen Anfang, der nicht aufhört anzufangen und sich in Gott zur Fülle des Lebens vollenden wird. In Jesus Christus und noch in seinem Kreuz ist es geschehen; von hier aus geschieht es den Glaubenden zu ihrem großen Erstaunen immer wieder neu durch den Heiligen Geist. Sie haben aber keinen Grund auszuschließen, dass es auch Menschen geschieht, die dieses Geschehen nicht auf Jesus Christus beziehen. Sie werden sich mit allen Menschen »guten Willens« zusammentun[56] und davon Zeugnis geben, was ihnen hier als das Größte geschieht, worüber Größeres gar nicht geschehen kann – und sich bezeugen zu lassen, wie es anderen geschieht und wie sie darüber denken. Christen werden auch davon Zeugnis geben, warum sie als unverdientes Gottesgeschenk ansehen, was ihnen da geschieht: als das Geschenk einer Beziehung, einer Zukunft in Beziehung, die sie in die Fülle des Lebens einführt und nicht das Ergebnis eigener Leistung sein kann. Darin bleiben sie Paulus, seiner »Rechtfertigungslehre«, unbedingt verpflichtet. Auch darin, dass Jesus Christus für sie das Ur-Ereignis – das Ur-Sakrament – dieses Geschenks ist, da Gott selbst hier seine Heilsgegenwart schenkt, damit den Menschen sich in der Gemeinschaft mit Jesus Christus, mit seinem Sterben und seiner Auferweckung (vgl. Röm 6,3–5), durch Gottes Geist in Sünde und Tod das Leben in Fülle öffnet.

Es ist demnach nicht so, dass christliche Theologie annehmen müsste, außerhalb des christlichen Glaubens sei die heilsame Zugewandtheit Gottes für die Menschen verloren, seien die Menschen so rettungslos von der Sünde bestimmt, dass sie sich dem ihnen zugewandten Gott nicht mehr zuwenden können. Christen bringen die versöhnende Gnade mit dem Christusereignis in Verbindung, in dem nach ihrem Glauben die Schöpfung erneuert und als der Ort bestimmt wird, an welchem Gott dabei ist, seine gute Herrschaft unter den Menschen und mit ihnen Wirklichkeit werden zu lassen. Im interreligiösen Miteinander scheint aber keine Notwendigkeit zu bestehen, etwa die muslimische Überzeugung widerlegen zu wollen, wonach die im Koran bezeugte, auch angesichts der Sünde von Gott durchgehaltene Schöpfer-Zugewandtheit möglich sein lässt, was für Christen in einer Begnadungs- und Freiheitsgeschichte geschieht, die in Jesus Christus ihr Sinnzentrum hat.

Wenn Paulus davon spricht, dass von Adam her alle Menschen Sünder sind und alle der Erlösung in Jesus Christus bedürfen, so will er damit zur Geltung bringen, dass kein Mensch aus eigenem Tun erlangen kann, was Gott ihm schenken will: *sedaqa*, das beziehungsgerechte Leben aus jenem

[56] Vgl. die Pastoralkonstitution *Gaudium et spes* des 2. Vatikanischen Konzils, Nr. 22.

und in jenem Wohlwollen, in welchem die Menschen so miteinander und mit Gott leben, wie es Gottes Wohlwollen mit ihnen entspricht. Die sedaqa liegt für Paulus *nicht mehr* im Bereich ihrer Möglichkeiten; sie muss ihnen neu geschenkt werden. Im Römerbrief ist das so ausgeführt: Die Menschen haben von Adam her die Sünde mächtig werden lassen; keiner ist sündenlos, denn alle sterben ja. Der Tod ist der »Lohn der Sünde«[57], die verdiente Strafe für sie. Wo sie verhängt ist, da liegt auch die »Übertretung« vor, wegen derer sie verhängt wurde.

Mit diesem Gedanken hat Paulus eine theologische Entwicklung in Gang gesetzt, die bei *Augustinus* zu einer prekär ausformulierten Erbsündenlehre führte. Es ist hier nicht auf die Probleme einzugehen, die sich mit dieser Erbsündenlehre im Einzelnen stellen. Wir bleiben bei Paulus, bei seinem Verständnis der Herrschaft der Sünde und des Todes, unter die der Mensch versklavt ist und von der er nur durch Christi Erlösungswerk befreit werden kann. Die Sünde bringt den Tod mit sich; das ist ihr Un-Wesen: das Leben ums Leben zu bringen, die guten »Ressourcen« tödlich zu schädigen, aus denen das Leben sich nährt und in wohlwollenden, tragfähigen Beziehungen lebendig wird – in Ge-rechtheit gelebt wird. Soweit denkt Paulus gut alttestamentlich: Sünde zersetzt das gute Leben, steckt es mit dem Tod an. Und die Menschen leiden an dieser Ansteckung, geben sie nicht ohne eigenes Verschulden weiter, indem sie statt Wohlwollen *Übelwollen* verbreiten. Paulus aber geht einen Beweis-Schritt weiter. Mit der weisheitlichen Lektüre des dritten Genesis-Kapitels führt er den leibhaften Tod auf die Sünde der Menschen zurück. Nicht Gott hat den Tod gemacht; die Menschen haben ihn sich zugezogen, da sie Satan folgten, dem Versucher von Anfang an.[58] Das Menschenleben steht von Anfang an und als ganzes unter dem Vorzeichen des Todes, den die Sünde nach sich gezogen hat. So sollte das Argument bei Paulus ja schlüssig werden: Alle – von Anfang an alle – sterben; sie sind dem Tod verfallen, da sie der Sünde die Herrschaft über ihr Leben eingeräumt haben. Des Todes aber ist kein Mensch mächtig. Alle sind darauf angewiesen, dass der Tod entmächtigt und ins Leben hinein überwunden ist. Und das geschieht durch den Kreuzestod und die Auferweckung Jesu Christi als das neuschöpferische Wirken des Heiligen Geistes.

Dazu wäre aus heutiger Perspektive zu sagen, dass der Tod des Men-

[57] Vgl. Röm 6,23 mit der Gegenparallele: »Denn der Lohn der Sünde ist der Tod, die Gabe Gottes aber ist das ewige Leben in Christus Jesus, unserem Herrn.«
[58] Vgl. Weish 1,13 f.

schen nicht in jeder Hinsicht – jedenfalls nicht in biologischer Hinsicht – »Lohn der Sünde« sein kann. Es ist nicht vernünftig vorstellbar, dass durch eine in allen Menschen mächtig gewordene Sünde im Anfang das genetische Programm eines unsterblich geschaffenen Menschen »umprogrammiert« worden wäre; und es ist in der sogenannten Sündenfallgeschichte auch nicht so dargestellt.[59] Wenn man Paulus hier nicht folgt,[60] gewinnt man theologisch die Möglichkeit, das Bestimmtwerden des Menschenlebens von der Sünde und auch seine *Erlösungsbedürftigkeit* differenzierter zu beschreiben, näher an allgemein zugänglichen Menschheitserfahrungen, näher vielleicht an einer Beschreibung der *Conditio humana*, die auch nichtchristlichen Überzeugungen zugänglich, ihnen wenigstens verstehbar sein könnte.

Menschliches Leben gerät unter die Herrschaft der Sünde, da der böse Wille in ihm bestimmend wird, der den Schaden und den Nachteil der anderen, ihre Schwächung, nicht ihre Stärke erreichen will. Das Übelwollen zersetzt menschliches Zusammenleben wie eine Energie der Feindseligkeit, eine »diskonnektive« Energie, welche die kollektiv und individuell genutzten Ressourcen des wohlwollenden Miteinanders aufzehrt. In der Perspektive einer sozialwissenschaftlich reflektierten alttestamentlichen Theologie kann man nach Joachim von Soosten sagen: »Mit den Begriffen für ›Sünde‹ erhält eine diskonnektive Dynamik, die die sozialen Balancen und damit den Zusammenhalt der Verhältnisse gefährdet, ihren Namen. Dieser Zusammenhalt zeigt sich als ungesichert und fragil; er ist brüchig (›brechen mit‹), er ist fehlbar (›verfehlen von‹), er wird verkehrt (›verkehren von‹).« Sünde ist in diesem Sinne das »Signalwort für die Auflösung derjenigen Bindemittel, die im Sozialen für positive Korrespondenzen und Konnektionen sorgen und damit die sozialen Balancen im Gleichgewicht halten.«[61] Sünde verkehrt die Balancen einer lebensförderlichen Wechselseitigkeit zu Machtverhältnissen der Ausbeutung, in denen unterdrückende Macht ak-

[59] In Gen 3,22 wird als Motivation der Vertreibung des Menschen aus dem Paradies gesagt: »Dass er jetzt nicht die Hand ausstreckt, auch vom Baum des Lebens isst und ewig lebt!« Das schließt der Erzähldynamik nach direkt aus, dass der Mensch von vornherein ewig gelebt hätte. Die Todesandrohung in Gen 3,3 bezieht sich auf den sofortigen Tod bei Übertretung des JHWH-Gebots. Sie wird nicht realisiert: die erste Gnade der Bewahrung im Unheil des Lebens jenseits des Paradieses.

[60] Die kirchliche Überlieferung ist ihm freilich auch in diesem Punkt ausnahmslos gefolgt; vgl. die traditionsbildende Formulierung der Synode von Karthago aus dem Jahr 418, DH 222.

[61] Joachim von Soosten, Die »Erfindung« der Sünde, a. a. O., 101.

kumuliert und damit Feindschaftsverhältnisse aufgerichtet werden, die sich allenfalls mühsam durch Rechtsverhältnisse zähmen lassen.

Es entspricht menschlicher Alltagserfahrung, dass solche diskonnektiven, beziehungsfeindlichen Energien das Ich der Individuen besetzen und gegen den guten Willen stark werden, der Menschen in Solidarität und Wohlwollen anderen verbunden sein lässt, sie so zu Rivalen machen, die einander an der Selbstdurchsetzung hindern und bekämpft werden müssen. Es entspricht aber auch der Alltagserfahrung, dass konnektive – Beziehungen fördernde – und diskonnektive Energien um die Vorherrschaft ringen und Menschen vor die Entscheidung stellen, sich widerstandslos von den diskonnektiven Energien »überfluten« zu lassen oder ihnen zu widerstehen und sich um die Pflege der Ressourcen für mitmenschliches oder soziales Wohlwollen zu mühen. Es gehört zu dieser Erfahrung, dass sich die Frage, wie weitgehend die Dynamik der Verfeindung über Menschen und Verhältnisse schon ihre Herrschaft durchgesetzt hat und inwieweit Ressourcen zum Widerstand gegen diese Herrschaft bleiben, kaum theoretisch-analytisch, sondern allenfalls in einer sozialen und individuellen Praxis des Widerstehens zu beantworten wäre.

Man kann in diesem Gegeneinander von Wohlwollen und Rivalität das evolutionäre Erbe erkennen, dem die Menschen sich ebenso verdanken, wie sie von ihm herausgefordert werden, verantwortliche und zukunftsfähige Balancen zu gestalten und zu stabilisieren. Das prekäre Miteinander und Gegeneinander von Selbstdurchsetzung und einfühlsam-wohlwollender Kooperation scheint die Herausbildung menschlicher Strukturen und Verhaltensweisen bestimmt zu haben und mehr denn je zu bestimmen; ebenso die Fragilität von Strukturen, in denen mitmenschliches Wohlwollen soweit stabilisiert und institutionalisiert wird, dass die Dynamiken der Rivalität und der Verfeindung nicht ungebrochen das Feld beherrschen. Von Sünde zu sprechen heißt der Erfahrung Rechnung zu tragen, dass sich diskonnektive Dynamiken der Verfeindung immer wieder durchsetzen und die Ressourcen des Wohlwollens so weit schädigen oder gar zu erschöpfen scheinen, dass Menschen kaum noch an das Mächtigwerden eines guten Willens glauben können – zumal sie im eigenen Todesschicksal die definitive Überwältigung durch eine universal wirksame Missachtung zu bedrohen scheint, die sich mit evolutionärer Notwendigkeit durchsetzt und der widerstehen zu wollen letztlich sinnlos bleibt.

Vollendete Erlösung wäre das definitiv-heilvolle Gerettetwerden aus diesem »Meer« der Missachtung in Gottes guter Herrschaft, wie das Neue Testament die Wirklichkeit von Erlösung nennt; sie kommt mir nahe im

Glaubenkönnen daran, dass die Erfahrung des Wohlwollens wahr ist und sich als wahr erweisen wird, weil Gott das Ja ist, es an Jesus Christus noch im Abgrund des Todes für uns alle bewahrheitet hat und es nach dieser Glaubensüberzeugung gegen die Macht der Missachtung eschatologisch wahr machen wird.[62] Erlösung wäre schon das Erreichtwerden von diesem Ja, das Einstimmen in es, das Einbezogenwerden in die schöpferische Energie des Wohlwollens – paulinisch: in Jesus Christus durch den Heiligen Geist –, welche glaubend-hoffende Menschen Orte der erlösenden Wirklichkeit Gottes in dieser Welt sein lässt und sie selbst vollenden wird in Gottes unbedingtem Wohlwollen. Paulinisch: »Wo die Sünde mächtig wurde, da ist die Gnade übergroß geworden. Denn wie die Sünde herrschte und zum Tod führte, so soll auch die Gnade herrschen und durch Gerechtigkeit zu ewigem Leben führen, durch Jesus Christus, unserem Herrn« (Röm 5,21). Dass die Gnade »übergroß« geworden ist und die Menschen dem Sündenverhängnis in Gottes gute Zukunft hinein entrinnen lässt, damit fängt an, was nicht aufhört anzufangen, und worüber Größeres nicht geschehen kann.

Das Opfer begeht von altersher dieses Größte: das Besuchtwerden der Gemeinde von dem, der mit seinem Kommen das Leben angesichts der Sünde und über sie hinaus erneuert, es von Neuem als Gottesgabe anvertrauenswürdig macht, sich selbst anvertrauenswürdig macht. Sein Kommen bedeutet nicht schreckliche Heimsuchung und Überwältigung, sondern Neu-Eröffnung eines Lebens-Austauschs, in dem Gottes eigenes Leben geteilt werden darf.[63] Dass diese Opfer-Zuversicht vom Lebens-Einsatz Jesu

---

[62] Vgl. 2 Kor 1,19 f.: »Gottes Sohn Jesus Christus, der euch durch uns verkündigt wurde [...] ist nicht als Ja und Nein zugleich gekommen; in ihm ist das Ja verwirklicht. Er ist das Ja zu allem, was Gott verheißen hat. Darum rufen wir durch ihn zu Gottes Lobpreis auch das Amen.«

[63] Christoph Türcke sieht den Ursprung des Opfers in der »Heiligung des Schreckens«, mit der man durch die Wiederholung des Schreckens der Natur im Töten des Wertvollsten beim Schrecklichen seine Zuflucht sucht, das Schreckliche als die Macht für sich gewinnen will, die vom Schrecklichen retten soll (ders., Jesu Traum, 19 ff.). Ich will nicht darüber streiten, ob diese Opfertheorie den vielen gegenwärtig vertretenen Opfertheorien überlegen ist oder von ihnen widerlegt würde. Mir scheint, dass sich in biblischen Zeugnissen Spuren finden, die für sie sprechen, Spuren freilich, in denen das kultische Begängnis die Wurzeln weit hinter sich lässt, aus denen es einmal gewachsen sein mag: Gott selbst will sich gegen den heiligen Schrecken und das Schreckliche, das man dem Göttlichen zuschreibt, als anvertrauenswürdig gewähren. Ob es nicht immer wieder neu zur Wiederkehr des vielleicht nur vermeintlich »Überholten« kommt? Manche christologischen Opfertheorien mögen diesem Verdacht Nahrung geben.

gerechtfertigt und in der Eucharistia im Sinne Jesu begangen wird, dass darin Gnade über Gnade geschieht, das ist die Botschaft, die Paulus immer wieder neu und immer wieder anders zur Sprache zu bringen versucht.

6.8 Noch einmal die Frage: War das Kreuz Jesu heilsnotwendig?

Gottes Gnade hat sich als »übergroß«, ja als *übermächtig* erwiesen: am Kreuz Jesu Christi und durch seine Auferweckung. Auf dieses Bekenntnis läuft auch bei Paulus alles hinaus. Ist dieser Erweis mit der soteriologisch geltend gemachten Überzeugung zu verbinden, dass das Kreuz Jesu Christi als solches die unabdingbare Voraussetzung dafür geschaffen hat, dass die Gnade übermächtig geworden ist, weil sich am Kreuz und *durch* es entschieden habe, dass die Sünde eben nicht übermächtig ist und das Menschsein unausweichlich ins Unheil stürzt? Spitzt man die Frage nach der Heils-Notwendigkeit des Kreuzes so zu, wird man sich schwerer tun als Paulus und die daran anschließende großkirchliche Tradition zu behaupten: *Sine cruce nulla salus* – Ohne Kreuz kein Heil! Vielmehr wird man davon ausgehen, dass Gottes schöpferische Gnade *von sich aus* übermächtig ist. Es bedarf und bedurfte dann keiner geschichtlich erfüllten Zusatz-Bedingung, an der sich das *Um wie viel Mehr* der Gnade gegenüber der Sünde entschieden hätte.

Dass sich die Übermacht der Gnade geschichtlich als solche erweist, kann also nur bedeuten, dass sie in der von Sünde und Unheil beherrschten Geschichte geschehen ist und geschieht, da Gott sich nicht aus dieser Geschichte heraushält, sondern sich zutiefst und zum Heil der Menschen in sie »involvieren« lässt. Das hat sich nicht erst am Kreuz oder mit der Sendung seines Christus oder durch die Auferweckung des Gekreuzigten in der Macht des Heiligen Geistes entschieden; es war und ist Gottes »ewige« Selbstbestimmung zur heilvollen Lebensgemeinschaft mit den Menschen, die sich hier *offenbart:* hier als das Größte geschieht, über das hinaus Größeres nicht geschehen kann.

Wird den Menschen durch die geschichtliche Offenbarung einfach nur zu wissen gegeben, was sie sonst nicht wissen könnten: dass Gott sich ewig dazu bestimmt hat, sie zur göttlichen Lebensgemeinschaft zu erwählen und ihre Sünde nicht so mächtig werden zu lassen, dass sie auch das noch verhindern könnte? Nein, es ist ihnen diese erwählende Liebe angesichts der tiefsten Herausforderung, der eine Liebe nur ausgesetzt sein kann – der Herausforderung durch Sünde und Tod – *geschehen.* Aber eben nicht so geschehen, dass sie mit diesem Geschehen erst zu dem geworden wäre, als was sie sich durch ihr Geschehen erwiesen hat!

Diese Unterscheidungen mögen auf den ersten Blick allzu subtil erscheinen. Aber sie sind von soteriologisch weittragender Bedeutung. Kann man – wenn man sie im Blick behält – noch ohne weitere Differenzierungen behaupten, es sei grundlegend für den christlichen Glauben, »dass das Kreuz Christi als heilsnotwendig erkannt wird«, dass also das Kreuz »Real- und Erkenntnisgrund der Liebe und Zuwendung Gottes« sei?[64] Man mag den biblischen Befund mit dem Grundlagentext *Für uns gestorben* so auslegen: »Im Horizont der neutestamentlichen Texte musste er [Jesus von Nazaret] sterben, um den Menschen eine neue Lebensperspektive zu eröffnen.« Aber schon der Satz danach zeigt die Problematik solcher Formulierungen: »Mit seinem Leiden und Sterben, in dem Gott gegenwärtig war, sollte er die heillose Situation von Menschen überwinden.«[65] Dass der Gekreuzigte sich noch am Kreuz als der treue Zeuge seines Vaters erweist, der sich in diesem Zeugnis in seiner unüberwindlich erwählenden Liebe bezeugt, öffnet den Menschen die Lebensperspektive eines von ihrer Sünde nicht vereitelten Gott-erfüllten Lebens. Aber in welchem Sinne hat das Kreuz die heillose Situation der Menschen *überwunden?* Im Sinne Martin Luthers müsste man – so der Grundlagentext offenbar in der Sache zustimmend – sagen: da der »Sohn Gottes [...] das göttliche Gericht über die Sünde stellvertretend für die sündige Menschenwelt auf sich [nimmt]« und an unserer Statt »die Gottverlassenheit und den Tod als die äußersten Formen des göttlichen Gerichts über die Sünde [erleidet] – damit der Sünder lebe.«[66] Vermutlich würden sich hier die neutestamentlichen Bezugnahmen auf das stellvertretende Sühnopfer Christi einordnen, wie man sie in der Soteriologiegeschichte weithin, wenn auch nicht unisono verstanden hat.

Aber was ergibt sich, wenn man das biblische Sühnemotiv anders zu deuten hat – und es anders auf das weite Feld biblischer Opferpraktiken und Opferverständnisse zu beziehen hätte? Man würde zunächst einmal die Vorstellung, dass der Gekreuzigte Gottes gerechtes Gericht über Sünder und Sünde stellvertretend zu erleiden hat, in den apokalyptischen Vorstellungshorizont reintegrieren, in dem sie neutestamentlich – allenfalls – be-

64 So der Grundlagentext der Kammer für Theologie der EKD, 54 bzw. 33 f.

65 Ebd., 161; eigentlich müsste es der Intention der Erklärung nach heißen: die heillose Situation *der* Menschen zu überwinden.

66 Ebd., 79.

gegnet. Im endzeitlichen Gericht »muss« die Wahrheit dieses »alten« Äons erlitten werden, damit – durch Gott – der neue Äon die Verhängniswirklichkeit des alten Äons von Grund auf heilen und in Gott hinein verwandeln kann. Man könnte vielleicht sagen: Da Gott den Menschen nahekommt, ihnen vielleicht näherkommt, als sie sich selbst nahe sind, tritt er ihnen entgegen: als ihre Wahrheit, der sie nicht ausweichen können, wenn sie in ihre Wahrheit kommen wollen. So gesehen darf die Sendung Jesu im Ganzen als Gottes rettendes Entgegenkommen und richtendes Entgegentreten verstanden werden. Und es legt sich der Gedanke nahe, dass Jesus »am eigenen Leib« den Preis für das Entgegentreten Gottes zu »zahlen« hatte: für die Konfrontation, die eschatologisch geschehen *muss*, wenn Wahrwerden geschehen soll. Es wird der Erfahrung der frühen Christen entsprochen haben und ist auch von heute aus nachvollziehbar, dass Jesus die eschatologische Bedrängnis durch das Offenbarwerden des mehr oder weniger absichtsvoll Verdrängten in dem Sinne *getragen* hat[67], dass den im alten Äon Lebenden diese Drangsal (thlipsis) nicht zum Untergang werden muss, sondern zum Aufgang des neuen Äons werden kann: Gottes Gnade ist übermächtig geworden, so dass sie die eschatologische Bedrängnis beim Offenbarwerden des alten Äons umgreift.

Losgelöst von diesem apokalyptischen Hintergrund ist der Gedanke, Gott habe über den Stellvertreter Jesus, den Christus, am Kreuz sein Gericht über Sünde und Sünder kommen lassen, gar seinen Zorn ausgegossen, *damit* die Menschen davon verschont blieben, soteriologisch befremdlich.[68] Der *Stellvertretungsgedanke* hat gleichwohl – vor allem bei Paulus – seinen bedeutsamen soteriologischen Ort. Die Verurteilung – die Gottferne, in der sich die Beziehungsfeindlichkeit der Sünde auswirkt und der die Menschen mit ihrem eigenen Bemühen nicht gewachsen sind –, ist von den Menschen genommen, da Gott selbst in Jesus Christus die Nähe der Menschen sucht. Jesus, der Christus, ist gekommen, sie am Ort der Sündenherrschaft aufzusuchen, die sie gefangen hält. Gott erweist ihnen in Jesus Christus, mo-

[67] In diesem Sinne findet dann ja auch die Sündenbockmetaphorik auf Jesus Anwendung (vgl. etwa Joh 1,29.36) – wie sie zuvor schon auf Gott selbst Anwendung gefunden hat (besonders eindrucksvoll Jes 46,3 f.). Für Jesus Christus selbst und für die ihm Nachfolgenden gilt das Gnaden-Gesetz Christi: »Einer trage des anderen Last« (Gal 6,2).

[68] Müsste man – mit Hans Urs von Balthasar – »ernstlich von einer Entladung des Zornes Gottes über den am Ölberg Ringenden« sprechen, die »ihn wie ein Blitzstrahl in die Unzähligen hinein« »zerspaltet« habe (Hans Urs von Balthasar, Theodramatik III: Die Handlung, Einsiedeln 1980, 322 bzw. 324 f.)?

dern gesagt, seine Solidarität, da er »seinen Sohn in der Gestalt des Fleisches [sandte], das unter der Macht der Sünde steht, zur Sühne für die Sünde, um an seinem Fleisch die Sünde zu verurteilen« (Röm 8,3) – um an seinem Leben und Sterben und seiner Auferweckung die Sünde und ihre Ausweglosigkeit, aber auch ihre Machtlosigkeit zu offenbaren und die Macht des Gottesgeistes zur Auswirkung zu bringen, die sie den Menschen zugute überwindet. Auf der Linie des Kontrastschemas der Apostelgeschichte und im Kontext apokalyptischen Denkens könnte man sagen: Was als Gottesgericht über Jesus, den Christus, von Menschen ins Werk gesetzt wurde, erweist sich als Gericht über das hilflos-heillose Tun der Menschen. Und der Menschensohn ist dazu verurteilt, dieses Gericht am eigenen Leib zu ertragen, damit Gottes aufrichtendes, den neuen Äon heraufführendes Handeln sich als Gerechtigkeit erweise, die im alten Äon nicht erreichbar war. Der Tod Jesu hat dann in dem Sinne Stellvertretungs-Bedeutung, als an ihm den Menschen zugute die wahre Natur des alten Äons zur Auswirkung kommt, damit die Geist-»Natur« des neuen Äons in den Gerechtfertigten zur Wirkung komme.[69]

Die historische Kontingenz des Todes Jesu wird damit in vielleicht nachvollziehbarer Weise soteriologisch »aufgeladen«: Dieser Tod offenbart die Sünde, da das »Um wie viel mehr« der Gnade sich offenbart und zur Wirkung kommt. Das Gott-erfüllte Leben aus dem Geist offenbart, was es um das Leben »aus dem Fleisch« – für Paulus: unter der Herrschaft des menschlich unstillbaren Begehrens nach Leben – tatsächlich war und als welches es sich am Kreuz Jesu Christi eschatologisch-heillos manifestierte. Die Problematik dieser Aufladung liegt sicher darin, dass sie die im historischen Kontext zumindest verstehbare Verurteilung Jesu zum eschatologischen Ereignis der Sünde macht und so die hier tätig Gewordenen als die eschatologischen Vollstrecker der Sündenmacht zu verurteilen scheint. Das apokalyptische Offenbarungsereignis Jesus Christus würde dann als bloße Umkehrung der Verurteilung gesehen: Was als Verurteilung Jesu ins Werk gesetzt wurde, wird zur Verurteilung der Verurteiler – statt dass im Anbruch des neuen Äons die Verurteilung aufgehoben wäre, da die als solche

[69] In ähnlichem Sinne kann der Jesus des Johannesevangeliums sagen, wer auf sein Wort höre und dem glaube, der ihn »gesandt hat« schon das ewige Leben habe und »nicht ins Gericht« komme (Joh 5,24). An Jesus und an den glauben, der ihn gesandt hat, heißt ja, das Licht anzuerkennen, das in die Welt kam und die wahren Verhältnisse aufleuchten lässt: die des Unrechts (im alten Äon) und die des neuen Lebens aus und in Gott. Damit aber ist geschehen, worauf das Gericht abzielt (vgl. Joh 3,19.21).

offenkundig gewordene Sünde und ihre Heillosigkeit nun *im Prinzip* (oder auf Hoffnung hin) der Vergangenheit angehört.[70]

Soteriologisch vielleicht noch problematischer wird es, wenn man den Stellvertretungsgedanken des Paulus dahingehend zuspitzt, dass Jesus von Nazaret am Kreuz nicht nur die Sünde der Menschenwelt am eigenen Leib erleiden und so offenbaren, sondern das Gericht und die Strafe Gottes über die Sünde ausleiden und so Vergebung für sie erwirken »musste«. Wenn man es so versteht – die neutestamentlichen Zeugnisse vor allem des Paulus schließen das ja nicht aus, legen es mitunter sogar nahe –, stellt sich aus heutiger Sicht unabweisbar die Frage, warum Gottes Strafe sein musste und sich einen Stellvertreter suchen musste, an dem sie sich auswirken »musste«. Muss sich nach dem biblisch keineswegs überall als gültig angenommenen Tun-Ergehen-Zusammenhang tatsächlich ein Gleichgewicht zwischen Verschulden und Bestraftwerden einstellen, ehe sich die Befreiung aus dem Sündenverhängnis ereignen kann? Muss das mit der Verfehlung in die Welt gebrachte Böse tatsächlich in dem Sinne abgebüßt werden, dass es zumindest einen Stellvertreter findet, der anstelle der eigentlich Schuldigen büßt? Wäre diese Vorstellung theologisch unabdingbar, so müsste man tatsächlich den Gedanken der ausgleichenden Gerechtigkeit in den der Sühne eintragen und auch noch für die soteriologische Qualifikation des Kreuzes Jesu Christi maßgebend sein lassen. Sollten vertiefte bibeltheologische, aber auch philosophisch-hermeneutische Überlegungen die Theologie nicht in die Lage versetzen, hier mit Paul Ricœur einen »Strafmythos« am Werk zu sehen, nach dessen »Kräftelogik« »eine Kraft der Reinigung eine solche der Befleckung auf[heben]« und so das Geschehene rückgängig machen muss?[71]

Bleibt man dieser Äquivalenzlogik verhaftet, so bildet die Strafe »ein Moment des Tilgungsverhaltens [oder Tilgungsgeschehens]; und die Qualität, kraft deren die Strafe eine Befleckung und ihre Auswirkungen in der Ordnung des Heiligen beseitigen kann, nannte man [dann] Sühne.«[72] Man verwickelt sich so aber in eine abgründige Aporie: »Was in der Strafe das Rationalste ausmacht – dass sie ein Vergehen aufwiegt –, ist zugleich das Irrationalste, nämlich die Vorstellung, dass sie es auslöscht.«[73] Diese Aporie

---

[70] Faktisch war es vom Gedanken der Umkehrung des Verurteilens aus ja auch nicht weit bis zum Vorwurf des Gottesmords nicht nur an die Machthaber im damaligen Judentum, sondern an ganz Israel.

[71] Vgl. Paul Ricœur, Interpretation des Strafmythos, in: ders., Hermeneutik und Psychoanalyse. Der Konflikt der Interpretationen II, dt. München1974, 239–265, hier 242.

[72] Ebd., 241.

[73] Ebd., 244.

scheint auch das Reden von Gnade an die Regel der ausgleichenden, auf Äquivalenz abzielenden Strafgerechtigkeit zu binden, die sie dann nur so überbieten könnte, dass sie ihre Geltung bestätigt. Damit wäre Gottes Gnade gerade nicht als die ungeschuldete Gabe gedacht, die den Menschen gilt, nicht den Erfordernissen einer ausgleichenden Gerechtigkeit. Die Logik der Gabe lässt sich letztlich nicht durch ein Denken im Banne der ausgleichenden Gerechtigkeit zum Zuge bringen. Sie erfordert eine Orientierung am »Gesetz der *Überfülle*, das allein die Ökonomie der Strafe und die Logik der *Äquivalenz* hinfällig macht.«[74]

[74] Ebd., 255. Vgl. meine Überlegungen dazu: Jürgen Werbick, Versöhnung durch Sühne?, in: J. Blank – ders. (Hg.), Sühne und Versöhnung (Theologie zur Zeit 1), Düsseldorf 1986, 92–117. Verwandte Überlegungen, die freilich von einer ganz anderen, traumtheoretisch orientierten Deutung der Rolle und des Selbstverständnisses Jesu herkommen, finde ich bei Christoph Türcke (Jesu Traum, 114–157). Das Leben Jesu ist nach Türckes Deutung insgesamt vom »Aufbegehren gegen Vergeltung, Aufrechnung, Verhältnismäßigkeit« gekennzeichnet, ja von Amoralität, insofern Moral – nach Türcke – ebenfalls noch von der Verpflichtung auf Verhältnismäßigkeit und geregelte Wechselseitigkeit beherrscht ist. »Der Wunsch nach dem Reich Gottes, der in Jesus Fleisch ward, war der Wunsch nach dem Ende des Äquivalenzprinzips.« Und – auch darin stimme ich Türcke mit meiner Übernahme des Ricœurschen Gedankens zu – »ausgerechnet diesem Wunsch hat die Botschaft vom [Opfer-]Tod Jesu ›für unsere Sünden‹ das Äquivalenzprinzip übergestülpt.« Wenn Türcke dann fortfährt: »Wo Opfer ist, ist Äquivalenz, denn opfern heißt tauschen« (Zitate ebd., 154), trennen sich die Wege, die freilich schon vorher nicht genau die gleichen waren. Das Äquivalenzprinzip beherrscht eine ganz bestimmte sühnetheoretische Überarbeitung des Opfergedankens, der in Würdigung des biblischen und weithin auch des neutestamentlichen Zeugnisses gabetheoretisch begriffen werden müsste; dazu ist oben einiges gesagt worden. Türckes Konzept zeigt Wesentliches, will aber jede soteriologische Deutung unmöglich machen. Es geht davon aus, dass Jesus mit Johannes dem Täufer apokalyptisch denkt, sich aber entscheidend darin von ihm absetzt, dass er das Reich Gottes als das völlig unverhältnismäßige, nicht mehr an Äquivalenz orientierte Über-die-Welt-Kommen der Liebe Gottes ersehnt hat, das Herbeikommen dieses Reiches mit dem Gang nach Jerusalem herbeidrängen wollte und daran tödlich gescheitert ist. Er versteht diesen Weg zugleich als die Verarbeitung des Johannes-Traumas Jesu, der mit seinem Traum von der exzessiven Vaterliebe die Abweisung seiner auf das Reich Gottes verweisenden Heilkraft durch die Vatergestalt des Johannes für sich selbst heilen und durch die Imagination dieser Vaterliebe überholen will. Mir kommen die Voraussetzungen dieser Konstruktion nicht sehr plausibel vor. Sie verkennen m. E. die präsenz-echatologische Prägung des Auftretens Jesu bzw. schreiben diese der »Fälschung« durch kirchliche Redaktion zu. Sieht man das anders, so bestimmt sich auch das Verhältnis des »Aufbegehrens« Jesu gegen das Äquivalenzprinzip zum (moralischen) Gedanken der Wechselseitigkeit anders: Das Äquivalenzprinzip soll nicht apokalyptisch gebrochen, sondern überholt werden; und diese Überholung beginnt überall da, wo der Sinn der guten, in der Schöpfung mit gegebenen Lebens-Wechselseitigkeiten geschützt, wiederher-

Das Prekäre an der Argumentation des Paulus und noch deutlicher der des Hebräerbriefs ist, dass sie an den Logiken der Überfülle und der Äquivalenz zugleich partizipieren und dieses Zugleich nicht mehr zum Ausgleich bringen oder in einer fruchtbaren Spannung halten können.[75] Die Logik der Äquivalenz, nach welcher der Tod Jesu die Vergehen der Sünder »tilgt«, müsste an der neu eingeführten Logik der Überfülle, nach der Gott sich selbst gibt und den Sündern so Zukunft gewährt, als abgetane, da mit der Überfülle der Gnade unendlich weit über ihre Fassungskraft hinaus *erfüllte* offenbar werden[76] – so wie man der »Sühneliturgie«, wie man sie am Kreuz Jesu wiedererkennen kann, zugleich ansehen kann, dass nun alle Sühneopfer überholt sind, da Gott selbst sie in Jesus Christus erfüllt hat und in ihm seine eschatologisch-heilvolle Nähe für immer (eph hapax; Hebr 7,27) zur Wirkung kommen lässt. Die Logik der Äquivalenz würde alles

gestellt und durch die Selbsthineingabe Gottes in Jesus Christus erfüllt wird, so dass Gott-erfülltes Leben möglich wird. Klar, man kann das alles als kirchliche Übermalung einer gescheiterten und als gescheitert eben doch zutiefst menschlichen Sehnsucht ansehen. Aber spricht nicht auch Einiges dafür, das Selbstbewusstsein Jesu Christi anders als Türcke zu »lesen«: Er weiß sich als die Erfüllung dieser Sehnsucht, als eine Erfüllung freilich, die immer wieder neu schrecklich in Frage gestellt wird und kirchlich mitunter zu einem selbstzufriedenen Besitzdenken verführt. Vielleicht bin ich da von meinem langjährigen, geschätzten Gesprächspartner in der Sache gar nicht so weit entfernt. Aber ich empfinde es nicht als Betrug, die Jesus-Geschichte kirchlich so fortzuschreiben bzw. nachzuvollziehen.

[75] Vgl. etwa Hebr 9,15, wo davon die Rede ist, der Mittler Jesus habe »durch seinen Tod die im ersten Bund begangenen Vertretungen gesühnt, damit die Berufenen die Verheißung des ewigen Erbes erhalten« (vgl. den ganzen Argumentationszusammenhang Hebr 9,11–28).

[76] Allein darin behält die Logik der Äquivalenz in der Ordnung der Gnade einen Hauch von Rationalität, dass sie die *Arbeit der Metanoia* – der Umkehr – anzeigt, die von der Gnade ja nicht substituiert, sondern möglich gemacht wird. Sofern diese »Arbeit« sich tatsächlich an der Last der Selbst- und Gottverfehlung abzuarbeiten hat und sich ihrem jeweiligen spezifischen Gewicht nicht entziehen darf, untersteht sie im weitesten Sinn einer Logik der Tilgung, die hier aber gerade nicht auf eine »transmissible Verbindlichkeit« hinweist. Immanuel Kant scheint im Recht zu sein, wenn er geltend macht, dass man zwar »jenes Leiden, was der neue Mensch, indem er dem alten abstirbt, im Leben fortwährend übernehmen muss, an dem Repräsentanten der Menschheit als ein für allemal erlittener Tod vorgestellt« sehen mag, von diesem aber eben nicht abgenommen werden kann (Die Religion innerhalb der Grenzen der bloßen Vernunft, Kants Werke. Akademie Textausgabe, Bd. VI, Berlin 1968, 74 f.; vgl. ebd., 72). Ob Kant damit freilich die christliche Erlösungsvorstellung als solche getroffen und rational übersetzt hat, das steht auf einem anderen Blatt. Immerhin vermittelt er eine Ahnung davon, warum das Äquivalenzdenken theologisch wie moralisch nicht einfach abgetan sein kann (vgl. das in Fn. 74 gegen Christoph Türcke Eingewandte).

soteriologische Gewicht darauf legen, dass Jesus Christus *genug getan* hat, um den Ausgleich zu vollbringen, jenseits dessen Neues möglich wird. Damit fällt auch alles Gewicht auf die Notwendigkeit des Kreuzes, in dem dieses *Genug* stellvertretend geleistet wird.[77] Die Logik der Überfülle würde es erfordern und möglich machen, die Sendung Jesu, des Christus, die ans Kreuz führen »muss«, weil sie das Unverständnis und den Widerstand der Menschen auf sich zieht und offen legt, als die Über-Erfüllung nicht nur des Gesetzes, sondern der Initiativen Gottes zu beschreiben, in denen er den Menschen liebend nahe kommen und in Liebe entgegentreten will, um sie so zur Umkehr zu bewegen und für seinen guten Willen und seine Herrschaft zu gewinnen.[78]

Der Versuch, im soteriologischen Diskurs der Überfülle nach der Logik der Äquivalenz zu denken, führt – wenn er tatsächlich an der Überfülle der Gnade orientiert bleibt – gerade noch zum Grenzgedanken einer Befreiung

[77] Das argumentative Zentrum dieser paulinischen Ausdeutung der Sühnethematik – die ja bei ihm keineswegs die einzige ist – liegt auf dem Nachweis des *Solus Christus:* Jesus hat am Kreuz geleistet, was nicht von den Sündern selbst geleistet werden kann, auch nicht auf dem Weg des Gesetzes. Die Menschen können den Gottes-Fluch nicht von sich abwenden, den sie sich durch die Sünde zugezogen haben. Allein der, der von Gott kommt und sie von Neuem mit Gott verbindet, da er selbst diesen Fluch auf sich nimmt, kann sie von diesem Fluch – von der sie zuinnerst beherrschenden Macht der Sünde – befreien. Diese Äquivalenzlogik zeichnet konsequent nach und nimmt als für Paulus unabdingbares Denkmuster an: Otfried Hofius, Das Gesetz des Mose und das Gesetz Christi, in: Zeitschrift für Theologie und Kirche 80 (1983), 262–286. Unter Hinweis auf das Lösegeldmotiv in Mk 10,45 und den Hintergrund in Jes 53,10–12 sieht Peter Stuhlmacher diese Logik schon in Jesu eigenem Selbstverständnis gegeben; vgl. seinen Aufsatz: Die neue Gerechtigkeit in der Jesusverkündigung, in: ders., Versöhnung, Gesetz und Gerechtigkeit. Aufsätze zur biblischen Theologie, Göttingen 1981, 43–65, hierzu 59 ff. Für die Möglichkeit und vielleicht auch Notwendigkeit einer auf diese Äquivalenzlogik bezogenen Sachkritik vgl. die Ausführungen des Teilkapitels 6.7.

[78] Die Kategorie (oder Metapher) der Erfüllung steht in der neutestamentlichen Semantik wohl für jene Neuorganisation des Gottes-Bekenntnisses, welche man für die Herausbildung einer Identität des Christlichen als zentral ansehen muss. Die nach Gerd Theißen doppelte Sinnmitte der jüdischen Zeichensprache – Monotheismus und Bundesnomismus – bleibt im Blick auf den biblischen Monotheismus erhalten, wird im Blick auf das mit Bundesnomismus Angesprochene aber grundlegend neu besetzt: »Das ganze religiöse Zeichensystem wird von der Gestalt eines einzigen Erlösers her neu strukturiert. Alles wird auf diese Mitte bezogen« (Gerd Theißen, Die Religion der ersten Christen. Eine Theorie des Urchristentums, Gütersloh 2000, 38) und soteriologisch codiert – und dies mit einer Figur, die der Logik der Überfülle zugeordnet werden muss, wenn sie nicht zu einer bloßen Überbietungsfigur werden und in die Gefahr geraten soll, das »Überbotene« bloß herabzusetzen.

von der Unheils-Last der Vergangenheit, welche dadurch erreicht wäre, dass die Sünder der Vergangenheit gegenüber durch Jesu Lebenseinsatz »quitt« sein dürfen, ihr nichts mehr schuldig sind. Der soteriologische Diskurs der Überfülle bliebe nur bei seiner Sache, wenn sich die in der Befreiung durch die Gnade irgendwie mit vorgestellte, gnadenhaft gewährte »Entschuldung« der Vergangenheit gegenüber nicht in einem Diskurs des (stellvertretend abgegoltenen) Bezahlenmüssens verselbstständigt und schließlich die gesamte Soteriologie dominiert. Bei Paulus ist das einigermaßen dadurch sichergestellt, dass er den Gedanken der stellvertretenden Tilgung überholt sein lässt von dem der rettenden Gemeinschaft mit Christus, ja *in Christus*, welche die Christusgläubigen zu Miterben Christi macht (vgl. Gal 4,7; Röm 8,16f.): Mit der Sendung Jesu Christi zu den von der Macht der Sünde Beherrschten begründet Gott eine Heilsgemeinschaft, in der der Sohn und »Haupterbe« ihnen durch sein Anteilnehmen am Los der Sünder Anteil gibt an seinem überreichen »Erbe«, da er selbst durch den Geist in ihnen lebt (vgl. Gal 2,20). So hat er uns geschenkt, was sein war, und uns abgenommen, was unsere tiefste Not war: Um unsretwillen ist er »arm geworden, obwohl er reich war«, um uns »durch seine Armut reich zu machen« (2 Kor 8,9).[79]

Was hat sich mit der Sendung Jesu und schließlich mit seinem Kreuz wie auch mit seiner Auferweckung eigentlich an der Situation des Mensch-

[79] Einen Nachhall findet diese paulinische Tauschformel in Martin Luthers Metapher vom seligen Wechsel und Streit; vgl. ders., Von der Freiheit eines Christenmenschen, Luthers Werke in Auswahl, hg. von O. Clemen, Bd. 2, Berlin [6]1967, 2–27, hier 15f. Hier ist davon die Rede, »dass Christus und die Seele [wie Braut und Bräutigam] ein Leib werden; so werden auch beider Güter, Fall, Unfall und alle Dinge gemeinsam, so dass was Christus hat, das ist eigen der gläubigen Seele, was die Seele hat, wird eigen Christi. So hat Christus alle Güter und Seligkeit: die sind der Seele eigen; so hat die Seele alle Untugend und Sünde auf sich: die werden Christi eigen. Hier erhebt sich nun der fröhliche Wechsel und Streit. Dieweilen Christus ist Gott und Mensch, welcher noch nie gesündigt hat, und seine Frommheit unüberwindlich, ewig und allmächtig ist, so er denn der gläubigen Seele Sünde durch ihren Brautring, das ist der Glaube, sich selbst zu eigen macht und nicht anders tut, als hätte er sie getan, so müssen die Sünden an ihm verschlungen und ersäuft werden. [...] Also wird die Seele von all ihren Sünden nur durch ihren Mahlschatz, das ist des Glaubens halber ledig und frei und begabt mit der ewigen Gerechtigkeit ihres Bräutigams. Ist nun das nicht eine fröhliche Wirtschaft, da der reiche, edle, fromme Bräutigam das arme, verachtete, böse Hürlein zur Ehe nimmt und sie entledigt von allem Übel, zieret mit allen Gütern?« Dass Luther hier auch noch die Erinnerung an die Hochzeit Hoseas mit der Kultdirne Gomer einflicht (Hos 1,2–9), lässt erkennen, wie er die christologisch-soteriologische Überfülle in das gesamtbiblische Erwählungsmotiv hineinformuliert.

seins verändert? Ist Gott nicht »immer schon« zur liebenden Erwählung der Menschen entschlossen? Lässt er sich nicht »immer schon« in die Geschichte seines Volkes involvieren, um es für das Zeugnis des Bundesgehorsams zu gewinnen? Ist er nicht »immer schon« versöhnungsbereit – und will er denen, die sich seinem Versöhnungsangebot öffnen, nicht immer schon am Gott-erfüllten Leben Anteil geben? Geschieht in der Sendung Jesu, des Christus, »mehr« als all das, gewiss mit dem letzten Einsatz der »Hingabe« seines Sohnes?

Es »muss« darin doch noch mehr geschehen, etwas, was die Situation zwischen Gott und den Menschen grundlegend ändert, so dass wirklich Jesus Christus – sein Lebenseinsatz – die »Ursache« des menschlichen Heils und dieses allein durch ihn zugänglich wäre. Muss dieses *exklusive christologische Muss* tatsächlich eingefordert werden? Oder drängt es sich nur – wie etwa bei Paulus – in entsprechenden apologetischen Zuspitzungen auf? Wenn das Kreuz Jesu aber nicht in dem Sinne zum Heil der Menschen notwendig war, dass es das Gottesverhältnis der Menschen wie das Menschenverhältnis Gottes grundlegend veränderte und als »bewirkende Ursache« (causa efficiens) für diese Veränderung theologisch zur Geltung gebracht werden müsste: Was änderte sich dann mit der Sendung Jesu Christi überhaupt? Es geschah in ihm das, worüber hinaus Größeres nicht geschehen kann: das tiefste, unzweideutige, unüberwindliche, zu allem entschlossene Mit-den-Menschen-sein-Wollen Gottes. Es geschah in diesem Gottesmenschen Jesus von Nazaret, dem Mit-den-Menschen-sein-Wollen Gottes in Person. Es geschah, dass Gott durch seinen Heiligen Geist, der diesen Gottesmenschen zuinnerst beseelte, in seinem Wollen, mit den Menschen zu sein und ihnen Gott-erfülltes Leben zu schenken, unüberbietbar und ein für alle Mal zum Ziel kam; es geschah das Gott-erfüllte Leben eines Menschen, das ganz aus Gott gelebte Leben, das den Menschengeschwistern zum Zeugnis dafür werden sollte, wohin sie unterwegs sein dürfen. Es geschah, dass Gott sich mit seinem Gemeinschaftswillen in diesem Menschen bezeugte, so dass dieser selbst zur Gotteswirklichkeit wurde, an die sich die Menschen im Elend der Sünde und in der Not der Gottferne halten konnten. Es geschah, dass Gott sich in diesem Menschen den Menschen schenkte, damit sie sich in Gott finden und sich selbst wie ihren Mitmenschen zum Geschenk werden. Es geschah, dass Menschen im Glauben an das in Jesus Christus Geschehene den Mut zum Glauben finden und aus dem alten Äon ausziehen, sich für Gottes Herrschaft gewinnen lassen: auf Hoffnung hin erlöst, aus der Lebensfeindlichkeit der Sünde »ausgelöst« sind (vgl. Röm 8,24).

Kann mehr und Größeres in der Geschichte geschehen? Kann mehr geschehen als das Wirklichwerden des guten Willens Gottes dadurch, dass sein göttlicher Sohn allen seinen Menschengeschwistern Anteil gibt an seiner Gottesgemeinschaft, ihnen der Ort ist, an dem ihnen diese Gottesgemeinschaft offensteht und geöffnet bleibt, in welche Gottferne sie sich auch immer verirren? Wer behauptet, es könne und müsse davon geredet werden, in Jesus Christus und vor allem in seinem Kreuz sei noch Größeres geschehen, sollte sich darüber Rechenschaft geben, nach welcher Logik er sich veranlasst sieht, von diesem Größeren zu sprechen – oder aber davon zu sprechen, weshalb es im Sinne einer *necessitas medii* (einer Notwendigkeit des Mittels) für Gott nötig gewesen sein soll, um das Höchste geschehen zu lassen: seinen guten Willen zur Rettung der Menschen. Ich plädiere dafür, die *Staurozentrik* der im Wesentlichen von Paulus und Augustinus bestimmten westlichen Soteriologie auf eine soteriologische *Theozentrik* hin zu relativieren, die den Grund des menschlichen Heils allein in der Entschiedenheit Gottes sieht, den Menschen seinen guten Gemeinschafts-Willen geschehen zu lassen. Dass dieser gute Wille in Jesus Christus zum Heil der Menschen geschieht, dass er noch in seinem Kreuz geschieht, dass er sich in diesem Geschehen neu den Menschen zugänglich macht, so dass diese an ihm teilnehmen und von ihm ins Gott-erfüllte Leben hinein verwandelt werden können: Das bezeugt der Glaube an den »Heiland« *(salvator)* Jesus Christus; das ist in Christologie und Soteriologie auszulegen.[80]

6.9 Und dann noch einmal die Frage: War Jesu Tod ein Opfer?

Das Neue Testament findet angesichts des *Scandalum crucis* seinen Glaubens- und Zeugnis-Rückhalt in dem Bekenntnis, Jesus sei am Kreuz nicht nur dem ungerechten Urteil der jüdischen und römischen Machthaber zum Opfer gefallen – nicht nur zum *victime* geworden –, sondern ein Opfer gewesen für die Rettung und Heiligung der Menschen: *sacrifice*. Gott habe, so der Glaube der Christinnen und Christen von Anfang an, aus dem victime ein sacrifice gemacht und so die umfassende Versöhnung gewirkt, in der

[80] Damit ist einem Christologie-Typ der Vorzug gegeben, der auch der östlichen Christologie den ihr zustehenden Platz einräumt. In der Christologie unserer Zeit ist dieser Christologie-Typ mit dem Namen Karl Rahner verbunden. Und es ist erhebliche Skepsis gegenüber einer staurozentrischen Christologie zu Protokoll gegeben, für die katholischerseits im 20. Jahrhundert das Konzept Hans Urs von Balthasars repräsentativ war.

die Abwendung der Menschen von Gott überwunden und die Lebensgemeinschaft zwischen Gott und den Menschen endzeitlich erneuert wurde. Mit dieser endzeitlich-versöhnenden Erneuerung hätten aber – so vor allem Paulus und der Hebräerbrief – alle rituellen Opfer der Menschen ihre Bedeutung verloren; sie seien gleichsam davon überholt worden, dass Gott selbst sich in Jesus Christus den Menschen gegeben und darin alle menschlichen Versuche, Gott durch eine Gabe für sich zu gewinnen, überholt habe. Sie sind dadurch überholt worden, dass Gott mit seiner Selbsthingabe im Kommen seines Messias erfüllte, was die Opfer immer schon anzielten: »So hebt Christus das Erste auf, um das Zweite in Kraft zu setzen. Aufgrund dieses Willens sind wir durch die Opfergabe des Leibes Jesu Christi ein für alle Mal geheiligt« (Hebr 10,9b–10).

Die vielfältige Opferpraxis Israels – Sündopfer, Gemeinschaftsopfer, Dankopfer, Speise- und Ernteopfer und noch manche andere – werden im Neuen Testament als Vor-Bild dessen gesehen, was in Jesus Christus endzeitlich wirksam geschieht. Diese Deutung wird vielleicht auch für nachaufgeklärt-opferkritisches Denken nachvollziehbarer, wenn man sich von den Vorurteilen über das Opfer ein wenig löst, die uns mit der modernen Religionskritik gleichsam in Fleisch und Blut übergegangen sind. Geht man selbstverständlich davon aus, dass Opfer im Grunde doch »magische« Praktiken sind, mit denen eine Gottheit dazu bewegt werden soll, den Opfernden zu gewähren, was sie ihnen von sich aus vielleicht nicht gewährt hätte, verstellt man sich den Zugang zu religiösen Opferpraktiken generell und so auch zur Opferpraxis Israels. Und man kann dann die überbietende Aufhebung all dieser Opfer im Opfer Jesu Christi nur so verstehen, dass das heillose Vom-Menschen-auf-Gott-hin-handeln-Wollen abgelöst und als sinnlos erwiesen wurde durch Gottes heilvoll-heiligendes Handeln in Jesus Christus den Menschen zugute. Die neutestamentlichen Zeugnisse argumentieren aber gerade nicht so. Ihre Bezugnahmen auf die Opferpraxis Israels sehen in dieser vor-abgebildet, was in Jesu Sendung *erfüllt* und nur *deshalb* auch zu Ende gekommen sei. Vielleicht wird man einfühlsamer würdigen müssen, was die Opfer in Israel und darüber hinaus sein und wirken wollten.

Zu erinnern wäre, was oben zum Plausibilitäts-Hintergrund des Sühnopfers gesagt wurde: Die Opfer Israels dienten der »Pflege« der Gemeinschaft des erwählten Volkes mit seinem Gott und in diesem Sinne der »Einbindung« Gottes in das Leben des Volkes. Man sollte das nicht sofort ideologie- und religionskritisch beargwöhnen: Gaben wollen einbinden, wollen soziale Verlässlichkeit pflegen und, wenn es gut geht, eine Wechselseitigkeit des Wohlwollens stabilisieren, die das Miteinander zum Raum eines lebensförderlichen Austauschs, zum Interaktionsraum eines miteinander geteilten Lebens macht.[81] Gabentausch »materialisiert« und stimuliert gewissermaßen das Anteilgeben- und Anteilnehmenwollen, stärkt es gegen die Versuchung zum Leben- und Sich-durchsetzen-Wollen auf Kosten der »Anderen«, die im Gabentausch ihre Bedrohlichkeit verlieren kann.

Der Gott Israels hat seinem Volk von sich aus »religiöse« Praktiken gegeben, die ihn einbinden, in denen er sich einladen lässt zur heilvollen Lebensgemeinschaft mit seinem Volk – und dies auch da noch, wo sich das Volk gegen diese Lebensgemeinschaft vergangen hat. Die wechselseitige Anteilnahme, die das gute Leben mit Gott trägt und ermöglicht, wird in den Opfern gefeiert und erneuert: Gott lässt sich einbinden, und das Volk will sich einbinden lassen in ein gedeihliches Miteinander – einen Bund –, in dem die zum friedlich-gutwilligen Miteinander Entschlossenen einander möglichst wenig schuldig bleiben. Gott lässt sich auch da noch *versöhnlich* einbinden, wo das Volk ihm beklagenswert viel schuldig geblieben ist. So knüpft sich die Gemeinsamkeit des miteinander geteilten guten Lebens, des mit Gott geteilten, Gott-erfüllten, von Gott geheiligten Lebens immer wieder neu, darf das Volk immer wieder neu von und in Gottes Gnade leben.

Die Erfüllung dieser Opfer-Praktiken durch die Sendung Jesu, des Christus, gewinnt vor diesem Hintergrund vielleicht doch eine über die Argumentationsinteressen des Paulus und des Hebräerbriefs hinausreichende soteriologische Prägnanz und Bedeutung: Gott gibt sich in Jesus, seinem Sohn, den Menschen hin, er gibt ihnen in Jesus, seinem Christus, Anteil an seinem Leben, seiner göttlichen Wirklichkeit, so dass sie an dieser Wirklichkeit *teilnehmen* können, geheiligt werden zur Gemeinschaft im gemeinsamen Leben *und Wollen*. Gott wird in Jesus Christus eine mensch-

[81] Das arbeiten die Klassiker der modernen sozialwissenschaftlichen Gabetheorien heraus; vgl. vor allem Marcel Mauss, Die Gabe. Form und Funktion des Austauschs in archaischen Gesellschaften, dt. Frankfurt a.M. 1990. Welche theologischen Konsequenzen sich aus dieser vielfältig weitergebildeten Theorie ziehen lassen, stellt einleuchtend und sorgfältig dar: Veronika Hoffmann, Skizzen zu einer Theologie der Gabe. Rechtfertigung – Opfer – Eucharistie – Gottes- und Nächstenliebe, Freiburg – Basel – Wien 2013. Sie bezieht sich dabei vor allem auf Paul Ricœur, Wege der Anerkennung. Erkennen, Wiedererkennen, Anerkanntsein, dt. Frankfurt a.M. 2006 sowie Marcel Henaff, Der Preis der Wahrheit. Gabe, Geld und Philosophie, dt. Frankfurt a.M. 2009. Zum Thema Opfer und Gabe vgl. von Veronika Hoffmann: Gabe und Opfer: Ambivalenzen der Wechselseitigkeit, in: S. Gottlöber – R. Kaufmann (Hg.), Gabe – Schuld – Vergebung (Festschrift Hanna-Barbara Gerl-Falkovitz), Dresden 2011, 131–165.

liche Wirklichkeit, damit die Menschen sich in Gottes Wirklichkeit – in die Gottesherrschaft – einbinden lassen und darin nach der Gott-erfüllten Lebensweise der Gottesherrschaft leben. Gottes Selbsthingabe geschieht in Jesu »opferbereite« Selbst-Hineingabe in seine Sendung bis an Kreuz; das Sich-weggeben-Müssen in den Schmachtod am Kreuz führt deshalb nicht in die Gottferne, sondern wird zur Gegenwart Gottes auch unter denen, die sich der Selbsthingabe Gottes in Jesus Christus noch nicht geöffnet haben. So wird das Kreuz Jesu Christi zum »Ernstfall« der Selbsthingabe Gottes, aus der den Menschen die Teilhabe am göttlichen Leben »erfließt«, Gottes Geist und Leben »zufließt« (vgl. Joh 19,34). Gottes Selbstgabe geschieht in seiner Selbst*hinein*gabe in die Sendung seines Christus, so dass diese an Gottes Wirklichkeit Anteil geben konnte.

Gottes Selbstgabe wird Menschen-Wirklichkeit in dem, der sein Leben davon nähren lässt, »den Willen dessen zu tun«, der ihn »gesandt hat« (Joh 4,34). Sie wird durch Gottes Geist eine menschliche Wirklichkeit in der Hingabe der Glaubenden, wie auch »Christus uns geliebt und sich für uns hingegeben hat als Gabe und als Opfer, das Gott gefällt« (Eph 5,2). Das Erbarmen Gottes, sein rettendes Mit-den-Menschen-sein-Wollen, das der Gottesmensch Jesus von Nazaret seinen Menschenschwestern und Menschenbrüdern bis in seinen Tod hinein bezeugte und lebte, soll und kann die Brüder und Schwestern dazu bewegen, sich »selbst als lebendiges und heiliges Opfer darzubringen, das Gott gefällt« (Röm 12,1), weil es in einem »vernünftigen Gottesdienst« den Mitmenschen dient.

Weil Gott sich gibt, können die Menschen sich geben, ohne von der Angst beherrscht zu werden, sich zu verlieren. Was sie im Opfer anzielen, dass sie mit dem, was sie sein können und zu geben haben, »Gott gefallen«, sich so den Mitmenschen geben und gerade so unverlierbar in Gott hineingeben dürfen, das geschieht ihnen, da sie sich von dem Opfer erreichen lassen, in dem Gott sich ihnen in Jesus Christus öffnet und sie in ihrem Geben, Sich-Verlieren, Sich-Verfehlen und Umkehren aufnimmt. Gott bringt sich ein, damit die Menschen sich einbinden lassen und einbringen in das Geschehen der Gottesherrschaft und ihrer Gerechtigkeit. Die Erfüllung der Opfer ist deren Erfüllung durch Gottes Selbstgabe, wie Jesus, der Christus, sie lebt und den Menschen geschehen lässt, damit diese sich für die Selbst-Hineingabe in das Geschehen der Gottesherrschaft – zum vernünftig-sinnvollen Gottesdienst (vgl. Röm 12,1b) – gewinnen und versöhnen lassen: mit sich selbst, den Brüdern und Schwestern, mit Gott, der ihnen die Quelle des guten Lebens sein will.

Wo die Erfüllung der Opferpraxis in diesem Sinne nach der Gnaden-

Logik der Überfülle gedacht wird, verliert das Opfer seine religionsgeschichtlich dramatische *Ambivalenz*. Es darf sich – als das »religiöse« Tun der Menschen – nicht länger Gottes bemächtigen und auf ihn Einfluss nehmen wollen. Es muss nicht länger – mitunter im Einsatz der äußersten Mittel – zu Gott durchzudringen versuchen, damit dieser den Opfernden gnädig sei und ihr Opfer – darin die Opfernden selbst – annehme. Gottes Selbstgabe sucht vielmehr in seinem Messias und durch seinen Geist zum Innersten der Menschen durchzudringen, so dass diese sich ihm zuinnerst anvertrauen und seinen guten Willen mitwollen können: den Nächsten zugute, herausgefordert von deren Not. Die das Leben zu seiner Fülle erhöhende Wechselseitigkeit des Sich-Gebens und Sich-empfangen-Dürfens wird zum erlösenden Grundgesetz der Gottesherrschaft, da sie den Nächsten einbezieht: Eine(r) trage des anderen Last! (Gal 6,2) – Das ist die Erfüllung des Gesetzes Christi, das Gott mit sich selbst erfüllt und es so in der Gottesherrschaft durch die Menschen, mit ihnen und in ihnen zur Erfüllung bringt.

Wenn also Gott am Kreuz für den Gekreuzigten und seine Menschengeschwister nicht verloren wäre? Wenn er sich ihnen gerade hier öffnen und neu zugänglich machen wollte? Wenn er so in dieses Kreuz involviert wäre, dass man mit Dorothee Sölle sagen dürfte: »Christus ist die Wunde Gottes in der Welt«?[82] Wenn man sagen dürfte, Gott habe dieses Sterben mit sich erfüllt, so dass aus seiner Verwundung den Menschen Leben, Gnade und Versöhnung zuströmt (vgl. Joh 19,30.34), da er selbst das Gesetz Christi erfüllt, die Last der Verwundeten zu tragen? Die Christen haben so zu denken und zu glauben gewagt. Sie glaubten die Identifikation Gottes mit dem Gekreuzigten; sie glaubten, sich an Gottes eigenes Bekenntnis zu seinem am Kreuz gestorbenen Sohn, dem Christus, halten zu dürfen, das sein Heiliger Geist mit der Auferweckung des Gekreuzigten aller Welt ablegte. So wurden Kreuz und Auferweckung Jesu, des Christus, zum Ursprung *christlichen* Glaubens. So fand dieser Glaube den Mut, an einen verwundbaren Gott zu glauben; an einen Gott, der getroffen und verwundet wird vom Leid und der Selbstverfehlung der Menschen und aus dieser seiner Wunde für die selbst Verwundeten Heilung hervorgehen lässt: geheiltes Leben, Leben in Fülle. So fand der christliche Glaube den Mut, sich einem Gott anzuvertrauen, der sich in der Selbsthingabe des Gekreuzigten selbst gibt.

---

[82] Dorothee Sölle, Das Fenster der Verwundbarkeit. Theologisch-politische Texte, Stuttgart 1987, 7.

7. Rettung und Danksagung

7.1 Der Retter ist der Gerettete

Christliche Soteriologie resultierte aus dem Neu-sehen-Können des Weges Jesu ans Kreuz und in den Tod: Das Kreuz steht nicht am Ende eines Scheiterns. Es ist die Konsequenz eines Lebens aus Gottes Geist in die Gottesherrschaft hinein, eines Lebens, das den Mitmenschen noch mit seinem Sterben in Gott hinein die Gottesherrschaft öffnete. Was das Zeugnis der offenstehenden Gottesherrschaft und der schöpferischen Gottesgerechtigkeit außer Kraft zu setzen schien, genau das beglaubigt, dass das Zeugnis wahr ist: Der am Kreuz Gestorbene ist die Quelle, aus der Geist und Leben für alle entspringt (vgl. Joh 19,34 f.). Seine tiefste Demütigung in den Tod hinein ist in Wahrheit die kenotische Menschen-Zuwendung Gottes in seinem Christus und dessen Verherrlichung durch den Vater (vgl. Phil 2,6–11). Wo der Messias und Menschensohn in tiefste Einsamkeit gerät und von Menschen keine Rettung mehr zu erhoffen ist, genau da wird er verherrlicht und zum Retter für seine Menschengeschwister (vgl. Joh 12,27–28). Seine Erhöhung am Kreuz über die Erde wird nicht nur für ihn, sondern für *alle* Rettung bedeuten: »[W]enn ich über die Erde erhöht bin, werde ich alle zu mir [oder an mich] ziehen« (Joh 12,32). Der Retter (sotēr) ist der Gerettete; er kann der Retter sein, weil er der Gerettete ist. Diese Glaubens-Sicht, die das Johannesevangelium und vor ihm schon Paulus bezeugt, sieht am Kreuz den Verherrlichten, zum Vater Erhöhten, zur Rettung der Menschenschwestern und Menschenbrüder Geretteten; sieht im Tod des Messias und Menschensohns die göttliche Quelle des Lebens für die Menschen. Sie sieht das Nicht-Sichtbare: dass dieser Gestorbene nicht in die Unterwelt, sondern in Gott hinein gestorben ist, in ein Leben hinein, das auch denen zuteilwerden soll, die »er an sich ziehen« will. Das bezeugt das Johannesevangelium, wenn es von den Begegnungen mit dem Auferstandenen berichtet. Das bezeugen ebenso die Reden des Petrus nach der Apostelgeschichte.

Wieder geht es um einen grundstürzenden Kontrast: Den durch die Hand von Gesetzlosen (Nichtjuden) ans Kreuz Geschlagenen hat der Vater »von den Wehen des Todes befreit und auferweckt«. Unmöglich konnte er »vom Tod festgehalten« werden. Der Vater hat ihn auferweckt; dafür sind seine Weggefährten Zeugen. »Nachdem er [aber] durch die rechte Hand Gottes erhöht worden war und vom Vater den verheißenen Geist empfangen hatte, hat er ihn ausgegossen« über die, die ihm nachfolgten. Israel soll daran erkennen: »Gott hat ihn zum Kyrios und Messias gemacht, diesen Jesus, den ihr gekreuzigt habt« (vgl. Apg 2,23–36).

Der Text dieser Petruspredigt hat – über das Kontrastmotiv hinaus – zwei Sinn- oder rhetorische Aktionszentren: Wir sind *Zeugen* dafür, dass der Tod ihn nicht gefangen hielt – Er *konnte* ja gar nicht im Tod festgehalten werden! Die Jünger haben den zum Leben in Gott Erstandenen »gesehen«. Und es war für sie ein aufschließendes Sehen, das Sehenkönnen einer christologischen *Kon-sequenz*, die vom Osterglauben wahrgenommen und in der Sendung im Namen Christi befolgt werden soll. Die Zeugenschaft gilt dem, was den Jüngern geschehen ist, was sie wahrgenommen haben. Sie gilt aber auch dem, was ihrem Verstehen erschlossen wurde und was sie deshalb »sehen« konnten. Sie realisiert sich darin, dass sie sich in diese Konsequenz einfügen und ganz in ihren Dienst stellen. »Musste er nicht …!« – So offenbart sich eine Konsequenz, die den Jüngern gegen den Augenschein aufleuchtet; die ihnen nach dem Lukasevangelium vom Auferstandenen erschlossen wird. Und die »Kehrseite der Medaille«: Er konnte doch nicht vom Tod festgehalten werden; er, in dem so viel Leben und Gottvertrautheit war, in dem Gott selber lebendig war; er, der den Weg in die Gottesherrschaft hinein angeführt hat. Den »Hineinführer *(archegos)* ins Leben« haben sie getötet. Aber wer ins Leben hineinführt, der kann nicht von ihm ausgeschlossen sein; »Gott selbst hat ihn von den Toten auferweckt« (Apg 3,15). Der Christus konnte doch nicht im Tod bleiben, da »in ihm allein […] wirklich die ganze Fülle Gottes« wohnte (vgl. Kol 2,9 und 1,19).

Diese Konsequenz will sich in denen fortsetzen, die ihm auf dem Weg ins Leben hinein folgen – die seinen Weg aufnehmen und ihn in Wort und Tat allen Menschen verkündigen, ihn zugänglich machen, da sie sich von seinem Geist stärken lassen und ihn mitteilen. Das ist die Botschaft der Apostelgeschichte als Ganzer. Vom Epheserbrief wird sie in kosmische Dimensionen hinein ausgeweitet:

> »Wir bitten, dass der Gott unseres Herrn Jesus Christus, der Vater der Herrlichkeit, euch den Geist der Weisheit und Offenbarung gebe, damit ihr ihn erkennt.

> Er erleuchte die Augen eures Herzens, damit ihr versteht, zu welcher Hoffnung ihr durch ihn berufen seid, welchen Reichtum die Herrlichkeit seines Erbes den Heiligen schenkt und wie überragend groß seine Macht sich an uns, den Gläubigen erweist durch das Wirken seiner Kraft und Stärke. Er hat sie an Christus erwiesen, den er von den Toten auferweckt und im Himmel auf den Platz zu seiner Rechten erhöht hat [...] Alles hat er ihm zu Füßen gelegt und ihn, der als Haupt alles überragt, über die Kirche gesetzt. Sie ist sein Leib und wird von ihm erfüllt, der das All ganz und gar beherrscht« (Eph 1,17–23).

Die »Augen des Herzens« sehen, wie die Macht des Gottesgeistes sich an Christus erwiesen hat, da sie ihn vom Tod auferweckte und zum Herrn der Gottesherrschaft einsetzte. Sie sehen, wie diese Macht nun, da Christus über die Erde »erhöht« ist, in der Welt durch die Gläubigen und die Gemeinde, zu der sie zusammengeführt werden, mächtig werden will. Ja, es »musste« so kommen, es konnte gar nicht anders kommen: Die Macht des Gottesgeistes und des göttlichen Lebens, die dieser Archegos in die Welt brachte und bezeugte, musste sich als mächtig erweisen, da sie den Hineinführer ins Leben selbst in seinem Tod noch in Gott lebendig machte. Ja, es musste so kommen, es konnte gar nicht anders kommen, dass nun vom Erhöhten als dem Haupt der Geist ausging, die Glaubenden zu seiner wirkmächtigen Präsenz in der Welt – zu seinem Leib – zu machen. Es musste so kommen, dass die Gottespräsenz in Jesus Christus zur Geist-Präsenz der im Leib Christi Zusammengeführten wurde, damit *allen* – nicht nur den Weggefährten Jesu von Nazaret – Gottes Herrschaft zugänglich würde.

Was den Zeugen vor Augen tritt – vor die Augen ihres Herzens –, das erschließt sich ihnen nicht von selbst. Es braucht den »Hermeneuten«, der ihnen das Verstehen schenkt, es in ihnen wachruft. »Begreift ihr denn nicht? Wie schwer fällt es euch, alles zu glauben, was die Propheten gesagt haben!« – Über die Trägheit des Herzens hinaus dürfen sich die Emmaus-Jünger zum Verstehen rufen lassen und dabei entdecken, wie ihnen das Herz brannte, als der Auferstandene ihnen die Schrift auslegte (Lk 24,25.32).[1] Den in Jerusalem Versammelten öffnete er »die Augen für das Verständnis der Schrift« (Lk 24,46). Der Auferstandene »erscheint« – wird gesehen – als der, der sehen lässt, Verstehen weckt, so dass die Jünger sich durch den Geist aufschließen lassen und den Weg gehen können, auf dem sie der ihnen aufgeschlossenen Konsequenz des Weges Jesu Christi folgen können. Sind diese Erscheinungen dann *nichts Anderes* als die unverfügbare

[1] Vgl. den Tadel des Auferstandenen über die »Engherzigkeit« oder Hartherzigkeit der Jünger im »unechten Markus-Schluss« Mk 16,14.

Widerfahrnis oder der Durchbruch österlichen Sehen- und Nachfolgenkönnens im Glaubensbewusstsein der Jünger? Und gilt ihr Osterzeugnis überhaupt noch etwas anderem als diesem Widerfahrnis? Hat man Ostern zu verstehen als den Durchbruch einer Osterevidenz in der Entschlossenheit der Jünger, sich auf den Weg Jesu einzulassen, der nicht im Tod enden kann, sondern durch Verfolgung und Tod hindurch in die Gottesherrschaft, in Gott hinein, führen »muss«? Oder wird man den Oster-Zeugnissen des Neuen Testaments – etwa den Berichten von Erscheinungen des Auferstandenen vor seinen Jüngern – nur gerecht, wenn man darin Erfahrungen bezeugt sieht, welche den am Gekreuzigten und seiner Sendung verzweifelten Sündern eine neue Glaubensgewissheit schenkten?[2]

Hansjürgen Verweyen hat diese Alternative zugespitzt. *Entweder* steht Ostern für ein grundstürzend neues Offenbarungshandeln Gottes: für das Wunder der Begegnung mit dem in Gott hinein auferweckten Gekreuzigten, das die Jünger ihre Verzweiflung überwinden lässt und in ihnen so erst den Glauben an das Zum-Ziel-Kommen des Messias und Gottessohns erweckt. *Oder* der Glaube der Jünger beruht entscheidend auf der Überzeugungskraft der Verkündigung Jesu und seiner Selbst-Hineingabe in eine Reich-Gottes-Praxis, welche die Menschen tatsächlich schon am Reich Gottes und dem ihm entsprechenden Leben für die Anderen teilhaben ließ, so dass Ostern für die nach der Katastrophe des Karfreitags unter kontingenten Bedingungen sich durchsetzende Überzeugung von der Lebens-Tragfähigkeit des auch in dieser Katastrophe durchgehaltenen Christus-Glaubens stünde. Verweyen selbst spricht sich entschieden für die zweite Option und gegen die Vorstellung aus, »dass in jenen österlichen Widerfahrnissen eine Zusatzinformation zu dem gegeben wurde, was Jesu Leben und Sterben offenbar gemacht hat«, und diese »Zusatzinformation« als die eigentliche Grundlage des Glaubens an Jesus, den Christus und Gottessohn, zu gelten habe.[3]

Diese Alternative ist zunächst einmal erhellend, insofern sie vor die Frage stellt, wem sich der Glaube zuerst und zuletzt verdanken darf: einem Wunder, über das hinaus ein größeres sich nicht vorstellen lässt, oder der Überzeugungskraft einer Sendung, die auch durch den Schmachtod des zu

---

[2] Vgl. die ausführliche und sorgfältige Bearbeitung dieser Frage bei Hans Kessler, Sucht den Lebenden nicht bei den Toten. Die Auferstehung Jesu Christi in biblischer, fundamentaltheologischer und systematischer Sicht, Düsseldorf 1985.

[3] Hansjürgen Verweyen, Gottes letztes Wort. Grundriss der Fundamentaltheologie, Regensburg ^{3}2000, 338–362.

ihr Gesandten nicht außer Kraft gesetzt werden konnte. War es tatsächlich so, dass das Kreuz für die Jünger einen Graben aufgerissen hat, über den sie nur durch die Glauben-stiftende Begegnung mit dem Auferstandenen hinwegkommen konnten? Oder dürfte man – gerade auf der Basis exegetischer Expertise – sagen: Jesu »Botschaft war nicht die eines Gescheiterten, sondern sie trug sogar noch im Scheitern selbst; sie war in der Lage, das Scheitern bestehen zu helfen«?[4] Man kann wie Peter Fiedler das Schema: Die Jünger verzweifeln an der Sendung Jesus und werden erst durch die Oster-Erscheinungen davon überzeugt, sich wieder zu ihr zu bekehren, mit guten historischen Gründen als konstruiert ansehen.[5] Aber wäre es historisch gesehen nicht auch eine theologische Konstruktion, wenn man unterstellt, der Glaube der Jünger »müsse« so stark gewesen sein, dass er die Katastrophe des Kreuzes überstanden hat und nicht auf das »Wunder« der Begegnung mit dem Auferstandenen angewiesen war? Das theologische Interesse *dieser* Konstruktion läge offenkundig darin, den Osterglauben der Jünger wie den der Christen auf die Glaubensüberzeugung der lebendigen Gemeinschaft mit Jesus, dem Christus zu gründen und nicht primär auf ein Wunder, sei es noch so spektakulär. Was wäre die Schwäche eines Wunderglaubens gegen die geisterfüllte Kraft dieses Lebens- und Sendungsglaubens aus der Erfahrung der Überzeugungskraft eines Weges, der – nach diesem Glauben – gar nicht *nicht* in Gott zu seinem Ziel kommen kann!

Verweyens Alternative führt nicht aus dem Feld theologisch interessierter, gegenläufiger Konstruktionen heraus. Man wird deshalb einräumen, dass solche Konstruktionen kein historisches Urteil darüber tragen können, was den Jüngern zu Ostern widerfahren ist. So viel aber lassen diese Konstruktionen immerhin deutlich werden: Wenn die Jünger (und Jüngerinnen) nicht schon einigermaßen von Jesu Verkündigung und Reich-Gottes-Praxis für die Sache Jesu – sein Reich-Gottes-Zeugnis – gewonnen gewesen wären, hätten sie die Begegnungen mit dem Auferstandenen gar nicht als

---

[4] So Ingo Broer, »Der Herr ist wahrhaft auferstanden« (Lk 24,34). Auferstehung Jesu und historisch-kritische Methode, in: L. Oberlinner (Hg.), Auferstehung Jesu – Auferstehung der Christen, Freiburg – Basel – Wien 1986, 39–62, hier 61.

[5] Vgl. Peter Fiedlers Einschätzung: »Der durch die Römer verursachte Kreuzestod musste keineswegs als radikale Widerlegung des Heilsmittleranspruchs Jesu, seiner Sendung durch Gott, seiner Gottes- und Gottesreich-Verkündigung und damit als völlige Infragestellung der Jüngerschaft seiner Jünger wirken, so schockierend das Ereignis für sie gewesen sein muss«; ders., Vorösterliche Vorgaben für den Osterglauben, in: I. Broer – J. Werbick (Hg.), »Der Herr ist wahrhaft auferstanden« (Lk 24,34). Biblische und systematische Beiträge zur Entstehung des Osterglaubens, Stuttgart 1988, 9–28, hier 26.

solche wahrnehmen und als Ermutigung zur erneuerten Nachfolge auf seinem Weg aufnehmen können. Die »Mühe« des Wiederkennens, von der wiederholt die Rede ist, spricht hier eine deutliche Sprache: Erst in der wiedergewonnenen Gemeinsamkeit »in der Sache« – gefeiert im Gemeinschaftsmahl der Eucharistia, des Danks für das Geschehene – erkennen ihn die Emmausjünger wie auch die Jünger am See Tiberias im Nachtragskapitel des Johannesevangeliums. Was ihnen in der Begegnung mit dem Auferstandenen widerfährt, das ist – nach den Zeugnissen der Ostergeschichten – das Sehendwerden dafür, dass und warum der Weg Jesu, des Gekreuzigten, nicht in Scheitern und Tod, sondern in Gott und Gottes Herrschaft hineinführt, genau auf dem Weg ans Kreuz in Gott hineinführen »musste«. Indem sie ihn sehen und erkennen, sehen und erkennen sie die Konsequenz des Handeln Gottes in Jesus Christus und des Weges, den Jesus, der Messias, zum Heil der Menschen gehen »musste«. Die vielfältige Glaubens-Semantik des *Sehens*, die in den Ostergeschichten eine ausschlaggebende Rolle spielt[6], weist deutlich darauf hin, dass der Osterglaube im Geschehenen und jetzt Geschehenden Gottes Handeln sieht, weil ihm die Augen geöffnet und das Herz weit gemacht werden. Dem Glauben widerfährt das Glauben*können*, da Gott ihm in Jesus Christus entgegenkommt, da ihm durch den Auferstandenen Augen und Verstehen geöffnet werden. Da muss es nicht zu einer zusätzlichen Information kommen, die »Neues«, zuvor Unbekanntes offenbart. Aber es kommt – es kam – zum Glaubenkönnen angesichts des Kreuzes; und dieses Glaubenkönnen weiß sich hervorgerufen durch eine Gotteskraft, die den Zweifelnden Gewissheit schenkt, und durch eine Christusgemeinschaft, die im Tod Jesu nicht zerbrochen ist, sondern erneuert und vertieft wurde. Mehr müsste man auch als Glaubende(r) über Ostern nicht wissen. Mehr – Informationen darüber, wie die Jünger den Auferstandenen gesehen haben und was im Einzelnen vorgefallen ist – kann den Glaubenden nicht zuteilwerden. Die Osterzeugnisse wollen nicht ihre Neugier befriedigen, sondern ihren Glauben dadurch stärken, dass sie ihn *sehend* machen: für die Konsequenz des Weges Jesu zum Heil der Menschen empfänglich machen. Diese Konsequenz sehen sie *als* von Gott selbst bestätigt, durch den Tod hindurch in Gott selbst hineinführend.[7]

---

[6] Vgl. etwa 1 Kor 15,3–8; Lk 24,34; 1 Kor 9,1; Joh 20,18.

[7] Joachim Negel rekurriert zum Verständnis des »österlichen Sehens« auf Paul Ricœurs Konzept: »Offenbarung ereignet sich als ein ›Sehen-der-Dinge-als‹« (vgl. von Ricœur: Die lebendige Metapher, dt. München ^{2}1991, 203–207; vgl. Joachim Negel, Projektion als Inspiration. Versuch einer phänomenologischen Reformulierung des Offenbarungsbegriffs, Freiburg – Basel – Wien 2015, 202–241).

Um es so deutlich wie möglich zu sagen: Die in den Evangelien bezeugten Ostererscheinungen begründen nicht den Glauben daran, dass der Gekreuzigte zum Vater vorausging und die ihm Nachfolgenden in die Gottesherrschaft hineinführt. Sie bringen ihn nach diesen Zeugnissen angesichts der tief irritierenden Ereignisse des Karfreitags zum Durchbruch. Und – davon ist jetzt zu handeln – sie machen ihn sagbar durch eine tief greifende Revision des apokalyptischen Auferstehungsglaubens wie durch eine signifikante Reinterpretation zeitgenössischer Messiaserwartungen. Was der Auferstandene den »trägen Herzen« an neuem Verstehen abringt, das können sie in seiner soteriologischen Konsequenz verstehend nachvollziehen, da ihnen aufgeht: Der Messias *musste* leiden; und die endzeitliche Rettung der im Reich des Todes Gefangenen begann mit der Auferweckung dieses Einen, des gekreuzigten Messias und Gottessohnes, der gar nicht im Tod bleiben *konnte*. Den »trägen Herzen« wird ein Paradigmenwechsel[8] zugemutet und ermöglicht: Sie werden von österlichen Widerfahrnissen zu einem Neusehenkönnen herausgefordert, können sie nur als das sehen, was sie sind, wenn sie *alles* neu sehen – und es doch so sehen, wie sie es in der Nachfolge Jesu, des Christus, schon zuvor hätten sehen müssen.

7.2 Der Anbruch des neuen Äons in der Auferweckung des *für uns* gekreuzigten Messias

Die Auferweckung der Toten ist im apokalyptischen Vorstellungshorizont Beginn der letzten Dinge. Die Gestorbenen werden zum Gottesgericht auferweckt, in dem ihnen zuteilwerden soll, was sie verdienen: den unverdient elenden Gerechten der himmlische Lohn, den auf der Erde unverdient gut davongekommenen Sündern die verdiente Strafe. Von diesem Endgericht wird demnach »die endliche Begleichung aller noch offenstehenden Lebensrechnungen jenseits der Todesgrenze und also die Vollendung der Menschheitsgeschichte erwartet.« Die Auferweckung ist »sozusagen dessen Zubringer.«[9] So versteht es sich von selbst, dass man in diesem Kontext der zurückschauenden Würdigung gelebten Lebens und gewirkter, oft verwirk-

[8] Dirk-Martin Grube (Ostern als Paradigmenwechsel. Eine wissenschaftstheoretische Untersuchung zur Entstehung des Christentums und deren Konsequenzen für die Christologie, Neukirchen-Vluyn 2012) versucht, Thomas S. Kuhns Konzept des Paradigmenwechsels (vgl. ders., Die Struktur wissenschaftlicher Revolutionen, dt. Frankfurt a. M. 1967) für die Entstehung des Osterglaubens fruchtbar zu machen.

[9] Ulrich Wilckens, Auferstehung. Das biblische Auferstehungszeugnis historisch unter-

ter Geschichte Auferstehung als ein alles abschließendes Ereignis vorstellt und deshalb die Auferstehung *aller* kommen sieht – jedenfalls all derer, deren »Lebensrechnungen« noch unbeglichen geblieben sind. Mit ihr bricht der neue Äon an. Aber der Blick der Auferstehungserwartung ist hier rückwärts gerichtet; er gilt – nach der Logik der Äquivalenz – dem Abschluss des alten Äons für die Vielen, denen jetzt Recht geschehen soll.

Jesus, der Christus, ist nach den neutestamentlichen Zeugnissen jedoch als Einzelner, als »Erstgeborener aus den Toten« erweckt worden (Kol 1,18; vgl. Röm 8,29; Offb 1,5). Als dieser Einzelne, der nicht vom Tod festgehalten werden konnte, ist er aus dem Kollektiv der Gestorbenen und ihrer Auferweckung Entgegenharrenden herausgenommen worden – und das nicht zum Gericht, sondern als »Erstling« des neuen Äons, als »die erste sichtbare ›Frucht‹ der Ernte, die ab sofort einsetzt, indem Gott auch das Kollektiv der Toten ›aus dem Todesschlaf aufweckt‹.« Die Auferweckung Jesu Christi durch Gottes Macht und Geist wird als Beginn der endzeitlichen Totenauferweckung bezeugt, »als die Initialzündung für einen damit ausgelösten Prozess.«[10] Indem die Auferstehungszeugen sich auf das apokalyptische Motiv der Totenauferweckung beziehen, verwandeln sie es in seiner Sinn-Richtung: Der Blick geht nun in die Zukunft des neuen Äons, den die Christusgläubigen offen vor sich sehen und in den sie sich durch die Taufe und ihren Glauben schon einbezogen glauben. Paulus ist in diesem Sinne »der Überzeugung, dass Gottes Handeln an Jesus darauf abzielt, die Glaubenden jetzt schon aus den Zwängen des alten Äons herauszureißen«[11].

Die Christusgläubigen leben bereits in der Auferstehungswirklichkeit Christi, da sie im Kraftfeld des Heiligen Geistes und aus seiner Kraft leben: das Leben derer leben dürfen, die *in Christus* sind, da der Geist Gottes und Jesu Christi in ihnen das Leben des neuen Äons wirkt. Mit der Auferweckung aus den Toten ist Jesus zum Sohn Gottes »eingesetzt« aufgrund des heiligenden Geistes – so wie er Davids Sohn ist aufgrund seiner Abstammung dem Fleisch nach (vgl. Röm 1,3–4). In diesem Geist des Auferstehungs-Lebens aber lebt er in den Glaubenden, die sich im Glauben an ihn binden. Sie sind »ein Geist mit ihm« (1 Kor 6,17), da der Geist in ihnen hervorbringt, was das Leben des neuen Äons ausmacht: Liebe und Freiheit

---

sucht und erklärt, Stuttgart – Berlin 1970, 120 f. Wilckens bezieht sich auf Dan 12 und die außerbiblische Henoch-Apokalypse (Hen 22).

[10] Martin Ebner, Die Auferweckung Jesu. Oder: Woran glauben Christen [1], in: Christ in der Gegenwart 67 (2015), 165–166, hier 166.

[11] Ebd. Martin Ebner bezieht sich auf Gal 1,4.

von den Mächten des alten Äons (vgl. Röm 5,5; 2 Kor 3,17 f.), Gerechtigkeit, Schalom und Freude »im Heiligen Geist« (vgl. Röm 14,17). Zu Zeugen der Auferstehung Christi werden sie – die Jünger zuerst, denen er sich zeigte –, da sie sich vom Geist Christi ergreifen und senden lassen, in der Spur Christi das ihnen vom heiligenden Geist mitgeteilte Leben der Gottesherrschaft zu leben als Glieder des Leibes Christi mitten in dieser Welt (vgl. 1 Kor 12–13).

Dass mit dem »Erstling« des neuen Äons die Geist-Wirklichkeit der Auferweckung in den alten Äon einbricht, ist den Christusgläubigen durch die »Erstlingsgabe des Geistes« verbürgt, auch wenn sie noch im alten Äon leben müssen: auf Hoffnung hin gerettet, unter Stöhnen auf das endgültige Wirksamwerden der »Sohnschaft« harrend (Röm 8,23 f.), in dem der Auferstandene sich als der »Erstgeborene unter vielen Brüdern [und Schwestern]« erweisen wird (Röm 8,29). Diese nach vorne offene, im Heiligen Geist zugänglich gemachte und im »Leib Christi« konkret gelebte Reich-Gottes-Wirklichkeit provoziert eine tief reichende Relecture apokalyptischer Vorstellungsmuster: Das Hauptgewicht liegt nicht mehr auf dem Wissen um das Ende aller Dinge, das den alten Äon abschließen wird, sondern auf dem Wissen des Glaubens um das vom Geist erschlossene Leben im neuen Äon. So war es möglich, dass die Erfahrungen der Teilhabe am neuen Äon der vom Ausbleiben der allgemeinen Totenerweckung geweckten Glaubens-Unsicherheit gewachsen waren. »Durchgesetzt hat sich das Verständnis der Auferweckungsaussage, das gleichzeitig Grundlage für die Deutung der Totenerscheinungen war: der Glaube an Jesu Glauben vom Beginn der Gottesherrschaft.« Die Jünger glauben in der Spur des Glaubens Jesu Christi die Erscheinungen des Auferstandenen »als Anfang des großen Umwälzungsprozesses, der zum endgültigen Durchbruch der Gottesherrschaft führt«[12] – aber nicht in kurzer Frist schon zum Abschluss dieser Umwälzung, zur Wiederkunft Christi am Ende der Zeiten, führen muss.

Dieses neue Paradigma apokalyptischen Wissens führte wohl erst zur Umcodierung der Titel, mit denen die Rolle der Glaubens-Bezugsperson Jesus von Nazaret zum Ausdruck gebracht werden sollte.[13] Vom *Sohn Gottes* zu sprechen, hieß nun nicht mehr, ihn als Davidsspross anzusprechen: als den endzeitlichen Messiaskönig, in dem das Sohn-Gottes-Sein der Könige

[12] Martin Ebner, Erscheinungen Christi. Oder: Die Jünger glauben Jesu Glauben, in: Christ in der Gegenwart 67 (2015), 173–174, hier 174.

[13] Die Theologie spricht hier herkömmlich von den Hoheitstiteln Jesu; vgl. das Standardwerk: Ferdinand Hahn, Christologische Hoheitstitel.

Israels eschatologisch wahr werden würde. Es bedeutete über diese Davidsnachkommenschaft hinaus die vom Geist gewirkte Einsetzung und Erhöhung des Auferstandenen zur Rechten Gottes »in Macht« (Röm 1,3–4). Die Gottessohn-Aussagen rückten in einen Horizont, in dem die Zugehörigkeit des Auferstandenen zum Vater[14], sogar das Miteinanderwirken des Sohnes mit dem Vater in der Sendung des Heiligen Geistes zum Heil der Menschen aussagbar wird.[15] Die Gottes-Wirklichkeit Jesus Christus hat vollkommen Anteil an Gottes Herrlichkeit; sie kommt von Gott und ist mit der Auferweckung zu ihm »zurückgekehrt«, um von hier aus – an der »Rechten des Vaters« – die heilswirksame Verbundenheit Gottes mit den Menschen durch den Heiligen Geist in den Menschen zur Wirkung zu bringen, ihnen Anteil zu geben an Gottes guter Herrschaft.

Der Philipperbriefhymnus artikuliert diesen Gedanken im Abstieg-Aufstieg-Schema des Kenosisgedankens (Phil 2,5–11)[16] und gibt damit ein Modell vor, das sich in der Theologie der ersten fünf Jahrhunderte einigermaßen selbstverständlich dem neuplatonisch-metaphysischen Schema des Ausgangs oder Abstiegs der göttlichen Logos-Wirklichkeit in die Welt und

[14] Vor allem nach dem Johannesevangelium qualifiziert der Sohn-Gottes-Titel die Sendung Jesu Christi von Anfang an. Jesus zieht sich den (nach dem Johannesevangelium tödlichen) Vorwurf der Gotteslästerung zu, da er ihn in Anspruch nimmt (oder sich nicht davon distanziert, dass man ihn so bezeichnet; vgl. Joh 10,34–36).

[15] Ausgedrückt wird diese Umkodierung des Gottessohn-Titels im Johannesevangelium oder auch im Hebräerbrief durch die Absolut-Formulierung *der Sohn:* Der Vater hat ihn in die Welt gesandt (Joh 3,17); es ist sein Wille, den Willen des Vaters zu tun und sein Werk zu wirken (Joh 4,34); der Vater verherrlicht den Sohn und wird in ihm verherrlicht (Joh 17,1–5); der über das Haus Gottes gesetzte treue Sohn (Hebr 3,6) hat durch Leiden den Gehorsam gelernt (Hebr 5,8) und ist auf ewig vollendet (Hebr 7,28 mit Rückbezug auf Ps 110,4). Die *theo*logische Umkodierung des Sohnes- bzw. Sohn-Gottes-Titels wird etwa von der bis in die Gegenwart hinein einflussreichen dogmenkritisch-liberalen Theologie zu Anfang des 20. Jahrhunderts nicht deutlich genug gesehen. Adolf von Harnack gab hier den Tenor an. Nach ihm ist das Bewusstsein Jesu, »der Sohn Gottes zu sein [...] nichts anderes als die praktische Erkenntnis Gottes als des Vaters und seines Vaters.« Recht verstanden sei – so Harnack – »die Gotteserkenntnis der ganze Inhalt des Sohnesnamens« (ders., Das Wesen des Christentums [im Original 1900], Neuausgabe Gütersloh 1977, 82). Man wird im Gespräch mit solchen Ansätzen vielleicht weiterkommen, wenn man klärt und in heutigen Sprachgebrauch übersetzt, was man unter praktischer Erkenntnis Gottes zu verstehen hätte.

[16] Ganz ähnlich denkt ja der Hebräerbrief, der – mit den Texten zur Taufe Jesu – den Thronbesteigungspsalm 2 aufgreift (Hebr 1,5–14) und von einer Erniedrigung des Sohnes (unter die Engel) für kurze Zeit spricht, damit er mit seinem stellvertretenden Sterben selbst in die Herrlichkeit eingehe und »viele Söhne zur Herrlichkeit« führe (vgl. Phil 2,5–15 mit Ps 8,5–7G und Ps 22,23).

seines Wiedereingehens in das göttliche Eine am Ende angleichen konnte. Die Verbundenheit mit dem Vater korrespondierte christologisch aber mit der Verbundenheit – modern gesprochen: der Solidarität – Jesu mit seinen Menschengeschwistern, in der er Gottes »Ich bin für euch da« (Ex 3,14) bis in die letzte Konsequenz einer Freundschaft hinein lebte, die sich für die Freunde hingibt (vgl. Joh 15,13).[17] Der Sohn Gottes ist in diesem Sinne der *Menschensohn:* Die apokalyptische Figur des Fürsprechers bei Gott, der – als Gegenspieler des ewigen Anklägers, des Satans – die Menschen Gott »ans Herz legen« will, wird im Sinne einer bis zum Letzten durchgehaltenen Heils-Solidarität weiter gedacht, die der Hebräerbrief im Leiden des Menschensohns für seine Menschengeschwister bewiesen sieht: »um durch seinen Tod den zu entmachten, der die Gewalt über den Tod hat, nämlich den Satan, und die zu befreien, die durch die Furcht vor dem Tod ihr Leben lang der Knechtschaft verfallen waren« (Hebr 2, 14–15).

Der Gottessohn ist der Menschensohn; die Gottverbundenheit Jesu Christi zeigt sich in seiner Menschenverbundenheit; in dieser kommt die Gottverbundenheit heilvoll-versöhnend zum Tragen. Und so ist der Menschsohn-Gottessohn der *Messias*, der seinem Volk den Zugang zur Gottesherrschaft öffnet. Genau darin scheint der Paradigmenwechsel vollzogen, der den christlichen Glauben begründet. Im zeitgenössischen Judentum gibt es durchaus unterschiedliche Konzepte dafür, wie man die Hoffnungsgestalt des Messias in apokalyptische Vorstellungsmodelle einzubauen hätte. Die neutestamentlichen Zeugnisse verfolgen hier im Blick auf das Kreuz Jesu eine klare Option, insofern sie – immer wieder auf die deuterojesajanische Gottesknechtstheologie rekurrierend – den für sein Volk und dessen Heilszukunft leidenden Messias ins semantische Zentrum aller Bezugnahmen auf die Messias-Hoffnungen Israels rücken.

In der Figur des Gottesknechts konvergieren verschiedene Sinnzuschreibungen, die für das Konzept eines leidenden Messias in Anspruch genommen werden konnten: Sein Leiden war nicht selbst verschuldete Gottferne – »bei den Ruchlosen gab man ihm sein Grab, bei den Verbrechern seine Ruhestätte, obwohl er kein Unrecht getan hat und kein trügerisches Wort in seinem Mund war« (Jes 53,9) – sondern gesteigerte Gottverbundenheit: »[D]er Herr fand Gefallen an seinem zerschlagenen Knecht« (Jes 53,10a). Ja, in seinem Leiden zeigte sich eine soteriologische Erwäh-

[17] Raphael Schulte übersetzt den Gottes-»Namen« in Ex 3,14 mit: Ich-bin-dein (euer); vgl. ders., Die Herkunft Jesu Christi. Verständnis und Missverständnis des biblischen Zeugnisses. Eine theologisch-kritische Besinnung, Münster 2012, 546 f. u. ö.

lung, die dem ganzen Volk zugutekommen sollte. Und diese Erwählung wird im Horizont der Sühneleistung artikuliert:

> »Doch er wurde durchbohrt wegen unserer Verbrechen, wegen unserer Sünden zermalmt. Zu unserem Heil lag die Strafe auf ihm, durch seine Wunden sind wir geheilt. Wir hatten uns verirrt wie Schafe, jeder ging seinen Weg. Doch der Herr lud auf ihn die Schuld von uns allen [...] er rettete den, der sein Leben als Sühnopfer hingab« (Jes 53,5–6.10a).

Der Gottesknecht musste tragen – ausleiden –, was das Volk an Sündenlast aufgehäuft hatte; sogar von Straf-Stellvertretung ist die Rede. Im aramäischen Sprachkontext bot sich darüber hinaus der Gleichklang der Worte für Knecht (Sohn) und Lamm als Deutungsressource an: Den verirrten Schafen zugute (Jes 53,6) wird er geopfert »wie ein [Pessach-]Lamm, das man zum Schlachten führt« (Jes 53,7b).[18] Verstand man die Sendung des Messias in diesen soteriologischen Bezügen, so wurde ein Messias-Verständnis zugänglich, in dem das Kreuz eine grundlegend andere Bedeutung gewinnen konnte als die im königlich-davidischen, herrschaftlich gezeichneten Bild des Messias naheliegende: Nicht das Scheitern der messianischen Sendung war mit dem Kreuz besiegelt, sondern die Erwählung des Messias dazu, seinem Volk eine heilvolle Exodus-Zukunft zu eröffnen, die Last von ihm zu nehmen, die es hätte erdrücken müssen.[19]

Diese Umbesetzung der Erwartungen an die messianische Sendung und der mit ihr verbundenen Vorstellungen ist im zeitgenössischen Judentum nicht ohne Parallelen. In der entstehenden christlichen Messianologie wird sie aber mit letzter Konsequenz vollzogen. So kam man zu der Einsicht, dass der Messias gekommen ist – und kommen wird –, sein Volk in einem endzeitlichen Exodus aus dem Exil einer unterdrückenden und in Gottferne festhaltenden Fremdherrschaft zu befreien. Neu interpretiert werden

[18] Der enge phonetisch-semantische Zusammenhang wird möglicherweise im Zeugnis des Täufers nach Joh 1,29–34 ins Spiel gebracht: »Seht, das Lamm Gottes« – »Das habe ich gesehen und ich bezeuge: Er ist der Sohn Gottes«. Andere neutestamentliche Zeugnisse nehmen im Sinne der Abendmahlsüberlieferung auf das Pessachlamm Bezug (vgl. 1 Kor 5,7 oder 1 Petr 1,19; auch Joh 1,29 könnte auf das Pessach referieren) oder zitieren direkt Jes 53,7.

[19] Der Paradigmenwechsel im Messiasverständnis wird – nach Dirk-Martin Grube – dadurch erreicht, dass Jes 53 in einer »hermeneutischen Spirale« auf die Sendung Jesu Christi bezogen und von ihr her neu interpretiert wird; vgl. Dirk-Martin Grube, op. cit., 87–91 mit Bezugnahme auf Otfried Hofius, Das vierte Gottesknechtslied in den Briefen des Neues Testaments, in: B. Janowski – P. Stuhlmacher (Hg.), Der leidende Gottesknecht. Jes 53 und seine Wirkungsgeschichte, Tübingen 1996, 107–128, hierzu 127 f.

Schritt für Schritt die Dimensionen, in denen man sich das Unheil dieser Gefangenschaft und die befreiende Sendung des Messias vor Augen stellt. In apokalyptischer Radikalisierung erscheint das Unheil, dem die Befreiung durch den Messias gewachsen sein muss, als die Herrschaft einer alles pervertierenden Sünde und des Todes, in dem die Sünde zu ihrem Ziel kommt – als die Herrschaft Satans, der durch die Sünde das Zusammenleben der Menschen zersetzt, ihr Leben zerstört. Der Messias wird – wie in der Rolle des Menschensohns vorgebildet – zum göttlichen Gegenspieler des Satans und zum Bundesgenossen der Menschen, die unter der Herrschaft Satans leiden. Das scheinbare Desaster der Messiasexistenz am Kreuz offenbart in Wahrheit seinen Sieg über den Satan und die Unheilsmächte. Die Himmelfahrt des als Erstling der Entschlafenen Auferweckten ist der Triumphzug des Siegers durch den Machtbereich der besiegten Mächte. Mit ihm wird offenbar, dass der Weg in den »Himmel« – in Gott und seine Herrschaft hinein – offen steht;[20] wird aber für die Glaubenden auch deutlich, dass sie auf ihre Berufung in der Welt verwiesen sind, damit sich ihnen hier der Weg in die Gottesherrschaft konkret erschließt.[21] Die apokalyptische Umwälzung führt also nicht »mit einem Schlag« den neuen Äon herbei. Sie vollzieht sich vielmehr – in Lukasevangelium und Apostelgeschichte deutlicher ausgesprochen als in anderen neutestamentlichen Zeugnissen – in der Sendung derer, die als Gemeinde und als Leib Christi, des Gesalbten, die endzeitliche Wirklichkeit des neuen Äons mitten im alten leben und sich davon in Anspruch nehmen lassen, die Verwandlung des alten in den neuen Äon zu bezeugen.

Damit ist ein Messiaskonzept erreicht, das die Erfahrungen der frühen Christen mit »ihrem« Gekreuzigten, in Gott hinein Auferweckten und im Heiligen Geist unter ihnen lebendigen Messias Jesus in sich aufnehmen und prägnant artikulieren konnte, sie aber zugleich in die Hoffnungsgemeinschaft Israels hineinformulieren sollte. In diesem Konzept sind aber auch die »Kraftfelder« aufgebaut, in denen Entwicklungen, die diese Hoffnungs-

[20] Vgl. das vielleicht ja schon seiner Substanz nach ältere Bekenntnis des Paulus in Röm 8,37–39 oder die der Symbolik des Jom Kippur nachgebildete Motivik des Hebräerbriefs des Eingehens ins endzeitliche Heiligtum (Hebr 9,12.24).

[21] Vgl. einerseits die Unterweisung der Apostel durch die »Männer im weißen Gewand« in der Himmelfahrtsperikope der Apostelgeschichte: »Was steht ihr da und schaut zum Himmel empor? Dieser Jesus, der von euch ging und in den Himmel aufgenommen wurde, wird ebenso wiederkommen, wie ihr in zum Himmel habt hingehen sehen« (Apg 1,11) – andererseits die Unterweisung der Frauen am Grab, die Apostel sollten den Auferstandenen in Galiläa – in ihrem Alltag – suchen, dort würden sie ihn sehen (Mk 16,7).

gemeinschaft mit Israel schließlich zutiefst in Frage stellen mussten, ihre Dynamik entfalteten. Das Zusammenbringen von apokalyptischer Radikalität und Messianologie wies dem Messias eine geradezu kosmische Versöhnungsaufgabe zu. Er hatte den Weg in den neuen Äon, der weit mehr sein sollte als die Wiederherstellung der Schöpfung in ihrem guten Anfang, zu öffnen – und er hat ihn geöffnet. Der damit aufgespannte Horizont ist Menschheits-, ja Schöpfungs-geschichtlich. Das Gekommensein des Messias aber beendet den alten Äon nicht – so sehr er seine unentrinnbar-bezwingende Macht über die Menschen verloren hat –, sondern es setzt einen Prozess der Verwandlung des alten Äons in den neuen in Gang, der im Glauben und der Christusnachfolge-Praxis der mit Christus im Glauben Verbundenen durch Gottes Geist initiiert und getragen wird. Dass der alte Äon fortdauert, hinderte Juden daran, an das Gekommensein des Messias zu glauben. Sie weigerten sich in ihrer großen Mehrheit und mit höchst ernsthaften Gründen, den Anbruch der messianischen Endzeit in der Auferstehung des gekreuzigten »Königs der Juden« und in den Gemeinden der Christgläubigen anzuerkennen. Musste man am Karfreitag und den Jahrzehnten danach nicht fast zwangsläufig zu der Glaubensüberzeugung kommen, dass der Gott Israels seinen Messias noch nicht in die Welt gesandt, sich vielmehr eher aus ihr zurückgezogen hat, dass er gar mit seinem geschundenen Volk ins Exil gegangen war und man ihn »nur« mit der Klage bedrängen konnte, dieses letzte Exil nicht über das Glaubens-Erträgliche hinaus andauern zu lassen?

Juden konnten sich im messianischen Kontext kaum anders verstehen als im Elend des alten Äons auf den Messias Harrende, der erst gekommen sein würde, wenn das endzeitliche Exil seines Volkes beendet und die Schöpfung in ihren Schöpfungssinn zurückgebracht sein würde. Sie konnten nichts anfangen mit einem Messias, der gekommen *ist* und am Ende der Tage *wieder*kommen wird, um dann erst jene Hoffnungen einzulösen, die Juden an sein Kommen in diese Welt knüpfen.[22] Die Christen ihrerseits wussten sich getragen von der Erfahrung einer Geist-Gegenwart Christi, die im Leib Christi mitten in dieser Welt Gestalt gewinnen und das Angesicht der Erde auf Gottes Reich hin verwandeln sollte. So wurden sie freilich auch immer wieder von der Versuchung eingeholt, Gottes Herrschaft kirch-

[22] Diese christologische »Ermäßigung« und Verzeitlichung des endzeitlichen Heils hat noch bis in die Gegenwart hinein den Widerspruch jüdischer Denker hervorgerufen; vgl. Martin Buber, Der Jude und sein Judentum, Köln 1963, 562 bzw. Schalom Ben-Chorin, Die Antwort des Jona. Zum Gestaltwandel Israels, Hamburg 1956, 99.

lich in eigene Regie zu nehmen und sie mit hierokratisch legitimierter Menschenherrschaft zu verwechseln. Immer wieder neu musste man sich von der Botschaft der »Seligpreisungen« Jesu blamieren und an die Seite derer rufen lassen, denen diese Seligpreisungen zuerst gelten. Immer wieder neu musste man sich der Frage stellen, was denn mit der messianischen Sendung Jesu, seinem Tod am Kreuz und seiner Auferweckung tatsächlich neu in diese Welt hineingekommen sein und sich in ihr verändert haben sollte – was die Menschen gleichwohl noch vor sich hätten und im biblischen Maranatha (1 Kor 16,22) als die Wiederkunft des Messias erbitten.

7.3 Glaubens- und Hoffnungsperspektive Auferstehung

Die neutestamentliche und frühchristliche Messianologie arbeitet den apokalyptischen Vorstellungshorizont im Sinne einer Verzeitlichung oder Vergeschichtlichung der messianischen Endzeit um. Die Auferweckung Christi als des Erstlings der Entschlafenen gilt als der Durchbruch der Auferstehungswirklichkeit in *diese* Welt hinein. Sollte sich die Auferstehungswirklichkeit aber nicht in absehbarer Zeit umfassend und endgültig durchsetzen: mit der allgemeinen Totenauferweckung zum letzten Gericht? Die Ostererfahrungen der ersten Zeugen mögen diese Naherwartung zusätzlich mobilisiert haben. Der »Erstling« würde nicht lange ohne die ihm verbundenen Brüder und Schwestern bleiben, denen er nur für »eine kleine Weile« (Joh 13,33; 16,13; Hebr 10,37) vorausgegangen ist – seien sie noch am Leben oder dann schon gestorben. Der erhöhte Messias würde sie heimholen in die endzeitlich vollendete Gottesherrschaft. Er würde sie als der »brüderliche Richter«[23] Reich-Gottes-fähig machen und die durch Taufe und Glauben ihm Angehörenden, jetzt schon zum neuen Leben Auferstandenen, als Söhne und Töchter Gottes erweisen, worauf die »ganze Schöpfung« sehnsüchtig wartet (vgl. Röm 8,19). Der im apokalyptischen Szenario als Fürsprecher der Menschen im letzten Gericht vorgestellte Menschensohn wird dann selbst die »letzte Instanz« sein. Ihm ist das Endgericht übergeben (vgl. Joh 5,22.27); und auch in der Rolle des Richters wird er seine Menschensohn-Solidarität mit seinen Menschenbrüdern und Menschschwestern zum Tragen bringen.

Mit dieser Umarbeitung übersteht die apokalyptische Naherwartung das Ausbleiben der allgemeinen Totenerweckung und des Gerichts, in dem

[23] Vgl. Jürgen Werbick, Schulderfahrung und Bußsakrament, Mainz 1985, 123–166.

die Zugehörigkeit oder Nicht-Zugehörigkeit der Menschen zur Gottesherrschaft offenkundig werden sollte. Was auch immer die Christen noch vor sich hatten: Das Entscheidende war geschehen. Und der, in dem das endgültig Rettende geschehen war, würde der sein, der ihnen am Ende – wann immer es eintrat – versöhnend und ihr Leben vollendend entgegenkommt. Ihm kam es zu, seiner Würde entsprach es – wann immer –, »zu richten die Lebenden und die Toten«. Auf jeden Fall wird es geschehen im Verlöschen eines jeden Menschenlebens, wenn der Mensch hineinstirbt in die Herrlichkeit der Gottesherrschaft, die der Tod nicht vereiteln kann, oder aber hineinstirbt in ewig-heillose Gottferne.

Wann auch immer: Die Zeit bis zur Wiederkunft des Messias-Menschensohns wird länger und länger. Auch der Horizont individuellen Lebens spannt sich bis zur ungewissen Todesstunde. Wie viel kann da geschehen! Die Lebenszeit wird von Neuem zur *Entscheidungszeit*. Das Entscheidende mag geschehen sein. Aber im individuellen Lebensvollzug kann es auf dem Spiel stehen. So gewinnt das Gericht, das die Glaubenden nach dem Johannesevangelium schon hinter sich haben (vgl. Joh 3,18), von Neuem apokalyptische Bedeutung. Der endzeitliche Richter urteilt über die Nachfolge-Konsequenz des zu Ende gekommenen Lebens, über seine Christus- und Reich-Gottes-Zugehörigkeit: unvoreingenommen, wie es das Amt des unbestechlich-gerechten Richter im Rechtswesen erfordert, so dass man – je nach dem in diesem Leben Vorgefallenen – mit allem zu rechnen hat. Wer sich verscherzt hat, was ihm von Jesus Christus geschenkt ist, der kann nicht mehr mit einer darüber hinwegsehenden, brüderlichen Solidarität des Menschensohn-Richters rechnen; schon Paulus spricht ja mit Psalm 62,13 von einem Gericht nach den Werken (Röm 2,6; ebenso Mt 16,27; vgl. 2 Kor 5,10). Der nicht in Werken der Liebe Bewährte wird die Verwerfungsgeste vor Augen haben, die einem in Michelangelos »Jüngstem Gericht« in der Sixtinischen Kappelle so eindrücklich vor Augen geführt wird.

Er wird wiederkommen zu richten die Lebenden und die Toten: Dieser Bekenntnissatz gewinnt christentumsgeschichtlich je länger desto nachdrücklicher einen bedrohlichen Ton und wird zur Kehrseite der Frohbotschaft vom »Heiland« Jesus Christus. Der paränetische Nachdruck, mit dem die Zeugnisse des Neuen Testaments darauf hinweisen, dass die Berufung in die Gottesherrschaft und die in Glauben und Taufe schon gewährte Teilhabe an ihr verspielt werden kann, also in diesem Sinne keine sorglose »Heils-Sicherheit« im Hier und Jetzt gewährt, schlägt nicht selten durch auf eine Gerichts-Erwartung, die nicht mehr dem Evangelium vom brüderlichen Bericht des Menschen-Richters entspricht und eher vom klassischjuridischen Konzept einer *Iustitia vindicativa* bestimmt ist, der es um *Vergeltung* geht. Im Jüngsten Gericht müsste der Vergeltungsgerechtigkeit dann insofern Genüge geschehen, als der in diesem Leben noch nicht erreichte Ausgleich zwischen Tun und Ergehen endzeitlich zur Geltung gebracht würde. Ist vom Menschensohn-Richter tatsächlich in diesem Sinn eine endzeitlich-äquivalente Vergeltung zu befürchten und das hieße dann eben auch: der Ausschluss aus der von ihm selbst den Menschen zugänglich gemachten Gottesherrschaft immer dann, wenn man sich der Berufung in die Gottesherrschaft nicht würdig erwiesen und/oder nicht zu den sakramentalen Heilmitteln gegriffen hat, die den Gläubigen beim Rückfall in die Sünde angeboten werden? Besiegt also die Logik der Äquivalenz ein letztes Mal die *Logik der Überfülle*, die das Heilshandeln Gottes in Jesus Christus doch entscheidend kennzeichnen und mit der Auferweckung des Gekreuzigten schon in dieser Welt Platz greifen sollte?

Wieder geht es theologisch-soteriologisch darum, wie der Glaube an die Überfülle, die den Glaubenden in der Selbstgabe Gottes durch den Selbst-Einsatz des Christus geschenkt und zugänglich wird, auf die Äquivalenzverhältnisse *zurück*schaut, die gewahrt werden müssen, damit der alte Äon nicht aus den Fugen gerät und die Glaubenden sich nicht in seinen Untergang verstricken, statt sich in den neuen Äon einzuleben. In diesen nach Äquivalenz verlangenden Lebensverhältnissen muss es zu einem *Genüge* kommen, zum *Schalom*, in dem alle ihr Genüge finden und zu-*frieden* sein können.[24] Diese Äquivalenz darf in der Erfahrung und der Erwartung endzeitlicher Fülle nicht gering geschätzt werden; es ist ja die Liebe, die sich in Gottes Reich erfüllen wird: die Liebe, die das Gute für Jeden und für Jede (mit-)will. Die im Gott-erfüllten Leben sich schenkende Erfüllung der Liebe schließt den Schalom ein; sie gewährt ihn auch denen, die im alten Äon keinen Anteil an ihn hatten. Und so fordert sie ihn von denen ein, die ihn bisher sabotierten. Der endzeitliche Menschensohn-Richter fordert ihn für die ein, denen er nicht gewährt war; er fordert ihn hier und jetzt ein, und er fordert ihn noch im letzten Gericht ein.

In der endzeitlichen Einforderung des Schalom realisiert sich die mit den Unterdrückten und Benachteiligten schöpferisch-solidarische Erinnerung des Menschensohn-Richters. Er wird diese Erinnerung nicht übergehen. Aber sie wird sich erfüllen in einer Versöhnung, die alle dazu befreit,

---

[24] Zu diesem Sinn von Schalom vgl. Gillis Gerdeman, šlm, in: E. Jenni – C. Westermann (Hg.), Theologisches Handwörterbuch zum Alten Testament, Gütersloh 1971, Bd. 2, 919–935, hierzu 928 bzw. Jürgen Werbick, Gnade, 19.

an der Liebe in ihrer göttlichen Überfülle teilzuhaben. In diesem Kontext einer Logik der Überfülle kann dann auch die Vorstellung der *Vergeltung* einen Ort finden. Sie ist schon in Psalm 62, auf den neutestamentlich im Zusammenhang mit Endgerichts-Perspektiven mehrfach rekurriert wird, eine Hoffnungsperspektive: Die Glaubenden beten sich in das Vertrauen auf einen Gott hinein, der es nicht ewig bei der herrschenden Ungerechtigkeit lassen wird und sich derer annimmt, die keinen Schalom – kein Genüge – finden, um ihr Leben als Gottes Geschenk erfahren zu können. JHWHs Vergeltung wird dieses Genüge erreichen. Der »Tag der Vergeltung unseres Gottes« wird – so Jesaja 61 – die Frohbotschaft für die Armen wahrmachen, das Herz der Zerschlagenen heilen, ein umfassendes Jobel-Jahr anbrechen lassen, in dem alle Unrechtsverhältnisse zurechtgebracht werden (vgl. Jes 61,1–9). So zeichnet sich in die »Vergeltung«, wenn sie als JHWHs heilvolle Vergeltung vorgestellt wird, die Überfülle einer Zuwendung ein, die nicht auf Äquivalenz festgelegt ist, sondern darin ihr Genüge finden wird, dass es mit allen wirklich und zuinnerst gut wird. Darin erfüllt sich eine *Gerechtigkeit*, die aufs Vergangene zurückkommt, nicht um es abzuschließen, sondern um ihm eine heilvolle Zukunft zu eröffnen; darin geschieht ein Gerecht*werden*, dem es um diese Zukunft geht.

Die neutestamentlichen Fortschreibungen apokalyptischer Vorstellungsmuster machen also geltend, dass die »letzten Dinge« – das letzte Gericht eingeschlossen – nicht von dem bestimmt werden, was vergangen ist oder jetzt zum Abschluss gebracht wird, sondern von dem, was zum Heil der Menschen *kommt:* von der Auferstehungswirklichkeit des Gott-erfüllten Lebens in der vollendeten Gottesherrschaft. So liegt die Pointe der Vorstellung von der Übergabe des Gerichts an den Menschensohn womöglich darin, dass in dem von ihm gehaltenen Gericht nichts Anderes geschehen wird als das, wozu der Messias Jesus in diese Welt gekommen ist: das Zugänglichwerden der Gottesherrschaft für die Menschen, die sich dieser Heilszukunft von sich aus so wenig aufschließen.

Die apokalyptische Artikulation des Glaubens an den Auferstandenen wie deren Fortschreibung in den neutestamentlichen Osterzeugnissen ist für Christologie und Christus-Glauben zuinnerst prägend gewesen. Man wird ihr hermeneutisch nicht gerecht, wenn man bei der Ermittlung des »eigentlichen Sinnes« des Osterglaubens von ihr absieht. Aber es ist auch klar, dass die bildhaft-metaphorischen Ausgestaltungen der letzten Dinge nicht das »eigentlich« zu Glaubende bzw. zum Glauben Herausfordernde sind. Die eschatologische Auferstehungswirklichkeit und der Zugang zu ihr werden der »Einbildungskraft« des Glaubens gleichnishaft nahe gebracht (vgl. Mt 25,31–45), in Visionen und Hoffnungsbildern, die etwas erkennen lassen von einer Gotteszukunft, die alles Erkennen, auch die kühnsten Hoffnungen, unendlich übersteigt – und die den Menschen mit dem Gekommensein des Menschensohn-Messias zugänglich wird; von einer Gotteszukunft, in der Gottes Gerechtigkeit sich erfüllen und gegenüber dem, was in der Geschichte dieser Welt herauskommt, als die »letzte Revisionsinstanz« erweisen wird.[25]

7.4 Die Feier der Rettung: gegen den Augenschein

Dass der Gerettete zum Retter wird und dass er zum Retter wird, weil er den Gefährten Anteil an seiner Gottes-Zukunft gibt, sie in diese Gottes-Zukunft hinein *mitnimmt:* Darin erfüllt sich seine messianische Sendung; das macht ihn zum Heilsmittler. Und das wird dankbar und heilswirksam begangen in der Feier der *Eucharistia*, der Danksagung für diesen Gottesmenschen, dem seine Menschenschwestern und Menschenbrüder das Mitgenommenwerden in die Gottesherrschaft verdanken. Hartmut Gese hat gezeigt, dass in dieser Feier das alttestamentlich bezeugte Dankopfer Israels – das Toda-Opfer – aufgenommen und christologisch neu ausgerichtet wird.[26] Man

---

[25] Auferstehungshoffnung steht in diesem Sinne gegen die resignative Sentenz: »Die Weltgeschichte ist das Weltgericht« (Friedrich Schiller, Resignation, späte Fassung von 1784, in: ders., Werke und Briefe, hg. von G. Kurscheidt, Bd. 1, Berlin 1992, 168–171; aufgegriffen in Georg Wilhelm Friedrich Hegel, Enzyklopädie der philosophischen Wissenschaften, § 548, ders., Werke in zwanzig Bänden, hg. von E. Moldenhauer und K. M. Michel, Bd. 10, Frankfurt a. M. 1970, 347), gegen dessen Bescheid »es keine Berufung gibt«, wie Ernst Bloch Hegel und Schiller paraphrasiert (ders., Subjekt – Objekt. Erläuterungen zu Hegel. Erweiterte Ausgabe, Frankfurt a. M. 1962, 232); sie behauptet einen Gerichtsherrn, der sich die Entscheidungskompetenz der letzten Instanz nicht aus der Hand nehmen lässt: die Entscheidung darüber, was das Geschehene in Wirklichkeit ist – und was daraus wird (vgl. Peter Noll, Diktate über Sterben und Tod mit Totenrede von Max Frisch, Zürich 1984, passim). Darin behält der Auferstehungsglaube seinen »apokalyptischen Stachel« (vgl. Johann Baptist Metz, Glaube in Geschichte und Gesellschaft, 71–74). Schiller wird freilich mit seinem Einspruch gegen eine Apokalyptik im Recht bleiben, die sich an Vergeltungshoffnungen klammert (»Für Hoffnungen – Verwesung straft sie Lügen – / Gabst du gewisse Güter hin? / Sechstausend Jahre hat der Tod geschwiegen, / Kam je ein Leichnam aus der Gruft gestiegen, / Der Meldung tat von der Vergelterin?«). Wer apokalyptische Auferstehungshoffnung in diesem Sinne verstehen wollte, muss sich von Schiller sagen lassen: »Was man von der Minute ausgeschlagen, / Gibt keine Ewigkeit zurück.«

[26] Vgl. Hartmut Gese, Die Herkunft des Herrenmahls, in: ders., Zur biblischen Theo-

wird die Stilisierung des Becherritus in der Abendmahlsüberlieferung der Synoptiker und des Paulus von diesem Ritus mit geprägt sehen dürfen, so sehr hier Pessach-Assoziationen im Vordergrund stehen, die freilich ihrerseits in die Toda-Frömmigkeit eingegangen sind.

Den in Ps 116 und 118 erkennbaren Toda-Ritus wird man sich etwa so vorzustellen haben: In elementarer Todesnot gelobt der Bedrängte für den Fall seiner Errettung ein Lobopfer inmitten der »Gemeinde«, mit dem er JHWHs rettendes Handeln öffentlich macht. Er erhebt den »Kelch des Heiles«, zu dem der bittere »Becher des Taumels« (vgl. Jes 51,17 und Sach 12,2) sich ihm verwandelt hat, und verkündigt die Heilstat Gottes, die ihm widerfahren ist. So stellt es exemplarisch der Psalm 116 dar:

> »Wie kann ich dem Herrn all das vergelten, was er mir Gutes getan hat? Ich will den Kelch des Heils erheben und anrufen den Namen des Herrn. Ich will dem Herrn mein Gelübde erfüllen, offen vor seinem ganzen Volk. Kostbar ist in den Augen des Herrn das Sterben seiner Frommen. Ach Herr, ich bin doch dein Knecht, dein Knecht bin ich, der Sohn deiner Magd. Du hast meine Fessel gelöst. Ich will dir ein Opfer des Dankes bringen und anrufen den Namen des Herrn« (Ps 116,12–18).

Weiter ausgestaltet findet sich das Bekenntnis der Rettung durch JHWH aus Todesnot in Psalm 118:

> »Meine Stärke und mein Lied ist der Herr; er ist für mich zum Retter geworden [...] Ich werde nicht sterben, sondern leben, um die Taten des Herrn zu verkünden. Der Herr hat mich hart gezüchtigt, doch er hat mich nicht dem Tod übergeben. Öffnet mir die Tore zur Gerechtigkeit, damit ich eintrete, um dem Herrn zu danken. Das ist das Tor zum Herrn, nur Gerechte treten hier ein. Ich danke dir, dass du mich erhört hast; du bist mir zum Retter geworden. Der Stein, den die Bauleute verworfen haben, er ist zum Eckstein geworden. Das hat der Herr vollbracht, vor unseren Augen geschah dieses Wunder« (Ps 118,14.17–22).

In diese Semantik der Rettung hat sich die frühe Christologie hineinformuliert. Petrus bezieht sich nach der Apostelgeschichte ausdrücklich auf Psalm 118,22: Jesus Christus »ist der Stein, der von euch Bauleuten [den Autoritäten Israels] verworfen wurde, der aber zum Eckstein geworden ist.« Und er zieht daraus die soteriologische Konsequenz: »[...] in keinem anderen ist das Heil zu finden. Denn es ist uns Menschen kein anderer Name

---

logie, 107–127. Adrian Schenker folgt Gese mit der Einschränkung, zwischen Abendmahl und Toda-Opfer könne nur eine »Analogie« bzw. eine »gemeinsame, naheliegende Atmosphäre und Struktur« angenommen werden (ders., Das Abendmahl Jesu als Brennpunkt des Alten Testaments, Freiburg i. Ue. 1977, 58–67; vgl. auch Fn. 123 auf S. 136).

unter dem Himmel gegeben, durch den wir gerettet werden sollen« (Apg 4,11–12). In 1 Petr 2,4.6 wird das Motiv nach der Fassung in Jes 28,16G aufgegriffen und soteriologisch profiliert. Der Verfasser hält den für Zion auserwählten Eckstein in Ehren. Wer an ihn glaubt, wird nicht zugrunde gehen. Er ist der »lebendige Stein, der von den Menschen verworfen, aber von Gott auserwählt und geehrt worden ist.« Das Kontrastmotiv *verworfen – erwählt* lenkt den Blick darauf, dass Gott es nicht nur vermag, den zu ihm rufenden Gerechten zu retten, dass er ihn vielmehr zum Retter der Vielen einsetzt, die in ihm Halt und Zusammenhalt ihres Lebens – ihrer Jüngergemeinschaft in »Zion« – finden.

So erscheint der erhobene Toda-Becher in diesem semantischen Umfeld nicht nur als Symbol des Dankes für erfahrene Rettung, sondern als Unterpfand der Rettung für diese »Vielen«, ja – wiederum bei Lukas – als der »Kelch des Neuen Bundes« in seinem Blut, das für »euch vergossen wird« (Lk 22.20).[27] Die soteriologische Ausweitung der Rettung vom Geretteten auf die vielen mit und durch ihn Geretteten ist schon im Toda-Zusammenhang ausgesprochen, besonders deutlich in Psalm 22. Dieser Psalm ist in jüdischer Frömmigkeit nicht nur Klage- und Sterbepsalm, sondern – in seinem Schlussteil ganz offenkundig – im Toda-Umfeld zu verorten. Vers 26 spricht ausdrücklich von einem Gelübde, das der Gerettete »vor denen [erfüllt], die Gott fürchten.« Die Verkündigung der Heilstaten in der Toda-Feier nimmt die eigene Rettung zum Anlass, die Rettung und die Umkehr der Völker in den Blick zu nehmen: die endzeitliche Königsherrschaft Gottes, da »der Herr regiert als König« und »herrscht über die Völker« und

[27] Im Hintergrund steht – noch expliziter in der Matthäus-Version – der Bezug auf die Sühnepraxis (»zur Vergebung der Sünden«, Mt 26,28); bei Matthäus dadurch akzentuiert, dass sich das Wort über den Kelch direkt auf das »Blut des Bundes« bezieht und die *Erneuerung* des Bundes mit anspricht (die in der Jom Kippur-Liturgie keine Rolle spielt). Es geht völlig an der Intention dieser Stelle vorbei, wenn man im Einsetzungsbericht des eucharistischen Hochgebets das seit dem 2. Vatikanum gebräuchliche »Für alle« durch das matthäische »Für viele« ersetzt sehen will, um sich am biblischen Wortlaut zu orientieren. Diese von Papst Benedikt XVI. eingeforderte Rückkehr zum Matthäustext wirft im heutigen Kontext ja die Frage auf, ob das Heil allen oder eben nur den Vielen (etwa den Christen) zukommen soll – die dem matthäischen Abendmahlsbericht fernliegt. Hier geht es um den heilsamen Kontrast zwischen den Wenigen, die jetzt das Abendmahl mitfeiern, und den Vielen, die es feiern werden und denen es zugutekommen wird. Diese einfache hermeneutische Überlegung hätte es verhindern können, dass man sich in der eucharistischen Praxis zu Anfang des 21. Jahrhunderts über eine zentrale liturgische Formel dadurch entzweit, dass man dem biblischen Text treu zu bleiben vorgibt, seine Intention aber eklatant verfehlt.

diese sich vor ihm niederwerfen (Ps 22,29–30). Alle, auch »die in der Erde ruhen«, werden sich vor ihm niederwerfen, da er »das Werk getan« hat (Ps 22,30b).

Psalm 22 ist in seinem Klage-Teil vielfach in die Passionsgeschichte der Evangelien eingewoben. Genannt seien nur: der Gebets-Ruf des sterbenden Jesus (Mk 15,34), das Lästern und Kopfschütteln der Vorübergehenden (Mk 15,29), die Motive der Verteilung und Verlosung der Gewänder (Joh 19,24), des Durstes (Joh 19,28) – und ganz zentral die von den Umstehenden auf die Gestalt des leidenden Gerechten bezogene und gegen seinen Anspruch vorgebrachte »Provokation« Gottes: »Er wälze die Last auf den Herrn, der soll ihn befreien! Der reiße ihn heraus, wenn er an ihm Gefallen hat« (Ps 22,9, aufgenommen in Mt 27,43). Die gut erkennbare Pointe dieser Bezugnahmen verdichtet sich hier: Der Gekreuzigte trägt selbst die Last; er kann sich selbst nicht helfen. Anderen aber hat er geholfen (so im vorhergehenden Vers 42). Gott wird ihn retten und als den endzeitlichen König von Israel, als seinen »Sohn« erweisen (vgl. Mt 27,42–43).

Man kann mit Ulrich Wilckens sagen, die Modellierung der Passionserzählungen nach Psalm 22 bringe zum Ausdruck, »dass das ganze Passionsgeschehen dem Bild des leidenden, nach Recht und Hilfe schreienden alttestamentlichen Gerechten entspricht«, dem Gott gegen seine Peiniger recht gibt.[28] Man müsste allerdings hinzufügen: Die Figur des leidenden Gerechten wird zugleich als eschatologischer Heilsbringer für »die Vielen« gezeichnet: als für die Vielen gerettet und in tiefster Erniedrigung erhöht. So wird das Kontrastmotiv noch einmal vertieft – und es wird gerade mit der Aufnahme des Psalms 22 bis fast ins theologisch Unerträgliche hinein dramatisiert. Allein die Klage-Teile werden ja explizit zitiert. Die im Abschlussteil des Psalms gefeierte Rettung wird als rituell »gehandelt« dargestellt: in den Toda-Gesten des Abendmahls und in Emmaus. Diese Gesten rahmen die Passionsgeschichte und markieren ihre soteriologische Bedeutung.

Wenn man die Toda-Gestalt der Bechergeste im Abendmahlssaal und in Emmaus deutlicher wahrnimmt als sakramententheologisch und christologisch üblich, drängt sich zunächst angesichts der literarischen Gestaltung der Abendmahlsüberlieferung eine fast unerhörte Konsequenz auf: Der Mahlherr Jesus wird im Abendmahlssaal als der Gerettete gezeichnet, der den Kelch der Rettung erhebt und den Gefährten an ihm Anteil gibt, *ehe* er sich dem Tod ausliefert. Im Abendmahlssaal erfüllt sich, was Jesus den Ge-

[28] Ulrich Wilckens, Auferstehung, 60.

fährten mit der Frage ankündigt: »Könnt ihr den Kelch trinken, den ich trinken werde?« (Mt 20,22 und Mk 10,38). Sie werden ihn trinken (Mt 20,23). Jetzt wird er ihnen gereicht als der Kelch des Segens und des Danks, bevor der, der ihnen den Kelch reicht, darum bittet, der Kelch seines Leidens möge an ihm vorübergehen – und ihn dann doch bis zur Neige zu leeren hat (Mt 26,39–42 und Lk 22,42–43). Der Kelch der Danksagung steht für den Glauben Jesu, des Christus, daran, dass er für die Vielen gerettet werden wird und deshalb jetzt schon der Dank für seine Erwählung gefeiert werden darf – jetzt schon der Dank dafür geteilt werden darf, dass die Gefährten an seiner Erwählung teilhaben (vgl. Joh 17,9–19). Der Glaube daran, dass der Psalm 22 bis an sein Ende beim Vater jetzt schon wahr ist und die Vielen in seine Wahrheit mit hineingenommen, sie erfahren werden: nicht weniger kommt in der Kelchgeste des Abendmahls zum Ausdruck.

Dieser Glaube wird zur Herausforderung an die Glaubenden, mit Jesus, dem Christus, die Eucharistia ihres Herrn immer wieder neu zu feiern, obwohl sie es noch vor sich haben werden, den Kelch zu trinken, den er getrunken hat.[29] In Emmaus erkennen die Jünger ihren Herrn in dieser Geste – und erkennen sie, was es bedeutet, diese Geste nach Ostern zu feiern: Sie »glauben Jesu Glauben«[30] und begehen das Geheimnis des Glaubens Jesu, da sie sich in es hineinnehmen lassen. Dieses Geheimnis kommt in den Gesten des Abendmahls prägnant zum Ausdruck: in der erhörungsgewissen Bitte des Mahlherrn Jesus, sein Leben und Sterben möge den Gefährten zur Glaubens- und Hoffnungs-Nahrung auf dem Weg in die Gottesherrschaft werden; der Kelch des Dankes und des Segens, in dem er jetzt sein Leben, sein Dasein für das Zugänglichwerden der Gottesherrschaft, dem Vater darbringt, möge denen, die ihn als Kelch des Leidens leeren müssen, Vor-Zeichen der eschatologischen Erfüllung in der Gottesherrschaft sein, da er den Kelch des Heiles unter ihnen von neuem erheben wird (vgl. Lk 22,16parr.).

Christologisch wird der Kelch das Zeichen für ein Menschenleben, das

[29] Dieses *Obwohl* ist von Alfred Hrdlicka in seinem Plötzenseeer Totentanz am Ort des Gestapo-Terrors beklemmend eindrücklich ins Bild gesetzt worden. Die Emmaus-Tafel bildet eine Licht-Gestalt mit ihren Gefährten in Gefängniskleidung beim Brotbrechen im Ambiente einer Plötzenseeer Haftzelle ab. Der ihnen das Brot gebrochen hat, wird im zweiten Bild vor der Tür der Zelle von Schergen abgeführt – zu den Fleischerhaken hin, an denen in Plötzensee die zur Hinrichtung Bestimmten aufgehängt werden.

[30] Vgl. Martin Ebner, Erscheinungen Christi. Oder: Die Jünger glauben Jesu Glauben, a. a. O.

sich als lebendiges Instrument der Selbstausteilung Gottes hat in Dienst nehmen lassen und in diesem Instrumentseindürfen alle seine menschlichen Möglichkeiten verwirklichen konnte. So bittet der Mahlherr Jesus im Abendmahlssaal erhörungsgewiss in der Geste des erhobenen Kelches, sein Dienst möge für die Menschen und für Gott selbst in der Lebensgemeinschaft der Gottesherrschaft unendlich fruchtbar werden. Und die Geste ist zugleich Ausdrucksgestalt des Dankes dafür, dass der Vater den Sohn rettet: seinen Dienst annimmt und unendlich fruchtbar macht. Geste des Dankes und der Hingabe, des Dankes in der Hingabe, weil die Hingabe angenommen ist; weil sie sich in eine Berufung hineingeben darf, die das Menschsein des so Berufenen ganz in Anspruch nimmt und erfüllt, so dass es in seinen höchsten Möglichkeiten wirklich wird: für die Gefährten und in Gott hinein, dem der Becher hier dankend und bittend hingehalten wird, er möge ihn zum Becher des Segens machen. Der Mensch Jesus von Nazaret sammelt sein Leben in diese Glaubens-Geste der vom Dank erfüllten Selbst-Hineingabe in den Segen für die Vielen, zu dem diese Selbsthingabe in den Tod vom Vater verwandelt wird. Stellvertretend für seine Menschengeschwister hält er dem Vater sein Leben hin, da es ihm nun weggenommen werden soll; erhörungsgewiss weiß er es von ihm angenommen und unendlich fruchtbar gemacht.

Mit ihm vertrauen die Gefährtinnen und Gefährten, die dieses Geheimnis seines – und ihres – Lebens und Glaubens feiern, ihr Leben Gott an, damit es – was ihnen auch widerfahre – von ihm und in ihm gewandelt werde zu dem, was es in seinem Menschsein und in der Gottesgemeinschaft überhaupt nur sein kann.[31] Wenn die Gefährten und die Glaubenden aller Zeiten an der Eucharistia Jesu Christi teilnehmen, lassen sie sich in die Bitte des Menschensohns hineinnehmen – und von ihrer Erhörungsgewissheit tragen: Sie bieten dem göttlichen Vater ihr Leben dar, er möge es annehmen und für die Gottesherrschaft fruchtbar machen, in der Gottesgemeinschaft vollenden, so wie es für einen Jeden und eine Jede unübertrefflich gut ist. Sie danken und feiern, dass er es tut.

Das Geheimnis des Glaubens Jesu, des Christus, ist das Geheimnis seines Sich-Anvertrauendürfens an den Vater, der sich mit der Selbsthingabe

[31] Die These, dass damit der Sinn der Opfergeste der Darbringung in der Eucharistie einigermaßen umfassend beschrieben sei, versuche ich zu erläutern in meinem Aufsatz: Die Eucharistie: ein Opfer? Wie man vielleicht doch über alte Festlegungen hinauskäme, in: F. Bruckmann – R. Dausner (Hg.), Im Angesicht der Anderen. Gespräche zwischen christlicher Theologie und jüdischem Denken (Festschrift für Joseph Wohlmuth zum 75. Geburtstag), Paderborn 2013, 517–535.

seines Sohnes identifiziert, sich selbst in sie hineingibt – sie mit sich erfüllt –, so dass diese Selbsthingabe als Gottes eigene Selbstgabe geglaubt werden darf. Dies Glaubens-Geheimnis wird in der Feier der Danksagung begangen, im Abendmahlssaal[32] wie in den Gemeinden, in denen Christinnen und Christen die Eucharistie mit Jesus Christus feiern. Es ist Geheimnis, weil sich hier eine Gründung des Glaubens Jesu in Gottes eigener Wirklichkeit *manifestiert*, die von den Glaubensgefährtinnen und -gefährten Jesu dankbar mitgefeiert, glaubend begangen, aber nicht selbst vollzogen und erfahren werden kann – an der sie nur in menschlich-allzumenschlicher Dürftigkeit Anteil nehmen.[33] Es ist ein Geheimnis, da Gott sich in Jesu Sich-Anvertrauen hineingibt, so dass die Menschen, die Jesu Geste glaubend mitvollziehen, an Gottes Selbstgabe in Jesu Selbsthingabe Anteil gewinnen: Er gibt sich als Nahrung für das Gott-erfüllte Leben, als Versöhnungsgabe Gottes an die Menschen, durch die sie noch in der Gottferne gerettet sind, in die Sünde und Tod sie hineinreißen. Die göttliche Lebens- und Versöhnungsgabe, zu der Gott die Selbsthingabe seines Sohnes macht, wird im Glaubens-Zeichen des Brotes gebrochen und ausgeteilt. Was Jesus den Seinen bricht und austeilt, ist sein Leben für die Gottesherrschaft, das *erfüllt* ist von Gottes Selbstgabe, die Jesus in seinem Leben für seine Menschengeschwister lebt und deshalb austeilen kann: Das ist mein Leib und Leben für euch, zum Heil und zur Versöhnung »für euch hingegeben« (Lk 22,19), da Gott sich in ihm austeilt; im Zerbrochenwerden des Menschenlebens am Kreuz den Menschen zugute gebrochen und den Menschen als

[32] Damit ist keine historische Aussage in dem Sinne gemacht, dass in ihr beansprucht würde, die Intention des am Vorabend seines Todes mit den Gefährten Mahl feiernden Jesus historisch korrekt darzustellen. Es wird hier vielmehr versucht, den theologischen Sinn, der sich in den bereits rituellen Gestaltungen der Abendmahlsüberlieferung zum Ausdruck bringt, für den heutigen Mitvollzug der Eucharistia Jesu einigermaßen nachvollziehbar zu artikulieren.

[33] Es ist deshalb problematisiert worden, ob man tatsächlich vom *Glauben* Jesu Christi sprechen darf, da doch das Gott-Sein des menschgewordenen Logos eine Gott-Gewissheit impliziere, die über bloßes Glauben weit hinausgeht. In diesem Vorbehalt scheint ein Glaubens-Verständnis maßgebend, das Gottes-Gewissheit gegen menschlichen Glauben ausspielt. Christologisch geriete man damit – wie sich zeigen wird – in eine fatale Sackgasse. Vom Glauben Jesu spricht geradezu traditionsbildend: Gerhard Ebeling, Jesus und Glaube, in: ders., Wort und Glaube, Tübingen [3]1967, 203–254. Bei Ebeling kommt freilich zum Tragen, dass Jesus »ganz sachgemäß gar nicht vom eigenen Glauben gesprochen hat, sondern darin aufging, Glauben zu wecken. Denn wem es um die Erweckung von Glauben zu tun ist, der wird seinen Glauben zum Einsatz bringen müssen, ohne von seinem Glauben zu reden« (ebd., 241). In genau diesem Sinne dürfte man von Jesus, dem Christus, als der *Bezugsperson unseres Glaubens* sprechen.

Gottes-Gabe ausgeteilt, damit sie an ihr teilhaben und durch sie das Leben haben.

So liegt in der Feier der Danksagung Jesu – in seinem Toda-Opfer und im Ritus des gebrochenen Brotes[34] – der Keim einer Christologie, die sich in den Jahrhunderten danach im Milieu hellenistischen Denkens als Zwei-Naturen-Christologie ausformulierte: In die ganz menschliche Geste glaubenden Sich-Anvertrauens gibt Gott, der Vater, sich hinein, so dass der Sohn, der sich ihm anvertraut, der göttliche Zeuge dafür ist, wie Gott sich den Menschen anvertraut, ihnen die Gottesherrschaft anvertraut, damit sie in ihr leben und sie unter den Menschen lebendig werden lassen. Der Zeuge Jesus Christus ist *göttlicher* Zeuge, *weil in ihm geschieht, was er bezeugt:* dass Gott sich den Menschen austeilt und sie so an seinem Leben teilnehmen lässt. Das Geheimnis der Danksagung Jesu, des Christus, will theologisch wahrgenommen und ausgelegt werden. Es führt die Theologie in eine Tiefe der Gottverbundenheit, die sie nicht ausloten kann. Es muss ihr genügen, Glaubende und Fragende auf sie hinzuweisen und in sie einzuweisen. Und es muss ihr aufgetragen bleiben, ihre Begriffe immer wieder neu so zu klären, damit sie diesen Dienst leisten können.

[34] In der Apostelgeschichte wird die Feier der Eucharistie im Ganzen wiederholt als das »Brotbrechen« bezeichnet (vgl. etwa Apg 2,42; 2,46; 20,7; 27,35; 1 Kor 10,16 verrät einen ähnlichen Sprachgebrauch).

8. Gott-menschlich: Was in der »hohen Christologie« auf dem Spiel steht

8.1 Vom Verkündiger zum Verkündigten

Ostern steht für den Impuls, aus dem der *christ*liche Glaube hervorgegangen ist: »Der zum Glauben Rufende [wird] zum Inhalt des Glaubens«.[1] Ostern ist für die Christen Offenbarung im theologisch qualifizierten Sinne, da hier »die geschichtliche Person« Jesu als »die entscheidende Heilstat Gottes« offenkundig wird. In apokalyptischem Vokabular: »[I]m geschichtlichen Jesus ist der neue Äon angebrochen.«[2] Die Verkündigung Jesu gibt nicht nur Nachricht vom Wirklichwerden des neuen Äons. Sie bezeugt es als das mit ihr und in ihr Geschehende. Und die Auferweckung des Gekreuzigten bringt dieses Geschehen so zum Durchbruch, dass die mit Jesus an Gottes jetzt zugängliche Herrschaft Glaubenden dem nachfolgen, der ihnen das Geschehen der Gottesherrschaft bezeugte, und so an ihm teilhaben. Wenn sie seine Verkündigung und sein Zeugnis aufnehmen, selbst zu Verkündern und Zeuginnen werden, muss ihr Zeugnis nicht nur »inhaltlich« von seinem Zeugnis, sondern ebenso von seinem spezifischen Zeuge-*Sein* bestimmt werden. Die »Weitergabe der Verkündigung Jesu [konnte] nicht eine einfache Reproduktion seiner Verkündigung sein [...], sondern der Verkündiger musste zum Verkündigten werden.«[3]

Aber war die Botschaft Jesu damit nicht verfälscht, zumindest überholt oder überhöht? Und muss man nicht mit Adolf von Harnack sagen, dass »die Größe und Schlichtheit der Predigt Jesu«, wie die ursprünglichen Hörer sie vernommen haben mögen, »verwundet« wird, wenn Jesus und seine Sendung selbst zum Gegenstand der Predigt werden? Nach von Harnack wäre es »eine verzweifelte Annahme zu behaupten, im Sinne Jesu sei seine

[1] Günther Bornkamm, Jesus von Nazareth, Stuttgart – Berlin – Köln [15]1995, 166.

[2] Rudolf Bultmann, Die Bedeutung des geschichtlichen Jesus für die Theologie des Paulus, in: ders., Glauben und Verstehen, Erster Band, Tübingen [6]1966, 188–213, hier 204.

[3] So die geradezu klassisch gewordene Formulierung bei Rudolf Bultmann, a. a. O., 205.

ganze Predigt nur etwas Vorläufiges gewesen, alles in ihr müsse nach seinem Tode und seiner Auferstehung anders verstanden, ja einiges gleichsam als ungültig beseitigt werden.«[4] Andererseits räumt von Harnack selbst ein: Die Evangelien bezeugen Jesus als den »Weg zum Vater«, nicht nur als den, der von diesem Weg spricht, sondern eben als den, der ihn mit sich selbst zugänglich macht. In diesem Sinne könne man sagen: »Nicht wie ein Bestandteil gehört er [Jesus von Nazaret] in das Evangelium hinein. sondern *er ist die persönliche Verwirklichung und die Kraft des Evangeliums gewesen und wird noch immer als solche empfunden.*« Selbst wenn sie »alles dogmatische Klügeln beiseite« lassen und sich vor Ausschließlichkeitsansprüchen hüten, wird es Aufgabe der Glaubenden bleiben, »den zu erkennen«, der das Evangelium gebracht hat. Wer sich dieser Aufgabe annimmt, »wird bezeugen, dass hier das Göttliche so rein erschienen ist, wie es auf Erden nur erscheinen kann, und [er] wird empfinden, dass Jesus selbst für die Seinen die Kraft des Evangeliums gewesen ist. Was sie aber an ihm erlebt und erkannt haben, das haben sie verkündigt, und diese Verkündigung ist noch lebendig.«[5]

Das sind für einen liberalen Theologen erstaunliche Formulierungen, die es doch verbieten, Jesus, den Verkündiger, und Christus, den Verkündigten« – den »historischen« Jesus und den »kerygmatischen« Christus – gegeneinander auszuspielen. Aber sie können noch nicht klären, warum und in welchem Sinne es Glaubens-legitim, ja Glaubens-konstitutiv sein kann, dass der Verkündiger zum Verkündigten wird. Die Jünger bezeugen, was sie – so von Harnack in der Sprache eines theologisch gewendeten Neukantianismus – an ihrem Meister »erlebt und erkannt haben«: die »persönliche Verwirklichung und die Kraft des Evangeliums«, das »Feuer«, an dem sich ihr Feuer entzündet.[6] Was sie an ihm »erlebt« haben: dass das Evangelium Wirklichkeit wird, dass Gottes Herrschaft und sein guter Wille nicht nur »im Himmel«, sondern hier und jetzt auf der Erde geschehen, in diesem konkreten Menschenleben, das am Kreuz zum Verlöschen und Verstummen gebracht werden soll und doch gerade hier als Gottes-Wirklichkeit sprechend wird. Das Evangelium von der den Menschen offenstehenden Gottesherrschaft entbindet seine »Kraft«, da dieser Mensch Jesus von Nazaret ein Mensch der Gottesherrschaft ist, in einer Gottesgemeinschaft lebt, an der er mit seinem Lehren und Wirken, schließlich noch in seinem

[4] Adolf von Harnack, Das Wesen des Christentums, 90.
[5] Ebd., 91.
[6] Vgl. ebd.

Sterben, Anteil gibt. Genau so gehört er in das Evangelium, das seine Gefährten nun, nach Ostern, weitertragen, als es an ihnen ist, das Evangelium zu verkündigen.

Wenn nicht mehr Jesus selbst verkündigt, wenn die Jünger in seinem Namen verkündigen und tun, was er getan hat, obwohl es ihn ans Kreuz gebracht hat, so tun sie nicht mehr *nur*, was er getan hat. Sie bezeugen im Blick auf sein Leben und Sterben, dass man Gott mit seinem Vorhaben, die Menschen in seiner Herrschaft zu vollenden, in Jesus Christus zum Ziel kommen sieht; dass dieser nicht nur der Erstling der »Ernte« ist, sondern der »Schwur Gottes«[7], dass er Ernte halten und die vom Verderben geschlagenen Menschen mit dieser Ernte in die »Scheunen« der Gottesherrschaft einbringen, dass er sie in der Gottesgemeinschaft ewig fruchtbar machen will. Aber *wer ist dieser Jesus*, wenn bezeugt und verkündigt werden darf, dass Gott sich endzeitlich und endgültig mit ihm, mit seiner Reich-Gottes-Verkündigung, seiner Reich-Gottes-Praxis, ja noch mit seinem Sterben identifiziert, dieses Menschenleben also nicht der Vergangenheit und der Vergessenheit preisgibt, sondern unter den Jüngern als den nicht aufhörenden Anfang der Gotteszukunft gegenwärtig sein lässt? Wer also ist *dieser Mensch*, wenn Gott sich in sein Leben und Sterben so involvieren ließ, dass sein Leben und Sterben das Wirklichwerden des im Evangelium Verkündeten – des in ihm von Gott Zugesagten – bezeugen kann? Diese Frage wird unabweisbar und in gewisser Weise auch schon mit dem Sohn-Gottes-Titel beantwortet, wenn Paulus bekennt: »Gottes Sohn Jesus Christus, der euch durch uns verkündigt wurde [hier ist der Gottessohn der Inhalt der Verkündigung!] ist nicht als Ja und Nein zugleich gekommen; in ihm ist das Ja verwirklicht. Er ist das Ja zu allem, was Gott verheißen hat. Darum rufen wir durch ihn zu Gottes Lobpreis auch das Amen« des Glaubens (2 Kor 1,19–20), eines Glaubens, der Jesus Christus, den Sohn Gottes, als die Selbstzusage Gottes erkennt – und glaubt.

Wie kann man sagen, dass Jesus Christus als *Gottes eigenes Ja-Wort* gekommen ist und geglaubt werden will – geglaubt werden kann, da er *so* gelebt hat, gestorben und vom Tod auferweckt worden ist? Die neutestamentlichen Zeugnisse sagen es auf unterschiedliche Weise:

- in der Fortschreibung der jüdischen *Weisheits-* wie der hellenistischen *Logos-Spekulation* durch den Johannesprolog, in der Jesus Christus als

[7] Formuliert ist diese Metapher im Anschluss an Christoph Blumhardts bekanntes Wort: »Jesus ist der Schwur Gottes, dass er diese Erde nicht loslassen will und noch etwas [mit ihr] vorhat« (einen Beleg konnte ich leider nicht finden).

Gottes eigenes Wort – Gottes eigener Logos – angesprochen wird, das bzw. der in der Menschenwelt Fleisch wird und die »Herrlichkeit Gottes« offenbart, noch am Kreuz und gerade hier an ihr teilhat und die Menschen an seiner Fülle teilhaben lässt, »Gnade über Gnade« (Joh 1,1–16);

- in der Geist-Christologie der Synoptiker, vor allem aber der lukanischen Schriften, aber auch der paulinischen Tradition, nach der Jesus, der Christus, der Gottes-Mensch ist, der ganz aus Gottes Geist »geworden« ist, was er ist, und den dieser Geist noch in seinem Tod als Gottes-Wirklichkeit – als den Menschen, in dem Gott »mit seiner ganzen Fülle« wohnte (Kol 1,19) – lebendig gemacht und zum »Sohn Gottes in Macht« eingesetzt hat (Röm 1,4);
- nach dem Abstieg-Aufstieg-Schema etwa des Philipperbriefhymnus, der das Kommen Jesu, des Christus, als Selbstentäußerung (kenosis) des Gottgleichen versteht, und sein Mensch-Werden als höchsten Ausdruck eines Mit-den-Menschen-sein-Wollens auslegt, das die Menschengeschwister in seine (Wieder-)Erhöhung zum Vater mit hineinnimmt (vgl. Phil 2,6–11).

Über alttestamentliche Figuren der Hypostasierung von Gotteswirklichkeiten – etwa der Weisheit –, aber auch über alttestamentliche Rollenverständnisse – etwa des Propheten – hinaus wird hier mithilfe überlieferter und aus zeitgenössischen Diskussionen übernommener Argumentationsfiguren und soteriologischer Perspektivierungen deutlich zu machen versucht, was Jesus Christus als Gotteswirklichkeit ausmacht und was ihn deshalb für die Christen zum Heilsbringer macht. Er *sagt* nicht nur das Wort Gottes und verkündet nicht nur Gottes Willen mit Vollmacht wie die Propheten.[8] Er *ist* dieses Wort als Gottes eigenes Zusagewort; in ihm *geschieht* Gottes Willen zum Heil der Menschen.

Es konnte nicht ausbleiben, dass die damit geltend gemachte, in der Auferweckung Jesu als eschatologisch heilsam erwiesene Gottes-Wirklichkeit nicht nur in der Umkodierung geläufiger »Hoheitstitel«, sondern auch in *theo*logischen Modellen ausgelegt wurde, mit denen einigermaßen nachvollziehbar und im hellenistischen-jüdischen Kontext der Zeit kommunizierbar werden sollte, wie Jesus Christus – anders und »enger« eben als alle

[8] Dass in den neutestamentlichen Zeugnissen gleichwohl noch eine Prophetenchristologie sichtbar wird, ist unbestritten, ebenso aber auch, dass in solchen Konzepten immer auch mitgesagt wird, er sei – wie ja auch schon der Täufer (vgl. Mt 11,9 mit Lk 7,26) – mehr als ein Prophet (vgl. Mt 13,17 mit Lk 10,24).

Gottesmänner vor ihm – zu Gott gehörte, so dass auch verstanden werden konnte, wie Gott durch ihn zum Heil der Menschen handelte und sich noch am Kreuz eschatologisch mit ihm identifizierte. Dass diese Modelle nicht immer zueinander passten, auch in unterschiedlicher Gruppierung im Umlauf waren und mitunter in gewollter Absetzung von anderen ausformuliert wurden, blieb unproblematisch, solange man es noch nicht als notwendig ansah, angesichts apologetischer Herausforderungen ein »intellektuell konkurrenzfähiges«, kohärentes Verständnis christlich-christologischer Überzeugungen zu erarbeiten bzw. gegenüber dem Judentum den entschiedenen Monotheismus auch der Christologie zu verteidigen. Sobald man sich diesen Herausforderungen stellen musste, kam es zu Positionierungen, die das eigene Konzept um des in Jesus Christus eröffneten Heilszugangs willen als das (allein) angemessene ansahen und gegen als unzureichend empfundene Formulierungen der Gotteswirklichkeit Jesus Christus profilieren wollten, dabei aber nur selektiv auf neutestamentliche Überlieferungen zurückgriffen, diese mitunter weitgehend ignorierten, wo man sich nicht genötigt sah, auf ihre Überlieferungsträger noch Rücksicht zu nehmen – wie etwa auf die »Judenchristen«. Es konnte der Eindruck entstehen, nicht mehr so sehr die Predigt und Reich-Gottes-Praxis Jesu Christi seien das christlich Normative, sondern die richtige begriffliche Fassung seines Mit- und Aus-Gott-Seins.[9] Die Geschichte der Christologie in der Alten Kirche scheint in diesem Sinne und aus heutiger Perspektive über-wertig von der Intention bestimmt, möglichst genau beschreiben zu können, wie es sich nach den biblischen Zeugnissen mit Jesu Göttlich- oder Gott-Sein im Einzelnen verhält und wie es so ausgesagt werden kann, dass möglichst alle anderen, als häretisch einzustufenden christologischen Lehren ihre biblische Basis verlieren – weniger von dem Bestreben, zur Geltung zu bringen, was Jesus selbst mit seiner Verkündigung zur Geltung gebracht sehen wollte. Für die Alte Kirche war es offenkundig von entscheidender Bedeutung, dass man in den unterschiedlichen religiös-kulturellen Kontexten eine gemeinsame Sprache fand, in der die Heilsbedeutung Jesu Christi für alle Menschen unmissverständlich ausgesagt und in der Glaubenspraxis der Gemeinden – in ihren Gebeten und Riten – entsprechend zum Ausdruck gebracht werden konnte.

---

[9] »Was hat es zu bedeuten« – so fragt Fridolin Stier unter Berufung auf Joh 14,25 (»Der *Geist* bringt in Erinnerung, was Jesus gesagt hat«) – »wenn die offizielle/lehrende/amtende Kirche nicht das in Erinnerung bringt, ›was Jesus gesagt hat‹ (es sei denn in ihrer Liturgie …), sondern das, was sie über Jesus zu sagen hat?« (ders., Vielleicht ist irgendwo Tag, 72).

Bei genauerer Betrachtung lässt sich freilich auch erkennen, wie die frühe Christologie versuchte, die Reflexionen über Jesu Göttlichkeit im Sachzusammenhang mit seinem Evangelium von der jetzt zugänglichen und die Menschen in die Fülle ihres Menschseins hinein vollendenden Gottesgemeinschaft zu artikulieren.

8.2 Jesus, der Christus: Gott oder göttlich?

Dass von Jesus Christus in Metaphern und Begriffen geredet werden musste, die ihn als göttliche Wirklichkeit zur Sprache brachten, hat entscheidend damit zu tun, dass seiner Sendung von den Christen eine erlösende Bedeutung zugesprochen wurde, die über die messianisch-endzeitliche Befreiung und Privilegierung Israels hinausging. Seine Glaubens-Bedeutung war offenkundig nur hinreichend erfasst, wenn man ihn als »Mittler« der Versöhnung und als den eschatologischen Retter aus dem Verhängnis der Sünde ansah, so wie es die an die Tempelliturgie angelehnten Opfer- und Sühnemodelle im Blick auf das Kreuz, aber auch die Deutung der Sendung im Ganzen als Loskauf (vgl. Mk 10,45) und als Hingabe für die Seinen zu denken geben konnten. Jesus Christus war nicht nur ein Prophet, der Gottes Wort ausrichtete und den Gehorsam gegen Gottes guten Willen einforderte. Er war darüber hinaus der Gottes-Mensch, in dem selbst schon geschah, was er verkündigte, in dem es zum Heil der Menschen geschah, da hier der endzeitliche Heilsbringer Gott – Gottes Herrschaft – zu den Menschen bringt, sie von neuem *in Gottes heilvolle Gegenwart versammelt*, so wie es zuvor im Kult geschah.[10]

Der Philosoph Friedrich Schelling war in der ersten Hälfte des 19. Jahrhunderts – in der Auseinandersetzung mit den jesuologischen Konzepten der Aufklärung – christentumsgeschichtlich auf der richtigen Spur, wenn er geltend machte, Offenbarung könne »nicht in bloßer Belehrung bestehen«, sondern nur in einem Geschehen, in dem Gott seinen guten Willen, sich den Menschen versöhnend zu erschließen, konkret *geschehen* lasse, in Jesus

[10] Die soteriologische Motivation der Bezeichnung Jesu Christi als Gott oder göttlich wird Mitte des 2. Jahrhunderts vom 2. Clemensbrief deutlich ausgesprochen, wenn die »Brüder« ermahnt werden: »[…] wir müssen über Jesus Christus so denken wie über Gott, wie über den Richter der Lebenden und Toten. Wir dürfen nicht gering denken über unsere Rettung. Wenn wir nämlich über ihn gering denken, hoffen wir auch nur Geringes zu erhalten (2 Clem. 1,1 f.). Diesen Hinweis verdanke ich – wie im Folgenden viele weitere – gemeinsamen Lehrveranstaltungen mit dem Münsteraner Kollegen Alfons Fürst.

Christus, der als das Geschehen dieses guten Willens zu begreifen sei: als das, »worüber schlechterdings nichts Größeres geschehen kann«[11]. In diesem Sinne sei – so Schelling – festzuhalten, dass der »eigentliche Inhalt des Christentums« nicht die Lehre, sondern »ganz allein die *Person* Christi« sei[12], die Person Christi als das Geschehen, worüber schlechterdings nichts Größeres geschehen kann, weil in ihr Gottes guter Wille geschieht.

Wie aber soll man glauben und sagen können, dass das, was in Jesus Christus geschehen ist, als das eschatologische Geschehen des guten Willens Gottes angesehen werden darf, in das Gott sich ganz einbringt und durch das er die Sünder Gott-Gemeinschafts-fähig macht? Man müsste eine Identifikation Gottes mit diesem Geschehen zum Ausdruck bringen können, die den Menschen, in dem und durch den es geschieht, nicht nur als von Gott erwählt und gesandt, sondern als Gottes – seines Willens – Wirklichwerden in der Welt der Sünde identifiziert. Wie aber könnte durch einen Menschen in der Welt der Sünde Gottes Wirklichkeit gegenwärtig gesetzt werden, da doch schon Gottes heilbringendes Wohnen mitten unter seinem Volk in dem von Israels Königen gebauten Tempel unmöglich geworden sein wird? Nur so, dass Gott selbst sich in diesem Menschen Jesus von Nazaret einen Ort in der Welt bereitet, in dem er ganz in der Menschenwelt da ist und sich den Menschen öffnet – und dies mit endgültiger Entschlossenheit, so dass er sich von diesem heilvollen Dasein nicht mehr »abbringen« lässt.

Gerade deshalb wird die Frage unausweichlich: Wer ist dieser Mensch, in dem Gottes *end*gültige Menschen-Präsenz geschieht? In welchem Sinne ist er selbst göttlich, da in ihm Gottes heilvolle Präsenz geschieht? Der Prolog des Johannesevangeliums beantwortet diese Frage in weisheitstheologischer Terminologie. Vom Logos wird als Gott gesprochen. Er ist es, der Gott gültig auslegt, da er selbst »Gott ist und am Herzen des Vaters ruht« (Joh 1,1.18). War damit in der Sprache jüdischer Weisheit über den Logos – über die göttliche Weisheit, die vor allem Anfang bei Gott ist (vgl. Spr 8,22–25) – aber nicht etwas gesagt, das den jüdischen Monotheismus sprengt und einen zweiten Gott einführt? Man wird das nicht so sehen müssen, wenn man genau auf den Sprachgebrauch achtet.

Im Johannesprolog begegnet eine Terminologie, die der Jude Philon von Alexandria mit geradezu definitorischer Klarheit eingeführt hat. Sie macht

---

11 Vgl. Friedrich Wilhelm Joseph Schelling, Philosophie der Offenbarung, Bd. 2, 27 f. Vgl. oben Kapitel 2.4.

12 Ebd., 35.

einen Unterschied zwischen Gott (theos) mit Artikel und ohne Artikel. Der Gebrauch *mit Artikel* bezieht sich hier auf den monotheistisch verstandenen Alleingott, den ewigen Schöpfer des Alls. Der Gebrauch ohne Artikel wird schon von Philon auf den göttlichen Logos bezogen, der von Gott kommt und – so die etwas hilflose deutsche Übersetzung – *göttlich* ist, ohne dass damit der JHWH-Monotheismus in Frage gestellt sein sollte.[13] Immerhin kann Philon ihn auch als »zweiten Gott« *(deuteros theos)* bezeichnen und damit als eine Gotteswirklichkeit ansprechen, die den Zusammenhang zwischen Gottes reingeistiger Wirklichkeit in sich und dem materiellen Kosmos vermittelt. Der Johannesprolog mag nicht alle Facetten dieses platonisierenden Logos-Verständnisses aufgegriffen haben. Er hat vielleicht stärker als Philon selbst auf das »Im-Anfang-bei-Gott-Sein« (vgl. Spr 8,22) der Weisheit rekurrieren wollen. Und das Evangelium selbst weicht dann im Bekenntnis des Thomas zum Auferstandenen doch von der philonischen Terminologie ab: Der Auferstandene wird »mein Herr und mein Gott« genannt (Joh 20,28; im Griechischen jeweils mit Artikel).[14]

Mit der Logos-Christologie des Johannesprologs war eine Spur gelegt, in der man versuchen konnte, für hellenistisch-metaphysische Diskurse anschlussfähig zu werden, ohne den biblischen Monotheismus offen in Frage zu stellen. Man lud sich allerdings einen Klärungsbedarf auf, der in der Folge immer schwerer wog – vor allem dann, wenn die philonisch-begriffliche Differenzierung unscharf[15] und der jüdisch-weisheitstheologische Hintergrund eher undeutlich wurde. Dieser Klärungsbedarf verbindet sich etwa mit den folgenden Fragen: Wie ist die Rede von einem göttlichen Logos und vielleicht auch von einem zweiten Gott in der Abgrenzung zwischen biblischem Monotheismus und paganem Polytheismus genauer zu platzieren? Und wie ist das Verhältnis des göttlichen Logos zum einen Gott

[13] Vgl. Philon von Alexandrien, De somniis I 229 f.

[14] Während in Joh 20,28 alles nach einer Parallelisierung von Gott (ho theos) und Herr (ho kyrios) aussieht, beobachtet man bei Paulus noch eine klare *theo*logisch-monotheistische Unterscheidung. Im Ersten Korintherbrief wird pointiert klargestellt, dass es »keinen Gott [gibt] außer einem […] so haben doch wir nur einen Gott, den Vater. Von ihm stammt alles und wir leben auf ihn hin. Und einer ist der Herr: Jesus Christus. Durch ihn ist alles, und wir sind durch ihn« (1 Kor 8,4–6).

[15] Diese Differenzierung gerät allerdings nicht völlig in Vergessenheit. Sie ist noch bei Justin Mitte des 2. Jahrhunderts (Dialogus cum Tryphone Iudaeo 11,1) und bei Origenes (Johanneskommentar II 2,13) greifbar und christologisch einschlägig zur Geltung gebracht.

und Vater nicht nur in spekulativen Konzepten vorstellbar, sondern auch biblisch zu verantworten?

Die biblische Verantwortung der Christologie hatte ja schon mit Vorstellungsmodellen zu tun, nach denen Jesus von Nazaret in spannungsreicher Differenzierung als durch den Heiligen Geist zum Sohn Gottes eingesetzt verstanden wurde: mit der Auferweckung aus den Toten als »Erstling der Entschlafenen«, mit der Taufe, in der Gottes Geist auf ihn herabkam und ihn zum Sohn Gottes, zum endzeitlich-versöhnenden Hohenpriester (vgl. Hebr 5,5) salbte, aber auch schon mit seiner Zeugung durch den Heiligen Geist in Maria. Diese synoptische Linie der Christologie wird noch im sogenannten *Ebionäerevangelium* aus der ersten Hälfte des zweiten Jahrhunderts greifbar. Mit dem über den Getauften am Jordan von der »Himmelsstimme« gesprochenen Wort aus Psalm 2,7 (»Mein Sohn bist du. Heute habe ich dich gezeugt«) verbindet es die Vorstellung einer »Adoption« Jesu durch den Vater im Heiligen Geist. Der Gottesgeist ist in solchen Konzepten als die göttliche Macht verstanden, die Jesus ganz erfüllt, die er »verleiblicht«, aus der er lebt, sich seiner Sendung hingibt und so in die ewige Gottesgemeinschaft aufgenommen ist.[16]

Der Adoptianismus hat sich nicht auf längere Dauer halten können. Und dies nicht nur deshalb, weil er mit dem schon im 2. Jahrhundert marginalisierten Judenchristentum keine einflussreiche Trägergruppe hatte, sondern gewiss auch deshalb, weil sich seine Konzepte diskursiv als problematisch erweisen. Er ist freilich insofern nicht ohne Einfluss geblieben, als er in christologische Überlegungen eingegangen ist, die Jesu Göttlichkeit in seiner Bewährung als herausragende Geist-Existenz zu denken versuchten. Dieser Gedanke spielte noch im »Arianismus« des 4. Jahrhunderts eine gewisse Rolle. Mit dem Zurücktreten adoptianischer Modelle geriet freilich auch die Frage in den Hintergrund, wie das Menschsein Jesu das lebendige, durch den Geist erfüllte und »tauglich« gemachte Instrument des Handelns Gottes zum Heil der Menschen sein bzw. werden konnte. Das Menschsein Jesu wurde zwar christologisch in der Folge keineswegs ignoriert.[17] Aber es

---

16 Zu nennen wäre neben dem Ebionäerenvangelium etwa der *Hirt des Hermas*, eine Schrift aus der Mitte des 2. Jahrhunderts. Hier ist davon die Rede, dass Gott den präexistenten Heiligen Geist in einen Leib verpflanzte, in dem er »wohnte« und der »dem Geiste gut durch einen Wandel in Heiligkeit und Reinheit [diente] deshalb erwählte ihn [der Herr] zum Genossen des Heiligen Geistes; [Gott] hatte nämlich Wohlgefallen an dem Wandel dieses Leibes« (Bibliothek der Kirchenväter Bd. 35, München 1918, 239).

17 Das war schon deshalb nicht möglich, weil das Menschsein Jesu ja die soteriologisch selbstverständliche Bedingung dafür war, dass sein gehorsames Leiden für die Menschen

war nicht dominantes Thema der Christologien, denen es vor allem darum ging, die Frage zu beantworten, wie von Jesus Christus mit gedanklicher Konsequenz als göttlich oder als Gott gesprochen werden konnte, ohne den biblischen Monotheismus zu verletzen.

Hier bot sich neben der Logos-Christologie im Anschluss an den Johannesprolog (und Philon) ein Gedanke an, der das Problem eines »zweiten Gottes« mit unklar bestimmtem Göttlichkeits-Status gar nicht erst aufkommen ließ: der Gedanke eines Allein-Gottes, der als solcher Sohn (und schließlich Heiliger Geist) wurde und so seine »Monarchie« – seine Alleinursächlichkeit und Alleinherrschaft über das All – in seiner Sohn- und Geistwerdung ungeschmälert durchhielt. Hippolyt überliefert ein Bekenntnis des Noët von Smyrna aus der 2. Hälfte des 2. Jahrhunderts mit folgendem Wortlaut: »Wenn ich nun Christus als Gott bekenne, so ist er selber also der Vater, denn Gott ist ein einziger. Christus, der selber Gott ist, hat aber gelitten. Also litt der Vater, denn er war selber [der Vater].«[18] Noët rettete – wie nach ihm Praxeas und Sabellius – den strengen Monotheismus, indem er überhaupt keine Zweiheit zwischen Gott, dem Vater, und dem Sohn oder Logos Gottes zuließ. Sohn und Geist sind andere Seinsweisen Gottes, des Vaters, des Unsichtbaren, Ungezeugten, Leidensunfähigen, der als der Sohn gezeugt, sichtbar, leidensfähig *ist*.

Wenn aber das Menschsein Jesu nur eine Maske oder ein Modus Gottes[19] gewesen sein sollte, war es dann so Ernst genommen, dass ihm eine soteriologische Bedeutung zuerkannt werden durfte? Und wie waren die Passagen der Evangelien zu deuten, in denen Jesus mit dem Vater spricht

heilsam sein konnte. Auf dieser Linie argumentierte schon Ignatius von Antiochien zu Anfang des 2. Jahrhunderts gegen doketistische Vorstellungen, die davon ausgingen, dass der göttliche Logos nur zum Schein (griechisch: dokeo – es scheint nur so) ein menschliches Aussehen angenommen haben kann; von Ignatius vgl. Die sieben Briefe, in: J. A. Fischer, Die Apostolischen Väter, griechisch und deutsch, München 1965, 109–225, besonders 205–207. Noch Irenäus von Lyon hat sich Ende des 2. Jahrhunderts in seiner Gnosis-Kritik mit doketischen Vorstellungen auseinanderzusetzen (Vgl. Adversus haereses, I, 9, 2).

18 Hippolyt, Contra Noëtum 2,3.

19 Mit dieser Unterstellung verband sich der Name *Modalismus*, der neben der Bezeichnung *Sabellianismus* diese Konzeption als häretisch klassifizierte. Dass die genannten Theologen sich auch auf den im Theater geläufigen Personbegriff bezogen, der – vor allem im griechischen Kontext als *prosopon* – die Maske bezeichnet, die der Schauspieler anlegt, trägt viel zur verwickelten Begriffsgeschichte von persona/prosopon in der Alten Kirche bei.

oder ihn auf andere Weise explizit von sich unterscheidet?[20] Gerade der biblische Befund schien das Bekenntnis zu erzwingen, der Sohn sei *ein anderer* als der Vater, ganz abgesehen von der höchst kontraintuitiven Vorstellung, der Vater könne sein eigener Sohn sein. Wie aber war dieses Bekenntnis zu schützen gegen einen klar unbiblischen Di- oder Tri-Theismus – und dies in einem polytheistischen Umfeld, in dem das frühe Christentum gar nicht anders konnte, als seine religiöse Überlegenheit mit der denkerisch überlegenen Monotheismus-Option nicht nur der Bibel, sondern auch der platonisch-stoischen Tradition zur Geltung zu bringen?

Die Logos-Christologie schien einen Weg zu öffnen, auf dem freilich über die frühen Artikulationen des 2. Jahrhunderts hinausgegangen werden musste. Logos bzw. Nous war in den philosophischen Diskursen der Zeit der Begriff für die innere, alles auf geordnete Weise hervorbringende Urwirklichkeit der sichtbaren und der unsichtbaren Welt: für ihre *Arché*. Die göttliche Arché konnte nur eine sein, da eine Mehrzahl von Ursachen die Geordnetheit des Alls nicht hätte gewährleisten können bzw. auf eine weiter zurückliegende Ursache hätte zurückgeführt werden müssen. Deshalb durfte an der *Mon*archia in diesem Sinne nicht gerüttelt werden. Aber wie ist diese *eine* Arché dem von ihr hervorgebrachten und geordneten *Vielen* selbst immanent? Konnte man sich mit Antworten begnügen, wie die Gnosis sie bereithielt, die von einem mythologischen Ur-Drama der Selbstentäußerung des Einen ins Viele und einer endzeitlichen Selbstzurückholung ins vollendet Eine erzählten? Oder hatte man anzunehmen, dass der in sich vollendete, ab-solute, ganz in sich selbst »ruhende«, *eine* Gott ein Ordnungsprinzip aus sich entließ, das im Vielen die göttliche Ordnung – seine Hinordnung auf das Eine hin – begründete und zur Geltung brachte; ein Prinzip, das auch der menschlichen Vernunft zugänglich ist, so dass sie zu einer *meta*-physischen Einsicht in die Ordnung des Alls gelangen konnte? Hier war offenkundig der »Ort«, an dem sich eine Logos-Christologie artikulieren konnte, an dem sie aber auch in die Krise geriet. Jesus Christus – der Sohn – der Logos: Entfernte sich diese Ableitung nicht doch weitgehend von der konkreten Menschenwirklichkeit des Messias Jesus, von seiner Sendung, seinem Leben und Sterben für die Menschen? Und überdies: Was war schon begriffen, wenn man von einer Schöpfungs-immanenten göttlichen Logos-Wirklichkeit sprach? War sie vielleicht nur auf die Schöpfung hin

20 Vgl. etwa Mk 13,32 mit Mt 24,36, wo Jesus davon spricht, dass die Stunde der Parusie niemand kennt, »auch nicht die Engel im Himmel, nicht einmal der Sohn, sondern nur der Vater«.

hervorgebracht, gewiss vor aller Schöpfung, aber eben im Übergang von der absoluten Gottes-Wirklichkeit auf die endliche Schöpfungs- und Menschenwirklichkeit hin? Und wem wäre die »Monarchie« im eigentlichen Sinne zuzusprechen: dem Vater allein, der sich selbst ewiger Ursprung ist, oder auch dem Sohn, der nach biblischer Überlieferung (etwa Ps 2,7) von ihm »gezeugt« ist? Und wie wäre das zu denken, wenn doch von der Einheit der Arché-Wirklichkeit die Rede sein muss?

Tertullian macht in seiner Auseinandersetzung mit dem »Modalisten« Praxeas einerseits die Unterscheidung zwischen Gott, dem Vater, und dem Sohn geltend[21], hält andererseits aber daran fest, dass der Vater die Herrschaft (Monarchie) *heilsökonomisch* – zur geschichtlichen Ausübung des Heilswerks – dem Sohn übergeben habe, damit dieser sie ihm am Ende der Zeiten zurückgebe. So ist »zwar an den einzigen Gott [und seine Monarchie] zu glauben, jedoch zusammen mit seiner Ökonomie«, in der der Sohn den Willen und das Werk des Vaters tut.[22] Aber noch einmal muss Tertullian nachbessern: Der Sohn übt zwar heilsökonomisch die Monarchie Gottes aus, aber er ist nicht nur in der Heilsökonomie der Sohn; er ist immer schon Logos des Vaters, der in ihm (gezeugt) ist wie die Vernunft im Menschen, und in Schöpfung und Heilswirken Gottes aus dem Vater *hervor*tritt.

Es geht den Logos-Theologen des 2. und 3. Jahrhunderts darum klarzustellen, dass der Logos nach Joh 1,1 »im Anfang« – und das heißt jetzt ausdrücklich: nicht erst in der Schöpfung, sondern vor aller Zeit – »bei Gott« war und an des Vaters Gottheit teilhat, so sehr er erst in der Heilsökonomie die Monarchie des Vaters ausübt. Man spürt aus heutiger Sicht den Kompromiss, der beides festhalten will: die Einheit Gottes der »Substanz« nach und das »Geheimnis der Ökonomie«, in der mit dem Vater der Sohn und der Heilige Geist zum Heil der Menschen tätig werden – wobei im Geheimnis der Ökonomie mit enthalten ist, dass der Sohn und der Heilige Geist immer schon zum Vater gehören und an seinem Gottsein teilhaben.[23]

---

[21] Vgl. Tertullian, Adversus Praxean 4,3, wo biblisch argumentiert wird. Es ist nach Tertullian klar, »dass der Vater und der Sohn zwei sind, außer aus den Namen des Vaters und des Sohnes auch daraus, dass der, der das Reich übergeben hat [der Vater], und dem er es übergeben hat [dem Sohn], ebenso der, der unterworfen hat, und der, dem er unterworfen hat, notwendig zwei sind.«

[22] Adversus Praxean 3,1.

[23] Vgl. Adversus Praxean 2,4. Einen differenzierten Überblick über die christologischen Diskurse in der Alten Kirche bietet Alois Grillmeier, Jesus der Christus im Glauben der Kirche, Bd. I: Von der Apostolischen Zeit bis zum Konzil von Chalcedon, Freiburg – Basel – Wien [3]1990; Bd. II/1: Das Konzil von Chalcedon (451). Rezeption und Widerspruch

Dieser vom Logos-Begriff gebahnte Gedanke empfiehlt sich diskusiv u. a. dadurch, dass er sich nicht nur metaphysisch fassen, sondern auch in der Selbstreflexion des menschlichen Geistes plausibilisieren lässt. So hat er in der westlichen Theologie bis zu Augustinus und noch weit über ihn hinaus Christologie und Trinitätslehre bestimmt. Wenn der Mensch sich selbst als Gottes Bild verstehen darf und sein Bild-Gottes-Sein sich entscheidend in seinem Geist-Sein realisiert, so führt menschliche Selbstreflexion in das Geheimnis Gottes selbst hinein, soweit dies menschenmöglich ist. Als Geistwirklichkeit kann der Mensch seine Selbst-Verwirklichung als Verwirklichung eines dreifachen Arché- (oder Principium-)Seins nachvollziehen: Als Geist bezieht er sich auf sich selbst, insofern er um sich weiß und sich selbst affirmiert (»liebt«). Nur so ist er der (endliche) Geist, der zu allem in Beziehung steht. Wenn Gott aber die ursprünglich-vollkommene Geistwirklichkeit ist, an welcher der Mensch nur auf endliche Weise teilhaben kann, so kommt ihm in seiner vollkommenen Einheit jene Dreiheit auf die vollkommenste Weise zu, die den menschlichen Geist auszeichnet: sich auf sich selbst wissend-affirmierend – als Logos und als Heiliger Geist – zu beziehen und sich so auf alles beziehen zu können, ja als ursprünglich-vollkommene, schöpferische Geistwirklichkeit alles hervorbringen zu können.[24]

8.3 Christologie »von oben«

Die Durchformulierung und trinitätstheologische Weiterführung der Logos-Theologie bei Augustinus an der Wende vom 4. zum 5. Jahrhundert setzte auf die Tragfähigkeit eines Modells, das geeignet sein sollte, die Dreiheit der dann mit einer gewissen begrifflichen Verlegenheit als Personen bezeichneten Gotteswirklichkeiten aus *einem* Prinzip und seiner absoluten

(451–518), Freiburg – Basel – Wien ²1991; Bd. II/2: Die Kirche von Konstantinopel im 6. Jahrhundert. Unter Mitarbeit von Theresia Hainthaler, Freiburg – Basel – Wien 1989; Bd. II/3: Die Kirchen von Jerusalem und Antiochien von 451 bis 600, hg. von Th. Hainthaler, Freiburg – Basel – Wien 2002; Bd. II/4: Die Kirche von Alexandrien mit Nubien und Äthiopien ab 451. Unter Mitarbeit von Theresia Hainthaler, Freiburg – Basel – Wien 1990.

[24] Diesen Gedanken formuliert Augustinus in immer wieder neuen Anläufen in seiner Schrift *De trinitate* aus; zur Interpretation vgl. Roland Kany, Augustins Trinitätsdenken. Bilanz, Kritik und Weiterführung der modernen Forschung zu »De trinitate«, Tübingen 2007, vor allem 405–534.

Verwirklichung heraus zu begreifen, womit der Vorwurf eines Di- oder Tritheismus im prinzipientheoretischen Ansatz ausgeräumt werden sollte. Der Preis dafür war das Verschwinden der menschlich-konkreten Wirklichkeit Jesu Christi, wie sie biblisch bezeugt und als Heilssendung für die Menschen ausgelegt wurde. An dieser Heilssendung des Logos ins Menschsein wurde natürlich festgehalten. Aber auch sie wurde – jedenfalls in westlicher Christologie und Soteriologie – mehr und mehr darauf fokussiert gesehen, dass der göttliche Logos mit seiner Sendung ins Fleisch in die Lage versetzt wurde, das unendlich wertvolle Opfer am Kreuz zu erbringen, das dem Teufel als dem rechtmäßigen Eigner der sündenbeladenen Menschheit bzw. Gott als dem durch diese Sünde Beleidigten zu leisten war, sollte die Menschheit nicht auf ewig verloren gehen.

Die Logos-Christologie konnte sich nur in dieser Umformung durchsetzen: indem sie die Funktion des Vermittlers zwischen unendlich-absoluter Gotteswirklichkeit und endlicher Menschenwirklichkeit auf die Soteriologie hin verschob – Jesus Christus ist der Vermittler zwischen der sündigen Menschheit und dem beleidigten Gott –, sie aber nicht mehr im ontologisch-metaphysischen Sinne als *mittlere* Position zwischen Gott und den Menschen verstand. Wenn vom Logos als dem Sohn (Gottes) die Rede sein sollte, so war dieser Logos eindeutig als Gotteswirklichkeit zu begreifen, die nicht *weniger Gott* ist als der Vater. Alles Gewicht lag nun auf der Reflexion innertrinitarischer Verhältnisse, in der es gelingen musste, die eine göttliche Monarchia mit der Teilhabe an ihr durch Sohn und Geist zu vermitteln. Aber wie konnte der ewige, in sich vollkommen-göttliche Logos dann Mensch sein und in der Welt all das erleiden, was ihm hier widerfuhr?

Die Krise der Logos-Christologie im 4. Jahrhundert, die mit dieser Frage angesprochen ist, rührt entscheidend daher, dass die philosophische »Großwetterlage«, die man mit dem Namen *mittlerer Platonismus* umschreibt, unklar bestimmte Zwischenpositionen zwischen dem unendlich-vollkommen einen, unsichtbaren Göttlichen und der endlich-vielfältigen, sichtbaren Menschenwelt immer weniger zuließ. Es musste entschieden werden, ob der Logos eine vollkommen göttliche Wirklichkeit oder bei aller Hervorgehobenheit letztlich eine von der Endlichkeit der Menschenwelt (mit-)bestimmte Wirklichkeit ist. Wenn man ihn ganz Gott zuordnete, war die Vermittlungsleistung, die traditionell dem Logos zugewiesen wurde, metaphysisch aufgehoben. Und es stellte sich verschärft die Frage, nicht warum Gott, der Logos, Mensch werden musste[25], sondern wie er es – nach

[25] So fragt dann bekanntlich Anselm von Canterbury.

den Vorgaben dieser aus der Trinitätslehre entwickelten »Christologie von oben« – überhaupt sollte werden können, wenn er uneingeschränkt Gott ist. Diese Frage versteckte sich gleichsam in der Weigerung, die Christologie primär trinitätstheologisch zu konzipieren und die Gleichordnung des Logos zum Vater in jeder Hinsicht mitzuvollziehen, wie sie etwa bei Arius und den arianischen Bewegungen des 4. Jahrhunderts greifbar wird.

Arius kann von seinen *theo*logischen Voraussetzungen her den Sohn nicht uneingeschränkt als Gott verstehen, denn Gott macht es nach diesen Voraussetzungen definitorisch aus, dass er ursprungslos ist – ganz und gar aus sich und durch sich selbst. Der Sohn aber ist aus dem Vater, von diesem gezeugt, was das auch immer heißen kann. Was das Gottsein definiert, das kommt dem Sohn nicht zu, auch wenn von ihm gesagt werden darf, dass er vor der Schöpfung gezeugt wurde; aber eben als das *vollkommene Geschöpf* Gottes, das seine Vollkommenheit in einem vollkommenen menschlichen Lebenswandel unter Beweis stellt. Gegen die Gnosis will Arius festhalten, dass der Sohn nicht aus der Substanz (ousia) Gottes sein kann, denn dann würde die vollkommene Einheit dieser göttlichen Substanz ja mit der Zeugung geteilt; die göttliche Substanz ist hier noch in Analogie zur materiellen Wirklichkeit gedacht. So bleibt der Vater für den Sohn letztlich doch unerreichbar fern, denn niemand außer Gott selbst vermag zu ermessen und zu sein, was eine ursprungslos-ewige, in jeder Hinsicht unermessliche Wirklichkeit ausmacht.[26]

Scharfen Widerspruch erfährt Arius mit seiner Gleichsetzung von Gezeugtsein und Geschöpfsein.[27] Weigerte sich Arius nicht tatsächlich, die Zuverlässigkeit des Zeugnisses für den Vater, das der Sohn und Logos ablegt, der Einzige und Göttliche, der »am Herzen des Vaters ruht« und diesen »auslegt« (exegesiert; Joh 1,18), anzuerkennen? Die radikale Andersheit Gottes wird – so offenbar Arius – auch durch den Sohn nicht »überbrückt«, der ihm ganz nahe ist, aber eben nicht ganz in ihm und bei ihm ist. Der Widerspruch gegen dieses Konzept artikuliert sich nicht primär *theo*logisch, sondern soteriologisch: Durch ein bloßes Geschöpf, und sei

---

26 Einen gewissen Überblick über die christologische Konzeption des Arius kann man sich anhand seines Briefes an den Bischof Alexander von Alexandrien und des darin formulierten Glaubensbekenntnisses verschaffen; abgedruckt in: Ignacio Ortiz de Urbina, Nizäa und Konstantinopel (Geschichte der ökumenischen Konzilien 1), dt. Mainz 1964, 281 f.

27 Alexander von Alexandrien hält es für verabscheuenswert zu behaupten, »der Sohn sei eins von den Geschöpfen« (Brief an die Bischöfe, zitiert in: Ignacio Ortiz de Urbina, op. cit. 277–280, vgl. 278).

es auch das vollkommenste, könnte der Mensch niemals *vergöttlicht* und durch die Mitteilung des göttlichen Lebens in der Gottes-Gemeinschaft vollendet werden. Um der erlösenden Vergöttlichung des Menschen willen muss es denkbar sein und gedacht werden, dass die Menschen durch Jesus Christus wirklich Zugang zur Gotteswirklichkeit finden können, muss Jesus Christus selbst Gott sein, so dass er seinen Menschengeschwistern Gottes Wirklichkeit *mitteilen* kann.[28] So spricht das Bekenntnis des Konzils von Nizäa (325) von der Homousie – der Gleichwesentlichkeit oder Wesenseinheit – des Sohnes mit dem Vater: *Der Sohn ist wahrer Gott aus wahrem Gott, gezeugt, nicht geschaffen, wesensgleich dem Vater.* Damit ist durch einen philosophischen Begriff (homousios) zunächst einmal klargestellt worden, dass der Sohn als der ewige Logos ganz auf die Seite des Vaters und nicht auf die der Geschöpfe gehört. Aber es ist noch nicht deutlich geworden, wie Gott so gedacht werden könnte, dass Gottes eigene Logos- und Sohn-Wirklichkeit Mensch werden kann, dass also das, was Gott wesentlich ausmacht, in einem leidenden, ja sterbenden Menschen Welt-Wirklichkeit sein kann.

Diese Frage bleibt auch in der Folge erstaunlicherweise eher im Hintergrund.[29] Im Vordergrund stehen die begrifflichen Herausforderungen, die mit dem *homousios* des Nicaenums verbunden waren.[30] Sie stellten sich, weil von Gott nun so gesprochen werden musste, dass es seinem Gottsein entsprach, sich ewig auf unterschiedliche Weise zu realisieren – dass es sich als das eine Wesen, die eine *Usia* Gottes in der Differenz von Zeugen und Gezeugtsein[31] bzw. (im Blick auf den Heiligen Geist) von Hervorbringen und Hervorgebrachtsein vollziehen konnte. Das wird in der Trinitätslehre

[28] So argumentiert Athanasius in seiner Oratio contra Arianos, Orationes I et II, Berlin – New York 1998, Oratio III, Berlin – New York 2000.

[29] Sie gewinnt hintergründig an Dramatik, wenn Eusebius von Cäsarea den Begriff *homousios* dahingehend zuspitzt, »dass der Sohn Gottes keinerlei Ähnlichkeit zu den gewordenen Geschöpfen zeige, sondern allein dem Vater, der ihn gezeugt habe, auf jede Weise gleich sei« (Urkunde 22,13 in: Hans-Georg Opitz, Urkunden zur Geschichte des arianischen Streites 318–328, Berlin 1934, [III p.46]).

[30] Der Begriff *homousios* rief in den folgenden Jahrzehnten vor allem deshalb erhebliche Missverständnisse hervor, weil er von seiner Herkunft her das von Arius selbst angesprochene Missverständnis auslösen konnte, die Usia (Substanz) des Vaters sei dem wesensgleichen Sohn nicht mitgeteilt, sondern bei seiner Zeugung auf zwei (oder drei) Träger aufgeteilt.

[31] Das war vor allem gegen das Gottesverständnis des Eunomius zur Geltung zu bringen, der das Ungezeugtsein als für das Gottsein Gottes entscheidend in Anspruch nahm (vgl. ders., Apologia 28).

der Kappadokier Basilius, Gregor von Nazianz und Gregor von Nyssa zur Mitte des 4. Jahrhunderts dadurch erreicht, dass sie das *eine* Wesen Gottes – die Usia oder *Physis*, lateinisch *Substantia* oder *Natura* – als das Gottes Gottsein Ausmachende von dem unterscheiden, wie dieses Wesen in den drei göttlichen Wirklichkeiten Vater, Sohn, Heiliger Geist realisiert wird. Diese drei göttlichen Wirklichkeiten werden nun als drei *Hypostaseis* oder *Prosopa*, lateinisch *Personae* bezeichnet. Es werden damit Begriffe gebraucht, die sich in der jetzt bestimmten *theo*logischen Funktion nicht von vornherein anboten: Hypostasis / substantia konnte genauso gut das unteilbare göttliche Wesen bezeichnen; prosopon konnte als Theatermaske modalistisch für die welthaften Erscheinungsweisen des einen Gottes (des Vaters) stehen. Die Kappadokier differenzierten deshalb gut aristotelisch, indem sie die erste von der zweiten Substanz / Usia unterschieden: die konkret daseiende Substanz (als Trägerin ihrer Akzidentien) und die allgemeine Wesenheit, die sich im Einzelnen realisiert.[32] Die erste Substanz / Usia wird nun im Anschluss an die Klarstellung der Kappadokier als Hypostase (im Sinne der Trägerin des Individuierenden), lateinisch als Subsistentia gefasst; die zweite Substanz / Usia wird im Sinne des Allgemeinen festgehalten – einer Universalie, die allerdings eben nur auf Gott zutrifft und die drei Gotteswirklichkeiten gemeinsam als Gott bestimmt, lateinisch als Natura oder Essentia. Die unterschiedliche Weise, das Gottsein innezuhaben, wird von den jeweiligen Weisen des Hervorgehen oder Hervorbringens bestimmt, in denen die drei göttlichen Personen (oder Hypostasen) aufeinander hin oder voneinander her existieren: das den Sohn zeugende und den Heiligen Geist hervorbringende Vatersein, das Gezeugtsein des Sohnes, das Hervorgehen des Heiligen Geistes aus dem Vater.[33] Die Hervorgänge sind dabei rein geistig zu verstehen[34], so dass sich das eine Gottsein nicht etwa aufteilt, da der Vater den Sohn zeugt und den Geist hervorgehen lässt, sondern in engster *Koinonia* oder *Communio* miteinander geteilt wird[35] oder – wie man später in der Trinitätstheologie sagen kann – im wechselseitigen Ineinander der *Perichoresis (Circuminsessio)* gelebt wird.[36]

---

32 Vgl. in der Kategorienschrift des Aristoteles 5, 2a 11 ff., 2b 29 ff.

33 Vgl. etwa die zusammenfassende Darstellung durch Basilius von Cäsarea, Epistulae 236,6.

34 Vgl. Basilius von Cäsarea, De spiritu sancto XVIII, 38d.

35 Vgl. ebd., XVIII, 38b–c.

36 Schon bei Basilius heißt es in diesem Sinne: »[…] der Sohn ist im Vater, und der Vater ist im Sohn, da ja dieser so ist wie jener [die personale Eigenheit der Vater- bzw. der Sohnschaft ausgenommen] und jener wie dieser, darin liegt ihre Einheit« (De spiritu

Damit war der begriffliche Rahmen geschaffen, in dem sich nachvollziehbar davon sprechen ließ, dass der Logos und Sohn Gottes – wie der Heilige Geist – nicht weniger Gott ist als der Vater. Aber wie war nun noch – um diesen Faden wieder aufzugreifen – vom Menschsein des Gottes-Sohnes zu sprechen? War dieser nicht so sehr allem Irdischen entrückt, dass ihm das Menschliche gegen die klare Botschaft der neutestamentlichen Zeugnisse und speziell des Hebräerbriefs[37] eben doch fremd geworden war? Das hätte auch und gerade um der Soteriologie willen nicht hingenommen werden dürfen. Es ist dann auch die Soteriologie gewesen, die dazu nötigte, das »Miteinander« oder »Ineinander« der Gottessohn- und Menschensohnschaft Jesu Christi genauer zu durchdenken. Die Christologie des Ostens bringt diese Motivation prägnant zur Geltung, etwa wenn Gregor von Nazianz einen Gedanken formuliert, der auf Paulus zurückgeht und dann auch im Westen – bis etwa zu Martin Luther – wirksam bleibt:

> »Werden wir wie Christus, da Christus gleich uns geworden ist! Werden wir seinetwillen Götter, da er unsertwegen Mensch geworden ist! Das Geringste nahm er an, um das Bessere zu geben. Er wurde arm, damit wir durch seine Armut reich würden. Er nahm die Gestalt eines Knechtes an, damit wir die Freiheit erhielten. Er stieg auf die Erde herab, damit wir erhöht würden [...].«[38]

Aber wie wäre zu denken, dass der Gottessohn die Knechtsgestalt des Menschseins *annahm*, um den Menschengeschwistern das Seine – göttliches Leben – geben zu können? Gregor von Nazianz spricht mit vielen Anderen aus dieser Zeit von der Menschwerdung als der »unerhörte[n] Mischung von Gott und Mensch«.[39] Gregor von Nyssa gebraucht das Bild vom Essigtropfen im Meer: Wie der Tropfen Essig – die Bitterkeit eines

---

sancto XVIII, 38c). Von Perichorese spricht trinitätstheologisch ausdrücklich Johannes von Damaskus, De fide orthodoxa 1,14. Es wird darauf zurückzukommen sein, dass der Gebrauch des Perichorese-Konzepts im Blick auf die beiden Naturen Christi schon von Gregor von Nazianz eingeführt wird, von ihm allerdings noch im Sinne des Vermischens erläutert wird (woraus sich dann christologische Probleme ergeben).

[37] Vgl. etwa Hebr 4,14–15, wo einerseits vom »erhabenen Hohenpriester« Jesus, dem Sohn Gottes, die Rede ist, »der die Himmel durchschritten« und so den heilsverbürgenden Zugang zum Vater neu geöffnet hat, andererseits aber auch gerade davon, dass es diesen Hohenpriester auszeichnet, mit der menschlichen Schwäche »mitfühlen« zu können.

[38] Gregor von Nazianz, Oratio 1,5. Bei Martin Luther begegnet das sehr anrührend ausgeführte Motiv vom »fröhlichen Wechsel und Streit«; vgl. Von der Freiheit eines Christenmenschen, in: Luthers Werke in Auswahl, Bd. 2, 15 f.; vgl. die Fußnote 79 in Kapitel 6.

[39] Gregor von Nazianz, Oratio 2,22.

Lebens im Fleisch – in das unendliche Meer eingeht und in sie hinein verwandelt wird, so wird auch das Fleisch der Menschennatur Jesu »in die göttliche und unsterbliche Natur« hinein verwandelt und durch die »Vermischung mit dem Göttlichen« zur Göttlichkeit erhoben; und es gilt nach 2 Kor 5,4, dass »das Sterbliche durch das Leben« verschlungen ist.[40]

Die vor allem in *Alexandrien* ausgebildete entschiedene *Christologie von oben* sieht das Menschsein Jesu und mit ihm das Menschsein überhaupt – die Menschennatur – durch die Inkarnation des göttlichen Logos in Gottes Gottsein hineingenommen und zum Heil der Menschen verwandelt. Das Menschsein Jesu erscheint im Horizont dieser *physischen Erlösungslehre* fast wie eine verschwindende Größe; es hat jedenfalls in der göttlichen Offenbarer- und Erlöser-Wirklichkeit des Logos kaum eine ontologische Selbstständigkeit. Was vom Menschsein Jesu zu sagen ist, kann deshalb unmittelbar und zugleich auch von der Gottes-Wirklichkeit des Logos gesagt werden, die es von allem Anfang an in sich aufgenommen hat. Es steht hier das Einswerden und Einssein des göttlichen Logos mit der Menschen-Wirklichkeit des aus Maria Geborenen im Vordergrund. So konnte der Titel Gottesgebärerin – *Theotokos* – zum Emblem der christologischen Rechtgläubigkeit werden: Der in Maria Empfangene und aus ihr Geborene *ist Gott*. Ein in der Alten Kirche durchaus umstrittenes Emblem; es schien mit ihm ja die ontologische Stabilität und die soteriologische Dignität des Menschsein Jesu auf dem Spiel zu stehen. Durfte man das Dogma von der Menschwerdung des Logos tatsächlich so übersetzen, dass es ohne weitere Differenzierung das Gottsein dieses Menschen Jesu von Nazaret meinte? Wie sollte dann die Rede davon sein können, dass der Mensch Jesus gelitten habe und gestorben sei? Durfte das denn auch vom göttlichen Logos gesagt werden, dem als Gotteswirklichkeit über alles Leiden und Sterben Erhabenen? Ist Gott am Kreuz gestorben? Oder hat Jesu am Kreuz doch »nur« den Menschentod erlitten?

Die *antiochenische Christologie* wehrte sich gegen die Vorstellung eines Hineingemischtwerdens des Menschlichen ins Göttliche, mit der ihr nicht nur prekäre Konsequenzen für das Verständnis der Absolutheit Gottes, sondern auch soteriologische Aporien verbunden schienen. Nach dem Axiom,

[40] Gregor von Nyssa, Antirheticus adversus Apollinarem 42,91. Hilarius von Poitier formuliert im Westen ähnlich: Indem Gottes Sohn das Fleisch des Menschseins annimmt, mischt er dem Seinen das Unsere hinzu, erhöht und verherrlicht er die Caro des Menschengeschlechts (vgl. ders., De trinitate II 24; IX 11; IX 41; Tractatus super Psalmos 54 und 68; vgl. Als Kommentar: Basil Studer, Gott und unsere Erlösung im Glauben der Alten Kirche, Düsseldorf 1985, 152 ff.).

dass »nur das gerettet [wird], was [vom Logos] angenommen wird«[41], hing soteriologisch alles daran, dass Gottes Logos das Menschsein angenommen hat (assumpsit) und gerade nicht an seine Stelle trat. Aber es schien auch alles daran zu hängen, dass man Gottes und des Logos Gottsein nicht in das Leiden und Sterben des Menschen Jesus hineingezogen sah, wenn es denn diesen Menschen und in ihm die ganze Menschheit retten und in Gott hinein sollte vollenden können. Nestorius, der Protagonist der Antiochenischen Christologie in den ersten Jahrzehnten des 5. Jahrhunderts, hält in diesem Sinne fest: »Gott ist mit dem gekreuzigten Fleische vereinigt worden, aber er hat nicht mit ihm gelitten.« Und so besteht er auch darauf, dass Maria »einen Menschen geboren [hat], ein Werkzeug der Gottheit«, der »Tempel« ihrer Einwohnung.[42]

Die *alexandrinische* Christologie sah darin die Tendenz, das Göttliche und das Menschliche im Fleisch gewordenen Logos und Gottessohn zu trennen und so Christus zu »spalten«. Sie will ihn als Mensch Ernst nehmen – und die Rede von Gott doch davor bewahren, im Blick auf das Kreuz Gottes rettende Absolutheit aufs Spiel zu setzen. Aber müsste man nicht tatsächlich sagen, dass Gott mit gestorben ist, wenn der Tod Jesu am Kreuz als ein den Menschen zugute erlittener Tod in Gott hinein sollte geglaubt werden können?

Jede der beiden christologischen Positionen warf erhebliche Überhangprobleme auf, die sich in der Streit-Geschichte vor dem Konzil von Ephesus (431) vielleicht noch nicht angemessen bestimmen ließen. Falsche Alternativen lagen verführerisch nahe. So hat der Bischof Proklus von Cyzikos – in Konstantinopel Vorkämpfer des Theotokos gegen die Antiochener – das Bekenntnis ins Feld geführt: »Wir predigen keinen vergöttlichten Menschen, sondern einen Fleisch gewordenen Gott«[43] – und damit Nestorius wie selbstverständlich unterstellt, er predige gegen die entschiedene Christologie von oben der Alexandriner eine zweifelhafte Christologie von unten, welche die Mutter des Erlöser deshalb nur Christotokos und eben nicht Theotokos nennen konnte. Cyrill von Alexandrien geht immerhin so weit auf die Antiochener zu, dass er zwar das denkbar intensivste Involviertsein des Logos in das Leiden Jesu am Kreuz zum Ausdruck bringt, es aber nicht einfachhin als Leiden Gottes, des Logos, selbst bezeichnet. Er sagt, das Wort

[41] So etwa Gregor von Nazianz, Epistulae 107.

[42] Nestorius, 2. Brief an Cyrill, Patrologia Graeca 77, 30 und 58.

[43] Zitiert in: Pierre-Thomas Camelot, Ephesus und Chalcedon (Geschichte der Ökumenischen Konzilien, Band II), dt. Mainz 1963, 37.

habe gelitten in seinem Fleisch, sei im Fleisch gekreuzigt worden, »habe im Fleisch den Tod gekostet und sei ›der Erstgeborene aus den Toten‹ (Kol 1,18) geworden, da es als Gott Leben und Lebensspender ist«.[44] Cyrill wehrt sich dagegen, in Jesus Christus »den Menschen und Gott nebeneinander« zu stellen und so voneinander zu scheiden.[45] Statt der Metaphorik des Nebeneinanders, die er dem Kontrahenten unterstellt, gebraucht er eine Metaphorik des vollkommenen Ineinanders. Aber er kann in seiner Begrifflichkeit nicht mehr sagen, wie man sich dieses Ineinander so denken könnte, dass es nicht doch zu einem »Aufgesogenwerden« des Menschlichen im Göttlichen kommt.

Immerhin legt Cyrill eine begriffliche Spur, in der man dann auf dem Konzil von Ephesus zur Einforderung des Bekenntnisses zur Gottesmutterschaft kommt. Er versucht, das Einssein des menschgewordenen Logos nicht auf der Ebene der Physeis, der Naturen, zur Geltung zu bringen – hier bleibt es dann doch bei einem Miteinander in einem Nebeneinander, das die Integrität der menschlichen wie der göttlichen Natur intakt lässt –, sondern auf der Ebene der Personalität, der Hypostasis, die beide Naturen realisiert. Er verspielt aber das Einigungspotential dieses Modells[46], indem er doch gegen die den Antiochenern unterstellte »rein äußere Verbindung« von einem »physischen Einswerden« (henosis physiké) der göttlichen mit der menschlichen Natur spricht und so die personale Qualität dieser Einung wieder in Zweifel zieht.[47]

Cyrill und das Konzil von Ephesus, das Nestorius verurteilte, fanden noch nicht zu einer Formel, die das Anliegen der Antiochenischen Christologie hinreichend würdigte. Man experimentierte mit dem trinitätstheologischen Sprachgebrauch der Kappadokier – ihrer Unterscheidung von Usia / Natura und Hypostasis / Persona –, konnte aber die Probleme noch nicht kontrollieren, die ihre christologische Verwendung aufwerfen musste. In der Christologie hätte Hypostasis als das Einheitsprinzip gedacht werden müssen, welches das uneingeschränkte *Menschsein* des uneingeschränkt *göttlichen* Logos realisiert. In der Trinitätslehre aber steht Hypostasis für die in der einen göttlichen Natur relational aufeinander bezogenen Konkretionen der drei Gottes-Wirklichkeiten Vater, Sohn und Heiliger Geist. So

[44] So im Anathematismus 12 seines 3. Briefes an Nestorius (DH 263).
[45] Vgl. den Dritten Brief Cyrills an Nestorius, in: Pierre-Thomas Camelot, Ephesus und Chalcedon, 235.
[46] Auch Nestorius konnte sich ja zunächst damit anfreunden; vgl. seinen Brief an Cyrill, abgedruckt in: Pierre-Thomas Camelot, op. cit., 228–232, hierzu 230.
[47] Vgl. seinen 3. Anathematismus (DH 254).

imaginiert hier die Hypostasis-Begrifflichkeit eher ein *interpersonal*-koinoniales Miteinander, während sie in der Christologie ja eine *intrapersonale* Einheit vorstellen soll, in der die göttliche Physis die menschliche des Gottessohnes im personalen Selbstvollzug des Logos überformt. Die trinitätstheologische Assoziation eines Miteinander ist christologisch prekär; sie würde jedenfalls die einheitschristologische Intention der Alexandriner nicht zur Geltung bringen, weshalb Cyrill doch von einer »physischen Einung« spricht.

So bleibt nur der Befund, und er gilt auch noch für das christologisch so maßgebliche Konzil von Chalkedon (451), dass man zwar über eine trinitätstheologisch leistungsfähige Begrifflichkeit verfügte und diese auch christologisch gebrauchen lernte, darin aber gerade nicht sagen konnte, was christologisch zu denken war: wie sich die eine Hypostasis des Mensch gewordenen Logos und Gottessohnes in zwei Naturen sollte vollziehen können, wie überhaupt das Verhältnis von Hypostasis und Natur christologisch – und darin vorausgesetzt: auch anthropologisch – zu fassen wäre.

Es ist daher alles andere als zufällig, dass sich die trinitätstheologischen Probleme, zu deren Überwindung die Begrifflichkeit der Kappadokier entwickelt wurde, christologisch spiegelverkehrt abbildeten und komplementäre Folgeprobleme hervorriefen: Die Tendenz zum Monophysitismus in der Alexandrinischen Christologie der »physischen Vereinigung« brachte die *doketische Gefahr* mit sich, dass man das Menschsein des Gottessohnes nicht mehr hinreichend im Blick behalten konnte und es als bloßen *Modus* des Göttlichen ansah. Auch nach Ephesus und Chalkedon bleibt diese Gefahr virulent: Das Gottsein des Logos wird ja doppelt zur Geltung gebracht: auf der Ebene des hypostatischen Seins – die Gottes-Hypostase hat keine eigene Menschen-Hypostase neben sich – und auf der Ebene der beiden Physeis. So droht die menschliche Physis, in der der Fleisch gewordene Logos litt und starb, christologisch marginalisiert zu werden. Der Monophysitismus des Eutyches zieht die Konsequenz: Er sagt vom Mensch gewordenen Logos, »dass unser Herr [nur] vor der Vereinigung in zwei Naturen gewesen sei, nach der Einigung bekenne ich nur eine Natur.«[48]

Die antiochenische Tendenz zur Trennungs-Christologie scheint, indem sie das Menschsein Jesu wichtig nimmt, die Problemformulierung des dem Arius zu Recht oder auch zu Unrecht unterstellten Subordinatianismus zu

[48] Zitiert nach Alois Grillmeier, Jesus der Christus im Glauben der Kirche, Bd. 1, 742. Dem »aus zwei Naturen« des Eutyches setzt Leo I. in seinem »Tomus ad Flavianum« plakativ ein »in zwei Naturen« entgegen (vgl. DH 293).

wiederholen und unbedacht zu lassen, wie der Logos sich so »innerlich« mit dem »Fleisch« des Menschseins verbinden konnte, dass es zu »seinem Fleisch« und durch ihn geheiligt, wahrhaft vergöttlicht wurde. Mitunter schien es dann so, als sei die eine Persona / Hypostasis wie der Vorhang einer negativen Christologie, hinter dem die Einheit der beiden Physeis / Naturae im Dunkel und damit auch soteriologisch unbestimmt blieb. Von den beiden Naturen konnte eigentlich nur gesagt werden, dass sie in der einen Hypostase des Logos unvermischt vereint sind – wie von dieser Hypostase fast nur noch gesagt wurde, dass sie diese Einheit vollziehe.[49]

8.4 Chalkedon weiter gedacht

Die christologische Formel des Konzils von Chalkedon steht zunächst für einen Ausgleich zwischen den legitimen Intentionen der alexandrinischen Einheits-Christologie und der antiochenischen Christologie, die auch die ontologische Stabilität des Menschseins Jesu sicherstellen will. Ursprünglich trinitätstheologisch geprägte Begriffe sollen dafür sorgen, dass Gottsein und Menschsein des inkarnierten Logos unverkürzt gewürdigt werden und dennoch die personale Einheit Jesu Christi, des Gottes- und des Menschensohns, gewahrt bleibt. Der *eine* Sohn ist »wahrer Gott und wahrer Mensch«, »vollkommen der Gottheit nach und vollkommen der Menschheit nach«, »dem Vater wesensgleich seiner Gottheit nach, uns wesensgleich seiner Menschheit nach, uns in allem gleich geworden, die Sünde ausgenommen.« Das *homousios* des Nicaenums wird nun also doppelt verwendet und auch auf die Wesens- bzw. Natur-Gleichheit des Gottes- und Menschensohns mit den Menschen bezogen. Diese Menschengleichheit darf so wenig wie die Gottgleichheit verkürzt werden, etwa in dem Sinne, dass bei der Inkarnation der Logos an die Stelle einer menschlichen Seele getreten wäre. Was vom göttlichen Logos nicht angenommen wurde (assumptum est), wäre auch nicht geheilt worden. Deshalb fällt christologisch so viel Gewicht auf dieses homousios zum Menschsein.

Auf der Ebene der beiden Naturen findet mit der Inkarnation keinerlei Vermischung oder Veränderung im Blick auf den jeweiligen Wesensbestand

[49] Die mittlere Position Leos begründete sich in ähnlicher Weise wie meine kurze Skizze, wenn auch ungleich polemischer, mit der doppelten Gefahr einer Erneuerung des Doketismus-Modalismus einerseits und des Subordinatianismus-Adoptianismus andererseits; vgl. Alois Grillmeier, Jesus der Christus im Glauben der Kirche, Bd. 1, 741 ff.

statt; sie bleiben »unvermischt und unverwandelt«. Die christologisch zuvor ja durchaus geläufige Metapher der *Admixtio* (Beimischung) der menschlichen zur göttlichen Natur wird ausdrücklich aufgegeben. Sie wird aufgegeben, weil der Mensch Jesus von Nazaret nach diesem Modell nicht wirklich Mensch gewesen wäre und der Logos mit der Inkarnation nicht geblieben wäre, was er ewig ist: Gott von Gott. Die beiden Naturen des inkarnierten Logos kommen aber in einer Person zusammen; sie sind »ungeteilt und ungetrennt« voneinander, da die menschliche Natur – wie die göttliche – von der Hypostase des »eingeborenen Sohnes«, des göttlichen Logos, vollkommen realisiert wird. So ist er »kein in zwei Personen zerrissener und geteilter, sondern *ein* eingeborener Sohn« (vgl. DH 301–302). Der Logos nimmt nicht ein personales Menschsein an, sondern die Menschennatur.[50]

Die Unterscheidung der Begriffsebenen ist in Chalkedon so klar wie nur möglich vollzogen: Die bleibende Zweiheit der Naturen verhindert jeden *Monophysitismus*.[51] Das Konzept der Personeinheit Jesu Christi korrigiert Vorstellungen eines bloß äußeren Verbundenseins der göttlichen mit der menschlichen Natur Jesu, die etwa die Ewigkeit und Unwandelbarkeit des göttlichen Logos als vom Leiden und Sterben Jesu unbetroffen dargestellt hätte.[52] Was das Verhältnis der beiden begrifflich getrennten Ebenen zueinander angeht, kann man der Formel eher indirekt und im Blick auf die im Umfeld des Chalkedonense geführten Diskussionen entnehmen: Die Hypostase trägt nicht nur – im Sinne des Hypokeimenon (des Zugrundeliegenden) – die beiden Naturen; sie *verwirklicht* sie ewig (die göttliche Natur) und in der Zeit (da sie die menschliche annimmt). Sie realisiert die Washeit – die quidditas – des Gottseins und des Menschseins: das, was es

[50] Denkt man Inkarnation in der Tradition Antiochiens als Annahme eines personalen Menschseins, so landet man bei einer *Homo-assumptus-Christologie*, welche die Gefahr heraufbeschwört, dem Gottes- und Menschensohn zwei personale Aktzentren zuzuschreiben.

[51] *Monophysitisch* wäre eine Christologie, die irgendwie eine Verwandlung der menschlichen in die göttliche Natur unterstellt, also etwa mit Eutyches das *aus* aber nicht das *in* zwei Naturen behauptet. Auch die Admixtio-Metapher kann monophysitisch ausgewertet werden. Überwunden wird der Monophysitismus dadurch, dass die Einheit des menschgewordenen Gottessohnes nicht mehr auf der Ebene der Natur, sondern auf der des Personseins zur Geltung gebracht wird.

[52] Nestorius dachte in diese Richtung, wenn er ohne weitere Differenzierungen geltend machte, »Geburt und Leiden [seien] nicht der Gottheit, sondern der Menschheit Christi zuzuschreiben« (Brief des Nestorius an Cyrill vom 15. Juni 430, abgedruckt in: Pierre-Thomas Camelot, op. cit., 228–232, hier 231).

ausmacht, Gott bzw. Mensch zu sein. Wenn man aber nach dem Was eines Seienden fragt, so fragt man nach seiner Natur oder seinem Wesen. Fragt man nach dem Wer, so fragt man nach dem, der eine Natur »innehat«, im Bereich geistbestimmten Daseins nach dem *Subjekt* oder eben der Person, der ein bestimmtes Was-Sein zukommt[53] und von dem bzw. von der es ausgesagt wird.[54] Das Was-Sein eines Seienden umfasst alle Bestimmungen, die ihm zukommen und ihm nicht fehlen dürfen, nicht jedoch die Art und Weise, wie ein (geistiges) Seiendes diese Bestimmungen als seine Bestimmungen innehat bzw. realisiert. Natur in diesem metaphysischen Sinne ist etwas *Vorliegendes*, das einem Seienden zuzusprechen ist. Wenn aber und insoweit ein Seiendes geistbestimmtes Seiendes ist, *verhält es sich* zu seinen Bestimmungen, ist es ein Wer, das *sich* in diesen Bestimmungen auf *sich* selbst bezieht.

Damit ist die Hypostase als reflexive Wirklichkeit gekennzeichnet: als Person, die etwas ist, indem sie sich zu dem verhält, was sie ist, und genau so sie selbst ist. Diese reflexive Bestimmung des Person- oder Hypostase-Seins ist in Chalkedon noch nicht ausdrücklich konzipiert. Christologisch wird sie im Neuchalkedonismus des 6. Jahrhunderts bei Leontius von Byzanz und Leontius von Jerusalem ausdrücklich zur Sprache gebracht, aber nicht hinreichend geklärt.[55] Und damit stellen sich Folgeprobleme, die das Chalkedonense mit seiner »terminologischen Lösung« offen lassen musste oder noch gar nicht sehen konnte. Wenn die chalkedonische Terminologie auf die Unterscheidung zwischen dem Was-Sein und dem Vollzug des Was-Seins durch ein Wer abzielt: Gehört dann der Modus des geistigen Selbstvollzugs – die Freiheit des Wollens – zur geistigen Personalität oder zum Geistsein des Menschen und Gottes, also zur jeweiligen Natur? Das 3. Konzil von Konstantinopel (680/681) greift hier auf die Formel von Chalkedon zurück, welche »die Eigentümlichkeiten einer jeden Natur bewahrt« sehen will, und rechnet zu diesen Eigentümlichkeiten auch das Wollen, das der

53 In diesem Sinne findet man in der Trinitätslehre zu der Unterscheidung: Die drei göttlichen Personen sind nicht derselbe (also drei *Wer*), aber dasselbe (ein *Was*); vgl. DH 530. Christologisch spiegelt sich diese Unterscheidung in der Behauptung des einen *Wer*, von dem ein doppeltes *Was* auszusagen ist.

54 *Subiectum* ist die genaue Übersetzung des griechischen *hypokeimenon*. Die Antike unterscheidet noch nicht terminologisch bestimmt zwischen Person und Subjekt.

55 Leontius von Byzanz betonte das Für-sich- und Aus-sich-Sein der Hypostase (Solutio argumentorum Severi, Patrologia Graeca 86–2, 1917 CD. 1945 CD); für Leontius von Jerusalem ist die Hypostase die für sich selbst bestehende und durch sich handelnde Wirklichkeit (Adversos Nestorianos I 1; I 20).

menschlichen Natur als einer menschlichen zukommen muss und nicht im göttlichen Wollen aufgehoben sein darf. Das Aufgenommenwerden der menschlichen Natur in die hypostatische Einheit mit der göttlichen zerstört den menschlichen Willen nicht, sondern heilt ihn, so dass er seine Freiheit im Gehorsam gegen den göttlichen vollziehen kann (vgl. DH 556).[56] Zurückgewiesen ist damit ein *Monotheletismus*, der den (freien) Willen des Menschen- und Gottessohns der einen Gottes-Hypostase des Logos und nicht den jeweiligen Wesensvollzüge zurechnet. Vorausgesetzt ist das Verständnis von Natur als eines Wirkprinzips, das »in der Gemeinschaft mit der anderen das ihr eigene will und wirkt« (DH 558).

Mit dieser Klarstellung wird für heutige Leser auch deutlich, wie weit der in der altkirchlichen Christologie verwendete Person- und Hypostase-Begriff vom neuzeitlich-modernen entfernt und wie wenig er inhaltlich bestimmt ist.[57] Man würde neuzeitlich darauf bestehen, dass das »Wesen« – die quidditas – des Menschseins entscheidend davon bestimmt ist, dass der Mensch Person bzw. Subjekt ist und als solche/als solches auf personale Weise wirkt: sich reflexiv selbst zu bestimmen hat. Ein Wesen des Menschseins unter Abzug seines Personseins ist überhaupt nicht mehr denkbar. Man kann wohl noch historisch nachvollziehen, was mit den Begriffen der (neu-)chalkedonischen Christologie damals gemeint war: dass die Menschennatur des Gottessohns *anhypostatisch* ist, also nicht von einer menschlichen Person innegehabt wird, sondern *enhypostatisch* im Personsein des göttlichen Logos subsistiert, von ihm zusammen mit der göttlichen Natur vollzogen wird.[58] Aber es fehlt jeder Bezug zu neuzeitlicher Begrifflichkeit und zur Selbsterfahrung des Menschen, die sich in ihr reflektiert, um die Leit-Begriffe der altkirchlichen Christologie in gegenwärtiger menschlicher Selbstverständigung mit einer semantisch gehaltvollen Bedeutung verbinden zu können. So stellt sich die Frage, ob man in Verantwortung vor der kirchlichen Überlieferung nach neuen begrifflichen Möglichkeiten suchen

[56] Johannes von Damaskus denkt diesen schwierigen Gedanken in engem Anschluss an die Definition des Chalkedonense weiter und kommt zu der Klarstellung: »Da es nun also zwei Naturen Christi gibt, nennen wir zwei auch seinen natürlichen Willen und die natürlichen [Natur-spezifischen] Wirksamkeiten. Weil aber die Hypostase seiner beiden Naturen eine ist, sagen wir, dass ein und derselbe will und wirkt gemäß beiden Naturen, aus denen, in denen und die Christus, unser Gott, ist; Wollen und Wirken sind nicht geteilt, sondern geeint […]«; De fide orthodoxa III,14.

[57] Das gilt ja auch und vielleicht verschärft vom trinitätstheologischen Personbegriff.

[58] So wird es traditionsbildend von Leontius von Byzanz ausformuliert; vgl. von ihm: Adversos Nestorianos et Eutychianos 1,1.

muss, das Geheimnis des Personseins Jesu Christi, des Gottes- und Menschensohns, einigermaßen nachvollziehbar zu artikulieren.

8.5 Neue begriffliche Möglichkeiten?

Zur theologischen Verantwortung vor der kirchlichen Lehrentwicklung gehört elementar, dass man sich des unaufgebbaren Ertrags vergewissert, der in ihr erreicht worden ist, und deutlich zu machen versucht, warum er christlich normativ bleiben muss.[59] Die christologischen Antwortversuche der Alten Kirche dachten offenkundig, wenn auch nicht immer ausdrücklich so artikuliert, in zwei Richtungen. Zunächst und vor allem *von oben*, von Gott her. Jesus Christus, der Fleisch gewordene Logos, kommt von Gott; er ist Gott. Damit handelt man sich – jedenfalls auf längere Sicht und innerhalb eines mittel- oder neuplatonischen Verstehenshorizonts – die Frage ein, wie ein als absolut gedachter Gott sich überhaupt auf die Welt einlassen, wie er Welt- und *Menschen-fähig* sein kann.[60] Die altkirchliche Christologie von oben nähert sich dieser Frage der »Menschenfähigkeit« Gottes eher soteriologisch. Sie ist unterwegs zu einer Antwort, wie wir sie heute vielleicht so formulieren würden: Ein Gott, der sich in einem sterblichen und sterbenden Menschen selbst vergegenwärtigen kann, ist so »selbst-mächtig« und beziehungswillig, dass er sich nichts damit vergibt, in einer menschlich-endlichen Wirklichkeit da zu sein und ganz er selbst zu sein. Ein reicher und mächtiger Herrscher vergäbe sich etwas, wenn er – nicht nur zum Schein, sondern bis zur letzten Konsequenz – mit Armen und Machtlosen zusammen lebte; er verlöre seinen Reichtum und seine Macht, er verlöre, was ihn reich und mächtig macht. Bei Gott muss es anders sein. Er sucht die Gemeinschaft mit den Armen und Sterblichen; er will mit ihnen sein, damit sie mit ihm sein, den guten, lebensschaffenden Geist empfangen und so wahrhaft leben können. Das Mit-den-Menschen-Sein, ja Ein-Mensch-unter-Menschen-Sein bedeutet hier nicht Selbstaufgabe, sondern Teilnahme (am menschlichen Leben), damit die Menschen am göttlichen Leben teilhaben können. So wird die »Bewegung« Gottes selbst, die Bewegung, die Gott so sehr entspricht, dass sie gleichsam sein

[59] Im Folgenden sind Überlegungen und Formulierungen aus meinem Buch: Von Gott sprechen an der Grenze zum Verstummen (Münster 2004, 128 f.) aufgenommen.
[60] Vgl. dazu etwa den Überblick zum Thema *Weltfähigkeit Gottes* bei Bernhard Nitsche, Christologie, 97–116.

Innerstes ausmacht – sein »Herz« offenbart – als Sendung seines Sohnes in die Menschenwelt verstanden, damit die Menschenwelt nicht länger rettungslos gottlos sei, nicht länger Gott-verlassen: Die Christologie hätte den Menschen- und Gottesohn in diesem Sinne mit Paulus kenotisch zu denken: Christus Jesus »war Gott gleich, hielt aber nicht daran fest, wie Gott zu sein, sondern entäußerte sich und wurde ein Sklave und den Menschen gleich. Sein Leben war das eines Menschen; er erniedrigte sich und war gehorsam bis zum Tod, bis zum Tod am Kreuz. Darum hat Gott ihn über alle erhöht ...« (Phil 2, 6–9). Er, der »in seiner Schwachheit gekreuzigt« wurde, »lebt aus Gottes Kraft«. So werden alle, die mit ihm Gemeinschaft haben, »zusammen mit ihm ... aus Gottes Kraft leben« (2 Kor 13,4; vgl. Röm 5,10.17; 6,23). Mit dem 1. Johannesbrief zieht das Christusbekenntnis der Alten Kirche die Konsequenz: »Er (der Sohn Jesus Christus) ist der wahre Gott und das ewige Leben« (4,20) – »wer den Sohn hat, hat das Leben ...« (4,12a).

Der »wahre Gott« aber ist so Gott, dass er zuinnerst von der Liebe bewegt wird, sie in sich selbst lebt und sie in der Gemeinschaft mit denen leben will, die seine Liebe erwidern können und so Erlösung finden: Das ist der Ursprung der Trinitätslehre in der Alten Kirche – und zugleich damit die Absage an einen Gott, der von der Endlichkeit und dem Bösen unberührt bei sich selbst bleiben will und die ihm eigene Vollkommenheit immer schon in »splendid isolation« lebt. Auf der begrifflichen Oberfläche der Lehrbildungen der Alten Kirche mag eher das Interesse sichtbar werden, diese Absolutheit und Weltüberlegenheit Gottes nicht zu schmälern, ihn gerade nicht in eine veränderliche Welt involviert zu sehen. Aber die soteriologische Intention der altkirchlichen Christologie lässt der Christologie von oben gewissermaßen »keine Ruhe«, treibt sie immer wieder an, einen Gott zu denken, der sich der Menschen annimmt, ihnen zuinnerst solidarisch ist, das Menschsein annimmt und lebt, damit die Menschen *vergöttlicht* werden können.

Wie wird diese Menschen-Zuneigung denkbar, in und aus der der Logos die erlösende Welt-Gegenwart Gottes lebt? Sie kann den Menschen ja nur in einem Menschen geschehen. Aber wie sollte gedacht werden können, dass ein Mensch in dem Sinne *Gott-fähig* ist, dass in ihm und durch ihn Gott selbst in seinem Kommunikationswillen den Menschen zur heilsvermittelnden Wirklichkeit wird? Diese Fragen verlangten nach Reflexionen, die das Menschsein Jesu, des Gottes- und Menschensohns, genauer bedachten und christologisch zur Geltung brachten; nach einer Christologie, die gewissermaßen *von unten nach oben* denkt: Was bedeutet es für einen Menschen, Gottes Weltgegenwart zu sein? Muss er sich als Mensch zurücknehmen und sein Menschsein auslöschen lassen, damit er für seine Mitmenschen Ort der Gottbegegnung, der Gotteserfahrung sein kann? In einer langen Geschichte christologischer Lehrstreitigkeiten wurde immer deutlicher herausgearbeitet, dass Gottes Selbstvergegenwärtigung das Menschsein Jesu von Nazaret nicht geschmälert, sondern ganz und gar in Anspruch genommen und herausgefordert hat. Es ist seine »Speise«, den Willen des Vaters zu tun und ihn so greifbar zu machen (Joh 4,34). Jesus findet – nach moderner sozialpsychologischer Terminologie – seine personale Identität darin, Gottes Willen als den eigenen mitzuwollen und dafür da zu sein, dass dieser gute Wille in ihm selbst für seine Menschen-Geschwister geschehen kann. Er wird ganz Mensch, da er ganz Gottes Wirklichkeit in dieser Welt wird. So wäre es falsch zu sagen, nur »etwas« an ihm – sein Inneres, seine »Seele«, oder was auch immer – sei »göttlicher Natur« und alles andere, etwa der Leib oder sein eigener Wille, hätte dem aufgeopfert werden müssen, hätte keine menschliche Eigenwirklichkeit sein dürfen. Das ist auf der Linie der antiochenischen »Trennungs-Christologie« gedacht, die das Menschsein Jesu, des Menschen- und Gottessohns, »neben« seinem Gottsein nicht verkürzt sehen wollte, dann aber nicht mehr in der Lage war, angemessen darzustellen, wie Jesu Menschsein die Offenbarungswirklichkeit und Gegenwart Gottes in der Welt sein konnte.

Hier versucht eine anthropologisch reflektierte Christologie weiterzudenken. *Anthropologisch* kann sie sich daran orientieren, wie Menschen eine personale Identität ausbilden und sich ihrer vergewissern.[61] Ihre Be-

[61] Die Einführung dieser Terminologie ist nicht unproblematisch und christologisch wenig erprobt. Ich will es trotzdem mit ihr versuchen und den Begriff personale oder Ich-Identität hier möglichst kontrolliert gebrauchen. Er steht für die Bedeutung, die das Ich ebenso sich selbst gibt, wie es sie als ihm zugewachsen, zugemutet, zugeschrieben affirmiert, die Bedeutung also, mit der es sich im Versuch seiner Selbstbejahung auseinanderzusetzen hat. So bezeichnet er das sozial-kommunikative Spannungsfeld, das sich – in traditionellen Begriffen gesprochen – zwischen dem geschichtlich-biographisch Mitgegebenen oder Zugeschriebenen und der selbst ergriffenen und affirmierten Berufung spannt. Es greift nicht erst christologisch, sondern bereits anthropologisch zu kurz, wenn man dieses Spannungsfeld mit Christoph Türcke als das Spannungsfeld zwischen Jesu Johannes-Trauma und dem diesem Trauma abgewonnenen Traum von der Gottesherrschaft bestimmt und so die Möglichkeit, sich auf den Glauben Jesu glaubend zu beziehen, von vornherein als Fälschung denunziert (vgl. Christoph Türcke, Jesu Traum, passim). So erhellend Türckes Deutung im Einzelnen sein mag, ihre Absage an jede kirchliche Christologie erscheint im Konzept des Autors zwar wohl motiviert, in der Sache aber nicht zwingend. Wenn der Glaube die Identität Jesu zugleich christologisch als die Identität

stimmtheit gewinnt menschliche Identität generell aus der Herausforderung, der sie folgen, in die sie ihr Leben »investieren« will und Leben in Fülle zu gewinnen hofft; aus dem Wort – wenn es gut geht: dem Lebens-Versprechen –, dem sie glauben und auf das sie Antwort sein will. Soll christologisch von der *personalen Identität Jesu*, des Christus, gesprochen werden, so wird man sich in diesem Sinne auf die von ihm ergriffene Lebensherausforderung beziehen – auf das, was sein Leben kommunizierte und kommunizieren sollte: seine Lebensbotschaft, die in seiner Verkündigung und seinem Lebenszeugnis »beredt« wurde. Sie bezeugte den Menschengeschwistern das Wort – Gottes Sich-den-Menschen-Versprechen –, auf das sie die Antwort war, so genau und authentisch, dass man mit *Hans Urs von Balthasar* sagen kann: An seiner »Antwort haben wir das Wort«[62], jenes Wort, in dem Gott sich selbst mitteilte. *Gott-offenbarungsfähig* ist dieser Mensch Jesus von Nazaret, da er mit seiner Lebens-Antwort auf Gottes Wort dieses Wort selbst spricht, es den Menschen zuspricht, ihnen so Gott mitbringt, Gott und sein gutes Wort zu ihnen bringt, diesem Wort so ein »Gesicht« gibt, es in der Konkretion eines geschichtlich-menschlichen Lebens zum Klingen bringt.

Eine Christologie, die durch anthropologische Selbstreflexion in Gang kommt, *Christologie von unten:* Sie sucht in der Botschaft – im Geheimnis – des Lebens Jesu dem Wort auf die Spur zu kommen, das darin beantwortet, bezeugt wird; sie sucht dem auf die Spur zu kommen, der sich darin ausspricht und zuspricht, da er die Antwort hervorruft, die Jesus lebt. Die *Christologie von oben* denkt Gott als den Kommunikator dieses Wortes, als den, der es als sein Wesens-Wort spricht, sich darin selbst ausspricht und zuspricht, seinen Logos den Menschen menschlich kommuniziert. Sie denkt einen Gott, der seinen Logos mitmenschlich-innerweltlich zur Spra-

---

des Christus und des »Sohnes Gottes« bestimmt, so vollzieht er gewiss eine Glaubens-*Zuschreibung*, mit der er diesen Christus als maßgebende Bezugsperson des christlichen Glaubens in Anspruch nimmt. Minimalbedingung für die Zulässigkeit dieser Zuschreibung ist, dass sie der in den neutestamentlichen Zeugnissen erkennbaren Selbst-Identifikation Jesu »entspricht«. Sie muss und kann diese jedoch nicht originalgetreu »abbilden«, da sie die österliche Identifikation Jesu, des Gekreuzigten, als des Sohnes durch den Vater im Geist glaubend nachzuvollziehen versucht.

[62] Hans Urs von Balthasar, Verbum caro, 1960, 98. Ähnlich Piet Schoonenberg (Der Geist, das Wort und der Sohn. Eine Geist-Christologie, dt. Regensburg 1992, 127: »Das Wort ist Antwort geworden«) und Karl Rahner, der in seinem Büchlein: Ich glaube an Jesus Christus, Zürich – Einsiedeln – Köln 1968 geltend macht, dass »die Antwort des Menschen [Jesus], die in ihm an Gott gegeben wird, nochmals das ›Wort Gottes‹ selbst ist und gerade so die selbständigste Antwort des Menschen als Kreatur« (34).

che bringt und darin doch unverfälscht sich selbst spricht, sich so ausspricht, dass der Mensch, in dem sein Logos Fleisch wird, gerade dadurch sein Menschsein verwirklicht.

In der kirchlichen Lehrentwicklung führten die beiden Fragerichtungen »von oben nach unten« und »von unten nach oben« zu einem Artikulationsversuch des Christusbekenntnisses, der – in einer damals erreichbaren, z. T. ad hoc neu geprägten Begrifflichkeit – die Ich-Identität des Menschen Jesus von Nazaret als die personale Identität des ewigen Gotteswortes aussagte: Es macht sein Menschsein aus, Gottes Wesens-Wort zu sein: als die menschliche Antwort, die selbst identisch ist mit dem Wort; in unverkürztem Menschsein, aber auch als die unverkürzte Welt-Wirklichkeit und Gotteswirklichkeit des Wortes. Die hier von der altkirchlichen Christologie in Anspruch genommene Begrifflichkeit war nicht leistungsfähig genug, die menschliche Wirklichkeit Jesu von Nazaret so zur Geltung zu bringen, dass irgendwie nachvollziehbar wurde, wie Gottes Logos sich in ihr und durch sie in der Welt den Menschen *kommuniziert*. Es war vorausgesetzt, blieb aber weitgehend ungedacht, wie Gott so Menschen-fähig sein kann, dass ein Mensch – der Gottes- und Menschensohn – Gott-fähig ist: wie er als Mensch die Wirklichkeit und das Geschehen des Gottes-Logos in Welt und Geschichte sein kann.

8.6 Geist-Christologie

Aus heutiger Perspektive ist die altkirchliche christologische Terminologie vor allem darin defizitär, dass sie auf der Ebene der Physeis / Naturae des Fleisch gewordenen Logos zu einem additiven Denken verführt und den ontologischen Status wie die Reflexivität bzw. Subjektivität der Hypostasis / Persona im Unklaren belässt.[63] Die *hypostatische Union*, in welcher die anhypostatische Menschennatur der Hypostase des Gott-Logos enhypostatisch geeint ist, erscheint deshalb als metaphysisches Monstrum, vor dem das Denken *von vornherein* kapitulieren muss. Eine forcierte Christologie von oben wird letztlich immer den metaphysischen Ausnahmefall behaupten und in seiner ontologischen Möglichkeit unbedacht lassen müssen.[64]

[63] Das wird von Georg Essen im Anschluss an Karl Rahners Kritik deutlich herausgearbeitet; vgl. Georg Essen, Die Freiheit Jesu. Der neuchalkedonische Enhypostasiebegriff im Horizont neuzeitlicher Subjekt- und Personphilosophie, Regensburg 2001, 68–85.

[64] Es sei denn, man denkt die menschliche Natur Jesu als nicht nur von der Person des

Die Christologie von unten wird komplementär dazu immer versucht sein, die hypostatische Union als Höchstfall dessen zu denken, was einem Menschen in der Gemeinschaft mit Gott geschenkt werden kann: der »Vergöttlichung« durch die Gnade, wie sie dem Menschen als Geschenk eines als sinnvoll erfahrenen, weil Gott-erfüllten Lebens widerfahren kann.

Unter den Denkbedingungen des mittleren Platonismus wurde in der Alten Kirche eine eindeutige Antwort auf die Frage dringlich, ob der Gottes- und Menschensohn ganz auf die Seite Gottes oder letztlich doch auf die der Geschöpfe gehört. Damit schien nun aber alles andere als eine forcierte Christologie von oben von vornherein ausgeschlossen. Der Gottes- und Menschensohn durfte um seines Erlöserseins willen nicht weniger Gott als der Vater sein. Die Menschwerdung des Logos war als Konsequenz einer von Gott getroffenen Entscheidung für das Heil der Menschen anzusehen, die dem Gottsein des Logos etwas hinzufügt, das dieses Gottsein nicht wesentlich tangiert. Es *kommt etwas hinzu* – und es kann kontingent hinzukommen, weil es in Gottes Macht liegt, den Logos Fleisch werden zu lassen, weil Gott den in Sünde verstrickten Menschen seinen Logos erlösend kommunizieren wollte. Aber weshalb und wie kommuniziert er seinen Logos in einem Menschenleben? Weil dieser Gott-Mensch Gottes Wahrheit unverfälscht zu den Menschen bringt und durch sein gehorsames Leiden als Mensch zum lebendigen Instrument des göttlichen Heilswillens wird? Diese Antwort ist schon in der Alten Kirche als einseitig und unbefriedigend angesehen worden. So gilt für die ostkirchliche Christologie: *Gottes Logos wird und ist Mensch, er nimmt als Mensch teil am Menschenleben, damit die Menschen in der Gemeinschaft mit ihm am göttlichen Leben teilhaben können.*

Wo diese soteriologische Motivation der »hohen Christologie« festgehalten wird, könnten auch andere als die damals formulierten begrifflichen Konstruktionen zum Einsatz gebracht werden, um das Persongeheimnis Jesu, des Christus, menschlichem Verstehen näher zu bringen

Logos angenommen, sondern als in ihr gleichsam aufgehoben, jedenfalls um ihre Wesentlichkeit gebracht. Es scheint dann fast so, als sei die menschliche Wirklichkeit Jesu zu einer »Art passiver, von außen manipulierter Gliederpuppe« degradiert, deren »sich Gott als eines bloßen ›Instruments‹ dinglicher Art bedient, um sich auf der Bühne der Weltgeschichte bemerkbar zu machen« (Karl Rahner, Inkarnation, in: ders. [Hg.], Sacramentum mundi, Bd. 2, Freiburg i. Br. 1968, 824–840, hier 833). Georg Essen will dieser Aporie der klassischen Enhypostasielehre entgehen, indem er das In-Sein des Menschseins Jesu in der Hypostase des Logos freiheitstheoretisch denkt. Dazu soll im Folgenden noch Stellung genommen werden.

und vor Verkürzung zu schützen. Dieses Persongeheimnis ist nach dem Glauben der Christen die Präsenz und das wirkliche Geschehen der Selbstmitteilung Gottes in diesem Menschen: Im Mensch gewordenen Logos teilt Gott sich mit und aus, *kommuniziert er sich.* Er teilt sich so mit und aus, dass die Menschen sich von diesem Geschehen ergreifen lassen und »vergöttlicht« werden können. In dieses Geschehen der Selbstmitteilung gibt Gott sich ganz hinein; und es geschieht, indem ein Mensch sich seinerseits ganz in dieses Geschehen hineingibt, sein Leben dafür einsetzt und hingibt, dass es den Menschen nahekommt, sie aus ihren lebensfeindlichen Bindungen herauslöst und zu Teilhabern der Gottesherrschaft verwandelt (vgl. Mk 10,45). Jesus, der Christus, ist der Mensch, der sein Leben in dem, was seine menschlich-personale Identität ausmacht, für ein Gottes-Zeugnis in Anspruch nehmen lässt, in dem geschieht, was es bezeugt. So ist er – wird er – ein Mensch, dessen Leben *menschlich* zu seiner Fülle kommt, da Gott, der Logos, es ganz mit sich erfüllt und diesen Menschen dazu erwählt, seine Person-Identität darin zu haben, für das heilsame Geschehen der Selbstmitteilung Gottes da zu sein.[65] Gott ist heilsam-erlösend für die Menschen da, sich ihnen mit- und auszuteilen; er ist da in einem Menschenleben, das davon in Anspruch genommen ist, für Gottes Dasein da zu sein, es zu leben und zu kommunizieren und gerade darin sein Menschsein zu erfüllen.[66]

Gottes- und Menschennatur Jesu, des Christus, sind hier nicht in einem Nebeneinander vorgestellt, in dem die eine von der anderen so entfernt gedacht wäre wie nur möglich. Sie geschehen ineinander: *Gottes Weltpräsenz im Menschsein Jesu;* Jesu Menschsein darin, dass Gott es zu einer Zeugen-Existenz erfüllt, in der geschieht, was sie bezeugt. So geschieht das personale Wer-Sein – die Subjektivität – dieses Menschen Jesus von Nazaret im Welt-präsenten Selbstvollzug Gottes, des Logos, in dem Gott sein Gott-Sein für die Menschen vollzieht. Der menschliche Selbstvollzug darf teilhaben am Selbstvollzug Gottes und ganz dafür da sein, Gottes Dasein für die Menschen zu leben.

Statt der *Metaphorik des Nebeneinanders* bzw. (auf der Ebene des einheitsverbürgenden hypostatischen Selbstvollzugs) *der Ersetzung* die *Meta-*

---

[65] So ist seine »Letztverbindlichkeit« als der Gottes-Logos gerade in der »Fülle des Menschlichen« gegeben, die der Gottesgeist in diesem Menschenleben für Gottes Herrschaft hervorgerufen hat; vgl. Jon Sobrino, Systematische Christologie: Jesus Christus, der absolute Mittler des Reiches Gottes, a. a. O., 569.

[66] Die göttliche Person des Logos dürfte »niemals als eine irgendwie geartete Hinzufügung zum Menschen Jesus« aufgefasst werden; Piet Schoonenberg, Ein Gott der Menschen, dt. Zürich – Einsiedeln – Köln 1969, 87.

phorik des Ineinanders: Die begriffliche Artikulation der jeweiligen Intuitionen bewegt sich in unterschiedlichen Bahnen. Das doppelte *homousios* des Gottes- und Menschensohns – Gott und den Menschen wesensgleich – darf sich nach meinem Vorschlag in Gottes Selbstmitteilung den Menschen zugute gegründet wissen. Gott ist seinem Wesen nach Kommunikation, liebende Selbstmitteilung. Er vollzieht sein Wesen darin, dass er den Menschen mitmenschlich gegenwärtig wird, um sich ihnen mitzuteilen und Anteil an sich zu geben. Jesus, der Christus, aber vollzieht sein Menschsein darin, seinen Mitmenschen mitzuteilen und mitzugeben, was sein Dasein erfüllt: die Fülle Gottes, an der die Menschen Anteil gewinnen sollen. Seine Menschensubjektivität ist nicht in der Gotteshypostase des Logos aufgehoben. Sie vollzieht sich vielmehr in ihr, da sie sich ganz von ihr in Anspruch nehmen und davon erfüllen lässt, Gottes, des Logos, Welt-Präsenz zu leben. So kann man mit Piet Schoonenberg sagen, »dass sich das Göttliche [der Gottes-Logos] in ihm [dem Menschen Jesus] stets mehr vermenschlichte, indem sich dieser Mensch gerade als Mensch vollendete.«[67]

Man könnte in diesem Zusammenhang noch einmal auf die »Lösung« zurückblicken, die großkirchlich für den Monotheletenstreit auf dem 3. Konzil von Konstantinopel gefunden worden ist. Der Vollzug des freien Willens wurde hier den beiden Naturen zugerechnet; und so wurde von den zwei Willen des Gottes- und des Menschensohns gesprochen, wobei sich der menschliche Wille Jesu als freier gerade darin realisiere, dass er sich im Gehorsam dem göttlichen (des Logos) angleicht. Wenn man der Überzeugung ist, dass sich die hier gefundene und geltend gemachte Differenzierung zwischen den Ebenen des natürlichen Wesensbestandes und des personal-hypostatischen Selbstvollzugs neuzeitlich so nicht mehr nachvollziehen lässt, kann man vielleicht folgern, dass sich das Konzept des 3. Konstantinopolitanums *Der eine (menschliche) Wille realisiert sich vollkommen in der Hingabe an den anderen (göttlichen)* als Modell für den personalen Selbstvollzug des Gottes- und Menschsohns nutzen lässt: Der Selbstvollzug seines Menschseins, in dem dieses seine Identität realisiert, geschieht *darin*, dass er die Fülle seines Menschseins durch das Erfülltwerden mit Gottes Fülle und in der »gehorsamen« Selbsthingabe an dieses Erfülltwerden erlangt. Mit diesem Modell würde man sich die ontologisch so prekäre Annahme einer menschlichen Natur ersparen, die ohne menschliche Hypostase der göttlichen Hypostase des Logos enhypostatisch geeint ist. Wenn sich die menschliche Freiheit Jesu nach der Vorgabe des 3. Konstantinopolita-

[67] Piet Schoonenberg, op. cit., 112.

nums darin vollzieht, sich dem Willen Gottes zur Selbst-Kommunikation seines Logos hinzugeben, und wenn neuzeitlich Freiheit dem personal-reflexiven (subjektiven) Selbstvollzug des Menschen zugeordnet werden muss, so sollte das Modell der beiden *ineinander* vollzogenen Freiheiten ein Paradigma für den Selbstvollzug des Menschseins Jesu im Erfülltwerden durch und in der menschlichen Selbsthingabe an den kommunikativ-welthaften Selbstvollzug des göttlichen Logos sein können.[68] Mehr noch als nur ein Paradigma: der Vollzug eines Subjektseins, das die altkirchliche Christologie nur negativ begrifflich fassen, aber nicht wirklich begreifen konnte. Von Jesus Christus dürfte gesagt werden: Er hat sein menschliches Subjektsein im Ergriffenwerden von der Gotteszusage des Logos ergriffen und affirmiert. Gottes Selbstvollzug, der sich im Logos als seine Selbstzusage kommuniziert, wird dem Menschen Jesus zu dem Wort, auf das er mit seiner ganzen Existenz antwortet, mit dem er sich identifizieren darf, zu seinem Subjektsein hervorgerufen ist und sein Menschsein realisieren kann.[69]

Was wäre mit diesem veränderten christologischen Sprachgebrauch gewonnen? Ließe er sich – gewissermaßen gegen die begrifflichen Festlegungen der Alten Kirche – vor dieser Tradition und den neutestamentlichen Zeugnissen verantworten? Was die biblische Verantwortung angeht, so wird man davon auszugehen haben, dass es *das* normative neutestamentliche Modell nicht gibt und man sich biblisch zu legitimieren hat, indem man auf eine Perspektive der neutestamentlichen Christusbekenntnisse zurückgeht, die relativ gut geeignet scheint, andere Konzepte sinnvoll auf sich zu beziehen oder gar zu integrieren. In diesem Sinne sei hier pauschal auf die

[68] In eine ähnliche Richtung denkt wiederum Piet Schoonenberg, wenn er sich kritisch zur »Entpersönlichung der Menschheit Christi in ihr selbst« in der Wirkungsgeschichte der Definition des Konzils von Chalkedon äußert. Die nachchalkedonische (»neuchalkedonische«) Christologie hat es offenkundig nicht vermeiden können, das göttliche und das menschliche Personsein Christi in Konkurrenz zueinander zu sehen, und musste dann gegen eine Übersteigerung der antiochenischen Trennungs-Christologie und die Neigung, eine menschliche Personalität *neben* der göttlichen festzuhalten, das menschliche Personsein zugunsten der Gotteshypostase des Logos »eliminieren«; vgl. Piet Schoonenberg, Der Geist, das Wort und der Sohn, 190f. u.ö. Schoonenberg spricht dagegen von einer »gegenseitigen«, wenn auch nicht wechselseitig symmetrischen Enhypostasie des göttlichen und des menschlichen Personseins im jeweils anderen und greift dafür auf den Gedanken der Perichorese (der wechselseitigen Durchdringung) zurück; vgl. Der Geist, das Wort und der Sohn, 153, Fn. 8 bzw. 202, Fn. 47. Auf sein Konzept werde ich zurückkommen.

[69] Zu den freiheitstheoretischen Implikationen dieses Konzepts vgl. die Überlegungen in meinem Buch: Gott verbindlich, 446–490.

neutestamentlichen Ansätze einer Geist-Christologie hingewiesen, die sich vielfach mit den Metaphoriken der Fülle bzw. des Erfülltwerdens Jesu Christi als des menschgewordenen Tempels und entsprechend der Einwohnung Gottes in seinem Volk, schließlich auch der Schekinach Gottes vernetzen.

Dass JHWHs Präsenz den Tempel erfüllt und dem Gottesvolk heilvoll zugute kommt, wenn es den Tempel und diese Gottesgegenwart in rechter Weise aufsucht und sich von JHWHs Gegenwart erfüllen – heiligen – lässt, das gehört zu dem elementaren Gewissheiten vorexilischer Tempeltheologie wie der nachexilischen Volk-Gottes-Theologie.[70] Jesus, der Christus, wird neutestamentlich bei Johannes wie bei Paulus, aber auch bei den Synoptikern als das Mensch gewordene, die Verheißung des aus Steinen gebauten Tempels erfüllende Wohnen Gottes, des Logos, unter den Menschen verstanden (Mt 12,6; Mk 14,58parr. mit Joh 2,19): als der inkarnierte Gottes-Logos, der »unter uns gewohnt [gezeltet]« hat, als die »Herrlichkeit des einzigen Sohnes vom Vater in der Fülle der Gnade und der Wahrheit« (Joh 1,14[71]), als Ort der Begegnung mit Gottes heilschaffend-heiligender Wirklichkeit, schließlich als das (Sühne-)Opfer in Person, das die Menschen in die Heils-Gegenwart Gottes hineinnimmt. So kann der Kolosserbrief zu dem christologischen Bekenntnis kommen, Gott habe mit seiner ganzen Fülle leibhaftig in Jesus Christus Wohnung genommen (Kol 2,9 f.; 1,19).

Die den Ort seines Wohnungnehmens erfüllende Selbstvergegenwärtigung Gottes geschieht – in einigen Textzusammenhängen explizit so ausgeführt – im Geist, der von diesem Ort ausgeht und heiligend in die Menschen eingeht: als JHWHs Ru^{a}h, die Menschen ergreift und zu lebendigen Instrumenten des Handelns Gottes macht; als Gottes heiliges Pneuma, das

[70] Vgl. Bernd Janowski, Die Einwohnung Gottes in Israel. Eine religions- und theologiegeschichtliche Skizze zur biblischen Schekina-Theologie, in: ders. – E. Popkes (Hg.), Das Geheimnis der Gegenwart Gottes. Zur Schechina-Vorstellung in Judentum und Christentum, Tübingen 2013, 3–40.

[71] Jörg Frey weist auf den engen Zusammenhang zwischen der »Fleischwerdung« des Logos und dem weisheitlich geprägten Motiv des Zeltens »unter uns« hin (vgl. vor allem Sir 24,1–12). Dass die vor allem Anfang hervorgebrachte Weisheit im Zelt unter den Menschen (in Jerusalem) ihre Ruhe findet und »Dienst tut«, verweist wiederum auf die weisheitliche Wendung Tempel-theologischer Motive, die in Joh 1,14 mitgehört werden will und den Gedanken der Inkarnation johanneisch implementiert; vgl. Jörg Frey, Joh 1,14, die Fleischwerdung des Logos und die Einwohnung Gottes in Jesus Christus. Zur Bedeutung der »Schechina-Theologie« für die johanneische Christologie, in: B. Janowski – E. Popkes (Hg.), Das Geheimnis der Gegenwart Gottes, 231–256, hierzu 247–255.

in der Gemeinde wirkt, so dass sie zum Leib Christi wird, zuvor auf Jesus von Nazaret herabgekommen ist und ihn als den geliebten Sohn erfüllt, im Tod auferweckt, ihn schon vor allem Anfang als Menschenwirklichkeit hervorbringt. Im Anschluss an die biblischen Zeugnisse kann man sagen: Gott wohnt durch seinen Geist in seinem Volk. Neutestamentlich findet dieses Präsenz-Motiv der Einwohnung eine deutliche »Personalisierung«[72]: Gottes Präsenz geschieht durch seinen Geist als die Erfüllung des Menschseins; sie geschieht darin, dass Menschen zu einem Leben in Fülle finden. Nach Paulus geschieht sie der Gemeinde als dem Leib Christi, in dem Gottes und Christi Geist sie zum Leben in Christus zusammenfügt; sie geschieht den einzelnen Glaubenden, da sie durch den Geist geheiligt und aus den zerstörerischen Teufelskreisen der Sünde herausgelöst werden; sie geschieht zuerst und in göttlicher Fülle Jesus Christus selbst, dessen Leben ganz aus dem Heiligen Geist gelebt ist und der ihn den Seinen – johanneisch: mit seinem »letzten Atemzug« – mit- und austeilt (vgl. Joh 19,30.34).

Will man diese Geist- und Einwohnungs-Metaphorik christologisch in Anspruch nehmen, so gerät man in das Feld einer Logik des Ineinander, die ja durchaus auch die johanneische Vorstellung der Inkarnation und die damit verbundene weisheitliche Vorstellung eines erlösenden Kommens des göttlichen Logos in die sich selbst gegen Gott verschließende Menschenwelt bestimmt. Das Geschehen des Kommens und des Erfüllens wird prozessual gedacht: als Prozess des Ankommens, in den Gott selbst sich »investiert«, damit die in sich selbst verschlossenen Menschen ihn schließlich doch bei sich ankommen lassen *und glauben;* als das Geschehen des Erfülltwerdens mit Gottes Geist, der den Gemeinden, den einzelnen Glaubenden, Gottes schöpferisch-guten Willen »einflößt«, damit sie ihn mit sich und durch sich in der Welt geschehen lassen. Kann diese pneumatologisch dimensionierte Prozessualität auch von Jesus, dem Gottes- und Menschsohn ausgesagt werden? Oder muss präexistenz- und inkarnations-christologisch deutlicher zur Geltung kommen, dass er immer schon Gottes- und Menschensohn ist und nicht erst dazu wird; dass er als solcher in die Welt kommt, bei seinem Kommen in die Welt aus Maria von Anfang an inkarnierter Logos ist und seine Identität deshalb gar nicht den geschichtlich-biographischen Prozessen des menschlich-prozessualen Daseins unterworfen sein kann?

[72] Vgl. Samuel Vollenweider, Göttliche Einwohnung. Die Schechina-Motivik in der paulinischen Theologie, in: B. Janowski – E. Popkes (Hg.), Das Geheimnis der Gegenwart Gottes, 203–217.

Die Frage ist christologisch heikel. Die Evangelien, zumindest die Synoptiker, erzählen ja eine menschliche Sendung Jesu von Nazaret, in welcher Gottes Geist an unterschiedlichen »biographischen« Orten dieses Leben und diese Sendung hervorbringt und Jesu Sendungs-Existenz hervorruft, sie schließlich mit der Auferweckung des Gekreuzigten zum Ziel kommen lässt. Die altkirchliche Christologie hat diesen Impuls kaum aufgegriffen, sondern als adoptianisch verdächtigt. Sie hat zur Geltung bringen wollen, dass in Jesus Christus immer schon Gott durch seinen Logos Geistlich präsent ist, dass also dieser Mensch von Anfang an das Dasein des ewig-*prä*existenten Logos in der Welt ist.[73] Die Präexistenz-Christologie legt alles Gewicht auf das ewig-göttliche Dasein des Logos, der aus Maria – der Theotokos – ein Mensch geworden ist. Aber sie kann dann nicht mehr sagen, wie Jesus, der Christus, *auf menschliche Weise* Gott und seine Herrschaft bezeugte, so wahrhaft und treu bezeugt hat, dass man zu dem Bekenntnis finden kann, in ihm selbst geschehe, was er bezeugt. Die christologische Lehrentwicklung hat bis zum Chalkedonense und darüber hinaus eher darauf geachtet, dass die Integrität der göttlichen und der menschlichen Natur des Gottes- und Menschensohnes je für sich selbst, gleichsam nebeneinander, zur Geltung gebracht wurde: durch das *wesentlich Unterscheidende*, das die Menschennatur eben nicht Gottesnatur und die Gottesnatur nicht Menschennatur sein ließ. Die Gottes-Hypostase des Logos trug ein Nebeneinander, ohne es zu vermitteln. Und das musste auch so sein, damit die Menschennatur des Gottes- und Menschensohnes nicht von der Gottesnatur aufgesogen und die Gottesnatur nicht von der Menschennatur Jesu von Nazaret verendlicht wird: Leiden, Tod, Versuchtwerden, Klage, Erschütterung – all das betraf nur die Menschennatur, nicht die göttliche. Oder sollte man doch sagen dürfen, dass Gott gelitten hat und gestorben ist? Zumindest dies, dass der Logos im Fleisch gelitten hat und gekreuzigt wurde und »den Tod gekostet hat«?[74] Aber was sagt das über ihn selbst aus? Oder sagen das nur die Menschen so von ihm aus – gemäß der Regel der

[73] Es spricht Einiges dafür, dass der Johannesprolog in seiner jetzigen Gestalt den Inkarnationsgedanken in Joh 1,14 gegen die Vorstellung stark machen will, Gottes Geist habe Jesus nur in der Zeit zwischen Taufe und Kreuzigung »eingewohnt«, wie sie offenkundig von einer Gruppe vertreten worden ist, mit der sich der 1. Johannesbrief auseinandersetzt; vgl. dazu: Michael Theobald, Geist- und Inkarnationschristologie. Zur Pragmatik des Johannesprologs (Joh 1,1–18), in: Zeitschrift für Katholische Theologie 112 (1990), 129–149.

[74] So will es ja der 12. Anathematismus des Cyrill von Alexandrien für den rechten Christusglauben verbindlich machen (DH 263).

Idiomenkommunikation, nach der bei Jesus, dem Menschen- und Gottessohn, wegen der sein personales Dasein ausmachenden hypostatischen Union vom Göttlichen Menschliches und vom Menschen Göttliches prädiziert werden darf?[75]

Man wird feststellen, dass die Einwohnungsmetaphorik in der frühen Christologie je länger desto kritischer beurteilt wurde, aber nur selten förmlich abgelehnt wird. Sie schien vor allem der alexandrinischen Einheitschristologie der hypostatischen Union nicht unmissverständlich Rechnung zu tragen. So kann zwar Diodor von Tarsus in der syrischen Überlieferung davon sprechen, »dass der Gott Logos Mensch genannt wird, weil er im Menschensohn wohnte […] der Tempel des Gott Logos, der von den Juden abgebrochen wurde, von dem aber, der in ihm wohnte, auferstand«.[76] In anderen Traditionszusammenhängen aber sieht Epiphanius von Salamis (2. Hälfte des 4. Jahrhunderts) die Rede von der realen *Mensch*werdung des Logos mit dieser Metaphorik nicht hinreichend zum Ausdruck gebracht: »[N]icht in einem Menschen gleichsam wohnend«, sondern »zu einer heiligen Einheit« im Fleisch »emporgebildet« ist der Logos »vollkommen Mensch geworden«, eben »nicht [nur] in der Weise, wie er die Propheten inspirierte und in ihnen sprach und wirkte«.[77] Einwohnung wird hier als Inspirations-Kategorie identifiziert, die sich sinnvollerweise zwar

[75] Die Problematik der Idiomenkommunikation ergibt sich daraus, dass man – etwa nach den Anathematismen des Cyrill – unterscheiden müsste, welche Attribute der einen Hypostase des fleischgewordenen Logos und welche den einzelnen Naturen zuzuschreiben ist (vgl. den 4. Anathematismus, DH 255) und nach welchen Prinzipien man Wesenseigentümlichkeiten der menschlichen Natur der göttlichen Hypostase des fleischgewordenen Logos zuzuschreiben hätte. Die äußerste Spitze des Problems wird erreicht, wenn man sagen will (oder genau dies ablehnt), dass Gott am Kreuz gestorben ist. Dass der Gottes- und Menschensohn den Tod im Fleisch »gekostet« hat, sagt nichts darüber, was es für die göttliche Hypostase des Logos bedeutet, im Fleisch den Tod erlitten zu haben. Die Lehre der Idiomenkommunikation gerät so immer mehr in die Ecke einer differenzierten Sprachregelung, die dem Dogma von Chalkedon irgendwie Rechnung tragen und den Nestorianismus, der eine solche Idiomenkommunikation ausschließen will, zurückdrängen soll, aber kaum Aufschluss darüber gibt, was da wirklich gesagt wird; vgl. den dafür sehr kennzeichnenden Artikel von Gerhard Ludwig Müller, Idiomenkommunika tion in: W. Kasper (Hg.) Lexikon für Theologie und Kirche, Bd. 5, Freiburg – Basel – Rom – Wien [3]1996, 403–406.

[76] Diodor von Tarsus, Fragment 20, zitiert nach K.-H. Ohlig (Bearbeiter), Christologie I. Von den Anfängen bis zur Spätantike (Texte zur Theologie), Graz – Wien – Köln 1989, 160.

[77] Epiphanius von Salamis, Ancoratus, zitiert nach K.-H. Ohlig (Bearbeiter), Christologie I, 161.

auf erwählte Offenbarer bezieht, der aus dem Geist gezeugten Menschwerdung des Gottes- und Menschensohns jedoch nicht begrifflich gerecht werden kann. Inkarnation wäre demnach auch nicht »nur« als die höchste Steigerung einer Geist-Inspiration zu denken, sondern als ein wesentlich anderer Vorgang: als Zeugung durch den Geist, die sich nicht an und »in« einem Menschen vollzieht, sondern diesen überhaupt erst da sein und durch den Geist ganz aus Gott hervorgehen lässt.[78]

Damit ist die Motivation skizziert, mit der es zu einer Abwendung von pneumatologisch dimensionierten, nach der Logik einer erfüllenden Einwohnung konzipierten Christologien kam: Inkarnation ist mit der Geistzeugung in Maria vollkommen und als der unvergleichliche ontologische Ausnahmefall verwirklicht; Einwohnungsmodelle beziehen sich auf ein Mehr oder Weniger, sind deshalb menschlicher Erfahrung näher, scheinen aber das im Fleisch gewordenen Logos Geschehene auf das menschlich noch Denkbare zu reduzieren und damit die soteriologische Einmaligkeit des in Jesus Christus zum Heil der Menschen Geschehenen zu relativieren: Wenn es prinzipiell in eigener Glaubenserfahrung oder in der prophetischen Sendung mit- bzw. nachvollzogen werden kann, ist es nicht mehr streng an die Singularität des ontologischen Ausnahmefalls gebunden und auch anderswo – nicht allein beim inkarnierten, in Jesus Christus Mensch gewordenen Logos – vorstellbar. Damit wäre man auf der schiefen Ebene zu einer »graduellen Christologie«, nach welcher sich »Jesus nicht in einem essentiellen Sinn von allen anderen Menschen unterscheidet, sondern in einem graduellen«[79] – so dass man die »Vereinigung einer personalen Gottheit mit einer menschlichen Persönlichkeit« als eine »vervollkommnete Form der Inspiration« verstehen dürfte[80], die sich nicht nur einmal realisieren kann.

[78] Wo in der Alten Kirche doch die Einwohnungs- und Tempelmetaphorik mit Jesus Christus assoziiert wird, da findet sie sich eher in polemischen Zusammenhängen, so etwa bei Tertullian mit der Behauptung, Christus sei der wahre Tempel, da er – zuletzt allen sichtbar am Kreuz – den Jerusalemer Tempel als »Wohnort des Heiligen Geistes« abgelöst habe (vgl. Tertullian, Adversus iudaeos 13,14). Zur früheren Geschichte der Einwohnungsmetaphorik in der christlichen Theologie vgl. Tobias Nicklas, Altkirchliche Diskurse um das »Wohnen Gottes«. Eine Spurensuche bis zur Zeit der Konstantinischen Wende, in: B. Janowski – E. Popkes (Hg.), Das Geheimnis der Gegenwart Gottes, 305–324.

[79] Perry Schmidt-Leukel, Gott ohne Grenzen. Eine christliche und pluralistische Theologie der Religionen, Gütersloh 2005, 291. Der prominenteste Vertreter einer graduellen Christologie ist in unseren Tagen John Hick; vgl. von ihm etwa: Gott und seine vielen Namen, dt. Frankfurt a. M. 2001, 149–166.

[80] John Hick zitiert Geoffrey Lampe, God as Spirit, Oxford 1977, 12.

Die großkirchliche Lehrentwicklung hat in der »hohen Christologie« des Gottes- und Menschensohnes zu mehr oder weniger klärenden Alternativen geführt, die kaum noch auf Vermittlung hin bedacht wurden. Es hat sich eine *Christologie von oben* durchgesetzt, die von der ewigen Präexistenz des Logos in Gott aus denkt und das Eingehen des ewigen Logos in die zeitlich-menschlich-endliche Existenz des Jesus von Nazaret so vorstellt, dass dieses Menschsein von der Gotteshypostase des Logos *zusätzlich* zur göttlichen Natur als menschliche *Natur* – nicht als menschliche, auf biographische Entwicklung hin angelegte Person – angenommen und realisiert wurde (assumptum est). Dieser Inkarnationsgedanke schien unvereinbar mit einer in den Zeugnissen des Neuen Testaments ja vielfach greifbaren *Christologie von unten*, die den »treuen Zeugen« Jesus Christus als das Geschehen der den Menschen eschatologisch sich öffnenden Gottesherrschaft zu denken versuchte und das Geheimnis seines Personseins in diesem Geschehen – in der Selbsthineingabe des Zeugen in sein Zeugnis wie in der Identifikation des Vaters mit diesem Zeugen – erschlossen sah. Bei dem bloßen Gegeneinander einer Christologie von oben und der Christologie von unten dürfte es nicht bleiben, wenn man ernsthaft bemüht sein will, die Fragen theologisch anzugehen, die eine forcierte Christologie von oben im Kontext neuzeitlicher Selbst-, Welt- und Gottesverständigungs-Diskurse aufwirft.

Soviel scheint mir allerdings deutlich zu sein: Die pneumatologisch entworfenen Christologien von unten und die inkarnatorisch konzipierte Präexistenz-Christologie von oben lassen sich zwar ineinander spiegeln, aber nicht vollständig ineinander übersetzen. Dass Jesus immer schon der inkarnierte Logos ist, kann in einer Christologie von unten ebenso wenig eingeholt werden, wie eine Christologie von oben sicherstellen kann, dass diese Inkarnations-Wirklichkeit auf wahrhaft menschliche Weise gelebt und vollzogen wird; menschlich: das hieße eben geschichtlich-prozesshaft. Es geht m. E. christologisch darum, spannungsvoll zusammenzuhalten, was nicht »verlustfrei« ineinander übersetzt werden kann. Dass der Mensch Jesus von Nazaret Gottes, des Vaters, eigene Selbstmitteilungswirklichkeit ist, wird mitmenschlich erfahrbar daran, dass er sein »treuer Zeuge« ist: dass er bezeugt, woraus er lebt, und es so bezeugt, dass die Menschen, die ihm glauben, ihrerseits bezeugen können: Hier – in diesem wahrhaft menschlichen, ganz dem Zeugnis für Gottes Liebe hingegebenen Leben – ist uns Gottes eigene Wirklichkeit widerfahren. Gespiegelt in die Sprache der Christologie von oben heißt es dann: Gott hat sich in seinem Geist als der hier Bezeugte ganz in dieses menschliche Zeugnis hineingegeben, es mit sich erfüllt, so dass hier von einer Identität von Zeugnis und Bezeugtem gesprochen, dass diese Identität *geglaubt* werden darf. Der Mensch Jesus lebt Gott; und er kann es, weil Gottes unendliche Beziehungswilligkeit und Beziehungsfähigkeit es vermag, dass Gott, der Vater, seinem ewigen Beziehungs- und Selbstmitteilungswillen – dem ewigen Logos[81] – durch seinen Geist in der Menschenwelt eine menschliche Wirklichkeit gibt, die diesen Beziehungswillen auf menschliche Weise lebt, da sich der Mensch Jesus auf ganz menschliche Weise in sein Zeugnis hineingibt und Gottes, des Vaters Beziehungswillen *mit*will.[82]

8.7 Der Gott-erfüllte Mensch

Ich will versuchen, in der Spur der von Paul Ricœur im Blick auf die Gnade geltend gemachten und hier schon in die Soteriologie eingebrachten *Logik der Fülle* auch christologisch ein paar Schritte weiterzukommen. Ziel meiner Überlegungen wäre das christologische Konzept eines *Ineinanders* der Gottes- und der Menschenwirklichkeit Jesu Christi, das nach Chalkedon

[81] Trinitätstheologisch müsste (dürfte) man sagen, dass Gott sich diesen Beziehungs- und Selbstmitteilungswillen ewig durch den Geist im Sohn-Logos erfüllt und in diesem Sinne *Beziehung ist*, eine *Selbst*beziehung freilich, die des Anderen ihrer selbst – des Endlichen – fähig und willens ist, zu ihm in eine Selbstmitteilungs-Beziehung zu treten.

[82] Georg Essens Entwurf will deutlich mehr, m. E. zu viel erreichen. In der Spur des alexandrinischen Anliegens will er zur Geltung bringen, »dass der göttliche Logos-Sohn wirklich Mensch geworden ist und er sich nicht lediglich mit einem Menschen ›verbindet‹, in einem Menschen ›einwohnt‹«, dass er also »Mensch wurde und nicht bloß in einem Menschen gekommen ist« (Georg Essen, Die Freiheit Jesu, 299). So müsse man sagen: »die menschgewordene Person des ewigen Sohnes ist das Subjekt des Handelns Jesu« (ebd., 298), und »die eine Freiheit Jesu« sei vice versa »als eine echt menschliche die des göttlichen Sohnes«, wobei Gott freilich »die Ursprünglichkeit der Freiheit des Menschen Jesus achtet als die unhintergehbare Instanz für sein Ankommen in Welt und Geschichte und er auf ihre freie Zustimmung zu ihrer Sendung angewiesen ist« (ebd., 300). Man müsste demnach annehmen, das göttliche Logos-Subjekt des menschlichen Handelns Jesu wirke mit menschlicher Freiheit die Selbstmitteilung Gottes als des den Menschen in Liebe entschieden Zugewandten. Das wäre nur annähernd denkbar, wenn Gottes Selbstmitteilungswille den Menschen Jesus in dessen eigenem personalen Selbstvollzug konstituiert, den Menschen Jesus also unmittelbar bestimmt und doch dazu herausfordern kann, ihm frei zuzustimmen, ihn frei und doch unmittelbar mitzuvollziehen. Spätestens hier muss man doch wieder den ontologischen Ausnahmefall hinnehmen. Ich sehe nicht, wie man mit diesem zweifellos eindrucksvollen Konzept die notorischen christologischen Aporien hinter sich lässt und etwa den Fallstricken des Monotheletismus entgeht.

nicht zu einer Vermischung von Gott- und Menschsein führen darf, sondern die Gottes-Wirklichkeit des Logos als im Heiligen Geist sich gewährende *Erfüllung* des Menschseins Jesu denken will.[83] Die Glaubensbedeutung des Menschseins Jesu ist die eines Zeugnisses, in dem sich der gelebte Sinn dieses Menschseins sammelt und aus dem sich seine Identität bestimmt. Damit ist kein anthropologischer Ausnahmefall angenommen, sondern die das Menschsein konstituierende Dimension der personalen Identität angesprochen, die sich im mitmenschlich gelebten und kommunizierten *Wofür* eines menschlichen Daseins bezeugt, in seiner Berufung und damit auch als das *Woher* der Berufung.[84] Dieses Woher ereignet sich in dem Ruf, der mich in die verheißungsvolle Herausforderung meiner Berufung hineinruft, so dass ich meine Identität darin finden kann.[85]

Menschen stellen ihre personale Identität dar, indem sie bezeugen, wofür und woraufhin sie leben (wollen) und woher sie leben. Indem sie ihre Identität kommunizieren – Hervorgerufensein wie Herausforderung ihres Selbst bezeugen –, nehmen sie *sich selbst* wahr und vollziehen sie sich als ein Selbst, das sich frei bejahen kann, indem es sich zu dem verhält, wovon und wozu es sich herausgefordert erfährt. Dieser menschlich-personale Selbstvollzug ist dem Gottes- und Menschensohn nicht abzusprechen. Vielmehr wäre die Menschwerdung des Logos zu denken als Selbst-Kommunikation und Selbst-Bezeugung Gottes *in* der Selbst-Kommunikation und Selbst-Bezeugung des Menschen Jesus von Nazaret: Jesus bezeugt die Selbst-Bezeugung Gottes im Zugänglichwerden der Gottesherrschaft, das sich im Zeugnis des Menschensohns selbst vollzieht; Gott bezeugt sich im Zeugnis des Menschensohns, da er das menschliche Zeugnis mit sich selbst – dem Bezeugten – *erfüllt*. Als das Geschehen einer dem Bezeugten gemäßen Zeugen-Antwort auf die ihm geschehene Gottes-Zusage ist diese Menschenwirklichkeit die Wirklichkeit von Gottes Selbstzusage an die Menschen: Das Wort wird Antwort, und in der Antwort haben wir das Wort.[86]

---

[83] Es ist klar, dass mein Versuch den christologischen Versuchen Karl Rahners und Piet Schoonenbergs viel verdankt, auch wenn er ihnen nicht in allem folgt.

[84] Vgl. die Ausführung des Gedankens in Jürgen Werbick, Gott verbindlich, Kapitel 7.10, vor allem 586 f.

[85] Es sei nicht verschwiegen, dass dieser Ruf Menschen auch zu einem unheilvollen Schicksal werden kann, zu einer Zumutung, gegen die sie sich lebenslang wehren müssen oder der sie gar nicht entkommen können, die sie in ihrem Selbstsein regelrecht erdrückt, sie in eine »negative Identität« hineinzwingt.

[86] Vgl. die Nachweise in diesem Kapitel Fn. 62.

Im Sinne einer Christologie von unten, welche die Gott-Erfülltheit des Sohnes aus der Vertiefung in sein Menschsein – als die denkbar höchste Verwirklichung des Menschseins – denkt, darf man vielleicht sagen: Das Woher seiner Berufung ist ihm als Gottes-Präsenz gegenwärtig, auch da noch gegenwärtig, wo sie sich ihm im Sterben entzieht. Wie Menschen in der unendlich wohltuenden Präsenz eines Anderen aufblühen und sie selbst werden können – in der »imperialistischen« Präsenz eines selbstsüchtigen Anderen freilich auch um ihr Selbstsein gebracht werden können; wie Menschen im besten Fall *sich selbst gegeben* werden, da sie sich in der Herausforderung zum Empfangen des ihnen Gegebenen einfinden und sich so zu sich selbst verhalten, entscheiden können: so und in unendlicher Radikalisierung des Selbstseins im Sich-gegeben-Werden ist sich der Mensch Jesus in der Präsenz Gottes gegeben und zu sich selbst herausgefordert; so gegeben, dass er menschlich die Antwort leben kann auf das ihn ermöglichende, ihn sendende Wort; dass er ganz aus diesem Wort und für es lebt, es in dieser Welt lebt. In der Präsenz Gottes und von ihr ganz erfüllt wird Jesus von Nazaret, was er – von Gott her »gesehen« – immer schon ist: Gottes Geist-Präsenz, Gottes Gegenwart im Anderen seiner selbst, der Logos, der sich in diesem Menschsein sagt. Gottes Präsenz wohnt seiner eigenen Menschen-Präsenz so vollkommen inne, dass dieser Mensch Gottes Gegenwart leben und handeln und austeilen kann; dass der treue Zeuge Gottes Selbstbezeugung lebt.

Gottes im »treuen Zeugen« und »Erstgeborene[n] der Toten« (Offb 1,5) den Menschen kommunizierte Selbst-Bezeugung – Gottes Logos, der immer schon bei Gott war, selbst Gott war und sich gleichwohl ganz in die Solidarität der Sünder hineingab – kommuniziert sich in der Welt auf menschliche Weise; sie wird menschlich-endlich-geschichtlich eine Wirklichkeit dieser Welt, um den Menschen Anteil zu geben an Gottes heilvoller Wirklichkeit.[87] Gott bringt sich gleichsam in seinem Logos so mit dem Menschsein der Menschen zusammen, dass diese in Gott ihre Zukunft erlangen können. Das ist das Persongeheimnis des Gottes- und Menschensohns in seiner göttlich-menschlichen Tiefe. Die Christologie der Alten Kirche hat es – jedenfalls im Osten – immer so zur Sprache zu bringen

---

[87] Diese Metaphorik des Anteilnehmens und Anteilgebens kann sich – wie oben dargestellt – schon auf die Tauschformel des Paulus zurückführen, ebenso auf die physische Erlösungslehre der Alten Kirche, die allerdings noch keine interpersonal bestimmten Kategorien bereitstellen konnte, um die christologisch prekären Folgen der Beimischungs-Metapher auszuschalten (vgl. in diesem Kapitel die Fn. 39 und 40).

und zu wahren versucht. Und sie ist doch immer wieder daran gescheitert, das Miteinander und Ineinander des unverkürzten Gottseins und des ebenso unverkürzten Menschseins Jesu Christi unverkürzt zu denken, weil es ihr unmöglich schien, dass Gottes absolute Vollkommenheit in der Endlichkeit menschlichen Daseins geschah. So hat sie eben doch »Christi leidensunfähige Gottheit und leidensfähige Menschheit streng voneinander unterschieden und, jedenfalls in dieser Hinsicht, getrennt«[88], ebenso die ewige Unveränderlichkeit des Logos und sein vollkommenes Um-sich-Wissen von der zeitlichen Existenz und dem geschichtlich erworbenen menschlichen Sendungswissen Jesu.[89] Man konnte zwar im 6. Jahrhundert im Anschluss an Cyrill sagen, »einer aus der Dreifaltigkeit« habe gelitten, verstand dies aber so, dass »der Gott Christus, der seiner Gottheit nach leidensunfähig ist, im Fleisch gelitten« hat (DH 401). Aber was heißt *im Fleisch?* Inwiefern ist der Logos, inwiefern ist Gott tatsächlich mitbetroffen, mit hineingezogen in dieses Leiden, so dass es Gottes und des Logos Gottsein nicht verbarg, dieses in ihm vielmehr in der Welt geschah und sich offenbarte? Die Selbstverständlichkeiten eines (mittel-)platonisch geprägten Gottesverständnisses wie die selbstverständliche Ablehnung eines patripassianischen (vom Leiden des Vaters sprechenden) Modalismus haben solche Fragen in den theologischen Untergrund abgedrängt und das *In-Sein* des Logos in der Menschen-Existenz Jesu, des Christus, schließlich doch wie ein von der Gottes-Hypostase eher schlecht als recht zusammengehaltenes Nebeneinander erscheinen lassen.[90]

Das In-Sein des Logos im Menschen Jesus kann christologisch nur gedacht werden, wenn die platonisch inspirierte Metaphysik der Vollkommenheit Gottes *um*gedacht wird. Wenn Gottes Vollkommenheit all das negiert, was die Conditio humana eines endlichen Menschseins ausmacht, kann sie nur das schlechthin Andere sein: *Unendlichkeit*, die alles Endliche von sich ausschließt; *Ewigkeit*, die das zeitlich-biographische Nacheinander von sich ausschließt; vollkommen-absolutes, immer schon realisiertes *Bei-*

[88] Piet Schoonenberg, Der Geist, das Wort und der Sohn, 130.

[89] Von den geradezu endlos-ausweglosen Streitigkeiten um Wissen und Selbstbewusstsein Jesu Christi gibt einen lebendigen Eindruck: Engelbert Gutwenger, Bewusstsein und Wissen Christi. Eine dogmatische Studie, Innsbruck 1961; Karl Rahner legt dazu einen eigenen Lösungsversuch vor in seinem Aufsatz: Dogmatische Erwägungen über das Wissen und Selbstbewusstsein Christi, in: ders., Schriften zur Theologie, Bd. 5, Einsiedeln – Zürich – Köln [2]1964, 222–245.

[90] Dagegen wehrt sich etwa Jürgen Moltmann, Der gekreuzigte Gott. Das Kreuz Christi als Grund und Kritik christlicher Theologie, München 1972.

sich-Sein, welches eine Beziehung »nach außen« ausschließt, die Gott selbst im Beim-anderen-Sein verändert; eine *Bedürfnislosigkeit*, die die Sehnsucht nicht kennt; ein vollkommen-allmächtiges (Selbst-)*Ursachesein*, das alle Einschränkung und Einwirkung von außen, insbesondere jedes Leiden, ausschließt. Das Eine – Göttliche – kann dann nicht im Anderen – dem Menschlichen – geschehen. Die Christologie wird in der geschilderten Weise aporetisch.

Wird Gottes Vollkommenheit nicht platonisch als sein absolutes Bei-sich-Sein gedacht, sondern als seine unüberbietbare Beziehungsmächtigkeit und Beziehungswilligkeit, in der Gott es schließlich noch vermag, beim Anderen, ja im Anderen seiner selbst so da zu sein, dass er den Anderen – den endlichen Menschen – Anteil an sich gewährt, so ergibt sich ein anderes Bild.[91] Gott ist vollkommen nicht darin, dass er bedürfnislos in sich und für sich alles ist, so dass er nicht »mehr« werden oder zu anderem »hingeneigt« sein könnte. Er ist vollkommen, weil er die Güte, die er ewig und vollkommen ist, mitteilen und in den Anderen seiner selbst hervorrufen, sich danach »sehnen« kann, dass diese daran teilnehmen und sie erwidern; vollkommen aber auch darin, dass er die Anderen in ihrem Anderssein *sein lassen, sich ihnen mitteilen* kann.[92] Und dies im Geschehen eines Menschenlebens – nicht einmal Gott könnte sich an Menschen mitteilen, wenn dies nicht in einem Mitmenschen geschähe, der die Menschen auf menschliche Weise dafür gewinnt, sich der Selbstmitteilung Gottes zu öffnen und von ihr ergreifen zu lassen.

Dass der ewige Logos Gottes, sein Selbstmitteilungs-Bedürfnis und seine Selbstmitteilungs-Fähigkeit, sich in der Welt auf menschliche Weise – in einem Menschsein – kommunizieren und bezeugen; dass der Logos sich in einem Menschen kommuniziert, indem er dessen Menschsein durch den

---

[91] Eine ausführlichere Skizze dieses Gedankens habe ich entworfen in: Gott verbindlich, 331–417.

[92] In diesem Sinne wäre dann auch von einem werdenden, sich verändernden Gott zu sprechen. Von ihm darf mit Piet Schoonenberg gesagt werden: »Wenn er sich verändert, wird er mehr er-selbst-für-uns, mehr Schöpfer, mehr unser Gott« (Der Geist, das Wort und der Sohn, 142). In die gleiche Richtung zielt Karl Rahners Feststellung: »Gott kann etwas werden, der an sich Unveränderliche kann selber am anderen veränderlich sein« (ders., Zur Theologie der Menschwerdung, in: ders., Schriften zur Theologie, Bd. 4, Einsiedeln – Zürich – Köln [4]1967, 138–155, hier 147). Rahners Formulierung verrät freilich auch die hier noch nicht eingelöste theologische Denk-Herausforderung: Ist Gott tatsächlich der *an sich* Unveränderliche, wenn er selbst – er zuinnerst – am anderen veränderlich ist? Schoonenbergs oben zitierter Satz verdankt sich wohl der inneren Aporie der Rahnerschen Formel.

Heiligen Geist zum Geschehen der Güte Gottes macht und darin vollendet, hat nichts von vornherein theologisch Befremdliches. Der ewig in sich vollendete Gott ist *seines Anderen fähig:* Er kann sich so *mit*teilen und an sich Anteil geben, dass Menschen an ihm Anteil gewinnen können. Er wird ihnen – als der Logos – ein Mitmensch, dessen vollkommene Selbst-Hineingabe in seinen Dienst ihnen den Geist austeilt, aus dem er selbst lebte und noch in seinem Tod lebendig wurde: damit sie aus Gott und in Gott hinein von ihrem Todesleiden befreit werden und leben. Jesu menschliches Zeugnis wird von Gottes Geist *erfüllt*, so dass es Gottes Selbstzeugnis wird, Gottes eigene Wirklichkeit in der Welt.[93] Jesu Subjektsein wird durch den Heiligen Geist ganz und gar davon in Anspruch genommen und darin verwirklicht, dazu »inspiriert«, die Wirklichkeit der Selbstmitteilung Gottes zu sein: seines *Selbst*vollzugs und Selbstmitteilungsvollzugs; in altkirchlicher Terminologie: der Gotteshypostase des Logos. Jesus gibt *sich* hinein in dieses In-Anspruch-genommen-Sein – Gott gibt *sich* hinein in den Dienst des treuen Zeugen: So ist der Gottes- und Menschensohn die eine Subjekt-Person, durch die Gott den Menschen menschlich geschieht und zum Heil wird.

[93] Um es noch einmal zuzuspitzen: Jesus Christus *wird* im Heiligen Geist Gottes heilvolles Dasein in der Welt. Das ist die Perspektive einer *Christologie von unten*, die nur in geschichtlichen Kategorien denken kann. Sie muss mit der *Christologie von oben* zusammengehalten werden, die das geschichtlich-biographische Erfülltwerden Jesu mit dem Geist, in dem er Gottes Dasein in der Welt wird, in Gottes unbedingter Beziehungswilligkeit und Beziehungsfähigkeit begründet sieht: Das Menschsein Jesu gründet ganz in dieser Beziehungswilligkeit und Beziehungsfähigkeit, welche durch den Geist geschichtlich geschieht; es ist Gottes, des Logos, eigene Wirklichkeit, *des* Gottes eigene Wirklichkeit, der im Anderen seiner selbst – in einem Menschen – er selbst sein kann. Es erscheint wenig sinnvoll, die eine Perspektive gegen die jeweils andere zum Zug bringen oder etwa das Immer-schon-Logos-Sein im menschlichen (Selbst-)Bewusstsein Jesu irgendwie »verorten« zu wollen, etwa im Sinne eines der Erfahrung irgendwie zugänglichen, *unmittelbaren* Gottesbewusstseins. Es ist christologisch klar, dass Jesus nicht im Laufe seines Lebens erst der göttliche Logos wird, da er sich immer stärker der Einwohnung durch den Geist öffnet; so zu Recht Karl-Heinz Menke, Das heterogene Phänomen der Geist-Christologien, in: G. Augustin – K. Krämer – M. Schulze (Hg.), Mein Herr und mein Gott. Christus bekennen und verkünden (Festschrift für Walter Kardinal Kasper zum 80. Geburtstag), Freiburg – Basel – Wien 2013, 220–257, hier 225–244, wo Menke sich etwa gegen »niederländische Geist-Christologien« wendet und man die Frage stellen kann, ob er Schoonenbergs Ansatz adäquat würdigt. Aber es müsste christologisch ebenso klar sein, dass sein Logos-Sein sich menschlich-biographisch – als seine Person-Identität – ausprägte und kommunizierte. Ansonsten wären das Menschsein Jesu nicht hinreichend gewürdigt und damit auch sein Tod kein eigentlich menschlicher Tod.

Gott ist Menschen-fähig, *infinitum est capax finiti* (der Unendliche vermag endlich zu sein); und deshalb kann dieser eine Mensch, der sich ihm ganz öffnete, Gott-fähig sein: *finitum est capax infiniti* (der Endliche vermag unendlich zu sein). Gott-fähig aber ist er, weil der Heilige Geist Jesus, den Menschen, dafür öffnet, die Wirklichkeit der Selbstmitteilung Gottes zu sein: von ihr in seinem endlich-geschichtlichen Menschsein unendlich erfüllt werden zu können, damit durch ihn »vom Himmel her [alle] mit allem Segen seines Geistes gesegnet« werden (Eph 1,3).[94]

8.8 Gottes vollkommenes Ebenbild

Gottes-Präsenz in Menschen-Präsenz, Menschen-Präsenz in Gottes-Präsenz: Das bezeugt das Matthäusevangelium, wenn es Jesus, den Heilbringer, mit Jes 7,14 *Immanuel* nennt (Mt 1,23). Im Immanuel ereignet sich Gottes Dasein »für uns«: für das Volk, dem JHWH sich nach Ex 3,14 so zugesagt hat; für die hinzugekommenen Nichtjuden, die sich in Jesus Christus das eschatologisch-endgültige Ja zu seiner Verheißung zusagen lassen dürfen (vgl. 2 Kor 1,20).

Heil-versprechende Gottes-Präsenz verbürgen in paganer Religiosität die Gottes-Statuen, denen die Gottheit in ihrem Tempel einwohnt. Mit der »Pflege« – dem Kultus – der Gottespräsenz in der Statue erlangt man den heilvollen Zugang zur Gottheit. Die Priester wollen ihn mit ihrem Dienst gewährleisten; der Pharao oder andere »Gottessöhne« nehmen ihn für das Volk in Anspruch. Israel kennt den Götterstatuen-Kult nicht. Das Zelt der JHWH-Anwesenheit bleibt bildlos, ebenso das Allerheiligste im Tempel. JHWH gewährt den Heil-verbürgenden Zugang zu sich im Kult der Versöhnung am Tempel von Jerusalem, in besonderer Dichte am Jom Kippur. Paulus und mit ihm andere Zeugen des Neuen Testaments sehen Jesus, den Christus, und sein Kreuz als das Ereignis der endzeitlich-endgültigen Gottesöffnung für alle Menschen aller Zeiten: als den endzeitlichen, für alle und ein für alle Mal begangenen Jom Kippur. Jesus, der Christus, hat die Funktion des lebendigen Gottesbildes, in dem Gottes Präsenz geschieht[95]: jenes

[94] Dieses Miteinander und Ineinander des göttlichen Logos und des Heiligen Geistes in Gottes menschlich-geschichtlicher Selbstmitteilung ist für Piet Schoonenberg das zentrale christologische Datum; vgl. ders., Der Geist, das Wort und der Sohn, passim.
[95] So brauchen die Christen kein anderes Gottesbild; vgl. Origenes, Contra Celsum 8,17; vgl. Tobias Nicklas, Altkirchliche Diskurse um das »Wohnen Gottes«, a. a. O., 314.

Gottesbildes, für das mit dem Kultbild-Verbot (Ex 20,4 f./Dtn 5,8 f.) der Platz freigehalten wird: das nicht von Menschenhand gefertigte, sondern von Gottes Geist-Präsenz selbst geformte Bild, mit gezeichnet von den dunkelsten Abgründen des Scheiterns und des Todes. Seine Gottes-Aura (Kabod) erschließt sich am Kreuz, an dem der Menschen- und Gottessohn den Vater verherrlicht und der Vater den Sohn verherrlicht (vgl. Joh 12,28). Jesus ist das lebendige Gottesbild, das die Gottesbilder durchkreuzt, die Vorstellungen von Gottes heilshafter Präsenz für die Seinen durchkreuzt.

JHWHs Bild- und Namenlosigkeit soll den Platz dafür freihalten, wie er von sich aus und durch sich selbst da sein will. Sein namenloser Name: Ich werde (für euch) da sein, wie *ich* für euch da sein werde und da sein will (Ex 3,14). So ist Jesus, das gekreuzigte Ereignis der Selbst-Erschließung Gottes, eschatologisches Gottesbild, in dem JHWH zeigt, wie er von sich aus für die Menschen da sein will; eschatologische Gotteswirklichkeit, durch die sein Dasein den Menschen zum Heil wird.

Dass ein Mensch – *der* Mensch – Gottes Bild ist und sonst nichts Gottes Bild sein kann, das ist alte und immer wieder erneuerte, vertiefte biblische Einsicht. Nach Gottes Bild und zum Gottesbild ist der Mensch geschaffen (vgl. Gen 1,27). Gott hat ihn »zum Bild seines eigenen Wesens gemacht.« Sein unzerstörbares Leben hat er ihm im Anhauch der Ru^{a}h mitgegeben (Weish 2,23). Nicht Gottes *Gegen*bild muss der Mensch sein, sondern sein *Eben*bild darf er sein. Das gilt nicht nur für den König; allen Menschen wohnt Gottes Ru^{a}h inne; alle sind sie geschaffen, sein Bild zu sein. Sie realisieren dieses Bildsein, da sie seine Wirklichkeit in ihrem Menschsein wahrnehmen und sich ihr öffnen. Menschsein bedeutet, von Gott selbst – seiner Ru^{a}h – auf Gott hin bewegt zu werden und in ihm die Fülle des Menschseins zu suchen[96]; bedeutet die Glaubens-Herausforderung, sich Gott und seinem guten Willen anzuvertrauen, mehr noch: ihn mit zu wollen. Sich seinem guten Willen anzuvertrauen ist die heilsame Alternative dazu, nur noch mit dem Gesetz der Selbstbehauptung und des (irgendwann) unabwendbaren Selbstverlustes rechnen zu müssen. Der Mensch ist Gottes Bild, weil er den guten Schöpferwillen als Mitgift, als Verheißung und als Sehnsucht in sich trägt, weil er ihn mitleben und sich seinem end-

[96] Aufgegriffen ist hier Karl Rahners theologische Geist-Anthropologie, die das Menschsein durch die Herausforderung zu unendlicher, über alles Endliche hinaus lebende Selbsttranszendenz gekennzeichnet und ursprünglich gnadenhaft von der Wirklichkeit getragen sieht, in die hinein er sich zu transzendieren herausgefordert ist; vgl. von Karl Rahner, Die Christologie innerhalb einer evolutiven Weltanschauung, in: ders., Schriften zur Theologie, Bd. 5, 183–221; vgl. auch ders., Ich glaube an Jesus Christus.

gültig-endzeitlichen Geschehen überlassen darf. Er ist Gottes Bild, da ihm Gottes Geist »einwohnt« und ihn zum Gott-entsprechenden Menschen formen, ihn für Gottes unendliche Güte öffnen will.

Dass die Menschen ihr Gottes-Wesen missbrauchen und ihre Gottes-Herrlichkeit verderben, da sie Satans Versuchung zum Neid erliegen und so das ihnen mitgegebene göttliche Leben ruinieren, ist biblisch freilich ebenso wahr. So bedurfte es der Restitution des ruinierten Gottesbildes durch den Geist, der es im Menschen erbildet hatte. Sie geschah nach den Zeugnissen des Neuen Testaments in Jesus, dem Christus. Der Gottes- und Menschensohn ist der Mensch, in dem Gott durch seinen Geist »von allem Anfang an« einwohnt – so imaginiert es die Vorstellung der Geist-Zeugung –, und den er noch im Abgrund des Scheiterns und Sterbens zur vollkommen ebenbildlichen Gottesikone macht: zur Ausprägung seines Wesens (vgl. 2 Kor 4,4; Kol 1,15; Hebr 1,3), seines Daseins für die Menschen. Gottes Geist erneuert in ihm das Gottesbild-Sein, da es ihn mit Gottes Wirklichkeit erfüllt und die Fülle des Gottseins in ihm wohnen lässt (vgl. Kol 1,19).

Nach der im Römerbrief angesprochenen göttlichen Logik der Überfülle wird der Menschen- und Gottessohn verstanden als Erfüllung des Gottesbildes, das der Mensch als Gottes Geschöpf sein darf, mit der Wirklichkeit Gottes selbst durch den Heiligen Geist.[97] Der Heilige Geist formt dieses Menschsein zur Fülle des Segens, zum menschlich-lebendigen Instrument der gnadenhaft-geistvollen Selbst-Öffnung und Selbst-Austeilung Gottes an die Menschen, so dass diese in Christus-Nachfolge und Christus-Teilhabe »Mit-Erben« dieser göttlichen Fülle und von neuem Gottes Bild in dieser Welt werden können (vgl. Röm 8,9–17). Im Blick auf die frühe christologische Lehrentwicklung dürfte man sagen: Der Logos nimmt das Menschsein Jesu nicht nur als seine zweite Natur neben der göttlichen an; er nimmt

[97] Jesus Christus, das erneuerte Gottesbild, »nur« das erneuerte Gottesbild? Zieht sich eine solche Christologie nicht notwendig den Vorwurf zu, sie denke Jesus Christus als den Höchstfall des Begnadetseins, in welchem sich der suchenden Selbsttranszendenz des Menschen die Wirklichkeit ganz und gar geschenkt und geöffnet habe, zu der der sich selbst transzendierende Mensch unterwegs sein will? Vielleicht wird man sagen dürfen, in der Perspektive einer Christologie von unten sei dies tatsächlich die gnadentheologisch artikulierte Grenzbestimmung, über die sie theologisch und christologisch nicht hinauskommt. Die hohe Christologie der christlichen Bekenntnisse bestimmt diese Grenzbestimmung gewissermaßen pneumatologisch weiter: Der Mensch, dem in Fülle gegeben ist, was die Sehnsucht seiner Selbsttranszendenz erfüllt, ist der von Gottes Wirklichkeit *geist*lich ganz erfüllte Mensch, der Mensch, der Gottes Heils-Wirklichkeit in dieser Welt geworden ist und durch den diese sich den Menschengeschwistern in der Welt geistlich mitteilt: der göttliche, im Menschen Jesus Fleisch gewordene Logos.

nicht nur die Menschennatur an, um sie zu vergöttlichen. Er erfüllt vielmehr das Menschsein Jesu Christi durch Gottes Geist mit Gottes Dasein für die Menschen, so dass sich in ihm und durch ihn Gott selbst den Menschen versöhnend zuwandte und sie von Neuem dazu berief, aus Gott und auf Gott hin zu leben. Die Logik des erfüllenden *In-Seins* ist christologisch ausgerichtet auf das *Durch:* Gottes heilsame Wirklichkeit geschieht den Menschen durch die menschliche Wirklichkeit Jesu Christi, durch all das, was ihre personale Identität ausmacht und worin sich diese Identität realisiert, entscheidend durch das Reich-Gottes-Zeugnis Jesu in all seinen Dimensionen: als Verkündigung, als Reich Gottes-Praxis, auch noch im Erleiden des tödlichen Widerspruchs, der das Zeugnis nicht gegenstandslos machen und zum Schweigen bringen konnte, weil Gott es durch seine Selbstbezeugung bewahrheitete.

So darf man vielleicht sagen: Als das mit Gottes Wirklichkeit erfüllte Gottesbild ist der Gottes- und Menschensohn Bezugsperson des christlichen Glaubens: In ihm ist der Gottes-Sehnsucht, die den Menschen zu Gottes Bild macht, das Ersehnte gegeben. In der Gottesikone Jesus von Nazaret wird das urmenschliche Sich-Gott-Anvertrauen-Wollen nicht nur zum Versprechen, sondern zum endzeitlich-endgültigen Geschehen der Anvertrauenswürdigkeit Gottes selbst, an das die Glaubenden sich halten dürfen – an das sie sich halten, wenn sie sich an diese einzigartige Bezugsperson des Glaubens halten und ihr sich anschließen (vgl. 2 Kor 1,19–22).

8.9 »Hohe Christologie«?

Christologie von unten: Jesus, der Christus, gibt sich ganz in seine Zeugenexistenz hinein, die sich ihm im Heiligen Geist aufschließt, da ihm das Bezeugte zur Gotteswirklichkeit des eigenen Lebens wird; der treue Zeuge erfährt seine Zeugen-Antwort getragen und wahr gemacht durch das Gottes-Wort, das sie hervorrief, erfüllt von dem Geist, in dem Gott selbst sich mitteilt und sein Logos eine Menschen-Wirklichkeit wird.[98] Christologie von

[98] Das ist die Linie, auf der sich bis hin zu Schleiermacher und in seiner Wirkungsgeschichte eine Bewusstseinschristologie entwickelte, die sich durchaus mit dem Anspruch verband, unerlässliche Intentionen der Christologie von oben einzuholen. Kennzeichnend dafür ist der Lehrsatz des § 94 in Schleiermachers Glaubenslehre: »Der Erlöser ist sonach allen Menschen gleich, vermöge der Selbigkeit der menschlichen Natur, von allen aber unterschieden durch die stete Kräftigkeit seines Gottesbewusstseins, welche ein eigentliches Sein Gottes in ihm war« (Friedrich Schleiermacher, Der christliche Glaube,

unten ist in diesem Sinne eine Zeugen-Christologie, die mitdenken darf, dass das Zeugnis des treuen Zeugen von Gottes Selbstbezeugung *erfüllt* ist: durchdrungen und eschatologisch verifiziert, in Geltung gesetzt wird. Insofern ist diese Zeugen-Christologie nie nur von unten gedacht: *anabatisch* – auf dem Glaubensweg »hinauf«. Wenn das Menschenzeugnis Gottes Selbstbezeugung *ist*, von ihr erfüllt wird, so darf und muss Christologie auch *von oben* her – *katabatisch* – denken, denkend bekennen, dass Gott den »ewigen« Logos seiner Selbstbezeugung in einem Menschen und seinem Zeugnis mitmenschliche Wirklichkeit werden ließ, damit diese Wirklichkeit allen Menschen geschehen und sich ihnen heilsam öffnen kann.

Der Mensch Jesus gibt sich ganz in sein Zeugnis hinein – Gott gibt sich ganz in dieses menschliche Zeugnis hinein; er macht es durch seinen Geist zu seinem Selbstzeugnis: Darin liegt die anabatisch-katabatische Wahrheit der »hohen Christologie«; das hat sie zusammenzuhalten. Und das kann sie zusammenhalten, weil Gott selbst es *heilsökonomisch* – in der Heilsordnung seiner Selbstmitteilung – zusammenhält. In dieser Heilsordnung geschieht Gott den Menschen so, dass ein Mensch durch Gottes Geist die Wirklichkeit der Selbstmitteilung Gottes wird, an der die Menschen durch eben diesen Geist selbst Anteil gewinnen können.

Das katabatische Sich-Hineingeben Gottes in die Zeugen-Identität Jesu begründet das In-Sein dieses Menschenlebens im Gott-Logos; die hohe Christologie der Alten Kirche spricht in diesem Sinne von hypostatischer Union.[99] Zu sprechen ist aber auch vom In-Sein Gottes im Menschenleben

hg. von M. Redeker, Berlin 1960, Bd. 2, 43). Spricht man – wie ich es vorschlage – vom *Zeugen*bewusstsein Jesu als dem für seine personale Identität Bestimmenden, so tritt vielleicht doch die in einer Bewusstseinschristologie prekäre Frage in den Hintergrund, inwiefern der Mensch Jesus immer schon ein reflexes Bewusstsein seines Aus-Gott-Seins ausgebildet haben müsste. Es wäre christologisch hinreichend anzunehmen, dass Jesus von Nazaret »unreflex und ursprünglich immer schon um seine personale Identität [sein wie auch immer reflex verstandenes Einssein] mit dem innertrinitarischen Sohn« wusste, und dies christologisch so zu deuten, dass »der Grund seines singulären Gottesbewusstseins [seines besonderen Zeugen-Bewusstseins] das Ereignis der hypostatischen Union ist« (vgl. Karl-Heinz Menke, Jesus ist Gott der Sohn. Denkformen und Brennpunkte der Christologie, Regensburg 2008, 352).

99 Die bewusstseinstheoretisch konzipierte Christologie von unten kann christlich also ohne eine Christologie von oben gar nicht gedacht werden (sie wird ja bei Schleiermacher auch gar nicht gegen die Christologie von oben stark gemacht). Mit Karl Rahner gesprochen: Das dem treuen Zeugen wie auch immer (vor-)reflex zugängliche Bewusstsein einer »radikal vollendete[n] Herkünftigkeit von Gott und Übereignetheit an Gott« wäre im wahrsten Sinn des Wortes gegenstandslos, wäre es nicht getragen und hervorgerufen von der Selbst-Übereignung Gottes in seinem Logos an diesen Menschen Jesus; vgl. Karl

Jesu von Nazaret. Wenn Gottes Geist diesen Menschen mit der Gegenwart Gottes erfüllt – Gottes Logos in ihm Mensch wird –, so heißt das auch, dass Gott sich *zuinnerst* in dieses Menschenleben involvieren lässt. Gottes Selbstbezeugung im Leben des treuen Zeugen Jesus geschieht nicht nur in den machtvollen Worten und Taten, die das Sich-Öffnen Gottes und seiner Herrschaft bezeugten. Sie geschieht ebenso am Kreuz, an dem der treue Zeuge, der Gottes- und Menschensohn, verherrlicht wird und den Vater verherrlicht. Im Menschenleben seines Sohnes setzt Gott sich dieser Welt und den Menschen bis in die letzte Konsequenz ihrer Sünde hinein aus. Gottes Mensch gewordener Logos ist Gottes Selbst-Exposition und gerade darin das Offenbarwerden seines Innersten.[100] Noch am Kreuz bezeugt er sich; noch am Kreuz ist er zuinnerst involviert in das Zeugnis des Sohnes, in seine Menschen-Ohnmacht und Gottverlassenheit. Dass Gott »darin« ist und sich auch aus dem Tod seines Sohnes nicht »heraushält«, muss nicht zu der schlechthin paradoxen Aussage führen, Gott selbst sei gestorben, wohl aber zu dem Bekenntnis, dass Gott zuinnerst in den Tod involviert und auch darin noch für die Menschen da ist, dass er sich noch im Tod für seinen Sohn und seine Menschengeschwister öffnet.

Müsste man dann nicht sagen, dass der Tod ihm selbst zugemutet ist, er sich von ihm nicht unbetroffen halten kann – ohne dass er für ihn selbst deshalb tödlich wäre? Gott ist im Tod. Aber der Tod ist nicht Gott; Gott sei Dank! Weil Gott im Tod ist, stirbt sein Sohn und sterben seine Menschengeschwister in Gott hinein. Weil aber Gott in diesem Menschen Jesus zuinnerst involviert ist und in ihm mit den Menschen ist, erleidet er selbst mit, dass sein Dasein für die Menschen – sein Mit-ihnen-Dasein – sich ihnen im Sterben eschatologisch-endzeitlich öffnen muss; dass seine Liebe auch den Tod erfüllt, ihn aber nicht loswird. So hat die Christologie zu erleiden, dass sie die Theodizee nicht loswird: Niemals wird sie begründen können, warum Gottes Liebe Leiden und Sterben nicht loswird, die Macht der Sünde nicht loswird, die in Leiden und Sterben so unheilvoll nach den Menschen greift. Niemals wird sie begründen können, warum Gott nur so an sich Anteil geben konnte, dass er sich zuinnerst ins Menschsein involvieren ließ, so wie es nun einmal ist – statt seinen geliebten Menschen ein ganz anderes Menschsein zu eröffnen. Christologie kann zuletzt nur nachzeichnen und dem nachdenken, was geschehen ist; und so die Liebe zu ermessen ver-

Rahner, Grundkurs des Glaubens. Einführung in den Begriff des Christentums, Freiburg – Basel – Wien 1976, 296.

[100] Vgl. die Ableitung des Gedankens in meinem Buch: Gott verbindlich, 596–600.

suchen, die hier geschehen ist und geschieht; von der Hoffnung Zeugnis geben, dass sie so auf die höchstmögliche, eben nur Gott mögliche Weise den Menschen geschieht; und den Glauben an einen Gott zur Sprache bringen, dessen Gottsein zuinnerst menschenfreundlich und Menschen-solidarisch ist.

Die hohe Christologie der Alten Kirche hatte in ihren Bekenntnisbildungen primär das wahre, unverkürzte Gottsein des Menschensohnes im Blick und hat es im Anschluss an den Johannesprolog einerseits und an die Überlieferungen von der Geistzeugung Jesu andererseits als Geist-gewirkte Inkarnation des ewigen Logos in und aus Maria, der Jungfrau und Gottesmutter, verstanden. Die Katabasis der Inkarnation, in der nicht nur ein Menschenleben, sondern nach der östlichen Christologie das Menschsein als solches angenommen wurde, ermöglichte die soteriologische Anabasis: Was angenommen wurde (assumptum est), wurde in seinem Angenommensein geheilt. Daraus folgt aber mit Notwendigkeit das Festhalten der Christologie am unverkürzten Menschsein Jesu. Das »Fleisch« – die Menschennatur – ist mit der Inkarnation von Gott im Logos angenommen; alle Dimensionen des Menschseins sind mit angenommen. Warum nicht auch die Menschenhypostase? Weil man das nur als Teilung und Zertrennung der Person des Gottes- und Menschensohns hätte denken können. Dass dieses von Chalkedon begrifflich vermiedene Problem auf der Ebene der beiden Naturen wiederkehrte, war dann nicht mehr im Blick, bis das neuzeitliche Verständnis von Person und Subjekt die in der Antike entwickelten begrifflichen Konstruktionsmittel tief reichend missverständlich machte.

Einigermaßen nachvollziehbar blieb die hohe Christologie der Bekenntnisse darin, dass sie die Inkarnation als soteriologisch motiviert dachte: Im begrifflichen Nachvollzug der Kenosis-Metapher (nach Phil 2) war Erlösung einzusehen als bis zum Äußersten (mit-)gehende Solidarisierung Gottes mit den Menschen, wie sie sich in der Identifikation des Vaters mit seinem gekreuzigten Sohn zu Ostern offenbarte. Aber gerade dieser Gedanke zwingt zu einer Relecture der Zwei-Naturen-Christologie und ihrer Lehre von der hypostatischen Union. Die von mir mit Ricœur ins Spiel gebrachte Logik der (Über-)Fülle ermöglicht es, verschiedene neutestamentliche Ansätze einer Geist-Christologie zu einer Christologie wechselseitigen In-Seins fortzuschreiben: Gott, der Logos, ist durch den Geist so ganz *im Menschen* Jesus, das er dessen Zeugen-Leben mit sich erfüllt und zu seinem Selbstzeugnis macht. So aber ist dieses Menschenleben tatsächlich *in Gott* gelebt, Gottes eigene Wirklichkeit, Gottes rettendes Dasein für die Menschen. Die Soteriologie der Solidarisierung Gottes mit den verlorenen

Menschen wird radikalisiert zu einer Theologie des Involviertseins Gottes in das Leben und Sterben seines Sohnes und seiner Menschengeschwister. Sie macht dann aber die theologische Herausforderung unabweisbar, Gottes Gottsein nicht mehr unabhängig von seinem Dasein für die Menschen (nach Ex 3,14) zu denken und es als das Geheimnis eines Gottes zu denken, dem es zuinnerst entspricht, sich in das Menschsein mit allen seinen Möglichkeiten und Abgründen involvieren zu lassen. Das Kreuz offenbart nicht nur den Abgrund der Sünde, sondern den Gott, der sich von ihm in Mitleidenschaft ziehen lässt. Christologie sagt nicht nur Entscheidendes zum Persongeheimnis Jesu, des Christus, sondern das Entscheidende über einen Gott, der sich im Menschsein Jesu Christi antreffen lässt und »bis zuletzt« für die Menschen da ist, sich nicht schließlich doch heraushält, wenn es zum Äußersten kommt.

Die Christologie der Alten Kirche hat sich mit dieser Konsequenz schwergetan, weil sie Gottes ewiger Vollkommenheit und Allmacht zu widersprechen schien. Aber gerade darin liegt die Herausforderung der Christologie für die Theologie. Es müsste theologisch gedacht werden können, dass hier kein Widerspruch vorliegt: dass Gottes Gottsein seine Selbstinvolvierung ins Menschsein bis in seine Abgründe hinein nicht ausschließt, sondern sich darin in seiner unauslotbaren Tiefe verwirklicht und aufschließt. Dass solches Gott-Denken ins Unausdenkbare hineinführt, liegt auf der Hand. Aber das macht es nicht zu einer unmöglichen Angelegenheit. Es ist das Geheimnis der Liebe, das sich hier auftut – und unauslotbar bleibt: dass der wahrhaft Liebende mit den Geliebten bis zum Äußersten geht, damit die Liebe wirklich wird, wirklicher als liebesfeindliche Gleichgültigkeit und Missachtung. *Dass* Gott das Geheimnis der Liebe ist, soll theologisch gedacht werden. *Wie* er es ist, das kann er den Menschen nur zeigen, indem er ihnen seine Wirklichkeit und das Wirklichwerden der Liebe, die er ist, bezeugt; das wird er ihnen zeigen, wenn er sich ihnen endzeitlich öffnet und sie die Verwandlung erfahren lässt, die ihnen in Gott und seiner Liebe widerfährt. Das kann er ihnen freilich nur zeigen, wenn sie die Spur aufzunehmen versuchen, in der er sich dem Leben und Sterben seines Sohnes einzeichnete – und darin für die Menschen gegenwärtig wurde.[101] Dem kann Theologie nur hinterher denken, allenfalls – wenn sie sich an Zeugen hält, für die das Selbst-Zeugnis Gottes in Jesus Christus zur Heraus-

[101] Vgl. meine Skizze: Jesus Christus, die Gottes-Spur in unserer Welt, in: K. Müller (Hg.), Christus predigen in der Vielfalt theologischen Fragens. Predigten mit Hintergrund, Donauwörth 2006, 54–58.

forderung ihres Lebens geworden ist. Wenn sie es versucht, wird sie das Ihre dazu beitragen können, »dass das Dogma [für die Menschen] nicht nur Wahrheit, sondern gute Nachricht« ist: »die gute Nachricht von der Güte, ja der Zärtlichkeit eines Gottes, der sich zum Menschlichen erniedrigt hat, und davon, dass das Menschliche Sakrament Gottes sein kann.«[102]

[102] Jon Sobrino, Systematische Christologie: Jesus Christus, der absolute Mittler des Reiches Gottes, a. a. O., 587.

9. Gottes Dasein trinitarisch

9.1 Gottes Ja-Wort: Mensch geworden, angekommen

In der Perspektive der Christologie ist dies das alles umgreifende und bestimmende *Geheimnis des Lebens Jesu Christi:* Gott ist in ihm – in diesem Menschen – als er selbst da, so wie er *für die* Menschen, *unter ihnen* und *mit ihnen* da sein wollte. In dem Geist, der das Leben Jesu als Gottes Dasein hervorgerufen und getragen und den dieses Leben mitgeteilt hat, will er zu jeder Zeit all denen befreiend nahekommen, die sich diesem Geist öffnen und als Jünger(innen) Jesu gewinnen lassen. In diesem Sinne ist Jesus Christus das Mysterium der befreienden Präsenz Gottes, die sich den Menschen aufschließen will, damit sie in ihm Leben in Fülle finden; *Mysterium der Gottes- und Geist-Gegenwart,* die sich ihnen in der Endlichkeit und noch in den Abgründen des menschlichen Lebens mitteilen will, damit sie an ihm in Gottes Herrschaft teilnehmen.

»Mehr« müsste christologisch wohl nicht gesagt werden. Dass in den Christologien so viel mehr gesagt wird, ist nicht nur auf die notorische Geschwätzigkeit der Theologen zurückzuführen, sondern zumindest auch auf die Unbegreiflichkeit dessen, wovon hier geredet wird; geredet werden muss, damit menschlich verstanden werden kann, was diese Gottes-Präsenz den Menschen bedeuten will. Die Gefahr, dass die Menschen das von sich aus zu wissen meinen, ist immer im Verzuge. Deutlicher noch die Gefahr, dass sie sich der Gottes-Präsenz bemächtigen wollen, sie für eigene Interessen nutzen und sich mit ihr identifizieren. Das ist die priesterliche Versuchung wohl in allen Religionen, in denen die Priesterrolle eine zentrale Bedeutung gewonnen hat: Die Priester hüten die Gottes-Präsenz und nehmen sie in eigene Regie, damit sie den Menschen so zugänglich sei, *wie sie es wollen.* Was der *Gott* will, dem sie »dienen«, und was *sie* wollen, ist kaum noch unterscheidbar; allenfalls unterscheidbar im Blick auf heilige Überlieferungen, die bei allen priesterlichen Vereinnahmungen Gottes »Eigenwilligkeit« zur Geltung bringen, wenn sie Propheten finden, die sie in ihrer unverfügbaren Überzeugungskraft kommunizieren.

Das Geheimnis der Gottes-Präsenz: Es liegt in der ungeheuren Spannung zwischen Gottes Gegenwärtigwerden und seinem Sich-Entziehen, Gottes Nähe und Gottes Ferne. Er gibt sich »in die Hand« der Menschen – und bleibt ihrem Zugriff doch absolut unverfügbar. Neutestamentlich wird Jesus, der Christus, als diese unverfügbar-unbegreifliche Präsenz Gottes bezeugt: Gott ist in ihm da, wie *er* für die Menschen da sein will; und die Menschen können sich nur an ihn halten, wenn sie zu Gottes heilvoller Präsenz Zugang finden wollen. Die hohepriesterliche Eigenmächtigkeit ist den Menschen im »Hohenpriester« Christus ein für alle Mal entwunden. Da er diese Rolle mit sich selbst erfüllt hat, ist sie fortan für sie unerreichbar. Was die Priester immer wieder von neuem tun, ist getan; es ist *genug* getan. Es bleibt priesterlich nichts mehr zu tun übrig. Das ist die Botschaft des Hebräerbriefs; und schon Paulus hat sich mit seiner Übertragung des Jomkippur-Begängnisses auf den Gang Jesu Christi ans Kreuz (vgl. Röm 3,21–26) in diesen Gedanken hineingetastet. Auch die Rolle des kaiserlichen Gottessohns, die den Herrscher als das *Haupt* des ganzen Erdkreises handlungsfähig machen sollte, von dem alle Lebens-Kraft her kam und zu dem sie hinführte, war den Menschen – konkret: den römischen Weltbeherrschern – von Jesus Christus genommen. So sagen es die Deuteropaulinen: »Derselbe, der herabstieg, ist auch hinaufgestiegen bis zum höchsten Himmel, um das All zu beherrschen [...] Er, Christus, ist das Haupt« (Eph 4,10.15; vgl. Eph 1,22–23). Durch ihn, in dem »die ganze Fülle Gottes« wohnt, sind auch die Seinen von dieser Fülle erfüllt; »denn er ist das Haupt aller Mächte und Gewalten« (Kol 2,9–10; vgl. Kol 2,19). Da er von Gott kommt, kann er – so das Johannesevangelium (Joh 10,1–10) – als der gute Hirt auch zu Gott führen und die Herde gegen alle schützen, die ihr Böses wollen.

Ein wenig gewürdigter Aspekt neutestamentlicher Christologie: Jesus Christus wird die Rolle eingeräumt, Gottes Präsenz, Zuwendung und Menschensuche in der Welt zu leben. Das ist mehr als eine Rolle, es macht seine Sendung, seine Person-Identität aus. Zugleich kassiert er die Rollen, die die Menschen verführen, sich Gottes zu bemächtigen. Und er spielt dazu noch die Rolle, der es traditionell zukommt, Gottes Eigen-Dasein und seinen guten Eigen-Willen gegen die Zugriffe der Mächtigen zu verteidigen: die der Propheten.

Seit Calvin hat man im Blick auf diese Rollen von den drei Ämtern Christi gesprochen: dem Königs-, dem Priester- und dem Prophetenamt.

Sie bringen Gott nahe – und schützen sein Nahekommen davor, von Menschen vereinnahmt zu werden. Aber von Calvin bis in die Gegenwart gerade der römisch-katholischen Kirche sind sie immer wieder zum Einfallstor einer kirchlichen Gottes- und Christus-Vereinnahmung geworden. Christi dreifaches Amt wurde zum dreifachen Amt der Amtsträger und Hierarchen in der Kirche; sie dürfen Anteil haben an seinen »Ämtern«, seine Rollen spielen, werden geradezu *Götter* oder *göttlich* genannt.[1]

Dass Gottes-Präsenz nur als Gottes-Entzug gegeben ist, Gottes-Nähe nur als Gott-Unverfügbarkeit; dass Gott in seinem Christus gegenwärtig wird als die Spur, die Christus-Nachfolge ermöglicht, als die im Heiligen Geist zugemutete und zugetraute Herausforderung der Gottesherrschaft, das also ist das Ur-Datum der Christologie. Es wird narrativ mit emotionaler Dramatik in der Ostergeschichte Joh 20,11–18 nahe gebracht: Maria Magdalena begegnet dem Auferstandenen, als der sie anspricht. Da *erkennt* sie ihn in der Nähe seines Grabes, dem Ort seiner äußersten Entzogenheit. Aber als sie ihn umfangen will, entzieht er sich ihrem Begehren. Er muss zum Vater gehen, an dessen Unverfügbarkeit teilnehmen.[2] Es ist der Paraklet, der Geist, der in die gemeinschaftliche Nachfolge einführt, in dem er nun unter den Seinen gegenwärtig ist.

Die Christologie wird triumphalistisch, wenn sie die Inkarnation des Gott-Logos als in die Kirche hinein fortsetzbar denkt – als die bleibend-leibhafte Gegebenheit des ekklesialen Leibes Christi[3] – und den Entzug der leibhaften Präsenz des Gekreuzigten in seiner Erhöhung zum Vater mehr oder weniger unterschlägt. Für Emmanuel Lévinas ist der christologische Triumphalismus dem Christentum geradezu wesenseigen, weil

[1] So in dem Katechismus, der im Auftrag des Konzils von Trient erarbeitet wurde. Das Amt der Priester ist danach »ein solches, dass man sich kein höheres ausdenken kann, daher sie mit Recht nicht nur Engel, sondern auch Götter genannt werden, weil sie des unsterblichen Gottes Kraft und Hoheit bei uns vertreten« (Siebentes Hauptstück. Vom Sakrament der Priesterweihe. 2. Es gibt auf Erden keine erhabenere Würde als den Priesterstand; zitiert nach: Katechismus nach dem Beschlusse des Konzils von Trient, Nachdruck Kirchen/Sieg 1970, 237).

[2] Noli me tangere: Nicht vor dem schrecklich-zerstörenden Heiligen soll dieses Verbot die Menschen schützen. Der heilige Gott hat sich ja in seinem Christus als berührbar erwiesen. Es ist vielmehr geradezu umgekehrt so, dass das Berührungsverbot Gott und den, der jetzt als der Gekreuzigte ganz in ihn hineingehört, vor Vereinnahmung und in diesem Sinne vor falscher Nähe schützen soll.

[3] Die Enzyklika Mystici corporis vom 29. Juni 1943 nennt die Kirche »gleichsam die zweite Person Christi« (altera Christi persona; DH 3806), schränkt dabei immerhin ein, dass sich die Inkarnation des Logos nicht im eigentlichen Sinn auf die Kirche ausweite.

der Inkarnationsgedanke einer Logik der *Enthüllung* folge.[4] Sie bedingt – so Lévinas –, dass der aus der Transzendenz in die Immanenz Eintretende und sich in ihr Zeigende dem menschlichen Enthüllungs-Zugriff ausgeliefert ist, sobald er sich der Immanenz der Menschenwelt preisgibt. Kann Gott diese Dynamik der Enthüllung, die ja zugleich eine der Vereinnahmung und so auch der Entwürdigung ist, überhaupt durchbrechen? Kann er »[d]ie Immanenz durchbrechen, ohne sich in ihr einzureihen«[5] und seine Unverfügbarkeit aufzugeben? Kann »Er in seiner Unvergleichlichkeit in der Weltzeit Gegenwärtiges werden?«[6] Nur indem er sich dem Verfügenwollen, das in dieser Weltzeit herrscht und sich alles unterwirft, radikal entzieht und im Entzug widerfährt: als die Spur, die schlechterdings herausfordert, ihr zu folgen, sich *ihr* auszuliefern und zu unterwerfen. Diese Spur ist – so Lévinas – »die Nähe Gottes im Antlitz meines Nächsten.« Hier widerfährt das Unendliche als »nichtassimilierbare Andersheit, absolute Unterscheidung zu allem, was sich zeigt, gesehen werden will, sich in Symbolen verewigt, sich ankündigt und in Erinnerung ruft – zu allem, was sich präsentiert und repräsentiert und so mit dem Endlichen, dem Selben, zeitgleich macht.«[7]

Das wäre die Spitze der von Lévinas gegen den Gedanken der Selbstvergegenwärtigung Gottes in Jesus Christus vorgebrachten Kritik: Gottesbegegnung geschieht nie gleichsam »für sich«, sondern nur im Angegangenwerden von der Not des Anderem, von seinem Antlitz, in dem Gott sich zugleich entzieht – vorübergegangen ist –, so dass man nur den »Rücken« des Vorübergegangenen sehen kann (vgl. Ex 33,18–23). Sie scheint im Antlitz des Anderen auf und entzieht sich darin jeder Verfügung, da sie Hinwendung und Selbst-Auslieferung gebietet: an den Notleidenden und darin an Gott. Im Antlitz des Anderen ist Gott vorübergegangen, zur Herausforderung der Nachfolge geworden; im Antlitz des Notleidenden bezeugt sich eine Transzendenz, die sich nicht begrifflich erfassen und enthüllen – verallgemeinern – lässt, sondern zum konkreten Gehorsam im Hier und Jetzt

[4] Emmanuel Lévinas spricht vom »Enthüllungsspiel«; vgl. ders., Menschwerdung Gottes?, in: ders., Zwischen uns. Versuche über das Denken an den Anderen, dt. München – Wien 1995,73–82, hier 76.

[5] Ebd.

[6] Ebd., 77. Eine von Ulrich Engel zitierte Übersetzung lautet: »[K]ann dieser Gott in seiner Maßlosigkeit ein Gegenwärtiger werden in dieser Weltzeit?« (Ulrich Engel, »Zehn-Hand-breit zwischen Gott und der Welt«. Theologische Vermessungen der messianischen Topographie, in: J. Manemann – J. B. Metz [Hg.], Christologie nach Auschwitz, 24–34, hier 26).

[7] Emmanuel Lévinas, Zwischen uns, 78.

verpflichtet. Die Christologie aber – so wäre diese Kritik zuzuspitzen – blickt auf ein Gekommensein zurück, das den Glauben der Christen beansprucht und in ihm verstanden sein will, unabhängig davon, womit ich im Antlitz des notleidenden Anderen – der Spur des vorübergegangenen Gottes – konfrontiert werde. Wird das Gekommensein des Gottes- und Menschensohns nicht unvermeidlich zum Gegenstand der Erinnerung und des Glaubenswissens, zum Thema des Dogmas, das feststellt, was da wirklich geschehen ist? Muss die Christologie – die Rückwendung zum Gekommenen – nicht überholt werden von der Hinwendung zum Auf-mich-Zukommenden, in dem mich der Vorübergangene herausfordert, für den da zu sein, der da unverfügbar auf mich zukommt?

Christologie blickt auf das Gekommensein Jesu Christi zurück – und auf sein Wiederkommen voraus. Sie will wissen, als was er gekommen ist und als wer er wiederkommen wird. Gott aber, der Vorübergegangene, will nicht gewusst werden, sondern zum Aufnehmen seiner Spur herausfordern – in der Bereitschaft, ihr zu folgen, wo immer sie mich hinführt. Er will den Gehorsam, der meine Immanenz aufbricht und sich Transzendenz zumuten lässt. Gott geschieht dem Menschen als diese Transzendenz, als das Ereignis des Aufgebrochenwerdens durch das Antlitz des Anderen. Und darin geschieht sein Vorübergang.

Kommt dieser Vorübergang gleichsam zum Stehen, wenn geglaubt wird, dass der Menschen- und Gottessohn in der Welt der Menschen *angekommen ist?* Wenn dieses Angekommensein bezeugt, theologisch reflektiert und durch biblische Metaphern oder einigermaßen bestimmte Begriffe zur Sprache gebracht wird? Lévinas' fundamentale Christologiekritik sollte die Christologie wenigstens daran hindern, sich als reine Theorie der Gott-menschlichen Verhältnisse zu verstehen, wie sie sich nach der Ankunft des Gottes- und Menschensohns in der Welt darstellen und im kirchlichen Glauben anzuerkennen seien. Und die Christologie sollte kirchliche Verkündigung daran hindern, dass in ihr Jesus »aus dem Jetzt und Hier hinausgehimmelt« wird.[8]

Gottes Mensch gewordenes Wesenswort kommt in diese Welt als Zusage und als Herausforderung: als die Zusage der rettenden Gottes-Gemeinschaft und des in ihr gewährten Lebens in Fülle; als die Herausforderung, sich dieser Gemeinschaft zu öffnen, indem man sich für die Not des Nächsten öffnet und die rettende Gottesgemeinschaft nicht anderswo, gar

[8] Fridolin Stier, Vielleicht ist irgendwo Tag, 134.

erst »im Himmel« sucht (vgl. Mt 25,31–46). Die Christologie will zur Sprache bringen, dass Gott selbst die Menschen in Jesu Zeugnis für die herausfordernd offene Gottesgemeinschaft anredet und sie dazu ruft, sich nicht dadurch aus der Gottesherrschaft auszuschließen, dass sie sich der Begegnung mit dem notleidenden Nächsten verschließen. Diesen Anruf will die Christologie nicht unterbrechen, wenn sie ihn als das Auf-uns-Zukommen Gottes in Jesus Christus beschreibt. Sie will ihn nicht begründen oder überbieten, wenn sie in den Osterzeugnissen des Neuen Testaments liest, wie Gott diesen Anruf in seinem Heiligen Geist erneuert, da man seinen Christus am Kreuz zum Schweigen bringen wollte. Nun ruft er in seine Nachfolge, in die Gemeinschaft mit ihm und das heißt unabdingbar: in die Gemeinschaft mit denen, in denen er nach dem Zeugnis des Matthäusevangeliums jetzt da ist.

Man kann Gott in Jesus Christus nicht gleichsam für sich haben – auch sakramental nicht –, weil man Jesus Christus nicht rein für sich haben kann, sondern nur bei denen, in denen er uns begegnet. Deshalb entzieht sich der Auferstandene dem Begehren, ihm anderswo nahe sein zu wollen; insofern ist der Auferstandene zu Ostern vorübergegangen, vorausgegangen, damit man ihn in der Gemeinschaft der Nachfolge suche. Wenn sich die Christologie gleichwohl in der Lage sieht, gegen den Einspruch des jüdischen Philosophen vom *(An-)Gekommensein* des Messias zu sprechen, so deshalb, weil sie Jesus, den Christus, als Gottes Mensch gewordenes Ja-Wort hört und auslegt, dem die Glaubenden mit dem Amen ihres Lebens zustimmen, zustimmen und einstimmen können, weil ihnen der Geist dazu das Herz bewegt und sie spüren lässt, was dieses Ja-Wort Gottes für sie bedeutet (vgl. 2 Kor 1, 20–22). Dass sich die Glaubenden mit dem Lobpreis ihres Amen nicht ihrerseits aus dem Jetzt und Hier »hinweghimmeln«, dafür will der Geist sorgen, der sie verstehen und spüren lässt, wie sie Gottes Ja im Jetzt und Hier mitzusprechen und gegenüber jedem anderen Menschen mitzuverantworten haben. In Jesus Christus ist Gottes Ja-Wort – sein Wesens-Wort – Mensch geworden, ist ein Mensch seinen Mitmenschen Gottes Ja-Wort geworden. In ihm ist dieses Ja-Wort in die Welt gekommen, damit die Menschen sich ihm anvertrauen. Aber in der Welt *angekommen* ist dieses Wort erst, wenn sie sich von Gottes Geist bewegen und ermutigen lassen, es in Wort und Tat zu bezeugen, damit hier und jetzt Gottes guter Wille geschehe und Gottes Herrschaft sich öffne.

9.2 Das Mysterium der Präsenz

Vom Gekommensein des Messias, vom Angekommensein der Gottesherrschaft jetzt schon zu sprechen, werden Juden sich verbieten. Sie müssten es als »illegitime Vorwegnahme von etwas [verstehen], das im besten Fall als die Innenseite eines sich entscheidend im Äußeren vollziehenden Vorgangs in Erscheinung treten konnte, nie aber ohne diesen Vorgang selbst«, nie ohne die endzeitliche Erneuerung und Heilung der Schöpfung im Ganzen.[9] Vorher könnte von einem Kommen oder einer Präsenz Gottes nur im Modus des Entzugs geredet werden, seiner Schechinah-Gegenwart *in contrario:* als der selbst Verfolgte und mit seinem Volk Unterdrückte, ins Exil Vertriebene, dessen mitgehende Präsenz in der Gottessehnsucht, im Gott-Vermissen, wahrgenommen wird.[10] Das Kreuz Jesu wird christlich geglaubt als Gottesgegenwart sub contrario: als Gottes rettendes Darinsein, Dasein an dem Ort brutalster Gottferne. Christlicher Glaube ist seither das unverfügbar-verwegene Gottes-Zutrauen, die selbst im Gott-Vermissen nicht erlöschende Gottes-Hoffnung darauf, dass Gott sich auch aus dem Letzten und Äußersten nicht heraushält, das Menschen zustoßen kann.[11] Die Fragen, warum Gott sich in seinem Sohn und Messias so in Mitleidenschaft ziehen lässt, ob und wie er es gegebenenfalls vermag, den Glauben an sein rettendes Darinsein in den Menschen immer wieder neu zu entfachen und warum er doch so oft nicht mehr als lebendig erfahren wird, können nicht mehr theoretisch-christologisch beantwortet werden. Aber die Christologie darf nicht vor der Frage kapitulieren, wie Menschen, Glaubende und um den Glauben Ringende, mit diesen Fragen leben und glauben können. Das zwingt sie zur theologisch reflektierenden Rechenschaft darüber, welcher Gott das ist, der sich der Gottferne nicht entzieht und noch *darin* ist, wo es zum Äußersten kommt – der sich in diesem seinem Darin-Sein aber jeder menschlichen Verfügung entzieht.

Die Christologie kann schnell zum Alibi werden: zum Anderswo-Sein, Im-Himmel-sein-Wollen, wo es auf Erden unerträglich ist. Ist es etwa »nicht so schlimm« mit der Gottferne, wenn Gott doch darin ist, von ihm

---

[9] Gershom Scholem, Zum Verständnis der messianischen Idee im Judentum, in: ders., Über einige Grundbegriffe des Judentums, 121–167, hier 12.

[10] Vgl. Ulrich Engel, »Zehn-Hand-breit zwischen Gott und der Welt«, a. a. O., 27–29.

[11] Vgl. meine Überlegungen: Die Gottverlassenheit des Gekreuzigten: Urdatum einer anamnetischen Christologie?, in: K. Appel – J. B. Metz – J.-H. Tück (Hg.), Dem Leiden ein Gedächtnis geben. Thesen zu einer anamnetischen Christologie (Festschrift für Johann Reikerstorfer), Wien 2012, 51–65.

geglaubt werden darf, dass er darin ist? Lässt man es dann eher bleiben, sich mit den Unheilsmächten auseinanderzusetzen, die Menschen bis ins Äußerste entwürdigen? Der Verdacht liegt nahe. Er ist nicht theoretisch zu entkräften. Ihm ist nur standzuhalten im Zeugnis dafür, dass der Osterglaube nicht zum Alibi-Glauben wird. Wo dieses Zeugnis im Heiligen Geist abgelegt werden kann, mag die Christologie auch darüber Rechenschaft geben, warum er es nicht werden *muss*.

Christologie versucht, der Hoffnung der Glaubenden und um den Glauben Ringenden zu Hilfe zu kommen, indem sie möglichst nachvollziehbar davon spricht, wie und weshalb von Gott geglaubt werden kann, dass er in Jesu Sendung und noch in seinem Tod Menschen-gegenwärtig geworden ist, sich in seinem Geist den Menschen immer wieder neu als in ihnen und für sie da seiend erweist; indem sie davon spricht, wie er *deshalb* die Menschen durch seinen Geist herausfordert, sich seinem Dasein im Dasein für die notleidenden Anderen zu öffnen und so Gottes Herrschaft in dieser Welt mit anzufangen.

Das kann so sein, wenn – und weil – Gottes Menschen-Gegenwart von seinem »Wunsch beseelt« ist, am Menschsein teilzunehmen: ein Gott mit den Menschen zu sein und sich aus diesem Mit-Dasein nicht davonzumachen, wenn es zum Äußersten kommt.[12] Gottes Mitsein-Wollen ist aber theologisch nur Ernst genommen, wenn es – christologisch – im Blick auf den notleidenden Nächsten wahrgenommen wird: Ihm geschieht Christi Mit-ihm-sein-Wollen; und so wird es mir zur Herausforderung, mich ihm nicht zu entziehen, Jesus nicht aus dem Hier und Jetzt »hinauszuhimmeln« (Fridolin Stier). Auch mir gilt, so möchte ich glauben, das Mit-den-Menschen-sein-Wollen Gottes. Er will an meinem Leben teilnehmen, damit es nicht verloren geht, verloren ist an die Sünde und an die »Gleichgültigkeit der Welt« (Leszek Kolakowski[13]). Er gibt es nicht verloren, da er an ihm teilnimmt. In Jesus Christus wird – so der christliche Glaube – dieses Teilnehmenwollen ein Mensch, der Gottes Teilnehmen auf menschliche Weise lebt: nicht als Gottes-Überwältigung, sondern als das In-die-Welt-Kommen

[12] Dass hier in Metaphern gesprochen wird, die nicht einen Sachverhalt originalgetreu abbilden, sondern die menschliche Vorstellungskraft auf Gottes unfassbare Güte hin öffnen wollen, liegt auf der Hand.

[13] Vgl. Leszek Kolakowski, Die Gegenwärtigkeit des Mythos, dt. München 1973, 89–105. Für Kolakowski ist Menschendasein der Versuch, »die Gleichgültigkeit permanent zu überwinden« (ebd., 95). Von der »zärtlichen Gleichgültigkeit der Welt« spricht Albert Camus (in: Der Fremde, dt. [70]2015, 159): Sie lässt mich einfach endlich da sein, ohne Ansprüche an mich.

einer Solidarität, welche auch noch das Äußerste mit denen aushält, die von ihm heimgesucht werden; einer Solidarität, die sich durch Welt und Sünde keine Grenzen setzen lässt.

Der Gott und Vater Jesu Christi ist ein Gott der Teilnahme. Er entzieht sich nicht in die Gleichgültigkeit einer Welt, die ihn im Allerkleinsten und in den Unermesslichkeiten des Alls entschwinden lässt. Vielmehr: Er entzieht sich dem menschlichen Begehren, ihn wissend zu umfassen und einzuordnen, da er in einer Konkretheit begegnet, die sich nicht mehr einordnen lässt, der man sich nur noch öffnen, von der man sich nur zur Nachfolge und darin zu der Hoffnung herausfordern lassen kann, sie werde in die Gottesgemeinschaft und ein Gott-erfülltes Leben hineinführen.

Vom Teilnehmen Gottes am Menschendasein darf christologisch nur gesprochen werden, weil es um der Teilhabe der Menschen willen geschehen ist und geschieht: Die Menschen sind in Jesus Christus herausgefordert und gewürdigt, an Gottes Teilnehmen teilzuhaben und so, nur so, an Gott selbst teilzuhaben: sich von Gottes Heiligem Geist zu Teilhaber(innen) an Gottes Dasein und Mitsein – zu Gliedern der Gottesherrschaft – heiligen zu lassen. Das Teilhabenkönnen an Gott und seiner Herrschaft ist uns durch sein Teilnehmenwollen an unserem Leben *eröffnet* und durch die Kenosis seiner Selbsthingabe *vermittelt*, die in Jesus Christus ein Mensch geworden ist; es *geschieht* durch den Heiligen Geist, der den Menschen gegeben ist, damit sie »in Christus« und »so gesinnt [seien], wie es dem Leben in Christus Jesus entspricht« (Phil 2,5) und tatsächlich teilnehmen an Gottes Güte und Menschenfreundlichkeit. Diese »Ökonomie« (geschichtliche Ordnung) der Selbstmitteilung Gottes bestimmt den Ort, an dem die Menschen ihre Identität als Glaubende finden, da sie die von Gottes, des *Vaters*, Selbstmitteilung Gemeinten sind, im *Sohn* von der Herausforderung und der Zusage mitmenschlich erreicht werden, in der Gottes-Gemeinschaft Leben in Fülle zu finden, und sich dem Wirken des *Heiligen Geistes* anvertrauen, der sie Gottes guten Willen erfahren und an ihm um der Nächsten willen teilnehmen lässt, denen er ja gleichfalls zugute kommen soll.

Die theologische Fachsprache nennt diesen Glaubensidentitäts-bestimmenden Zusammenhang *ökonomische Trinität*. Sie versteht ihn meist als das Miteinanderwirken des Vaters, des Sohnes und des Heiligen Geistes in einer Heils*geschichte*, in der Gott die in sich selbst, in ihrer Welt und in der Sünde verschlossenen Menschen erreichen und für seine Herrschaft gewinnen will. Gott will den Menschen so nahekommen, dass sie erfahren und beherzigen können, wie sich ihnen in diesem Nahekommen die Fülle des Lebens erschließt. Dieses Nahekommen kann ihnen nur als mitmenschliche

Wirklichkeit geschehen: in einem Menschen, den Gottes Nahekommen so vollkommen bestimmte und erfüllte, dass er es authentisch bezeugen und erfahrbar machen kann. In ihm wohnte Gott mit seiner ganzen Fülle (Kol 1,12; 2,9). So können die Menschen in der Begegnung mit diesem Gottesmenschen aus dieser Fülle schöpfen; so kann Gott sich in ihm austeilen.

Als dieser einzelne Mensch ist der ganz durch Gott erfüllte und an ihm Anteil habende Christus *vorübergegangen;* am Kreuz sollte er endgültig Vergangenheit werden. Gottes Geist aber hat ihn auferweckt, damit er unter dem Menschen präsent bleibe, der Gott-Austeiler bleibe, der er als der treue mitmenschliche Zeuge für die Seinen war. Er ist ihnen nun nicht mehr als dieser eine geschichtliche Mitmensch präsent. Wollen sie sich auch zu Ostern und danach noch an ihm festhalten, entzieht er sich ihnen. Er ist Bezugsperson ihres *Glaubens:* im Geist unter ihnen da und ihr Rückhalt; in dem Geist, der in seinem Menschenleben die Fülle Gottes wohnen ließ und sie nun den Menschen zuströmen lässt; in dem Geist, der sie an Gott teilhaben lässt, da sie an der Not des Nächsten teilnehmen und so das Gesetz Christi erfüllen; in dem Geist, der sie füreinander da sein lässt und ihnen darin – dafür – Gnade über Gnade schenkt. Der vorübergegangene Christus ist den Menschen gegenwärtig in seinem und des Vaters Geist, der ihnen den Christus – Gottes Mensch gewordene Gemeinschafts-Zusage und -Herausforderung – vergegenwärtigt, damit sie daraus leben und sich ihr öffnen.

Das in Jesus, dem Christus, den Menschen erwirkte Heil ist nicht »etwas Zusätzliches« zu dieser Ökonomie der Selbstmitteilung Gottes. Die Soteriologie der Ostkirche hat es zu Recht so gesehen; die des Westens hat sich meist auf die Vorstellung versteift, Jesus habe am Kreuz eine zusätzliche Leistung erbringen müssen, um hinwegzuleiden – zu tilgen – was sich aufgrund der Sünde Trennendes zwischen Gott und den Menschen aufgehäuft hatte. Westliche Soteriologie inkulturiert das neutestamentliche Zeugnis vom befreienden Lebenseinsatz Jesu Christi für seine Mitmenschen (vgl. Mk 10,45) nach dem Äquivalenzschema, das im Neuen Testament eine wichtige, wenn auch untergeordnete Rolle spielt: Die alles beherrschende und verderbende Sünde hat die Menschen Gott-Gemeinschafts-unfähig gemacht. Sie muss »zuerst« getilgt werden, ehe wahr werden kann: Nichts kann uns von der Liebe Gottes trennen, die in Jesus Christus ein Mensch geworden ist (vgl. Röm 8,38–39). Diese Tilgung aber soll durch Gott selbst mit der Sendung des Erlösers initiiert und mit ihr geleistet worden sein. Es ist wohl Zeit, diesem Inkulturationsschema die soteriologische Zentralstellung zu bestreiten und das neutestamentliche Zeugnis nicht immer mit dieser »Brille« zu lesen. Das ist doch das Erlösende, war es schon für das alttestamentliche Sühnedenken: Unter Menschen gilt, dass das Böse Böses nach sich zieht, man sich von dem, was es in die Welt gebracht hat, nicht davonstehlen kann. Der Imperialismus staatlich-politischer und wirtschaftlicher Ausbeutung wird sich rächen, muss sich rächen; wir werden dafür zahlen. Wer sich davonstehlen und für unzuständig erklären will, macht sich Illusionen. Wer sähe das nicht, gerade in unseren Tagen. Mit Gott aber verbindet – verband sich biblisch seit jeher – die Hoffnung, dass nicht alles weitergehen, weiterwuchern muss, dass es *ihm* möglich ist, neu anzufangen; dass es uns möglich ist, neu anzufangen, wenn wir umkehren. Und diese Gottes-Möglichkeit wird noch in der Logik des Bezahlenmüssens imaginiert: Wir müssen nicht bezahlen; er bezahlt an unserer Stelle, der Gekreuzigte bezahlt, damit Heil anfangen kann. Er bezahlt für uns. An wen?

Gerade das Bekenntnis Röm 8,37–39 legt neutestamentlich eine andere Spur, der sich weitere Zeugnisse zuordnen lassen. Es bekennt sich zu einem Gott, der in seinem Messias Jesus die Gegenwart der Menschen sucht, um ihnen *seine* Gegenwart zu schenken. Dieser Gott lässt sich nicht überwinden von den Mächten, die sich zwischen Gott und die Menschen drängen, um sie Gott zu entfremden und in die Sünde zu bannen. Er will zu ihnen »durchkommen«, damit sie die befreiend-neuschöpferische Kraft seiner Liebe erfahren und an ihr teilnehmen. In Jesus Christus sucht er den Weg und die Nähe zu den Menschen, den Weg, zu ihnen durchzukommen und sie im Innersten durch seinen Geist zu berühren. Dass der *Archegos* – der Wegbahner Gottes und der Menschen (Apg 3,15; 5,30 f.) – menschlich gesehen scheitert, hindert Gott nicht daran, auf diesem Weg weiter zu gehen. Der Weg seines Sohnes bleibt der Weg der befreienden Gotteswahrheit, auf dem das Leben die Menschen erreicht. Auf ihm gibt sich der Vater zu erkennen, erkennen die Glaubenden, wie er sie zum Leben führt (vgl. Joh 14,6–7).

Zu den Menschen, zu ihrem Herzen, durchkommen wollen, damit sie sich von Gottes Geist und Leben anstecken lassen, von dieser Sehnsucht sprechen schon die Prophetentexte des Alten Testaments immer wieder: davon, dass Gott damit scheitert; und von der Hoffnung, dass es ihm mit der Erneuerung seines Bundes doch endzeitlich gelingen wird. In diese Hoffnung schreibt sich die neutestamentliche Soteriologie hinein: Jesus Christus ist das endzeitliche Durchkommenwollen und Durchkommen Gottes zu den in Trauer, Unwilligkeit und unter der Herrschaft der Sünde verhärteten Herzen; Jesus Christus ist der Gottesknecht, der die Last dieser Verhärtung trägt, und die Last des Einsatzes Gottes, zu den Menschen durchzukommen. Ein Liebeslied des Alten Testaments spricht von diesem Gott, hört man es so, wie Martin Luther es von Röm 8,38 her gehört hat (Hld 2,9):

> »Hier [in den Anfechtungen] ist es eine Kunst, zu Gott [...] eine gute Zuversicht zu haben und sich Besseres von ihm zu erwarten, als man es jetzt empfindet. Hier ist er verborgen, gleich wie die Braut es im Hohenlied sagt: Siehe, er steht hinter der Wand, und sieht durch die Fenster. Das meint so viel wie: In den Leiden, die uns vom ihm scheiden wollen wie eine Wand, ja eine Mauer, steht er verborgen und sieht doch auf mich und lässt mich nicht. Er steht und ist bereit, zu helfen in Gnaden; und durch die Fenster des Glaubens lässt er sich sehen.«[14]

Von diesem Liebhaber-Gott kann nur sprechen, wer von seiner Liebe schon erreicht und angesteckt ist, mit der Zuversicht beschenkt wurde, dass die Mauer des Nichtsehens und Nichtspürens ihn noch verbergen mag, aber dem Liebenden nicht verbergen kann, dass er schon auf dem Weg ist, ihn schon liebevoll im Blick hat. Aber was ist, wenn die Mauer undurchlässig und fensterlos ist, undurchdringlich gemacht vom Schrecken einer Welt, die sich mir gleichgültig entzieht und nur darauf wartet, dass sie mich zunichte macht? Vom Schrecken einer Menschengesellschaft, die dem Zynismus verfallen scheint und ihm zum Opfer fallen »muss«? Braucht es die Mauern nicht, um das alles draußen zu halten, sich möglichst nicht anstecken zu lassen – oder wenigstens mit der Unerträglichkeit des Schreckens allein zu sein? Der Mauerbau ist vergeblich. Wir sind angesteckt, im Innersten zu Tode erschrocken angesichts des Schrecklichen, vor dem wir uns nicht schützen können, am wenigsten damit, dass wir uns einmauern.

Es ist kaum vorstellbar und doch die einzige Hoffnung, dass der uns umgebende Schrecken nicht unentrinnbar und undurchdringlich ist; dass Gott wie der im Hohenlied besungene Liebhaber zu mir durchkommt, mich liebend umfangen will, damit ich vom Schrecken geheilt bin, damit ich den Liebenden aufnehmen und an seinem Leben, seiner Liebe, teilnehmen kann. Es ist unvorstellbar, dass er tatsächlich zu mir durchkommt, durch die Mauern geht, hinter denen ich Schutz finden wollte; dass er schon durch die Fenster auf mich schaut, die mein Unglaube verriegelt hat. Die eng gewordene Einbildungskraft müsste mobilisiert werden von einer Sehnsucht, die das Eingemauertsein nicht erträgt. Die Sehnsucht müsste ent-

---

[14] Martin Luther, Von den guten Werken, in: Luthers Werke in Auswahl, hg. von O. Clemen, Bd. 1, Berlin ^{6}1966, 227–298, hier 233 (von mir ins Neuhochdeutsche übertragen). Den Hinweis auf diese Stelle verdanke ich wie vieles andere Klaus Eulenberger.

facht werden von dem, der da unterwegs zu mir ist, mir das *Effata* zusagt (Mk 7,34): dass ich in die Schule der Hoffnung gehe und ihn erwarte, mich sehne, von der Liebe verwandelt zu werden, mit der er mich ergreift. Wenn sie tatsächlich zu mir durchkommt, in mir Wohnung nimmt und mich verwandelt, werde ich gar nicht anders können, als sie mitzuleben, sie dahin zu tragen, wo ohne sie, ohne Gott, ohne mich die Gleichgültigkeit und der Schrecken der Welt unerträglich wären.

Christliche Brautschaftsmystik hat so sprechen oder auch nur stammeln können; im Alten wie im Neuen Testament hat sie ihren Rückhalt, beileibe nicht nur im Hohenlied. Ist sie einfach nur religiös überspannt, endlich abzutun, damit man Christus in den notleidenden Nächsten findet? Johann Baptist Metz hat Recht: Das Christentum lehrt »eine Mystik der offenen Augen. Im Entdecken, im Sehen von Menschen, die im alltäglichen Gesichtskreis unsichtbar bleiben, beginnt die Sichtbarkeit Gottes, öffnet sich seine Spur«.[15] Aber dem widerspricht ja nicht, dass man bei Jesus, dem Christus, in die Schule der Hoffnung geht, bei ihm, mit ihm, in seiner Nachfolge lernt, sich nach der Gerechtigkeit der Gottesherrschaft zu sehnen – sie zuerst zu suchen – und darin das von Gott – in Gott – durch seinen Heiligen Geist geöffnete Leben in Fülle – in der Liebe und für sie – zu erhoffen.

Jesus Christus ist die Bezugsperson christlichen Glaubens, weil Christinnen und Christen *mit ihm* glauben und sich nach der Gottesherrschaft sehnen lernen, ihre Sehnsucht leben lernen im Einsatz dafür, dass seine »Seligpreisungen« jetzt schon wahr zu werden anfangen. Wer mit ihm Glauben und Sehnsucht nach Gott und seiner Herrschaft lernt, wird zum Glauben *an ihn* geführt, zum Glauben daran, dass in ihm Gott geschieht, sich austeilt und die Menschen-Sehnsucht mit sich erfüllt. Er wird es von Gottes gutem Geist in ihnen hervorgerufen und getragen wissen, dass Menschen Glaubende sein, dass sie sich in Tod und Leben dem anvertrauen können, der in Leben und Tod seines Christus da war, ihn und mit ihm uns alle in seiner Gegenwart zu bergen. Von der Bezugs*person* christlichen Glaubens ist dann zu sprechen im Blick auf das mitmenschlich-personale Dasein Gottes in Jesus von Nazaret, der die mit ihm und an ihn Glaubenden in Gottes Gegenwart mitnimmt, sie an seine Gefährten austeilt. Ausgeteilt aber wird sie im Heiligen Geist, der das mitmenschlich-personale, »Fleisch

[15] Johann Baptist Metz, Mit der Autorität der Leidenden. Compassion – Vorschlag zu einem Weltprogramm des Christentums, in: Süddeutsche Zeitung Nr. 296 vom 24./25./26. Dezember 1997, Feuilletonbeilage, S. 1.

gewordene« Dasein Gottes in den Glaubenden geistlich vergegenwärtigt, der sie zuinnerst für Gottes Gegenwart und ihr Wirklichwerden in der Liebe öffnet. Der Gott, dessen Gegenwart Jesus lebte und den der Gottesgeist in den Glaubenden vergegenwärtigt, ist der Gott, in dem wir leben, uns bewegen und da sind (Apg 17,28), der in seinem Sohn durch seinen Geist zu uns durchkommen und uns in seiner liebenden Gegenwart lebendig machen will.

9.3 Christologie im Kommunikationsparadigma

Das Leitparadigma, in dem ich hier zu denken und christologisch zu sprechen versuche und das sich in Trinitätslehre, Christologie und Soteriologie weithin durchgesetzt hat, ist das der *Kommunikation*. Das Wort selbst ist freilich in den letzten vier Jahrzehnten zum Allerweltswort geworden, für alles Mögliche in Anspruch genommen und vieldeutig bis zur Unbestimmtheit. So käme es darauf an, dieses Leitparadigma theologisch gehaltvoll zu bestimmen und es im Blick auf die maßgeblichen Zeugnisse der Glaubensgeschichte wie auf die zentralen theologischen Themen hin zu spezifizieren. Dabei werden einerseits biblische Zeugniszusammenhänge, die auf das Modell der Koinonia (communio) zentriert sind, neu gelesen werden[16] und andererseits anthropologisch-religionsgeschichtlich signifikante Beobachtungen Berücksichtigung finden müssen. Dazu hier einige m. E. grundlegend wichtige Bemerkungen.

Christologisch zentral ist das Motiv – die Metaphorik – der *rettenden* Kommunikation bzw. der Rettung von Kommunikation. Wo Kommunikations-Abbruch, Kommunikations-Verweigerung, Beziehungslosigkeit, innerer und äußerer Selbst- und Gottesverlust drohen, da setzt Gott sich selber ein, um Kommunikation – Nähe, Gottes- und Lebens-Teilhabe (Koinonia), Solidarität – heilvoll zu erneuern. Im Messias Jesus geschieht dieser Selbsteinsatz Gottes, der den Menschen nahekommen und nahegehen will, damit sie sich ihm öffnen und von Neuem in der Gottesgemeinschaft leben, Gott nahekommen, an ihm teilhaben und so erfülltes Leben gewinnen können.

Soweit ist Elementares zu diesem Motiv – auch von mir – vielfach gesagt und in einschlägigen biblischen Zusammenhängen verortet worden.

---

[16] Vgl. meine eigenen, ekklesiologisch orientierten Auslegungsversuche in: Den Glauben verantworten, 778–780.

Aber welche konkreten Erfahrungen sind damit erschlossen und werden darin theologisch bzw. christologisch in Anspruch genommen? Und wie verändern sich Christologie und Soteriologie, wenn man die jeweils normativen Aussagen im Motiv der rettenden Kommunikation bzw. der Rettung von Kommunikation zentriert sieht? Freilich auch: Welche überlieferten Lehrbestände geraten an den Rand, ins Abseits? Welche blinden Flecken riskiert man mit dieser Zentrierung?

Zunächst wird man sagen können, dass Herstellung und Pflege der Kommunikation mit dem Göttlichen, welche seine heilsame Nähe vermitteln, gar verbürgen soll, vielfach als religiöses Kernanliegen verstanden wird. Speziell der Kult ist zu nennen. Er *begeht* den Zugang zu einem zugänglichen Gott und realisiert eine Gottes-Kommunikation, in der Gott nicht unheilvoll über Menschen kommt, sondern mit seinem Segen unter ihnen gegenwärtig wird.[17] Insofern auch die Sendung Jesu Christi kultisch ausgelegt wird, sieht man diese – etwa bei Paulus und im Hebräerbrief – als die Erfüllung der kultischen Hoffnung auf Gottes rettende Nähe an, als Gottes-Zugänglichkeit in Person.[18] Jesus erscheint als der Kommunikator, der Gottes Wirklichkeit den Menschen rettend und nicht länger richtend nahe bringt; der die Menschen neu mit Gott zusammenbringt und die Sünde um ihre lebensfeindliche Dissoziationskraft bringt.

Aber was können wir heute unter Gottesnähe verstehen – und in weithin Kult-entwöhnten Zeiten unter einer Kommunikation, die sie vermittelt, in sie hineinnehmen soll und die Menschen zu ihrem Heil an ihr partizipieren ließe? Der Blick auf prophetische Traditionen – auf Jeremia und Ezechiel etwa – mag solche Redeweisen heute neu erschließen und auch christologisch bedeutsam machen. Es ist die Ru^{a}ch JHWHs, in der und durch die dem Volk ein Herz aus Fleisch gegeben wird – anstelle eines

[17] Hingewiesen sei hier darauf, dass die Einführung der Jom Kippur-Sühneliturgie in Lev 16 von einem Kult-Vergehen motiviert ist, bei dem Menschen in falscher Weise Gott nahekommen wollten und das Volk die Erfahrung des tödlichen Nahekommens Gottes machen musste.

[18] Wenn der Tempel in der Theologie der Psalmen »das Tor zum Himmel« war (vgl. Thomas Söding, Dein Reich komme [Mt 6,9 par. Lk 11,2]. Die Naherwartung Jesu, in: Chr. Breitsameter [Hg.], Hoffnung auf Vollendung. Christliche Eschatologie im Kontext der Weltreligionen, Berlin 2012, 35–65, hier 49; Söding bezieht sich auf Hermann Spiekermann, Heilsgegenwart. Eine Theologie der Psalmen, Göttingen 1989), so rückt neutestamentlich Jesus, der Christus, an seine Stelle; ausdrücklich da, wo er sich nach dem Johannesevangelium selbst die Tür nennt und damit die Verheißung verbindet: »[W]er durch mich hineingeht, wird gerettet werden« (Joh 10,9a).

Herzens aus Stein, das sich in einem Leben des bloßen Müssens, einer nicht mehr lebendig durchlebten Glaubens- und Erwählungs-Identität verhärtet hat. Die Ru^{a}ch JHWHs *erfüllt* die erneuerte Bundesgemeinschaft, bringt sie im Erkennen und Durchleben, im Mitleben und innerlich empfundenen Mitwollen des von JHWH Geschenkten zu ihrer Bestimmung. JHWH kommt seinem Volk nahe, da er durch seinen Geist in den zur Gottes-Kommunikation »Auferweckten« die Motivation entspringen lässt, an seinem guten Willen teilzunehmen, sich in ihn einzubergen.

Innere Leere, die soziales Miteinander motivationsarm macht, veräußerlicht oder strategisch verzweckt und das »Innere« nicht gut-willig ins Spiel kommen lässt: Man kann nicht sagen, dass diese Erfahrung einer Resonanz-armen, verdinglichten, gar ausbeutenden Kommunikation[19] den Zeitgenossen unvertraut wäre – aber auch nicht, dass die darin enttäuschte Kommunikations-Sehnsucht erst in der Moderne als bedrängend empfunden worden wäre.[20] Religiöse Kommunikation scheint in Vergangenheit und Gegenwart jedenfalls weithin mit der Hoffnung verbunden, in ihr einer Nähe des Göttlichen teilhaftig zu werden, in der sich eine Energie des Wohlwollens, die Kraft zum Sich-Einbringen- und Sein-Leben-verwirklichen-Können, zur Bejahung und zum Durchleben des mir Gegebenen und Aufgegebenen mitteilt. Religiöse Praxis kann den Kontakt mit einem kommunikativen »Hotspot« vermitteln, der Glaubens-, Hoffnungs-, Liebes- und Lebensenergien zugänglich macht: Glaubende mit der Kraft erfüllt, dem Versprechen des Lebens zu trauen, sich ihm mit dem eigenen Leben und Wollen anzuvertrauen, da die Wirklichkeit sich im Innersten – die alles zuletzt und entscheidend bestimmende Wirklichkeit – als *anvertrauenswürdig* erschlossen hat. Wo sie sich aber so erschließt, da geschieht Erlösung, Auslösung aus dem Zwang, sich schützen und behalten, zurückhalten zu müssen; da geschieht mir das Geschenk eines lebensstiftend-verheißungsvollen Austauschs, dem ich mich einbergen und in dem ich ohne Verlustangst geborgen sein kann

Christologie und Soteriologie kommunikationszentriert auszulegen heißt, Jesus Christus als Gottes Wesenswort zu verstehen, in dem das Versprechen des Lebens als das Sich-Versprechen Gottes bezeugt und gegen die

---

[19] Vgl. Hartmut Rosa, Resonanz. Eine Soziologie der Weltbeziehung, Frankfurt a. M. 2016 bzw. Axel Honneth, Verdinglichung. Eine anerkennungstheoretische Studie, Frankfurt a. M. 2005.

[20] David Riesman (vgl. von ihm: Die einsame Masse, dt. Hamburg 1958) sieht das vielleicht etwas einseitig als modernebedingt an.

Anti-Zeugnisse der Sünde – des Beziehungs-Abbruchs, der Lebens-Missachtung durch Gewalt und Ausbeutung – ins Recht gesetzt, den Menschen ins Gewissen, ins Herz, in ihre Vernunft gesprochen und bewahrheitet wird. Das Fleisch gewordene – ein Mensch gewordene – Selbstzusage-Wort Gottes macht den Menschen sein »Wesen« wahrnehmbar, erspürbar; es bringt ihnen nahe, wie Gott in seinem Innersten ist und wie er deshalb für die Menschen – mit ihnen und durch sie – in der Welt da sein will. In Jesus, dem Christus, kommuniziert Gott sich uns in seiner Anvertrauenswürdigkeit; sucht er den Menschen seinen Geist mitzuteilen, damit in ihnen der Glaube an das Versprechen des Lebens, das er ihnen gibt, lebendig werde und die Hoffnung darauf wachse, dass es sich erfüllt – und damit sie sich dafür in Anspruch genommen wissen, dieses Versprechen durch ihr eigenes Dasein zu bezeugen.

Gottes Herrschaft – die Herrschaft seines guten Willens – ist nahe herbeigekommen, da Gott in seinem Christus den Menschen nahekommt und ihnen Gott anvertrauenswürdig macht, das Leben, das aus ihm ist, vertrauenswürdig macht und es der Lebens-engagierten Obhut der Menschen anvertraut. In diesem Sich-Anvertrauen Gottes wird die Energie frei, welche die Menschen mit seinem guten Willen ansteckt und sie selbst zu Kommunikatoren der Gottesnähe macht. Der psychologisch heute so geläufige Begriff der Motivation bzw. der Energie, die im Motiviertwerden zufließt, mag nur entfernt beschreiben, welcher Geist von diesem Charismatiker Jesus ausging und wie der es vermochte, Menschen nicht nur zu begeistern, sondern sie in die Perspektive der jetzt anbrechenden Gottesherrschaft hereinzuholen, ihnen diese Perspektive vertrauenswürdig und verheißungsvoll zu machen, sie in ihrem Fühlen, Begreifen und Hoffen zu über*zeugen*, so dass sie frei ergreifen konnten, was ihnen da als faszinierende Gottes-Herausforderung nahe kam.

Wo Gott Menschen so nahe kommt, tatsächlich zu ihnen durchkommt, mobilisiert das ungeahnte Energien[21] des Teilnehmenwollens und Teilnehmenkönnens an dem in Gottes Nähe Erspürten und Entdeckten – aber auch ungeahnte Energien der Abgrenzung und des Widerspruchs. Was als Kommunikation der Gottesnähe wahrgenommen und zur Lebens-Heraus-

21 Insofern hat Emil Durkheim sicher Recht, wenn er sagt, der religiöse Mensch verfüge nicht über ein besseres »Wissen«; er sei vielmehr »ein Mensch, der mehr *kann*« (ders., Die elementaren Formen des religiösen Lebens, dt. Frankfurt a.M. 1981, 558). Damit ist das letzte Wort über die kognitive Dimension religiösen Glaubens freilich noch nicht gesprochen.

forderung werden soll – faszinierender und heilsamer noch als der Tempel, anspruchsvoller als europäische Emanzipations- oder fernöstliche Meditationswege: Entwertet es nicht, was einem aus guten Gründen wertvoll geworden ist? Rückt es nicht mit einer Alternative auf den Leib, die das bisher leidenschaftlich Bejahte in Zweifel zieht oder relativiert? Macht es nicht andere religiöse wie nichtreligiöse Motivations-»Hotspots« zur bloßen Einbildung? Wo Gott in diesem seinem Messias so konkret Menschen nahekommt, liegt die Ablehnung genau dieser bestimmten Konkretion nahe: die Ablehnung des Nahekommens seiner Herrschaft im Angegangenwerden vom notleidenden Nächsten, im Hunger und Durst nach der größeren Gerechtigkeit, in der Ungeduld mit Verhältnissen, in denen es sich allzu viele allzu lange bequem gemacht haben.

Es mag viele gute Gründe dafür geben, Gott nicht auf dem Weg zu sich durchkommen zu lassen, auf dem Jesus, der Christus, Gottes Herrschaft nahebringt. Aber – so die Überzeugung der neutestamentlichen Zeugnisse von der Heilssendung Jesu – es sind Gründe, von denen Menschen in lebensfeindlichen Bindungen festgehalten und von Gottes Herrschaft ferngehalten werden. Und es ist die Sendung Jesu – dazu ist er als der Christus gekommen –, mit dem rückhaltlosen, nur im Vater Halt findenden Einsatz seines Lebens »Lösegeld« zu sein (Mk 10,45): die Menschen herauszuholen aus Lebenseinstellungen, religiösen Praktiken, sozialen Arrangements und ökonomischen Ausbeutungsverhältnissen, in denen sie nicht an Gottes gutem Willen teilnehmen können, nicht von der Energie angesteckt werden konnten, die göttliches Leben in ihr Leben bringt. Jesu Sendung galt der Ermöglichung und der Rettung jener Kommunikation, in der Gottes-Kommunion (Gottes-Koinonia) geschieht: Gottes Selbstmitteilung in Jesu Sendung und Person durch seinen Geist.

Dass dieser Lebenseinsatz zur Lebenshingabe wird, dass der Kommunikator Gottes am Kreuz seinen Geist aushauchen, den Menschen einhauchen muss, damit die ihm und darin Gott zugefügte äußerste Kommunikations-Verweigerung nicht das Ende der Gottes-Kommunikation bedeutet, das hat in der Glaubensgeschichte fast von Anfang an sein Lösegeldsein auch im Sinne des Leidenmüssens für den Loskauf der Menschen aus dem Sündenverhängnis verstehen lassen, damit die Sünder von der wohlverdienten Strafe bewahrt bleiben konnten. Eine Kommunikations-orientierte Relecture solcher heute schwer nachvollziehbaren Vorstellungen im biblischen Gesamtzusammenhang kann deutlich machen: Sühne wirkt nach alttestamentlicher Überlieferung *Auslösung* aus Unheilszusammenhängen, da Gott sich in ihr als zugänglich erweist und das Volk seiner gnädigen

Gegenwart – seines heilvollen Kommens – würdigt. Sein Messias wird neutestamentlich als Sühneereignis ausgelegt, da er Gottes wohlwollendes, verheißungsvoll-herausforderndes und herauslösendes Nahekommen lebt; da er Gott in einer Welt lebt, die Menschen im Innersten gefangen hält, so dass sie in der Nachfolge des Messias dieser Welt »sterben« müssen, um das Gott-erfüllte, in Gott befreite Leben zu »gewinnen«. Jesus kommuniziert Gott als das Wagnis der Befreiung aus einem falschen Leben; er kommuniziert Gottes Herrschaft als die befreiende Alternative, da er diese selbst herausfordernd lebt und Menschen dazu provoziert, sich ihr zu öffnen – oder sie sich vom Leib zu halten. Sein Tod ist die Konsequenz dieser Gottes-Kommunikation. Ist er darüber hinaus wirklich *notwendig* gewesen, um die Menschen von der Sünde und ihren unheilvollen Folgen zu befreien? Darum geht in Christologie und Soteriologie bis in die Gegenwart hinein der Streit.

Ich habe in diesem Streit deutlich Partei ergriffen und vorgeschlagen, die Sühne-Soteriologie als Interpretament zu verstehen, mit dem Jesu Lebenseinsatz zum Zeugnis für Gottes, des Vaters, unbedingten Kommunikationswillen menschlich verstehbar werden soll. Auch am Kreuz wird von ihm noch für diesen unbedingten Kommunikationswillen Zeugnis gegeben, der sich von menschlicher Kommunikationsverweigerung nicht davon abbringen lässt, den Menschen in den Abgründen, die sie mit ihrer Selbst-Verweigerung aufreißen, versöhnend nahezukommen. Gott erweckt den Gekreuzigten zur Quelle des heiligenden Geistes, damit dieser den in unheilvoller Verweigerung Gefangenen zuströme und sie dafür gewinne, in der Nachfolge des Gekreuzigten und Auferweckten selbst aus diesem Geist zu leben.

Auch für das hier nachgezeichnete Kommunikationsparadigma gilt freilich, worauf im Einleitungskapitel hingewiesen wurde. Es ist nicht ausgemacht, eher unwahrscheinlich, dass es bei allem hermeneutischen Scharfsinn die christologisch bedeutsamen Gehalte früherer Paradigmen und so auch der biblischen Zeugnisse in jeder Hinsicht adäquat übersetzen kann. Die Übersetzungsverluste und blinden Flecken kommen oft erst im Lauf der Zeit in den Blick. Kritische Punkte sind gleichwohl – so gut es eben geht – theologisch-hermeneutisch in Sorge zu nehmen, damit man Übersetzungsverluste nicht allzu leichtfertig riskiert.

Gegen das Kommunikationsparadigma wird eingewandt, es bagatellisiere die Dramatik der Sünde, die ohne das stellvertretende Sühnopfer am Kreuz nicht zum Guten gewendet werden könne. Diesem Verdacht wäre mit einem kommunikationstheologisch ausgearbeiteten Konzept von Sünde zu begegnen.[22] Und es wäre zu prüfen, worin der etwa in der Spur Hans Urs von Balthasars behauptete soteriologische Mehrwert eines Redens vom stellvertretenden Erleiden des Gotteszorns bestehen und woraus er resultieren soll – und ob er tatsächlich von solchem Gewicht ist, dass man um seinetwillen ernsthaft fragenden Zeitgenossen kaum überwindbare Verständigungsprobleme bis hin zu monströsen theologischen Konstruktionen zumuten müsste.

Die theologische Sensibilisierung für eigene blinde Flecken bleibt freilich unabdingbar. Es ist in diesem Sinne hilfreich, sich an problemgeschichtlichen Musterbeispielen das prekäre Verhältnis von Kommunikationsgewinn und theologischem Bedeutungsverlust klar zu machen. So war etwa der unverkennbare Kommunikationsgewinn durch die Ethisierung von Christologie und Soteriologie im Aufklärungsdiskurs erkauft mit einem weitreichenden Unverständnis für die kommunikative Wirklichkeit des Nahekommens Gottes in Jesus Christus durch seinen Geist. Dass Gott sich mitteilt, damit die Menschen an ihm Anteil gewinnen und mit seinem Geist *erfüllt* werden, der in ihnen das Gespür für und die Hoffnung auf Gottes guten Willen erweckt, war in seiner Bedeutung für das Hineingeführtwerden in ein erfülltes Leben kaum noch nachvollziehbar.[23] Umgekehrt wird man vielleicht sagen müssen, dass das kommunikative Paradigma darauf hinauslaufen kann, die ethische Herausforderung der Christologie hermeneutisch zu sehr »abzufedern«. Die Befreiungstheologie hat das genau gesehen und einer »bürgerlich«-hermeneutischen Theologie ins Stammbuch geschrieben.

Als bedeutsamer gesamttheologischer Kommunikations- und Verständnisgewinn des hier skizzierten Paradigmas darf zuletzt ins Feld geführt werden, dass man von ihm über die heute viel diskutierte, aber im

[22] Ich darf auf Skizzen verweisen, die ich in den letzten Jahren selbst vorgelegt habe: Kommunikation an der Grenze oder Kommunikationsabbruch? Strafe und Vergeltung in theologischer Perspektive, in: Chr. Büchner – Chr. Jung – B. Nitsche – L. Scherzberg (Hg.), Kommunikation ist möglich. Theologische, ökumenische und interreligiöse Lernprozesse (Festschrift für Bernd Jochen Hilberath), Ostfildern 2013, 118–132 sowie: Schuld und Scheitern, in: J. Enxing (Hg.), Schuld. Theologische Erkundungen eines unbequemen Phänomens, Ostfildern 2015, 23–39.

[23] Immanuel Kant war freilich in seiner praktischen Philosophie wie in seiner Religionsphilosophie durchaus nicht blind für diese Zusammenhänge. Das kann man sich etwa an seinen Überlegungen zum »Geist des Gebets« verdeutlichen, so unbefriedigend sie aus heutiger Sicht immer noch sein werden; vgl. ders., Die Religion innerhalb der Grenzen der bloßen Vernunft, Kants Werke. Akademie Textausgabe, Bd. VI, 1–202, hierzu 195–198.

Ansatz falsche Alternative *personales oder panentheistisches Gottesverständnis* hinausgeführt wird.[24] Wenn Gott den Menschen in Jesus Christus sein Wesenswort zuspricht und sie herausfordert, sich ihm anzuvertrauen, an seinem guten Willen teilzunehmen und schon in dieser Welt unter seiner befreienden Herrschaft zu leben, werden ihn personale Metaphern und Begriffe nicht verfehlen. Gott wird *mitmenschlich-personal* gegenwärtig, um die Menschen in seiner Gegenwart zu bergen und für seinen guten Willen zu gewinnen. Das bringt eine Christologie begrifflich zur Geltung, die Jesus Christus ganz menschlich als den Ort der Gottbegegnung – der Selbstmitteilung Gottes – zu denken versucht. Gottes mitmenschlich-personale Präsenz will Menschen aber zuinnerst ergreifen und in der Liebe lebendig machen, damit sie einander gewähren und miteinander teilen, was sie empfangen haben, um es zu leben; Gott geschieht in diesem Sinne *in ihnen*, da ihnen der Heilige Geist das Gott-Geschehen Jesus Christus vergegenwärtigt und lebendig macht. Gott geschieht in ihnen so, dass sie Jesu Christi Glauben mitglauben und mit ihm sich dem Vater anvertrauen können, um in seine Gegenwart eingeborgen zu sein, in ihr an der Fülle des Lebens teilzuhaben.

Gott als das *personale Gegenüber*, in dem er sein Wesenswort sagt – sich mitteilt – und auf mich zukommt: sich mir zuspricht und mich herausfordert, unter seiner befreienden Herrschaft zu leben; Gott, der zu mir durchkommt und in mir ankommt, so dass er *in mir* lebendig wird und mit mir – durch mich – seinen guten Willen geschehen lässt; Gott als *mein Worin*, in dem zu sein und dem sich anzuvertrauen die einzig heilvolle Alternative ist zum Umklammertwerden und Durchdrungensein von den Mächten dieser Welt oder zur Gleichgültigkeit einer Welt, die sich meiner Sehnsucht nach »Resonanz«[25] so heillos entzieht: Diese drei metaphorischen Ortsangaben können nur *miteinander* und zusammen einigermaßen zur Sprache bringen, was die biblisch-christlich Glaubenden an ihrem Gott haben, wer dieser Gott für sie ist – wie er für sie da ist. Nur in diesem theologischen Zusammenhang wird einigermaßen sagbar, wer Jesus, der Christus, für die Glaubenden ist, da sie sich an ihn als die Bezugsperson ihres Glaubens halten.

---

[24] Über diese falsche Alternative hinauszukommen, ist auch – mit freilich etwas anderer Fokussierung – das Anliegen Klaus Müllers; vgl. ders., Streit um Gott. Politik, Poetik und Philosophie im Ringen um das wahre Gottesbild, Regensburg 2006.

[25] Vgl. Hartmut Rosa, Resonanz. Eine Soziologie der Weltbeziehung.

9.4 Gott ist Beziehung

Von Jesus Christus, der Bezugsperson ihres Glaubens, wissen die Glaubenden sich hineingenommen, mitgenommen in ein Sich-Anvertrauen, das jeder Anfechtung gewachsen sein kann. Dieses Sich-anvertrauen-Können ist Jesus gewährt, da *der* ganz in ihm da ist, dem er sich anvertraut, noch in ihm da ist, wo alles sich ihm entzieht und auch der Vater ihm in dieser Welt keinen Halt mehr bietet (Mk 15,34). Das Persongeheimnis Jesu reicht in das Geheimnis der grenzenlosen Beziehungswilligkeit und Beziehungsmächtigkeit Gottes. Gott vermag es – so sieht es der Glaube an Jesus, den Gottes- und Menschensohn –, im Anderen seiner selbst – dem Menschen Jesus von Nazaret – als er selbst da zu sein, so da zu sein, dass dieser Andere gleichwohl ganz er selbst werden kann und gerade so Gottes Dasein lebt. Beziehungswilligkeit und Beziehungsmächtigkeit vermögen es hier, den Anderen – den Messias Jesus – in sein Eigen-Dasein hervorzurufen und ihm Anteil zu geben am eigenen Gottes-Dasein, so dass der Andere an diesem Dasein teilnimmt und seinerseits andere in Gottes heilende Gegenwart mit hineinnehmen kann.

Mitmenschlicher Liebe kann es gegeben sein, diesen Beziehungswillen in seiner freisetzend-erfüllenden Beziehungsmacht wenigstens zu erahnen: Die Liebende und Geliebte ist nicht nur – so nahe wie möglich – beim Geliebten da; sie ist tatsächlich *in ihm:* Sie hat ihn im Innersten »erwischt«, »regiert« seine Seelenkräfte und regiert sie – wenn es ganz gut geht – so, dass sie in dieser »Herrschaft« zu höchstmöglicher Kraft und Lebendigkeit erweckt werden. Es ist mitmenschlich nur eine Ahnung, von der Zwiespältigkeit durchsetzt, die es den Liebenden zur bleibenden Lebens-Aufgabe macht, sich in die ihnen innerliche Präsenz der Geliebten *hineinzugeben* und einem Leben in Fülle auf der Spur zu bleiben, ein Selbst zu sein und es immer mehr zu werden, sich also nicht für die Präsenz der Anderen in mir *aufzugeben*. Gott wird zugeschrieben, zugedacht, dass er vermag, was den mitmenschlich Liebenden eine lebenslange Herausforderung bleibt: Seine Präsenz ist dem Geliebten innerlicher, als dieser sich selbst von innen heraus haben und im Selbstbewusstsein vollziehen könnte. Aber dieses In-Sein Gottes ist der Ursprung eines Selbst-Seins, das den Menschen, in dem er »mit seiner ganzen Fülle« wohnt, Mensch sein und immer mehr, immer vollkommener Mensch werden und in freier Selbst-Hineingabe mitvollziehen lässt, was ihn »bewohnt«.

In Jesus Christus ist die Selbstmitteilung Gottes Mensch geworden, einem Menschen so innerlich geworden, dass er aus ihr sein Selbstsein lebt, dass er selbst Gottes Selbstmitteilung lebt und sie seinerseits austeilt. Gott gibt sich ganz in diesen Menschen hinein; so kann sich dieser Mensch ganz in Gottes ihm zuinnerst gewordene Präsenz hineingeben, darin er selbst sein. Der unendlich-unumgreifbare, ins unendlich Kleine wie ins unfassbar Große dieser Welt sich entziehende und darin verhüllende Gott macht sich greifbar, begreifbar, angreifbar in einem konkreten, kontingenten Menschenleben; hier *begegnet* er, ist er leibhaft gegenwärtig als seine fleischgewordene Selbstmitteilung. Aber er vergeht nicht mit dem Vorübergehen dieses Menschenlebens; er wird nicht mit ihm zur Vergangenheit. Er nimmt es vielmehr mit in seine Zukunft. Und mit ihm, in ihm nimmt er alle in seine Zukunft mit, die »in Christus« sind, ob sie darum wissen oder nicht. Die Präsenz Gottes im Menschenleben Jesu Christi wird zukunftsmächtig, zukunftsträchtig, da die Menschen im Heiligen Geist an ihr Anteil gewinnen und sie mitleben können, zum *Leib Christi* werden. Gottes Dasein im Anderen seiner selbst, dem Menschen Jesus, nimmt diesen Anderen so in Gott hinein, dass er *er selbst* bleibt und als er selbst lebt, indem er ewig Gottes Selbstmitteilung lebt, zusammen mit dem Vater Gottes Geist auslebt, ihn in die Menschen hineinlebt. Das In-Christus-Sein – Leib-Christi-Sein – durch den Geist aber bedeutet für die Glaubenden und um den Glauben Ringenden: sich mit Christus, ja »in ihm« in der Herausforderung einfinden und geborgen wissen, Gottesherrschaft zu wagen.

Gottes Unermesslichkeit und Unbegreiflichkeit, von der glaubende Menschen sich unendlich umfangen wissen, begegnet ihnen menschlich konkret, im seinerseits unbegreiflichen Mysterium eines Lebens aus Gott und in der Wirklichkeit seiner Selbstmitteilung. Sie sind herausgefordert, sich dem Gott anzuvertrauen, der ihnen in diesem Mysterium nahekommt und innerlich werden will. Gottes absolute Transzendenz geschieht in der Immanenz, tatsächlich in ihr, nicht über sie hinweg: Gottes, des Logos, Gottsein überformt Jesu Menschsein nicht, hebt es nicht ins Gottsein auf, sondern geschieht darin, dass Jesus aus Gott lebt und gerade so mit seinem Menschenleben Gott kommuniziert. Aber Gott reiht sich der Immanenz nicht ein[26]; er ordnet sich ihr nicht unter, geht in ihr nicht unter. Was in Jesus, dem Christus, als Gottes Wirklichkeit widerfährt und ausgeteilt wird, ist die Herausforderung der Menschen zur Transzendenz, ihre ebenso verheißungsvolle wie anspruchsvolle »Herein-Forderung« in Gottes Herrschaft. Gottes Immanentwerden geschieht als Aufbruch der Immanenz in

---

[26] Vgl. Lévinas' Einrede gegen den christlichen Inkarnationsgedanken; kommentiert in Kapitel 9.1.

diese Transzendenz hinein: als das Sich-zugänglich-Machen Gottes, mit dem Gott den Menschen so nahekommen will, dass diese sich ihm und der Liebe, die er ist und in der er wirkt, tatsächlich anvertrauen und den Ausbruch aus ihren Gefängnissen wagen können, sich von Gottes Geist ergreifen und das Zutrauen finden können, dass es nicht ewig so weitergehen muss.

Wenn Gott den Menschen so gegenwärtig wird, so unendlich beziehungsfähig und beziehungswillig, so zukunftsmächtig – was sagt das über ihn selbst? Was verrät es darüber, wie er Gott ist: über sein Wesen und die Weise, wie er es »lebt«? Die Trinitätslehre hat – ohne wirklich zu wissen, was sie da sagt – von einem Gott gesprochen, der in sich Beziehung ist: Die Dynamik der Selbstmitteilung, in der Gott die Menschen erreicht und an seinem göttlichen Leben teilhaben lassen will, die den einen Menschen Jesus mit göttlicher Wirklichkeit erfüllt und zu Gottes Wirklichkeit macht, geht nicht nur auf eine kontingente Willensentscheidung Gottes zurück; sie ist ihm wesentlich, »Gott-innerlich«, kommt aus einem Gott, der sich in ihr »auslebt«. Gott ist in sich vollkommene Selbstmitteilung, Anders-sein-Lassen und Im-Anderen-vollkommen-Dasein. Er ist schon in sich, was man mitmenschlich als das Zugleich von *Einander-gegenüber-Sein* und *wechselseitigem In-Sein* zu begreifen versucht. Er ist es in menschlich unvorstellbarer Vollendung, im unermesslichen Komparativ zu menschlich-liebender Selbstmitteilung. Die Lehre von der immanenten Trinität hat verschiedene Modelle entwickelt, sich das Unvorstellbare vorzustellen. Sie können nur die theologische Funktion haben, genau dies im staunenden Lobpreis festzuhalten und zu bedenken: Gottes unbedingter Beziehungswille und seine uneingeschränkte Beziehungsmacht kommen aus seinem Innersten, machen sein Gottsein – seinen Selbstvollzug – zuinnerst aus; sie realisieren es, »bevor« sie sich und Gottes Gottsein in der Ökonomie des Heils zugunsten der Menschen »ausleben«.

Das Unvorstellbare in einer Sprache gesagt, die gerade noch ahnt, was gesagt werden dürfte, wenn man von Gottes Beziehungswilligkeit und Beziehungsmächtigkeit einigermaßen angemessen sprechen könnte, und ihre Ahnung in ein Wortspiel fasst: Gott geschieht als Beziehung, er ist Beziehung. So geschieht er in der Beziehung zum Gottes- und Menschensohn, der ganz aus seinem Geist und deshalb Gottes Selbstmitteilung ist und in diesem Geist den Menschen so innerlich wird, dass sie an ihm – an seinem Aus-Gott- und In-Gott-Sein – teilhaben können. Mehr vermag die Sprache der Theologie nicht; mehr muss sie nicht leisten. Hat sie sich nicht schon zuviel herausgenommen?

9.5 Der »einfache Jesus« und die Sprache der hohen Christologie

Muss man sich in all die Konsequenzen hineinsteigern, die sich die hohe Christologie und schließlich die Trinitätslehre der christlichen Großkirchen zumutete und zutraut? Das war und ist die Gretchenfrage neuzeitlichen Denkens an die Christen zu ihrer Glaubenssicht auf Jesus von Nazaret: Muss man es wirklich so mit ihm halten, dass man sich von »rechtgläubiger« Christologie in verstiegene offenbarungstheologische und soteriologische Konstruktionen hineintreiben lässt? Neuzeitlich wird Jesus, der Christus, wenn überhaupt, weithin deshalb als Offenbarung verstanden, weil er den Menschen ihr wahres, vollkommenes Menschsein offenbarte. Seine einzigartige Menschlichkeit führt Gottes Menschenfreundlichkeit vor Augen, Gottes Engagiertsein für das Menschlicherwerdenkönnen und Menschwerdensollen der Menschen. Dieses Engagement erfließt aus Gottes Wesen, das ihn schöpferisch treu denen verbunden und mit denen leben lässt, die er liebend als Mitliebende (Johannes Duns Scotus) ins Dasein gerufen hat. Der Gottes Wesen entsprechende, göttlich-gute Wille geschieht darin, dass es mit den zur Sünde versuchten und in ihr gefangenen Menschen nicht ewig so weitergehen muss, sondern gut werden kann, so gut, wie der Schöpfer es ihnen zugedacht hat. Es wird mit ihnen gut, wenn sie sich anstecken lassen vom Geist der Liebe, aus dem Jesus Christus gelebt und den er den Seinen mitgeteilt hat, damit sie sich durch ihn von Gottes unerschöpflicher Menschenliebe anstecken lassen.

So weit mag man als kritischer Zeitgenosse vielleicht noch mitgehen. Aber der Gedanke wäre metaphysisch möglichst sparsam zu konzipieren. Man sollte sich nach Maßgabe neuzeitlicher Wissenschaftsmethodik auf die Annahme solcher Voraussetzungen beschränken, die menschlich und ethisch unabdingbar scheinen. Man sollte überschwängliche Vorstellungen, denen keine wirklich nachvollziehbare oder gar unabdingbare menschlich-ethische Bedeutung anzusehen ist, als »unnötig« beiseitelassen. Ockhams Rasiermesser sollte der Christologie alle Vorstellungen abrasieren, die als menschlich unnütz und schwer nachvollziehbar zu beurteilen wären. *Braucht man*, so schien die verborgene Frage in allen christologischen Fragen zu lauern, vernünftigerweise und menschlicherweise *mehr* als einen Jesus, der seinen bedrückend mittelmäßigen, immer wieder zur Sünde der Selbstsucht versuchten Menschenbrüdern und Menschenschwestern ein leuchtendes Beispiel wahrer Menschlichkeit vor Augen führt und sie ermutigt, an die Menschen-Möglichkeit eines Ideals zu glauben, das in seinem Leben Wirklichkeit geworden ist?

War man auf dieser Argumentationsebene angekommen – etwa indem man sich Kants praktische Philosophie mehr oder weniger allgemeinverständlich zurechtlegte –, schienen die Theologen gezwungen, einen letzten soteriologischen Trumpf ins Spiel zu bringen: Doch, es ist weit mehr für den Menschen nötig, als Kant dachte; es ist weit dramatischer nötig, weil die Sünde das menschliche Selbstverständnis und Selbstverhältnis abgründiger unterminiert, als die transzendentale und die idealistische Philosophie es anzunehmen bereit waren. Der Sünder ist unfähig zum Guten geworden, unfähig gerade dazu, sich selbst für anerkennens- und schätzenswert zu halten. Nur indem er sich in und durch Jesus Christus versöhnt neu in die Gottesbeziehung aufgenommen *glaubt*, kann er sich selbst anerkennen als von Gott anerkannt.[27]

Aber wie lässt sich das etwa in der Spur Schleiermachers für heute begreiflich machen: in Jesus Christus versöhnt und neu in die Gottesbeziehung, ins lebendige Gottesbewusstsein aufgenommen? *Muss* man das wirklich denken, diese völlig einzigartige, weil für jeden Menschen soteriologisch unabdingbare Bedeutung Jesu Christi? Und wie könnte man diese Bedeutung noch allgemeinverständlich zur Sprache bringen? Nicht doch nur mit der mentalitätsgeschichtlich weit zurückliegenden und so weit vom neuzeitlich-modernen *Common sense* abliegenden Glaubensvorstellung, in Jesus Christus sei Gott selbst den Menschen nicht nur erfahrbar, sondern zur Beziehungswirklichkeit geworden, in ihm habe er eine Beziehung neu angebahnt, die in der Sünde zerbrochen war?

In Gesprächen mit muslimischen Theologinnen und Theologen mag einem auffallen, dass deren Ratlosigkeit angesichts christologischer Gedankengänge sich nicht selten auf dieser Frage- und Argumentationsebene abspielt: Weshalb meint ihr Christen einen *göttlichen Erlöser* nötig zu haben? Wir Muslime kommen ohne ihn aus; wir verstehen deshalb nicht, weshalb wir in Jesus mehr sehen sollten als einen überzeugenden Verkündiger des Gottesworts, einen der bedeutendsten Propheten, einen Gott-gesegneten, von Gottes Geist erfüllten und diesen vielleicht sogar an die anderen Menschen weitergebenden Auserwählten – aber eben einen *Menschen*. Der koranische Schriftbefund zur geschichtlichen Rolle und der Glaubens-Bedeutung Jesu Christi mag als das Lautwerden genau *dieser* Fragen an das

[27] Diese Formel geht auf Paul Tillich zurück. Die schematisch gezeichnete soteriologische Zuspitzung wird von Søren Kierkegaard, wirkungsgeschichtlich im ausgehenden 19. und im frühen 20. Jahrhundert noch weit folgenreicher von Wilhelm Herrmann formuliert; vgl. meinen Überblick in: Jürgen Werbick, Gnade, 78–83.

Christentum verstanden werden, lange ehe sie im Christentum selbst neuzeitlich unüberhörbar wurden.

Haben wir Christen es wirklich nötig, die Jesuologie auf eine Christologie und Soteriologie hin zu übersteigen? Auch in der christlichen Theologie selbst scheint die Entschiedenheit abzunehmen, mit der man diesen Überstieg einfordert. Den menschenfreundlichen Jesus und die Befreiungsbotschaft der Bergpredigt – mehr brauchen die Menschen doch nicht für ihr Leben und ihr Glück, so etwa Peter Eichers christologiekritische Intervention.[28] Die Bergpredigt also: Sie »befreit von der Last der Dogmatik. Sie verpflichtet zu seinem Glück niemanden auf eine Dreieinigkeitslehre, Christologie oder Glaubenshaltung gegenüber dem Leben nach dem Tod.« Auf dieses Glück kommt alles an, das haben alle Religionen und Glaubensgemeinschaften zu befördern. So besteht auch die Kirche – wenn es gut gehen und Zukunft haben soll – »aus Freiheit als der Form des glücklichen Lebens«, ansonsten macht sie Menschen unglücklich und ist deshalb »entbehrlich«[29]. Mit der Festlegung auf eine großkirchliche Christologie wäre es gewiss ebenso.

Brauchen suchende und religiös sensible Menschen Christologie und Soteriologie zu ihrem Glück? Oder werden sie – wie muslimische Gläubige – sagen, sie wüssten nicht, weshalb man sie brauchen sollte, auch wenn sie ihnen – wie hoffentlich in diesem Buch – einigermaßen menschenfreundlich ausgelegt wurde? Christliche Theologie tut nicht gut daran, die Christologie von vornherein apologetisch anzuschärfen und nachweisen zu wollen, warum die Menschen den gottmenschlichen Erlöser Jesus Christus unabdingbar *brauchen*. Sie sollte sich darauf konzentrieren nachzuzeichnen, was es für Christen bedeutet, sich an den Gottesmenschen und Erlöser Jesus Christus als *die* Bezugsperson ihres Glaubens halten zu dürfen. Alle Versuche, die humane und religiöse Unabdingbarkeit des Glaubens an den gottmenschlichen Erlöser oder seine Unvergleichlichkeit unter Beweis zu stellen, zwingen die Gesprächspartner geradezu, sich gegen den damit angemeldeten Unvergleichlichkeits- und Unabdingbarkeitsanspruch zu behaupten und so die eigene (Nicht-)Glaubensüberzeugung zu verteidigen. Auf der Ebene des Brauchens ist kein Kraut gegen den Bescheid gewachsen: *Ich* brauche das nicht!

Wenn es Christen gelänge, die Bedeutung des Glaubens an Jesus, den

[28] Peter Eicher, Der große Ruf in die Freiheit. Die Bergpredigt – radikal neu gelesen. Acht Thesen, in: Publik-Forum Nr. 20 vom 22. Oktober 2004, 29–30, hier 30.
[29] Ebd.

Christus und Mensch gewordenen Logos, verstehbar zu explizieren, könnten Nichtchristen ihrerseits – etwa in der Spur der koranischen oder der neuzeitlich-aufgeklärten Vorbehalte – zu explizieren und auch für Christen verständlich zu machen versuchen, weshalb sie den christlich-christologischen Glaubensüberzeugungen nicht zuzustimmen vermögen. Es erscheint mir keineswegs ausgemacht, dass etwa Christen und Muslime trotz der schon ausgetragenen Kontroversen von sich selbst und voneinander genau genug wissen, warum sie bei allem Verständnis für die Positionen der jeweils Anderen deren Überzeugung im Blick auf Jesus Christus schlussendlich doch nicht teilen können. Christen, die ihr Glaubensbekenntnis für sich und andere verständlich machen wollen, werden die hohe Christologie nicht für entbehrlich halten. Diese spricht ja von Gottes befreiender Solidarität, die in Jesus Christus in der Menschenwelt Wirklichkeit geworden ist. Sie will die Menschen von dem Horror befreien, verloren zu sein und sich selbst verloren geben zu müssen. Gottes Solidarität gibt keinen Menschen verloren, will jeden gewinnen für ein Gott-erfülltes, gutes Leben. In Jesus von Nazaret, dem Gottes- und Menschensohn, geschieht diese Solidarität, wird sie den Menschen bis zum Äußersten erwiesen – und noch darüber hinaus. Nirgends und niemals müssen Menschen sich verloren wissen. Immer sind und bleiben sie Mitmenschen Jesu, der sie durch seinen Geist aufrichten und mitnehmen will zum Vater.

Braucht man den christlich-christologischen Hoffnungshorizont für ein menschliches Leben in Fülle? Ich möchte über diese Frage hinauskommen. Wie dankbar bin ich für diese Hoffnung. Nach allem, was ich erlebt und bedacht habe, darf ich sie mit Jesus von Nazaret verbinden und tut sie meinem Leben gut. Möge sie mir erhalten und in mir einigermaßen lebendig bleiben!

Nachwort

Eine *elementare* Christologie hat der Titel dieses Buches in Aussicht gestellt: eine Christologie, die sich von Dietrich Bonhoeffer zu den Anfänge des Verstehens zurückgerufen weiß und zögert, bei den Formeln der »hohen Christologie« wie der Opfersoteriologie seine Zuflucht zu suchen, sie aber auch nicht ungeduldig verabschieden will, wenn das Verstehen den Anfängen nicht gewachsen ist; eine Christologie, die sich von den Anfängen der Christologie wie von den Anfängen eines Verstehens in Anspruch nehmen lässt, das uns heute helfen könnte, mit und aus der kirchlichen Christologie zu leben und zu glauben. Elementar also wollte diese Christologie sein: möglichst bei dem bleiben, was man zur Kenntnis genommen und einigermaßen verstanden haben sollte, wenn man sich verantwortlich ein Urteil über die »Glaubbarkeit« des zweiten Artikels der christlichen Bekenntnisse *heute* bilden möchte. Eine Christologie aber auch, die sich mit dem Wort *elementar* die Erlaubnis nimmt, dabei zu verweilen und nicht alle möglichen Fragen aufzuwerfen, die für die Diskussion christologischer Spezialfragen auch noch wichtig wären.

Ist das ein sinnvolles Vorhaben? Ist es einigermaßen geglückt? Das haben die Leserinnen und Leser zu entscheiden. Ich erwähne das »Projektdesign« am Ende dieses Buches noch einmal, um bei den Leserinnnen und Lesern, die bis zum Schluss durchgehalten haben, um Verständnis für seine Grenzen zu bitten. Wenn man in diesem Buch manches vermisst, was in eine ordentliche Christologie hineingehört und in anderen Christologien kompetent dargestellt ist: Es geht in ihm vor allem um die Glaubens-Motive, die in der Ausgestaltung der »hohen Christologie« der ersten fünf Jahrhunderte zum Tragen kommen sollten – und schließlich um eine im Gespräch mit ihr gewonnene, aber von den Zeugnissen des Neuen Testaments her entworfene Perspektive der Christologie, in der die heute drängenden Anfragen aufgenommen werden können. Das Genus einer *elementaren* Christologie mag es schließlich hinnehmbar machen, dass die Auseinandersetzung mit abweichenden Positionen und anderen christologischen Optionen nur zurückhaltend und meist in Fußnoten geführt wurde, die deshalb auch schon mal länger ausfallen konnten. Kolleginnen und Kollegen mögen es mir nachsehen, wenn ich ihre Arbeiten nicht so umfassend würdige, wie sie es verdienten. Es war mir durchaus wichtig, mit ihnen ins Gespräch zu kommen, auch wenn ich sie nicht immer ausdrücklich als Gesprächspartner nenne.

Auch das Gespräch mit »alten (Un-)Bekannten« bringt einem immer wieder ins Staunen; etwa das mit Petrus Abaelard, dessen Römerbriefkommentar ich erst nach Abschluss dieses Buches wieder in die Hand genommen habe. Zu Röm 3,26 fasst er seine »Solutio« der Anselm-Frage *Cur Deus homo* ganz anders als Anselm so zusammen: »Unsere Erlösung ist daher jene höchste in uns durch die Passion Christi entstandene Liebe, die uns nicht allein von der Knechtschaft der Liebe befreit, sondern uns die wahre Freiheit der Kinder Gottes erwirbt [...] Um diese wahre Freiheit der Liebe bei den Menschen zu verbreiten, ist er daher, wie er bezeugt, gekommen.« Warum haben wir »zünftige Theologen« Abaelard nur so lange überhört?

Das Gespräch, das wir nach Hölderlins genialem Wort alle *sind*: Daran waren und sind in meinem Fall – bei meinem Versuch, mir die christologische Überlieferung zu erschließen – so viele beteiligt, dass es unmöglich ist, sie im Einzelnen zu nennen oder überhaupt als Gesprächspartner zu kennen. Wichtige Impulse verdanke ich dem gerade erst in Gang kommenden christlich-islamischen Dialog über Jesus im Koran und in der christlichen Glaubensgeschichte. Klaus von Stosch und Mouhanad Khorchide bin ich dankbar, dass sie mich immer wieder an diesem Gespräch teilnehmen ließen. Es hätte in diesem Buch breiteren Raum verdient. Aber den sich abzeichnenden Ergebnissen soll nicht vorgegriffen werden. Nennen will ich eine weitere Stimme in dem Gespräch, das ich bin, gerade weil sie es zu ertragen hat, dass ich bei dem Versuch, das theologische Gespräch zu führen und einigermaßen zu ordnen, alltäglich mitunter so schweigsam werde: meine Frau Barbara. Danke für deine Geduld. Sie möge nicht nutzlos aufgewendet sein.

Schließlich darf das Gespräch mit der ersten Leserin dieses Buches dankbar erwähnt werden: mit Katharina Del Re. Sie hat mit bewährter Sorgfalt und Einfühlsamkeit die Korrekturen besorgt, hie und da sprachlich nachgearbeitet und mich bestärkt, wo ich – wie so oft nach Abschluss eines Buchmanuskripts – mit dem Ergebnis mehr als vielleicht nötig unzufrieden war.

Literaturverzeichnis

Alt, Albrecht: Kleine Schriften I, München 1968.
Althoff, Gerd: Genugtuung (satisfactio). Zur Eigenart gütlicher Konfliktbeilegung im Mittelalter, in: J. Heinzle (Hg.), Modernes Mittelalter: Neue Bilder einer populären Epoche, Frankfurt a. M. – Leipzig 1994, 247–265.
Austin, John L.: How to Do Things with Words, Oxford 1962.
von Balthasar, Hans Urs: Homo creatus est. Skizzen zur Theologie, Einsiedeln 1986.
Ders.: Theodramatik III: Die Handlung, Einsiedeln 1980.
Ders.: Verbum caro, Einsiedeln 1960.
Bastian, Hans-Dieter: Verfremdung und Verkündigung – Gibt es eine theologische Informationstheorie?, München 1965.
Ben-Chorin, Schalom: Die Antwort des Jona. Zum Gestaltwandel Israels, Hamburg 1956.
Bloch, Ernst: Subjekt – Objekt. Erläuterungen zu Hegel. Erweiterte Ausgabe, Frankfurt a. M. 1962.
Boff, Clodovis – Pixley, Jorge: Die Option für die Armen, dt. Düsseldorf 1987.
Boff, Leonardo: Jesus Christus, der Befreier, dt. Freiburg – Basel – Wien 1986.
Bonhoeffer, Dietrich: Widerstand und Ergebung. Briefe und Aufzeichnungen aus der Haft, hg. von E. Bethge, Taschenbuchausgabe München – Hamburg 1951.
Bornkamm, Günther: Jesus von Nazareth, Stuttgart – Berlin – Köln [15]1995.
Brecht, Bertolt: Gesammelte Werke in 20 Bänden, Frankfurt a. M. 1967.
Broer, Ingo: »Der Herr ist wahrhaft auferstanden« (Lk 24,34). Auferstehung Jesu und historisch-kritische Methode, in: L. Oberlinner (Hg.), Auferstehung Jesu – Auferstehung der Christen, Freiburg – Basel – Wien 1986, 39–62.
Buber, Martin: Der Jude und sein Judentum, Köln 1963.
Buckenmaier, Achim: Jesus – die Tora in Person. Anmerkungen zum ›Gespräch‹ zwischen Jacob Neusner und Joseph Ratzinger, in: J.-H. Tück (Hg.), Annäherungen an ›Jesus von Nazareth‹. Das Buch des Papstes in der Diskussion, Ostfildern 2007, 80–93.
Bultmann, Rudolf: Glauben und Verstehen, Erster Band, Tübingen [6]1966.
Camelot, Pierre-Thomas: Ephesus und Chalcedon (Geschichte der Ökumenischen Konzilien, Band II), dt. Mainz 1963.
Camus, Albert: Der Fremde, dt. [70]2015.
Crossan, John Dominic: The Historical Jesus, The Life of a Mediterranean Jewish Peasant, San Francisco 1991.
Crüsemann, Frank: Die Tora: Theologie und Sozialgeschichte des alttestamentlichen Gesetzes, München 1992.
Dunn, James D. G.: The Theology of Paul the Apostle, Edinburgh 1998.
Durkheim, Emil: Die elementaren Formen des religiösen Lebens, dt. Frankfurt a. M. 1981.

Ebach, Jürgen: Apokalypse. Zum Ursprung einer Stimmung, in: Einwürfe 2 (1985), 5–61.
Ebeling, Gerhard: Wort und Glaube, Tübingen ³1967.
Ebner, Martin: Die Auferweckung Jesu. Oder: Woran glauben Christen [1], in: Christ in der Gegenwart 67 (2015), 165–166.
Ders.: Erscheinungen Christi. Oder: Die Jünger glauben Jesu Glauben, in: Christ in der Gegenwart 67 (2015), 173–174.
Ders.: Jesu irritierende Gottesrede. Eine Schulung für Prediger in: Der Prediger und Katechet 151 (2012), 578–583.
Ders.: Jesus von Nazaret in seiner Zeit. Sozialgeschichtliche Zugänge, Stuttgart ²2004.
Eicher, Peter: Der große Ruf in die Freiheit. Die Bergpredigt – radikal neu gelesen. Acht Thesen, in: Publik-Forum Nr. 20 vom 22. Oktober 2004, 29–30.
Engel, Ulrich: »Zehn-Hand-breit zwischen Gott und der Welt«. Theologische Vermessungen der messianischen Topographie, in: J. Manemann – J. B. Metz (Hg.), Christologie nach Auschwitz. Stellungnahmen im Anschluss an Thesen von Tiemo Rainer Peters, Münster 1998, 24–34.
Essen, Georg: Die Freiheit Jesu. Der neuchalkedonische Enhypostasiebegriff im Horizont neuzeitlicher Subjekt- und Personphilosophie, Regensburg 2001.
Feiner, J. – Löhrer, M. (Hg.): Mysterium Salutis. Grundriss heilsgeschichtlicher Dogmatik, Bd. III/2, Einsiedeln – Zürich – Köln 1969.
Fiedler, Peter: Vorösterliche Vorgaben für den Osterglauben, in: I. Broer – J. Werbick (Hg.), »Der Herr ist wahrhaft auferstanden« (Lk 24,34). Biblische und systematische Beiträge zur Entstehung des Osterglaubens, Stuttgart 1988, 9–28.
Flasch, Kurt: Warum ich kein Christ bin. Bericht und Argumentation, München 2013.
Frank, Georg: Ökonomie der Aufmerksamkeit. Ein Entwurf, München – Wien 1998.
Frey, Jörg: Joh 1,14, die Fleischwerdung des Logos und die Einwohnung Gottes in Jesus Christus. Zur Bedeutung der »Schechina-Theologie« für die johanneische Christologie, in: B. Janowski – E. Popkes (Hg.), Das Geheimnis der Gegenwart Gottes. Zur Schechina-Vorstellung in Judentum und Christentum, Tübingen 2013, 231–256.
Friedrich, Gerhard: Die Verkündigung des Todes Jesu im Neuen Testament, Neukirchen-Vluyn 1982.
Gerdeman, Gillis: šlm, in: E. Jenni – C. Westermann (Hg.), Theologisches Handwörterbuch zum Alten Testament, Gütersloh 1971, Bd. 2, 919–935.
Gerstenberger, Erhard S.: Wesen und Herkunft des »apodiktischen Rechts«, Neukirchen-Vluyn 1965.
Gese, Hartmut: Zur biblischen Theologie, Tübingen ²1983.
Grillmeier, Alois: Jesus der Christus im Glauben der Kirche, Bd. I: Von der Apostolischen Zeit bis zum Konzil von Chalcedon, Freiburg – Basel – Wien ³1990; Bd. II/1: Das Konzil von Chalcedon (451). Rezeption und Widerspruch (451–518), Freiburg – Basel – Wien ²1991; Bd. II/2: Die Kirche von Konstantinopel im 6. Jahrhundert. Unter Mitarbeit von Theresia Hainthaler, Freiburg – Basel – Wien 1989; Bd. II/3: Die Kirchen von Jerusalem und Antiochien von 451 bis 600, hg. von Th. Hainthaler, Freiburg – Basel – Wien 2002; Bd. II/4: Die Kirche von Alexandrien mit Nubien und Äthiopien ab 451. Unter Mitarbeit von Theresia Hainthaler, Freiburg – Basel – Wien 1990.
Grube, Dirk-Martin: Ostern als Paradigmenwechsel. Eine wissenschaftstheoretische Untersuchung zur Entstehung des Christentums und deren Konsequenzen für die Christologie, Neukirchen–Vluyn 2012.
Gutiérrez, Gustavo: Theologie der Befreiung, München – Mainz ⁸1985.

Gutwenger, Engelbert: Bewusstsein und Wissen Christi. Eine dogmatische Studie, Innsbruck 1961.

Habermas, Jürgen: Glauben und Wissen. Friedenspreis des Deutschen Buchhandels 2001. Laudatio: Jan Philipp Reemtsma, Frankfurt a. M. 2001.

Hahn, Ferdinand: Christologische Hoheitstitel. Ihre Geschichte im frühen Christentum, Göttingen [3]1966.

von Harnack, Adolf: Das Wesen des Christentums, Neuausgabe Gütersloh 1977.

Hegel, Georg Wilhelm Friedrich: Werke in zwanzig Bänden, hg. von E. Moldenhauer und K. M. Michel, Frankfurt a. M. 1970–1971.

Henaff, Marcel: Der Preis der Wahrheit. Gabe, Geld und Philosophie, dt. Frankfurt a. M. 2009.

Heyward, Carter: Und sie rührte sein Kleid an. Eine feministische Theologie der Beziehung, dt. Stuttgart 1986.

Hick, John: Gott und seine vielen Namen, dt. Frankfurt a. M. 2001.

Ders.: Religion. Die menschlichen Antworten auf die Frage nach Leben und Tod, dt. München 1996.

Hölderlin, Friedrich: Werke und Briefe, hg. von F. Beißner und J. Schmidt, Frankfurt a. M. 1969.

Hoffmann, Paul: Er ist unsere Freiheit. Aspekte einer konkreten Christologie, in: Bibel und Kirche 42 (1987), 109–115.

Hoffmann, Veronika: Skizzen zu einer Theologie der Gabe. Rechtfertigung – Opfer – Eucharistie – Gottes- und Nächstenliebe, Freiburg – Basel – Wien 2013.

Dies.: Vor Gottes Angesicht treten. Zum Opfer in biblisch-christlicher Perspektive, in: J. Werbick (Hg.), Sühne, Martyrium und Erlösung. Opfergedanke und Glaubensgewissheit in Judentum, Christentum und Islam, Paderborn – München – Wien – Zürich 2013, 51–71.

Dies.: Gabe und Opfer: Ambivalenzen der Wechselseitigkeit, in: S. Gottlöber – R. Kaufmann (Hg.), Gabe – Schuld – Vergebung (Festschrift Hanna-Barbara Gerl-Falkovitz), Dresden 2011, 131–165.

Hofius, Otfried: Das vierte Gottesknechtslied in den Briefen des Neues Testaments, in: B. Janowski – P. Stuhlmacher (Hg.), Der leidende Gottesknecht. Jes 53 und seine Wirkungsgeschichte, Tübingen 1996, 107–128.

Ders.: Versöhnung, Gesetz und Gerechtigkeit. Aufsätze zur biblischen Theologie, Göttingen 1981.

Holtz, Gudrun: Eine Kritik christlicher Interpretationen des sog. jüdischen Verdienstdenkens, in: M. Stöhr (Hg.), Lernen in Jerusalem – Lernen mit Israel. Anstöße zur Erneuerung in Theologie und Kirche, Berlin 1993, 322–333.

Honneth, Axel: Verdinglichung. Eine anerkennungstheoretische Studie, Frankfurt a. M. 2005.

Hünermann, Peter: Moderne Qualitätssicherung? Der Fall Sobrino ist eine Anfrage an die Arbeit der Glaubenskongregation, in: K. Wenzel (Hg.), Die Freiheit der Theologie. Die Debatte um die Notifikation gegen Jon Sobrino, Ostfildern 2008, 51–59.

Hume, David: Untersuchungen über den menschlichen Verstand, dt. Hamburg 1964.

Iser, Wolfgang: Das Fiktive und das Imaginäre. Perspektiven literarischer Anthropologie, Frankfurt a. M. 1991.

Janowski, Bernd: Die Einwohnung Gottes in Israel. Eine religions- und theologiegeschichtliche Skizze zur biblischen Schekina-Theologie, in: ders. – E. Popkes (Hg.),

Das Geheimnis der Gegenwart Gottes. Zur Schechina-Vorstellung in Judentum und Christentum, Tübingen 2013, 3–40.

Ders.: Ein Gott der Gewalt? Perspektiven des Alten Testaments, in: I. Müllner – L. Schwienhorst-Schönberger – R. Scoralick (Hg.), Gottes Name(n). Zum Gedenken an Erich Zenger, Freiburg – Basel – Wien 2012, 11–33.

Ders.: Homo ritualis. Opfer und Kult im alten Israel, in: Bibel und Kirche 64 (2009), 134–140.

Ders.: Sühne als Heilsgeschehen. Traditions- und religionsgeschichtliche Studien zur Sühnetheologie der Priesterschrift, Neukirchen-Vluyn ²2000.

Ders.: Auslösung des verwirkten Lebens. Zur Geschichte und Struktur der biblischen Lösegeldvorstellung, in: Zeitschrift für Theologie und Kirche 79 (1982), 25–59.

Jaspers, Karl: Die maßgebenden Menschen: Sokrates, Buddha, Konfuzius, Jesus, München ¹²2007.

Jüngel, Eberhard: Entsprechungen: Gott – Wahrheit – Mensch. Theologische Erörterungen, München 1980.

Ders.: Gott als Geheimnis der Welt. Zur Begründung der Theologie des Gekreuzigten im Streit zwischen Theismus und Atheismus, Tübingen 1977.

Kant, Immanuel: Kants Werke. Akademie Textausgabe, Berlin 1968.

Ders.: Vorlesungen über die philosophische Religonslehre, hg. von K. H. L. Pölitz, Reprint Darmstadt 1982.

Kany, Roland: Augustins Trinitätsdenken. Bilanz, Kritik und Weiterführung der modernen Forschung zu »De trinitate«, Tübingen 2007.

Kasper, Walter: Jesus der Christus, Mainz 1974.

Katechismus nach dem Beschlusse des Konzils von Trient, Nachdruck Kirchen/Sieg.

Kessler, Hans: Sucht den Lebenden nicht bei den Toten. Die Auferstehung Jesu Christi in biblischer, fundamentaltheologischer und systematischer Sicht, Düsseldorf 1985.

Kierkegaard, Søren: Philosophische Brocken, dt. in Gesammelte Werke, hg. von E. Hirsch und H. Gerdes, 10. Abteilung, Gütersloh ³1991.

Kirchenamt der EKD: Für uns gestorben. Die Bedeutung von Leiden und Sterben Jesu Christi. Ein Grundlagentext des Rates der Evangelischen Kirche in Deutschland (EKD), Gütersloh 2015.

Kittel, G. – Friedrich, G. (Hg.), Theologisches Wörterbuch zum Neuen Testament, 11 Bde., Stuttgart 1933–1979.

Kolakowski, Leszek: Die Gegenwärtigkeit des Mythos, dt. München 1973.

Kostenberger, Andreas J.: Jesus as Rabbi in the Fourth Gospel, in: Bulletin for Biblical Research 8 (1998), 97–128.

Kraus, Wolfgang: Der Tod Jesu als Heiligtumsweihe. Eine Untersuchung zum Umfeld der Sühnevorstellung in Römer 3,25–26a, Neukirchen-Vluyn 1991.

Krötke, Wolf: Gott auf der Suche nach den Menschen. Erwägungen zu einer biblischen Metapher, in: Zeitschrift für Theologie und Kirche 86 (1989), 516–532.

Kuhn, Thomas S.: Die Struktur wissenschaftlicher Revolutionen, dt. Frankfurt a. M. 1967.

Lampe, Geoffrey: God as Spirit, Oxford 1977.

Léon-Dufour, Xavier: Abendmahl und Abschiedsrede im Neuen Testament, dt. Stuttgart 1983.

Lessing, Gotthold Ephraim: Die Erziehung des Menschengeschlechts, in: ders., Werke, hg. von H. G. Göpfert, Bd. VIII, München 1979, 489–510.

Lévinas Emmanuel: Zwischen uns. Versuche über das Denken an den Anderen, dt. München – Wien 1995.
McLuhan, Marshall – McLuhan, Herbert M.: Das Medium ist die Botschaft, dt. Berlin 2009.
Luther, Martin: Luthers Werke in Auswahl, hg. von O. Clemen, Bd. 1, Berlin [6]1966; Bd. 2, Berlin [6]1967; Bd. 4, Berlin [6]1967.
Machovec, Milan: Vom Sinn des menschlichen Lebens, dt. Freiburg i. Br. 1971.
Marx, Alfred: Les systèmes sacrificiels de l'Ancien Testament. Formes et fonctions du culte sacrificiel à Yhwh, Leiden 2005.
Ders.: Opferlogik im alten Israel, in: B. Janowski – M. Welker (Hg.). Opfer. Theologische und kulturelle Kontexte, Frankfurt a. M. 2000, 129–149.
Mauss, Marcel: Die Gabe. Form und Funktion des Austauschs in archaischen Gesellschaften, dt. Frankfurt a. M. 1990.
Menke, Karl-Heinz: Das heterogene Phänomen der Geist-Christologien, in: G. Augustin – K. Krämer – M. Schulze (Hg.), Mein Herr und mein Gott. Christus bekennen und verkünden (Festschrift für Walter Kardinal Kasper zum 80. Geburtstag), Freiburg – Basel – Wien 2013, 220–257.
Ders.: Jesus ist Gott der Sohn. Denkformen und Brennpunkte der Christologie, Regensburg 2008.
Metz, Johann Baptist: Memoria passionis. Ein provozierendes Gedächtnis in pluralistischer Gesellschaft, Freiburg – Basel – Wien 2006.
Ders.: Mit der Autorität der Leidenden. Compassion – Vorschlag zu einem Weltprogramm des Christentums, in: Süddeutsche Zeitung Nr. 296 vom 24./25./26. Dezember 1997, Feuilletonbeilage, S. 1.
Ders.: Glaube in Geschichte und Gesellschaft. Studien zu einer praktischen Fundamentaltheologie, Mainz [5]1992.
Meurer, Hermann-Josef: Die Gleichnisse Jesu als Metaphern. Paul Ricœurs Hermeneutik der Gleichniserzählung Jesu im Horizont des Symbols »Gottesherrschaft/Reich Gottes«, Bodenheim 1997.
Moltmann, Jürgen: Der gekreuzigte Gott. Das Kreuz Christi als Grund und Kritik christlicher Theologie, München 1972.
Moser, Tilmann: Gottesvergiftung, Frankfurt a. M. 1976.
Müller, Gerhard Ludwig: Idiomenkommunikation in: W. Kasper (Hg.) Lexikon für Theologie und Kirche, Bd. 5, Freiburg – Basel – Rom – Wien [3]1996, 403–406.
Müller, Karlheinz: Das Weltbild der jüdischen Apokalyptik und die Rede von Jesu Auferstehung, in: Bibel und Kirche 52 (1997), 8–18.
Ders.: Studien zur frühjüdischen Apokalyptik, Stuttgart 1991.
Müller, Klaus: Streit um Gott. Politik, Poetik und Philosophie im Ringen um das wahre Gottesbild, Regensburg 2006.
Ders.: Wenn ich »ich« sage. Studien zur fundamentaltheologischen Relevanz selbstbewusster Subjektivität, Frankfurt a. M. 1994.
Negel, Joachim: Projektion als Inspiration. Versuch einer phänomenologischen Reformulierung des Offenbarungsbegriffs, Freiburg – Basel – Wien 2015.
Neusner, Jacob: Ein Rabbi spricht mit Jesus, Freiburg – Basel – Wien 2007.
Nicklas, Tobias: Altkirchliche Diskurse um das »Wohnen Gottes«. Eine Spurensuche bis zur Zeit der Konstantinischen Wende, in: B. Janowski – E. Popkes (Hg.), Das Geheim-

nis der Gegenwart Gottes. Zur Schechina-Vorstellung in Judentum und Christentum, Tübingen 2013, 305–324.

Niebuhr, Karl-Wilhelm: Die paulinische Rechtfertigungslehre in der gegenwärtigen exegetischen Diskussion, in: Th. Söding (Hg.), Worum geht es in der Rechtfertigungslehre? Das biblische Fundament der »Gemeinsamen Erklärung« von katholischer Kirche und Lutherischem Weltbund, Freiburg i. Br. 1999, 106–130.

Nietzsche, Friedrich: Sämtliche Werke. Kritische Studienausgabe (KSA), hg. von G. Colli und M. Montinari , München – Berlin 1980.

Nitsche, Bernhand: Christologie, Paderborn 2012.

Noll, Peter: Diktate über Sterben und Tod mit Totenrede von Max Frisch, Zürich 1984.

Ohlig, K.-H. (Bearbeiter), Christologie I. Von den Anfängen bis zur Spätantike (Texte zur Theologie), Graz – Wien – Köln 1989.

Ortiz de Urbina, Ignacio: Nizäa und Konstantinopel (Geschichte der ökumenischen Konzilien 1), dt. Mainz 1964.

Overbeck, Franz: Über die Christlichkeit unserer heutigen Theologie, Nachdruck Darmstadt 1989 (ursprünglich Leipzig 1873).

Peters, Tiemo Rainer: Thesen zu einer Christologie nach Auschwitz, in: J. Manemann – J. B. Metz (Hg.), Christologie nach Auschwitz. Stellungnahmen im Anschluss an Thesen von Tiemo Rainer Peters, Münster 1998, 2–5.

Peters, T. R. – Urban, C. (Hg.), Ende der Zeit? Die Provokation der Rede von Gott. Dokumentation einer Tagung mit Joseph Kardinal Ratzinger, Johann Baptist Metz, Jürgen Moltmann und Eveline Goodman-Thau in Ahaus, Mainz 1999.

Rahner, Karl: Grundkurs des Glaubens. Einführung in den Begriff des Christentums, Freiburg – Basel – Wien 1976.

Ders.: Ich glaube an Jesus Christus, Zürich – Einsiedeln – Köln 1968.

Ders.: Inkarnation, in: ders. (Hg.), Sacramentum mundi, Bd. 2, Freiburg i. Br. 1968, 824–840.

Ders.: Schriften zur Theologie, Bd. 4, Einsiedeln – Zürich – Köln [4]1967; Bd. 5, Einsiedeln – Zürich – Köln [2]1964.

Ratzinger, Joseph/Benedikt XVI.: Jesus von Nazareth. Erster Teil: Von der Taufe im Jordan bis zur Verklärung, Freiburg – Basel – Wien o. J.

Reimarus, Hermann Samuel: Apologie oder Schutzschrift für die vernünftigen Verehrer Gottes, hg. von G. Alexander, Frankfurt a. M. 1972.

Reinhartz, Adele: Rabbi Jesus im Johannesevangelium, in: Kirche und Israel 29 (Heft 2/2014), 108–118.

Ricœur, Paul: An den Grenzen der Hermeneutik. Philosophische Reflexionen über die Religion, hg., übersetzt und mit einem Nachwort versehen von Veronika Hoffmann, Freiburg – München 2008.

Ders.: Wege der Anerkennung. Erkennen, Wiedererkennen, Anerkanntsein, dt. Frankfurt a. M. 2006.

Ders.: Die lebendige Metapher, dt. München [2]1991.

Ders.: Philosophische und theologische Hermeneutik, in: ders. – Eberhard Jüngel, Metapher. Zur Hermeneutik religiöser Sprache. Mit einer Einführung von Pierre Gisel (Sonderheft der Evangelischen Theologie), München 1974, 24–45.

Ders.: Hermeneutik und Psychoanalyse. Der Konflikt der Interpretationen II, dt. München 1974.

Ders.: Hermeneutik und Strukturalismus. Der Konflikt der Interpretationen I, München 1973.
Riesman, David: Die einsame Masse, dt. Hamburg 1958.
Rosa, Hartmut: Resonanz. Eine Soziologie der Weltbeziehung, Frankfurt a. M. 2016.
Ruppert, Lothar: Jesus als der leidende Gerechte, Stuttgart 1972.
Sanders, Ed Parish: The Historical Figure of Jesus, London – New York 1993.
Schelling, Friedrich Wilhelm Joseph: Philosophie der Offenbarung. Ausgewählte Werke, Darmstadt 1974.
Ders.: Die Weltalter, Fragmente, München – Leipzig 1946.
Schenker, Adrian: Das Abendmahl Jesu als Brennpunkt des Alten Testaments, Freiburg i. Ue. 1977.
Schiller, Friedrich: Werke und Briefe, hg. von G. Kurscheidt, Bd. 1, Berlin 1992.
Schmidt-Leukel, Perry: Gott ohne Grenzen. Eine christliche und pluralistische Theologie der Religionen, Gütersloh 2005.
Scholem, Gershom: Über einige Grundbegriffe des Judentums, Frankfurt a. M. 1970.
Schoonenberg, Piet: Der Geist, das Wort und der Sohn. Eine Geist-Christologie, dt. Regensburg 1992.
Ders.: Ein Gott der Menschen, dt. Zürich – Einsiedeln – Köln 1969.
Schröter, Jens: Jesus im Judentum seiner Zeit, in: Zur Debatte. Themen der Katholischen Akademie in Bayern 7/2012, 1–4.
Ders.: Die aktuelle Diskussion über den historischen Jesus und ihre Bedeutung für die Christologie, in: Chr. Danz – M. Murrmann-Kahl (Hg.), Zwischen historischem Jesus und dogmatischem Christus. Zum Stand der Christologie im 21. Jahrhundert, Tübingen 2010, 67–86.
Schürmann, Heinz: Jesu ureigener Tod, Freiburg i. Br. 1975.
Schulte, Raphael: Die Herkunft Jesu Christi. Verständnis und Missverständnis des biblischen Zeugnisses. Eine theologisch-kritische Besinnung, Münster 2012.
Searle, John R.: Sprechakte. Ein sprachphilosophischer Essay, dt. Frankfurt a. M. 1971.
Sobrino, Jon: Der Glaube an Jesus Christus, dt. Ostfildern 2008.
Ders.: Systematische Christologie: Jesus Christus, der absolute Mittler des Reiches Gottes, in: I. Ellacuria – J. Sobrino (Hg.), Mysterium Liberationis. Grundbegriffe der Theologie der Befreiung, Bd. 1, dt. Luzern 1995, 567–591.
Ders.: Christologie der Befreiung, Bd. 1, dt. Mainz 1998.
Söding, Thomas: Dein Reich komme (Mt 6,9 par. Lk 11,2). Die Naherwartung Jesu, in: Chr. Breitsameter (Hg.), Hoffnung auf Vollendung. Christliche Eschatologie im Kontext der Weltreligionen, Berlin 2012, 35–65.
Ders.: Die Verkündigung Jesu – Ereignis und Erinnerung, Freiburg – Basel – Wien 2011.
Ders.: »Wenn ich mit dem Finger Gottes die Dämonen austreibe …« (Lk 11,20). Die Exorzismen im Rahmen der Basileia-Verkündigung Jesu, in: A. Lange – H. Lichtenberger – K. F. D. Römheld (Hg.), Die Dämonen – Demons, Die Dämonologie der israelitisch-jüdischen und frühchristlichen Literatur im Kontext ihrer Umwelt – The Demonology of Israelite-Jewish and Early Christian Literature in Context of their Environment, Tübingen 2003, 519–549.
Sölle, Dorothee: Das Fenster der Verwundbarkeit. Theologisch-politische Texte, Stuttgart 1987.
Solowjew, Wladimir: Kurze Erzählung vom Antichrist, in: Deutsche Gesamtausgabe, hg. von L. Müller, Bd. 8, München 1979, 266–270.

von Soosten, Joachim: Die »Erfindung« der Sünde. Soziologische und semantische Aspekte zu der Rede von der Sünde im alttestamentlichen Sprachgebrauch, in: Jahrbuch für Biblische Theologie 9: Sünde und Gericht, Neukirchen-Vluyn 1994, 87–110.
Spaemann, Robert: Über die Vernünftigkeit des Glaubens an Gott, in: Zur Debatte. Themen der Katholischen Akademie in Bayern 6/2006, 39f.
Spiekermann, Hermann: Heilsgegenwart. Eine Theologie der Psalmen, Göttingen 1989.
Stemberger, Günter: Heilsvorstellungen im nachbiblischen Judentum, in: Bibel und Kirche 33 (1978), 115–121.
Stier, Fridolin: Vielleicht ist irgendwo Tag. Aufzeichnungen, Freiburg – Heidelberg ³1982.
Stierlin, Helm: Das Tun des Einen ist das Tun des Anderen. Eine Dynamik menschlicher Beziehungen, Frankfurt a. M. 1971.
Strack, Hermann L. –Billerbeck, Paul: Kommentar zum Neuen Testament aus Talmud und Midrasch, Bd. 1: Das Evangelium nach Matthäus, München ⁹1986; Bd. 2: Das Evangelium nach Markus, Lukas und Johannes, München ⁸1983.
Studer, Basil: Gott und unsere Erlösung im Glauben der Alten Kirche, Düsseldorf 1985.
Theißen, Gerd: Die Religion der ersten Christen. Eine Theorie des Urchristentums, Gütersloh 2000.
Theobald, Michael: »Verflucht ist jeder, der am Holz hängt«. Die Deutung des Todes Jesu nach Gal 3,6–14, in: Bibel und Kirche 64 (2009), 158–165.
Ders.: Geist- und Inkarnationschristologie. Zur Pragmatik des Johannesprologs (Joh 1,1–18), in: Zeitschrift für Katholische Theologie 112 (1990), 129–149.
Tillich, Paul: Systematische Theologie, Bd. 2, dt. Stuttgart ⁴1973, Bd. 3, dt. Stuttgart 1966.
Troeltsch, Ernst: Über historische und dogmatische Methode in der Theologie, wieder abgedruckt in: G. Sauter (Hg.), Theologie als Wissenschaft, München 1971, 105–127.
Ders.: Glaubenslehre. Nach Heidelberger Vorlesungen aus den Jahren 1911 und 1912, hg. von G. von Le Fort, München – Leipzig 1925.
Tropper, Veronika: Jesus Didáskalos. Studien zu Jesus als Lehrer bei den Synoptikern und im Rahmen der antiken Kultur- und Sozialgeschichte, Frankfurt a. M. u. a. 2012.
Türcke, Christoph: Jesu Traum. Psychoanalyse des Neuen Testaments, Springe 2009.
Unamuno, Miguel de: Die Agonie des Christentums, dt. München 1928.
Verweyen, Hansjürgen: Gottes letztes Wort. Grundriss der Fundamentaltheologie, Regensburg ³2000.
Vögtle, Anton: Todesankündigungen und Todesverständnis Jesu, in: K. Kertelge (Hg.), Der Tod Jesu. Deutungen im Neuen Testament, Freiburg – Basel – Wien 1976, 51–113.
Vollenweider, Samuel: Göttliche Einwohnung. Die Schechina-Motivik in der paulinischen Theologie, in: B. Janowski – E. Popkes (Hg.), Das Geheimnis der Gegenwart Gottes. Zur Schechina-Vorstellung in Judentum und Christentum, Tübingen 2013, 203–217.
Weder, Hans: Arbeit am Herzen. Zur bewegenden Dimension der Sprache Jesu, in: Der Prediger und Katechet 150 (2011), 424–438.
Ders.: Von der Wende der Welt zum Semeion des Sohnes, in: A. Denaux (Hg.), John and the Synoptics, Leuven 1992, 128–145.
Weiß, Johannes: Die Predigt Jesu vom Reiche Gottes, Göttingen ³1964 (ursprünglich 1892).
Wellershoff, Dieter: Der Himmel ist kein Ort. Roman, Köln 2009.
Werbick, Jürgen: Theologische Methodenlehre, Freiburg – Basel – Wien 2015.
Ders.: Soteriologie als Problemfeld des christlich-muslimischen Gesprächs, in: K. von Stosch – A. Langenfeld (Hg.), Streitfall Erlösung, Paderborn 2015, 221–232.

Ders.: Schuld und Scheitern, in: J. Enxing (Hg.), Schuld. Theologische Erkundungen eines unbequemen Phänomens, Ostfildern 2015, 23–39.
Ders.: Gnade, Paderborn 2013.
Ders.: Die Eucharistie: ein Opfer? Wie man vielleicht doch über alte Festlegungen hinauskäme, in: F. Bruckmann – R. Dausner (Hg.), Im Angesicht der Anderen. Gespräche zwischen christlicher Theologie und jüdischem Denken (Festschrift für Joseph Wohlmuth zum 75. Geburtstag), Paderborn 2013, 517–535.
Ders.: Kommunikation an der Grenze oder Kommunikationsabbruch? Strafe und Vergeltung in theologischer Perspektive, in: Chr. Büchner – Chr. Jung – B. Nitsche – L. Scherzberg (Hg.), Kommunikation ist möglich. Theologische, ökumenische und interreligiöse Lernprozesse (Festschrift für Bernd Jochen Hilberath), Ostfildern 2013, 118–132.
Ders.: Die Gottverlassenheit des Gekreuzigten: Urdatum einer anamnetischen Christologie?, in: K. Appel – J. B. Metz – J.-H. Tück (Hg.), Dem Leiden ein Gedächtnis geben. Thesen zu einer anamnetischen Christologie (Festschrift für Johann Reikerstorfer), Wien 2012, 51–65.
Ders.: Vater unser. Einführung ins Christsein, Freiburg – Basel – Wien 2011.
Ders.: Widerstands-Gewissheiten. Apokalyptische Vergewisserungen einer »anderen Welt«, in: J. Werbick – S. Kalisch – K. von Stosch (Hg.), Glaubensgewissheit und Gewalt. Eschatologische Erkundungen in Islam und Christentum, Paderborn – München – Zürich – Wien 2011, 65–82.
Ders.: Den Glauben verantworten. Eine Fundamentaltheologie, Freiburg – Basel – Wien ^{4}2010.
Ders.: Gott verbindlich. Eine theologische Gotteslehre, Freiburg – Basel – Wien 2007.
Ders.: Jesus Christus, die Gottes-Spur in unserer Welt, in: K. Müller (Hg.), Christus predigen in der Vielfalt theologischen Fragens. Predigten mit Hintergrund, Donauwörth 2006, 54–58.
Ders.: Geschichte/Handeln Gottes, in: P. Eicher (Hg.), Neues Handbuch theologischer Grundbegriffe. Neuausgabe München 2005, Bd. 1, 494–511.
Ders.: Von Gott sprechen an der Grenze zum Verstummen, Münster 2004.
Ders.: Das Medium ist die Botschaft. Über einige wenig beachtete Implikationen des Begriffs der »Selbstoffenbarung Gottes« – im Blick auf die Auseinandersetzung um die fundamentalistische Versuchung im Christentum, in: J. Werbick (Hg.), Offenbarungsanspruch und fundamentalistische Versuchung, Freiburg – Basel – Wien 1991, 187–245.
Ders.: Die Soteriologie zwischen »christologischem Triumphalismus« und apokalyptischem Radikalismus, in: I. Broer – ders. (Hg.), »Auf Hoffnung hin sind wir erlöst« (Röm 8,24). Biblische und systematische Beiträge zum Erlösungsverständnis heute, Stuttgart 1987, 149–184.
Ders.: Versöhnung durch Sühne?, J. Blank – ders. (Hg.), Sühne und Versöhnung (Theologie zur Zeit 1), Düsseldorf 1986, 92–117.
Ders.: Schulderfahrung und Bußsakrament, Mainz 1985.
Werblowski, Zwi: Tora als Gnade, in: Kairos 15 (1973), 156–163.
Wilckens, Ulrich: Auferstehung. Das biblische Auferstehungszeugnis historisch untersucht und erklärt, Stuttgart – Berlin 1970.
Wright, Tom –Neill, Stephen: The Interpretation of the New Testament 1861–1986, Oxford ^{2}1988
Žižek, Slavoj: Was ist ein Ereignis?, dt. Frankfurt a. M. 2014.

Personenverzeichnis